A COMUNA
DE
PARIS

John Merriman

A COMUNA DE PARIS

1871:
ORIGENS E MASSACRE

Tradução de Bruno Casotti

ANFITEATRO

Título original
MASSACRE
THE LIFE and DEATH of the PARIS COMMUNE

Copyright © 2014 *by* John Merriman

Todos os direitos reservados.
Nenhuma parte desta obra pode ser reproduzida no todo ou em parte sob qualquer forma, sem a permissão escrita do editor.

ANFITEATRO
O selo de ideias e debates da Editora Rocco Ltda.

Direitos para a língua portuguesa reservados
com exclusividade para o Brasil à
EDITORA ROCCO LTDA.
Av. Presidente Wilson, 231 – 8º andar
20030-021 – Rio de Janeiro – RJ
Tel.: (21) 3525-2000 – Fax: (21) 3525-2001
rocco@rocco.com.br
www.rocco.com.br

Printed in Brazil/Impresso no Brasil

revisão técnica
BRUNO GARCIA

preparação de originais
THADEU C. SANTOS

CIP-Brasil. Catalogação na fonte.
Sindicato Nacional dos Editores de Livros, RJ.

M536c   Merriman, John
        A comuna de Paris: 1871: origens e massacre/John Merriman; tradução de Bruno Casotti. – 1ª ed. – Rio de Janeiro: Anfiteatro, 2015.

        Tradução de: Massacre – The life and death of the Paris commune
        ISBN 978-85-69474-02-9

        1. Paris (França) – Comuna, 1871. 2. Paris (França) – História. I. Título.

                                                CDD-944.06
15-24983   CDU-94(44)'1871'

Para Don Lamm

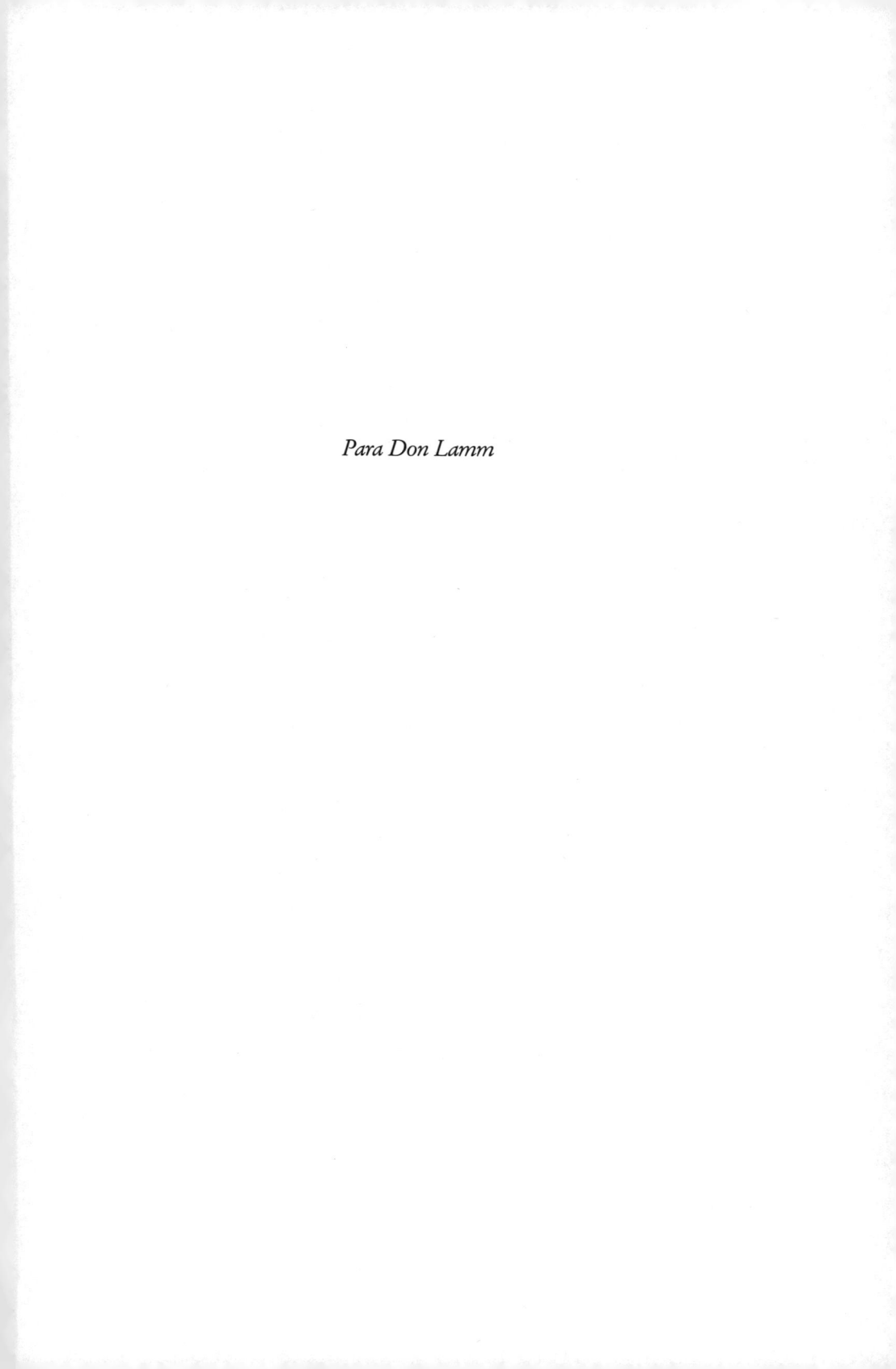

SUMÁRIO

Prólogo 9
1. A guerra e o colapso do império 31
2. O nascimento da Comuna 57
3. Donos da própria vida 89
4. A Comuna *versus* a Cruz 127
5. A batalha se volta contra os *communards* 151
6. Começa a Semana Sangrenta 191
7. A morte chega para o arcebispo 227
8. As cortes marciais em ação 245
9. Massacre 263
10. Prisioneiros de Versalhes 291
11. Recordando 311

Agradecimentos 329
Notas 333
Bibliografia 383
Mapas 8, 188-189

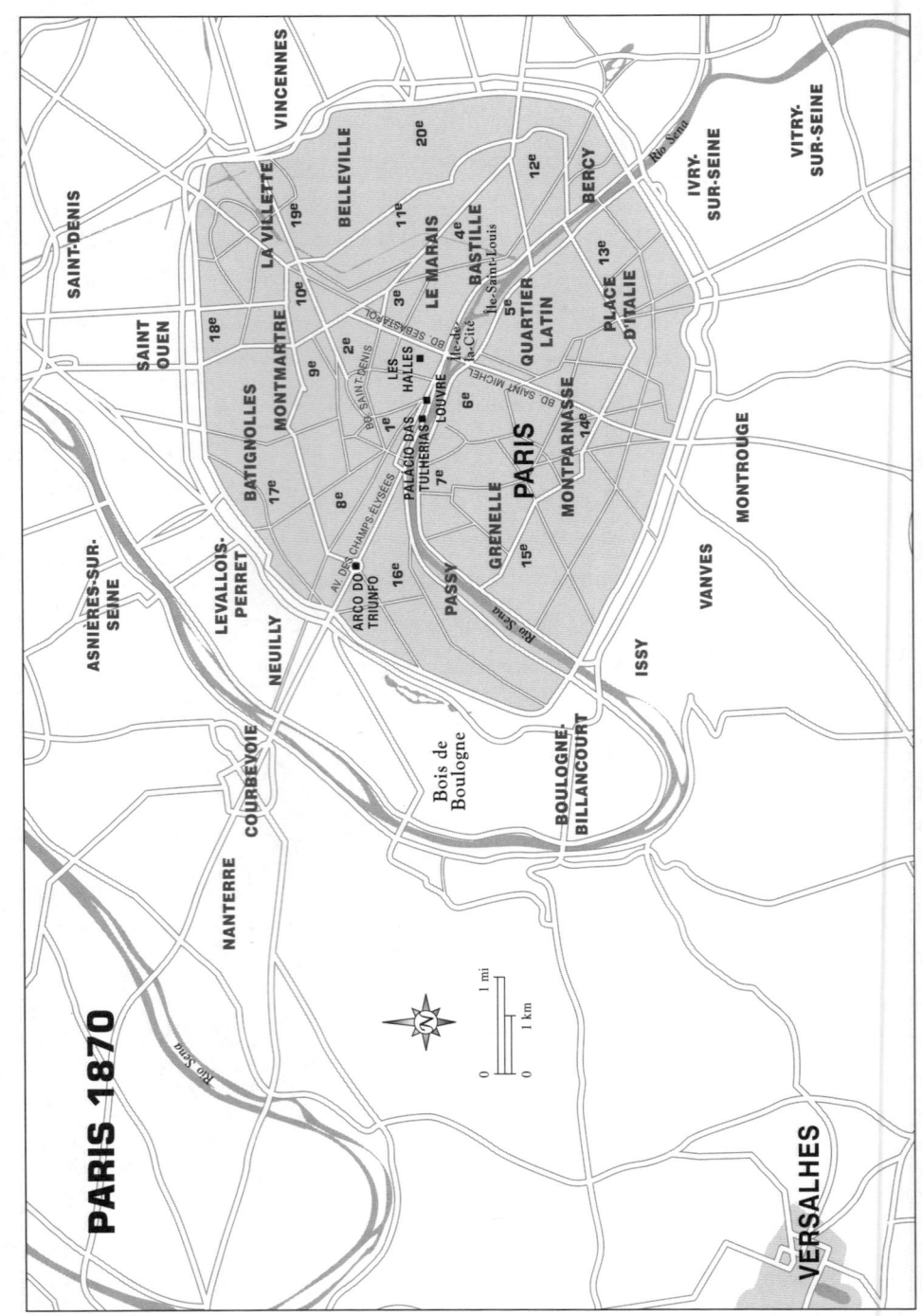

PRÓLOGO

Em 18 de março de 1871, parisienses que moravam em Montmartre despertaram ao som de tropas francesas tentando se apoderar dos canhões da Guarda Nacional. As tropas estavam sob ordens de Adolphe Thiers, conservador que era o chefe de um governo provisório recentemente instalado em Versalhes, antes residência dos Bourbon, monarcas do Antigo Regime. Thiers, temendo a mobilização de parisienses irados e radicais, queria desarmar Paris e sua Guarda Nacional. Os postos da Guarda eram preenchidos, em sua maior parte, por trabalhadores que queriam uma república forte e estavam enfurecidos com a capitulação do governo provisório na desastrosa guerra contra a Prússia, que começara em julho anterior e causara a queda do Segundo Império.

Apesar dos esforços do exército francês, os homens e as mulheres de Montmartre, Belleville e Buttes-Chaumont impediram corajosamente que as tropas tomassem os canhões. Ao verem a chegada a Montmartre de cerca de 4 mil soldados, que pararam para esperar os cavalos necessários para conduzir as armas morro abaixo, mulheres soaram o alarme. Trabalhadores que moravam na colina com vista para a capital francesa impediram que as tropas fortemente armadas amarrassem os canhões aos cavalos e, mantendo a tradição dos embates revolucionários, iniciaram a construção de barricadas. Os soldados começaram a fraternizar com o povo de Montmartre. Os 6 mil soldados enviados a Belleville, La Villette e Ménilmontant não se saíram melhor. Os parisienses manteriam seus canhões.

Frustrado, Thiers retirou suas forças de Paris para Versalhes, onde planejou reagrupá-las e, mais adiante, retomar a cidade. Milhares de parisienses ricos se juntaram a ele naquele momento. Em Paris, enquanto isso, militantes de esquerda proclamaram a "Comuna", um governo autônomo e progressista que trouxesse liberdade para os parisienses, entre os quais muitos acreditavam ser "donos de suas próprias vidas" pela primeira vez. Famílias de bairros proletários passeavam pelos *beaux quartiers* da capital, imaginando uma sociedade mais justa, e se preparavam para tomar medidas a fim de tornar isso realidade. A Comuna progressista deles duraria meras dez semanas antes de ser aniquilada durante a última e sangrenta semana de maio.

O nascimento e a destruição da Comuna de Paris, um dos mais trágicos eventos que contribuiu para definir o século XIX, ressoam ainda hoje. Nas ruas de Paris, o exército de Thiers derrubou a tiros milhares de homens e mulheres, mesmo que não participassem dos combates, e algumas crianças. Soldados executaram muitos por atuarem na defesa da Comuna; outros morreram por seus trajes de trabalhadores, restos de um uniforme da Guarda Nacional parisiense, ou simplesmente pelo modo de falar. Os massacres realizados pelas tropas francesas contra seus próprios compatriotas prenunciaram os demônios do século seguinte. Você podia ser derrubado a tiros por ser quem você era, porque queria ser livre. Este talvez tenha sido o principal significado da Semana Sangrenta, de 21 a 28 de maio de 1871, o maior massacre da Europa no século XIX.

PARIS ERA UMA CIDADE ASCENDENTE DE GRANDES CONTRASTES SOciais e contradições durante o Segundo Império (1852-1870) de Napoleão III. Por um lado, a capital liderava uma economia francesa em rápido crescimento. A indústria continuava dominada por artesãos em pequenas oficinas que produziam os *artigos de Paris* – luvas de alta qualidade e outras mercadorias de luxo que vieram a simbolizar a manufatura francesa. Instituições financeiras imperiais ajudavam a impulsionar a produção industrial dentro e em torno de Paris, trazendo uma prosperidade sem paralelo para as pessoas de recursos. Elas participavam de luxuosos eventos sociais do Império e de apresentações teatrais, transitando pela cidade e pelo Bois de Boulogne em carruagens, enquanto as pessoas comuns iam a pé para o trabalho. Trens poderosos, locomotivas vomitando vapor, levavam passageiros ricos da florescente capital para Deauville e outras cidades cada vez mais elegantes da costa normanda.

PRÓLOGO

A explosão econômica e a incrível riqueza que o governo trouxe a Paris desviaram a atenção da pobreza disseminada e das divisões na cidade. Napoleão III e o barão Georges Haussmann abriram bulevares espaçosos em meio ao emaranhado da Paris medieval. Restaurantes e cafés requintados recebiam aqueles que podiam frequentá-los. Nos distritos dilapidados e superpovoados do leste e do norte da cidade, trabalhadores que se apertavam em miseráveis apartamentos ou cortiços lutavam para sobreviver. Para eles, os tempos difíceis pareciam não passar nunca.

No fim dos anos 1860, Napoleão III enfrentava uma oposição política crescente, a ponto de muitos parisienses preverem um fim desastroso para seu reinado. Três revoluções haviam expulsado monarcas do trono da França nos últimos sessenta anos. Até então, ninguém trouxera para o país a estabilidade que se podia encontrar do outro lado do canal da Mancha, na Grã-Bretanha.

Napoleão III, porém, tinha confiança de que, diferentemente de seus predecessores imediatos, estava destinado a se manter no poder. Nascido em 1808, Luís Napoleão Bonaparte era filho de um irmão de Napoleão e fora criado num palácio na Suíça, em meio aos frutos do regime de seu tio. Certo de que seu futuro papel seria aumentar a herança dinástica de sua família famosa e fundi-la ao destino da França, ele acrescentou à sua ambição um astuto senso de oportunismo político combinado a um péssimo discernimento. A Monarquia de Julho do rei Luís Filipe, da família Orléans (uma ala nova dos Bourbon, a família real francesa), mantinha sua política de forçar a família de Napoleão Bonaparte a permanecer no exílio. Luís Napoleão tentara invadir a França com um punhado de seguidores em 1836, quando marchou para uma guarnição de Estrasburgo e foi preso, e novamente quatro anos depois, quando aportou na costa, perto de Boulogne-sur-Mer, com o mesmo resultado constrangedor. Em 1840, foi aprisionado no norte da França, de onde escapou em 1846 travestido de trabalhador. Esses fiascos ajudaram a dar ao sobrinho de Napoleão a reputação de uma espécie de parvo que se cercava de amigos imbecis e desastrosos. Baixo e cada vez mais corpulento, ele se parecia com o tio – com o qual seus inimigos o comparavam, chamando-o de "o chapéu [napoleônico] sem a cabeça" e zombando de seus "olhos de peixe".

Mas, apesar de todos os seus fracassos anteriores, Luís Napoleão era surpreendentemente otimista e acreditava que o progresso econômico sob seu regime poderia beneficiar todos os parisienses, ricos e pobres. Com sua modéstia habitual, ele escreveu da prisão: "Acredito que há certos homens que nasceram para servir como um condutor da marcha da raça humana. [...] Eu me considero um deles."[1]

A Revolução de Fevereiro em 1848, uma das muitas revoluções que varreram a Europa naquele ano, levou ao fim a monarquia dos Orléans e Luís Napoleão retornou rapidamente a Paris. Ele foi eleito presidente da Segunda República em dezembro de 1848, nove meses depois de o rei Luís Filipe ser destronado. Após orquestrar a repressão da esquerda, o "presidente príncipe" encerrou a Segunda República com um golpe em 2 de dezembro de 1851, pois seu mandato de presidente chegaria ao fim no ano seguinte. Os parisienses acordaram diante de uma lei marcial; os membros socialistas-democratas da Assembleia Nacional – cujos integrantes eram eleitos pelos *départements* – foram presos.

Mas alguns parisienses não estavam dispostos a se submeter a outro império sem lutar. O golpe de Estado de Luís Napoleão deflagrou uma rebelião malfadada em bairros da classe trabalhadora no centro e no leste de Paris. Mais de 125 mil pessoas, em sua maioria *paysans* – camponeses –, empunharam armas para defender a República, particularmente no sul, onde sociedades secretas haviam construído redes de apoio clandestino. Mas os insurgentes não tiveram nenhuma chance contra as colunas de soldados profissionais e logo estavam fugindo para salvar suas vidas. Num precursor do resultado da Comuna de 1871, quase 27 mil pessoas – quer tivessem participado da revolta ou não – foram levadas a cortes marciais, ou "Comissões Mistas", formadas por oficiais militares superiores, autoridades judiciais e administrativas. Milhares foram condenados, recebendo sentenças que iam desde deportação para a Argélia ou mesmo Caiena, até aprisionamento na França ou exílio da região onde moravam. No ano seguinte, Napoleão III declarou o Segundo Império.[2]

O imperador encontrou seus seguidores bonapartistas entre os homens ricos que haviam apoiado Luís Filipe em nome da "ordem" social durante a Monarquia de Julho orleanista que governou entre 1830 e 1848.[3] O sistema financeiro sob Napoleão III também foi constituído para enriquecer aqueles que já estavam no poder. A família do novo imperador recebia 1 milhão de francos do Tesouro todo ano. Parentes aleatórios também recebiam grandes quantias do Estado simplesmente por existirem. Além disso, milhões de francos em fundos especiais iam para os grandes bolsos do imperador; uma amante inglesa recebia uma quantia substancial também. Mas nem todos estavam satisfeitos com Napoleão III. Enquanto os ricos se tornavam ainda mais ricos, muita gente em Paris e nas províncias continuava a enfrentar dificuldades e tinha desprezo por "Napoléon le petit", como Victor Hugo o chamava. Trabalhadores não tinham nenhum recurso legal contra seus empregadores, que eram apoiados por gendarmes* e soldados.

De fato, um número cada vez maior de parisienses se encaixava nesse segundo grupo e não se beneficiava nem um pouco do regime de Napoleão III. A população de Paris quase dobrou durante os anos 1850 e 1860, de pouco mais de 1 milhão em 1851 para quase 2 milhões de pessoas em 1870. A cada ano, durante o Segundo Império, dezenas de milhares de imigrantes enchiam a capital vindos da bacia parisiense, do norte, da Picardia, da Normandia, de Champagne e da Lorena, entre outras regiões, na maioria trabalhadores braçais, homens ainda mais pobres do que os parisienses que já estavam ali, atraídos pela possibilidade de trabalho nos canteiros de obras. Os novos moradores, muitos dos quais haviam deixado situações econômicas precárias no mundo rural, responderam por praticamente todo esse rápido crescimento urbano. Muitos eram subempregados, se não desempregados, e abarrotavam *garnis* – cortiços – nas ruas estreitas, cinzentas, dos distritos centrais, ou barracos nos subúrbios industriais que emergiam. Os *arrondissements* centrais, sempre densamente povoados, chegaram a impressionantes 15 mil pessoas por quilômetro quadrado, como no quarto *arrondissement*, no Marais, onde a densidade populacional era o triplo da de hoje. Dezenas de milhares eram indigentes, dependentes até certo ponto de caridade. Alguns dormiam onde dava. Em 1870, quase meio milhão de parisienses – um quarto da população – podia ser classificado como indigente.[4]

---

* Originalmente o termo dizia respeito aos cavaleiros nobres a serviço de um exército na França medieval. Posteriormente, passou a se referir aos soldados franceses responsáveis pela segurança pública. (N. do R. T.)

Enquanto a deterioração do velho centro medieval de Paris se tornava mais pronunciada, as elites se enfureciam com "a crise urbana". Na Île de la Cité, a maioria dos artesãos havia ido embora, deixando em seu lugar cerca de 15 mil homens, em sua maior parte trabalhadores diaristas, que abarrotavam os cortiços da ilha. A Notre Dame se erguia sobre esses pequenos prédios superlotados. Um relatório da polícia notara a presença de "um número enorme de pessoas desprovidas, homens e mulheres, que sobrevivem apenas por meio de saques e que encontram refúgio nos bares e bordéis que poluem o *quartier*". A Rive Droite, que compunha grande parte do primeiro *arrondissement*, tendo como centro o enorme mercado Les Halles, no Marais, incluindo o terceiro e quarto *arrondissements*, e, ao norte, o 11º e o 12º *arrondissements* refletiam a deprimente textura da vida urbana. Boa parte do quinto *arrondissement*, na Rive Gauche, com seus muitos sucateiros e vendedores de panos, também era muito pobre. Miserável e infestado de doenças, o *faubourg* de Saint-Marceau, uma das áreas mais pobres de Paris, avançava pelo 13º *arrondissement*, onde trapeiros comerciavam e coureiros lançavam restos de animais no rio Bièvre.[5]

O centro e o leste de Paris formavam, de acordo com um observador, "uma cidade gótica, preta, sombria, infestada de fezes e febre, um lugar de escuridão, desordem, violência, sujeira, miséria e sangue". Um cheiro horrível emanava de "becos pavorosos, casas cor de lama" e de águas estagnadas, pútridas. Paris, assim como outras grandes cidades, era um lugar insalubre onde todo ano morria mais gente do que nascia. Apenas mais ou menos um quinto dos prédios tinha água corrente. Afastar invernos congelantes era um desafio perpétuo. Pessoas que viviam com relativa facilidade nos *beaux quartiers* do oeste da cidade sentiam que moravam sem conforto numa capital sórdida de imoralidade e vícios, seus *quartiers* escuros e úmidos, um refúgio das "classes perigosas e que faziam o trabalho duro", ainda que a maioria das pessoas de recursos jamais tivesse visto realmente esses bairros. A literatura popular ajudou a fixar firmemente essa imagem na imaginação da classe alta, retratando bairros pobres de Paris como antros da "escória da sociedade".[6]

Para acomodar o crescimento exponencial da população de Paris e limitar a deterioração do centro da cidade, em 1853, Napoleão III convocou o barão Georges Haussmann, prefeito do *département* do Sena, para planejar uma reforma urbana. De origem alsaciana, Haussmann nascera na capital. Depois de concluir o curso de direito ele entrou na burocracia, servindo como subprefeito e depois prefeito de vários *départements* provinciais, nos quais, durante a Segunda República, emprestou suas habilidades administrativas à repressão política. Homem dinâmico com talento para a organização, Haussmann parecia o perfeito burocrata parisiense e estava ansioso para usar o emergente campo da estatística em seu benefício ao lançar um grande projeto. Mas Haussmann, que se vestia com extrema elegância, era também um sujeito metido a brigão, arrogante, vaidoso e agressivo, disposto a fazer qualquer coisa a sua alçada para assegurar que a França jamais fosse novamente uma república.[7]

De muitas maneiras, portanto, Haussmann era o homem ideal para realizar o sonho de Napoleão de reformar a capital francesa e torná-la uma cidade imperial. O imperador e o prefeito do Sena tinham três objetivos. O primeiro era trazer mais luz e ar para uma cidade assolada pela cólera em 1832 e 1849 (e novamente em 1853 e 1854, depois de iniciados os grandes projetos de Haussmann) e, ao mesmo tempo, construir mais esgotos para melhorar o saneamento da cidade. Segundo, eles queriam liberar o fluxo de capital e mercadorias. As primeiras lojas de departamento francesas – Bon Marché, Bazar de l'Hôtel de Ville, Le Printemps, Le Louvre e La Samaritaine – ficariam nos amplos bulevares de Haussmann, juntamente com reluzentes *brasseries* e cafés, que se tornaram a face da Paris moderna, embora as pequenas lojas continuassem essenciais para a economia urbana.[8]

Terceiro, o imperador e seu prefeito queriam limitar as possibilidades de insurgência em tradicionais bairros revolucionários. Os próprios bulevares se tornariam um obstáculo à construção de barricadas em virtude de sua largura. Em oito ocasiões desde 1827, parisienses insatisfeitos haviam construído barricadas na cidade, mais recentemente durante a Revolução de Fevereiro e, depois, durante os Dias de Junho de 1848, quando trabalhadores se ergueram para protestar contra o fechamento das Oficinas Nacionais que ofereciam empregos, mesmo que poucos, numa época de aperto econômico. Barricadas foram erguidas novamente na capital após o golpe de Estado de Luís Napoleão Bonaparte. Na ocasião, manifestantes conseguiram bloquear o avanço de exércitos profissionais construindo às pressas barricadas nas ruas estreitas do centro e do leste de Paris, usando madeira, pedras de calçamento e praticamente qualquer outra coisa que pudessem encontrar. Napoleão III não tinha nenhuma intenção de deixar isso acontecer de novo.⁹

Os bulevares de Haussmann refletiram a determinação dos líderes do Segundo Império de impor sua versão de ordem social a Paris. O prefeito do Sena não mediu palavras: "Trazer a ordem para esta Cidade Rainha é uma das primeiras condições de segurança geral." Alguns bulevares de fato foram abertos bem dentro dos *quartiers* insurgentes dos Dias de Junho. O boulevard Prince Eugène ofereceu aos soldados um acesso relativamente fácil ao "habitual centro [...] de distúrbios".¹⁰

Os novos bulevares de Paris incorporaram, assim, o "imperialismo da linha reta", cuja intenção era não apenas reprimir revoltas, mas também exibir a modernidade e a força do império. Propiciavam aleias de poder pelas quais as tropas poderiam marchar em desfiles ostentosos, como fora o caso de exemplos anteriores de planejamento urbano clássico, desde a Madri de Filipe II até a São Petersburgo de Pedro, o Grande e a Berlim de Frederico, o Grande. A rue de Rivoli, concluída em 1855, conduzia visitantes à exposição internacional no Champs-Élysées, que apresentava 5 mil peças, muitas delas celebrando as inovações tecnológicas da cidade. A "capital do mundo" se destacaria como uma espetacular "exposição permanente", ou o que o romancista Théophile Gautier chamou de "Uma Babel da indústria. [...] Uma Babilônia do futuro".¹¹

A Assembleia Nacional forneceu verbas para a enorme série de projetos, ampliadas por um imposto sobre mercadorias trazidas para a cidade, cobrado nas barreiras de alfândega (*octrois*) que circundavam Paris. Mas, como os custos subiram muito, o barão Haussmann encontrou outras maneiras engenhosas de levantar dinheiro além dos impostos, contornando o Corps Législatif para fazer isso. Ele exigiu gastos de capital de empreiteiros que, em princípio, seriam pagos com juros depois que fizessem seu trabalho. Haussmann passou, depois, a emitir "títulos de procuração", apoiados pelos fundos agora devidos por esses empreiteiros. A reforma imperial de Paris deixou a capital com uma dívida de 2,5 bilhões de francos. No fim dos anos 1860, o prefeito do Sena havia levantado 500 milhões de francos. O imperador estava bem consciente das maquinações financeiras de Haussmann, mas permaneceu comprometido com seus grandes planos para Paris, que continuariam a criar empregos e aumentar o prestígio de seu império.[12] Porém, a estratégia financeira era como uma bolha hipotecária que podia estourar a qualquer momento.

A reforma de Paris também exigiu a destruição de 100 mil apartamentos em 20 mil prédios. A "haussmannização" de Paris despachou muitos parisienses para a periferia urbana porque eles haviam sido despejados de apartamentos alugados, suas casas haviam sido destruídas ou os preços haviam disparado numa cidade que já era extremamente cara. Em alguns lugares dos *arrondissements* centrais, como a Île de la Cité, a população realmente caiu quando as pessoas se mudaram para a periferia. Cerca de 20% a 30% da população parisiense se mudou, a maioria para *quartiers* próximos ou vizinhos, mas também para os subúrbios. Estes foram anexados a Paris em 1º de janeiro de 1860 com o propósito de aumentar a arrecadação de impostos, mas também de tornar mais fácil ao governo policiar essa periferia inquieta. Recém-chegados das províncias também haviam ido para os subúrbios, em particular Montmartre, no 18º *arrondissement*, La Villette, no 19º, e Belleville, no 20º. Esses distritos se tornaram as residências, temporárias ou permanentes, de um número cada vez maior de trabalhadores pobres, assim como os crescentes subúrbios além dos muros de Paris.[13]

Em vez de adiar uma disputa de classe, porém, a reforma de Paris apenas acentuou o contraste entre os *arrondissements* do oeste, mais prósperos, e os *quartiers* pobres do leste e nordeste, a chamada "Paris do Povo". O florescimento do oeste de Paris tivera início meio século antes, quando negócios e bancos se estabeleceram ali. Podiam-se também encontrar arcadas e passagens de vidro e metal – "verdadeiras ruas-galerias" –, cujas butiques prenunciaram as novas lojas de departamento. Mas sob Napoleão III, o dia da burguesia realmente chegara.

No nono *arrondissement*, por exemplo, o *quartier* da Chaussée d'Antin, o centro do que Balzac descreveu como "o mundo do dinheiro", tornou-se residência para os reis das finanças e suas senhoras. A residência ou *hôtel* da família Guimard, construída em 1772, foi convertida numa loja que vendia as maiores novidades para o consumidor. Ali perto ficava outra residência elegante, que se tornou a sede de uma das companhias ferroviárias cujos trens estavam aos poucos transformando a França. O Grand Hôtel e seu Café de la Paix foram construídos no boulevard Capucines, a alguns passos da nova Ópera de Charles Garnier, cuja construção teve início em 1861. Quando a imperatriz Eugénie perguntou ao arquiteto parisiense de nascimento qual seria o estilo da nova casa de ópera, ele supostamente respondeu sem a menor hesitação, "puro Napoleão III".[14] Na place Saint-Georges, ficava a considerável residência de Adolphe Thiers, que encheu sua mansão de *objets d'art* do mundo inteiro.

Ali perto, a Champs-Élysées e o oitavo *arrondissement*, na extremidade oeste de Paris, também ostentavam os privilégios concedidos pela riqueza. Carruagens e cavalos transportavam os ricos para o Bois de Boulogne, onde *tout Paris* podia se divertir. Residências particulares magníficas ladeavam a avenida. Ali perto ficavam elegantes *cirques* (praças com cruzamentos), como o Jardin d'Hiver, cafés-concerto (onde festeiros bebiam e ouviam música ao vivo) e restaurantes. Uma residência particular luxuosa havia sido comprada pela mãe da imperatriz Eugénie, que, é claro, não permitiria a sua mãe morar em qualquer lugar. A Champs-Élysées atendia aos requisitos.[15]

Do outro lado do Sena, o boulevard Saint-Germain, parcialmente concluído em 1855, ficava paralelo ao rio. Como cortava o sétimo e o oitavo *arrondissements*, o bulevar também exibia residências particulares que ofereciam privacidade e elegância, muitas datadas do século XVIII. Nesse mesmo bulevar, o Café de Flore abriu uma loja no fim do Segundo Império, trazendo, assim como hoje, uma clientela com dinheiro para gastar.

A UM MUNDO DE DISTÂNCIA DA OPULÊNCIA DO OESTE DE PARIS, EM-bora não muito longe, a rue de la Goutte d'Or dividia em duas partes um bairro proletário. Em *A taberna*, Émile Zola descreveu Gervaise – um personagem que acabaria morrendo de tanto beber – olhando para o número 22:

> Na lateral da rua, tinha cinco andares, cada um deles com quinze janelas alinhadas, cuja falta de venezianas, com suas ripas quebradas, dava ao enorme espaço da parede uma aparência de completa desolação. Mas abaixo disso havia quatro lojas no andar térreo: à direita da entrada um enorme restaurante barato, à esquerda um comerciante de carvão, um de

tecidos e uma loja de guarda-chuvas. O prédio parecia ainda mais colossal porque ficava entre duas frágeis casas baixas grudadas em cada um de seus lados. [...] Suas laterais sem reboco, cor de lama e tão interminavelmente nuas quanto muros de prisão, mostravam fileiras de pedras dentadas [ligações de pedra que se projetam da extremidade de um prédio para que outras possam ser rapidamente acrescentadas e ligadas] como mandíbulas caídas mordendo o vazio.[16]

Assim como Gervaise, muitos parisienses da classe trabalhadora começaram a se sentir alienados da cidade que amavam em meio às drásticas e devastadoras mudanças orquestradas por Haussmann sob interesse das classes superiores.[17] De fato, esse senso de não pertencimento possivelmente contribuiu para um emergente senso de solidariedade entre aqueles que moravam às margens da capital. E, mesmo que o oeste de Paris estivesse sendo transformado numa cidade reluzente de amplos bulevares e apartamentos de luxo, o leste, o norte e a periferia estavam sendo refeitos pela industrialização em curso. Os limites da cidade ofereciam mais espaço, acesso às ferrovias, aos canais do norte de Paris e uma força de trabalho encarapitada diante de seus portões (onde as barreiras alfandegárias se encontravam), o que a tornava um local ideal para as fábricas. Os fabricantes maiores seriam encontrados nos subúrbios interiores (algumas dessas fábricas eram anteriores ao Segundo Império) – aqueles anexados em 1860 –, incluindo a metalúrgica Cail, em Grenelle, que empregava cerca de 2,8 mil trabalhadores. Empreendedores dos subúrbios produziam velas, sabão, perfumes e açúcar, levando matéria-prima para o norte de Paris via canal de l'Ourcq.

As populações das áreas industrializadas de Paris cresceram muito com a chegada das novas fábricas. A população do 20º *arrondissement*, por exemplo, passou de 17 mil em 1800 para 87 mil em 1851, e continuou a subir. Montmartre, que tinha apenas cerca de 600 habitantes em 1800, chegou a 23 mil em 1851 e a 36,5 mil cinco anos depois. A produção química e metalúrgica transformou La Villette, que passou de cerca de 1,6 mil habitantes, cinquenta anos antes, para mais de 30 mil em 1860. Além dos muros de Paris, o *arrondissement* de Saint-Denis cresceu de 41 mil em 1841 para espantosos 356 mil em 1856, enquanto as indústrias avançavam rapidamente além da cidade.[18]

EM 1834, UM MINISTRO DE LUÍS FILIPE HAVIA ADVERTIDO QUE AS FÁbricas que estavam sendo construídas nos limites de Paris poderiam "ser a corda que nos estrangulará um dia".[19] Durante o Segundo Império, o inacreditável crescimento populacional nos bairros da classe trabalhadora acentuou o medo que as elites parisienses tinham dos trabalhadores que viviam à margem geográfica e social de sua cidade. Belleville, um bairro de quase 60 mil pessoas na extremidade nordeste, fora anexado a Paris juntamente com os outros subúrbios interiores. "Belleville está descendo o morro!" tornou-se um temor contundente nos *beaux quartiers* abaixo.[20]

Louis Lazare, um crítico monarquista do Segundo Império e da reforma de Paris, argumentou que em vez de distribuir milhões de francos nos bairros mais ricos, o dinheiro seria muito mais bem gasto na "pavorosa Sibéria" da periferia. Lazare advertiu que "em torno da Rainha das Cidades está crescendo uma formidável vila operária".[21]

O conservador Louis Veuillot compartilhou uma crítica à haussmannização com os republicanos, que rejeitavam a estrutura autoritária do império e sua elite privilegiada. O polemista católico adotou a lembrança da velha Paris destruída pela modernidade, pelo materialismo, pelo secularismo e pela centralização do Estado. Viu os novos bulevares como "um rio transbordado que carregaria com ele os destroços de um mundo". Paris se tornara uma "cidade sem passado, cheia de mentes sem memória, corações sem tristeza, almas sem amor!", ele lamentava, "cidade de multidões desraigadas, pilhas mutáveis de poeira humana, você pode crescer para se tornar a capital do mundo, [mas] nunca terá cidadãos".[22]

A CRESCENTE OPOSIÇÃO AO REGIME DE NAPOLEÃO III TAMBÉM FOI infundida pelo anticlericalismo tanto nos grupos de radicais de classe média quanto entre os pobres. A Igreja Católica era extremamente visível na Paris do Segundo Império, mas estava ausente na vida das famílias de trabalhadores parisienses. Se o Segundo Império tivera um renascimento do catolicismo fervoroso em partes da França, particularmente depois da visão da Virgem Maria em Lourdes, em 1856, Paris, outras cidades grandes e regiões como Limousin, Île-de-France e grandes áreas do sudoeste haviam passado por uma "descristianização" – um declínio da prática religiosa. Em Ménilmontant, no 20º *arrondissement*, apenas 180 homens de uma população de 33 mil realizaram seu dever de Páscoa, a obrigação de receber a Sagrada Comunhão. A situação da Igreja era ainda mais desoladora nos subúrbios da classe trabalhadora.[23] Isso talvez não fosse surpreendente, considerando que a Igreja dizia aos pobres que este mundo é um vale de lágrimas e que eles deveriam se resignar à pobreza – a recompensa pelo sofrimento viria no Céu.

Correntes intelectuais durante as décadas de meados do século XIX também desafiaram a primazia da fé sobre a razão declarada pela Igreja Católica. O positivismo, baseado na crença de que a inquirição racional e a aplicação da ciência à condição humana estavam avançando a sociedade, estava se tornando mais popular em universidades da Europa. O *Sílabo dos Erros* papal (1864), que denunciava a sociedade moderna, pareceu associar a Igreja à ignorância e à rejeição do progresso humano. A literatura popular, incluindo obras de Victor Hugo, George Sand e Eugène Sue, apresentou em algum momento o clero católico sob uma luz desfavorável. Os anticlericais acreditavam que os camponeses franceses estavam sob o jugo do clero, sussurrando instruções em confessionários.

Se o clero paroquial oferecia cerimônias úteis – batismos, casamentos e enterros –, as ordens religiosas viviam em isolada contemplação e oração ("eles comem, eles dormem, eles digerem", dizia um velho refrão). Além disso, as ordens religiosas, particularmente os jesuítas, eram estreitamente identificadas com o papel político conservador da Igreja, cujos arcebispos e bispos haviam apoiado o golpe de Estado de Luís Napoleão Bonaparte.

Muitos parisienses se opunham em particular ao papel dominante da Igreja no ensino primário. Durante o Segundo Império, as ordens religiosas cresceram em Paris de 6 para 22, para homens, e de 22 para impressionantes 67, para mulheres. O número de homens em ordens religiosas aumentou de 3,1 mil em 1851 para bem mais de 20 mil em 1870, e o de mulheres de 34,2 mil para mais de 100 mil em 1870. Em 1871, 52% dos alunos parisienses estavam em escolas dirigidas por ordens religiosas e com professores aos quais não eram exigidos os exames necessários aos professores leigos. O virtual monopólio da Igreja sobre a educação de meninas sobressaía, mas o alfabetismo permanecia mais baixo entre as mulheres do que entre os homens.[24]

AS DIFICULDADES ENFRENTADAS PELOS TRABALHADORES POBRES também contribuíram para aumentar a oposição ao regime imperial. Enquanto os preços subiam à frente dos salários e aumentava o abismo entre os ricos e os trabalhadores, estes encontraram maneiras de combater essas injustiças. Embora os sindicatos continuassem ilegais (e continuariam até 1884), o fim dos anos 1860 trouxe a criação de mais associações de trabalhadores, que eram basicamente sindicatos tolerados. Isso aconteceu num momento em que empregadores, particularmente em indústrias de maior escala, estavam reduzindo custos ao atacarem os trabalhadores de chão de fábrica qualificados, definindo regras e regulamentos, aumentando a mecanização e contratando trabalhadores menos qualificados. Em 1869, havia pelo menos 165 associações de trabalhadores em Paris, com cerca de 160 mil membros. Os restaurantes em regime de cooperativa, que ofereciam refeições a preços reduzidos, tinham mais de 8 mil frequentadores. Associações de trabalhadores começaram a organizar cooperativas de produtores (em que os trabalhadores de um ramo teriam ferramentas e matéria-prima, contornando, assim, o sistema salarial existente). Os objetivos dessas associações eram políticos e até revolucionários, bem como econômicos. De fato, muitos trabalhadores acreditavam que a organização de associações de trabalhadores acabaria por substituir a própria existência do Estado.[25]

Muitas mulheres parisienses emergiram como militantes, exigindo direitos e melhores condições de trabalho. Incontáveis delas trabalhavam em casa – muitas morando em sótãos mal iluminados – no sistema doméstico do trabalho têxtil, uma parte importante da industrialização em larga escala na França. As trabalhadoras ganhavam aproximadamente metade do que seus colegas homens recebiam em oficinas e fábricas. Mas as reivindicações de voto feminino eram poucas e ocasionais – a ênfase permanecia em questões econômicas e na luta de famílias da classe trabalhadora e de mulheres solteiras para sobreviver. Num manifesto redigido em julho de 1868, 19 mulheres exigiram que toda mulher detivesse a "posse dos direitos que lhe pertencem como pessoa humana". Um ano depois, militantes femininas organizaram a Sociedade para Afirmação dos Direitos das Mulheres. Elas defendiam o direito ao divórcio e publicaram um plano de "Escolas Primárias Democráticas para Meninas", com o objetivo de "conquista de igualdade" e "reforma moral".²⁶

A impressão, pelo menos por um breve momento, era de que esses esforços compensariam. A começar por uma anistia, em 1859, aos punidos por resistirem ao golpe de Estado ou serem militantes republicanos ou socialistas, o Segundo Império de Napoleão III entrou numa fase de certo modo mais liberal. A legalização das greves, em 1864, levou a uma onda de paralisações no trabalho. Leis em 1868 tornaram a censura à imprensa menos opressiva. Uma enxurrada de jornais republicanos começou a ser publicada, em especial *La Marseillaise* e *La Lanterne*, que tinha uma circulação de mais de 150 mil exemplares.²⁷

Porém, apesar da nova fachada liberal, o Segundo Império de Napoleão III continuou sendo um Estado policial, concentrando sua atenção nas ameaças ao regime. A *préfecture de police* guardava informações sobre nada menos que 170 mil parisienses. Em duas décadas, o número de policiais aumentara de 750 para mais de 4 mil, juntamente com incontáveis espiões da polícia. A polícia municipal era uma força de 2,9 mil integrantes, apoiada por unidades do exército em guarnições.²⁸

Ainda assim, havia uma vibrante cultura de resistência a Napoleão III. Qualquer um que entrasse nos cafés mais populares do Quartier Latin encontraria uma variedade de militantes republicanos e socialistas determinados a provocar uma mudança no regime enquanto sonhavam em criar um governo comprometido com a justiça social e a política. Naquela época, a *brasserie* Chez Glaser parecia estar ainda em construção, com dois grandes blocos de cimento na base de postes de metal, aparentemente as únicas coisas que impediam o lugar de desabar, onde recebiam os clientes. Mesinhas de mármore branco e uma mesa de bilhar nos fundos do pequeno salão aguardavam pelos sedentos. Glaser, um professor alsaciano demitido pelo governo por suas opiniões republicanas, tinha, assim como a maioria dos clientes, pouca utilidade para o Segundo Império de Napoleão III.

Entre outros importantes pontos onde os militantes bebiam estavam o Café de Madrid, no boulevard Montmartre, na Rive Droite, e, na Rive Gauche, o Café de la Salamandre, na região de Saint-Michel, com o Café d'Harcourt ali perto, e o Café Théodore, na rue Monsieur-le-Prince. Um *cabinet littéraire* (uma livraria que emprestava livros) na rue Dauphine também reunia críticos do regime, incluindo, de vez em quando, o pintor naturalista Gustave Courbet, presença constante no Quartier Latin.[29]

Um relatório da polícia descreveu Courbet com a precisão convincente de um de seus autorretratos: "Fisicamente, ele perdeu seu encanto romântico." Ele era "grande, gordo e curvado, caminhando com dificuldade por causa de uma dor nas costas, cabelo grisalho longo, com um ar de lavrador debochado e malvestido". O morador inglês Ernest Vizetelly descreveu Courbet como "meio camponês na aparência, inchado de cerveja, bem-humorado". Denis Bingham, outro observador britânico, viu o pintor como "um fazendeiro do interior afável, [...] Courbet era sempre tratado por seus amigos como uma criança que cresceu demais, e se comportava como tal".[30] Nascido em Ornans, em Franche-Comté, no leste da França, cujo sotaque ele mantinha com orgulho, Courbet era amigo do anarquista Pierre-Joseph Proudhon, que era da mesma região e compartilhava seu desprezo pelo Segundo Império. Proudhon sustentava que o propósito da arte era "o aperfeiçoamento físico, intelectual e moral da humanidade". Courbet, o *maître d'Ornans*, buscava na pintura a mesma liberdade que queria para os homens e mulheres da França.[31]

Courbet emergiu como um ferrenho opositor de Napoleão III. Rejeitado em 1863 pelo Salon, a exposição anual de pinturas aprovadas pelos acadêmicos, ele insistiu que se tornara pintor "para ganhar sua liberdade individual e para que apenas ele pudesse julgar sua pintura". Em 1870, o governo lhe ofereceu a Légion d'honneur. Na carta de recusa ao prêmio, o pintor afirmou que o governo "parecia ter assumido a tarefa de destruir a arte em nosso país. [...] O Estado é incompetente nesses assuntos. [...] Tenho 50 anos e sempre vivi como um homem livre – deixem-me terminar minha existência livre".[32]

A MAIORIA DOS PARISIENSES NÃO SE SENTIA LIVRE. DIFERENTEMENTE de todas as outras 36 mil cidades e vilas da França, Paris não tinha o direito de eleger um prefeito. O cargo fora abolido em 1794 e novamente em julho de 1848. Agora, os parisienses não podiam sequer eleger os conselhos municipais dos *arrondissements* – os vinte *arrondissements* da cidade tinham conselhos nomeados pelo imperador. Cada um deles tinha um prefeito e um vice-prefeito, mas estes também eram nomeados pelo governo. Tudo isso gerou reivindicações de autodeterminação. Em 1869-1870, as exigências de autonomia municipal se fundiram com o republicanismo. Nos salões de dança e armazéns dos limites de Paris, a ideia de um dia ter uma "Comuna", na qual Paris teria direitos políticos e seria um modelo de liberdade, ganhou força.[33]

RAOUL RIGAULT SE TORNARA UM CONHECIDO OPOSITOR DO REGIME imperial. Era também um personagem proeminente nos cafés e *brasseries* do boulevard Saint-Michel no fim dos anos 1860. Comia, bebia e socializava com mulheres jovens, e os encantos de algumas delas eram comprados com dinheiro. Com uma *bock* – uma cerveja forte – à mão, ele era bajulado, oferecendo comentários ácidos sobre o Segundo Império. Obcecado pela Revolução Francesa, considerava-se a encarnação viva do radical Jacques-René Hébert, cuja vida ele estudava atentamente quando deixava sua mesa para atravessar o Sena e visitar a Bibliothèque Nationale. Ali ele assumia um dos primeiros lugares numa das longas fileiras de assentos perto da frente, sempre no lado esquerdo, é claro. Ele podia recitar de cor trechos escritos por Hébert, seu herói, o revolucionário inflexível, guilhotinado em março de 1794 por ordem do Comitê de Segurança Pública.[34]

Parisiense até a medula, Rigault nasceu na capital em 1846, filho de Charles-Édouard, um republicano respeitável. Depois do golpe de Estado, a família passou a residir no 17º *arrondissement*, no noroeste de Paris, cujos moradores eram algo entre a elite e o proletariado. Expulso do Lycée Imperial em Versalhes, ele passou, contudo, no exame de *baccalauréat* tanto em ciência quanto em literatura. Em 1866, seu pai o expulsou de casa depois de uma discussão particularmente desagradável. Mudando-se para um quarto num sótão na rue Saint-André-des-Arts e ganhando pouco dinheiro dando aulas de matemática, Rigault começou a frequentar o Café Le Buci, discutindo política e jogando bilhar. Começou a chamar todo mundo que encontrava de *citoyen* ou *citoyenne*, incluindo as "cidadãs prostitutas", como haviam feito os *sans-culottes* da Revolução. Rigault e outros jovens radicais organizaram e publicaram vários jornais de vida curta, um dos quais foi confiscado e fechado pela polícia em 1865 por conter um artigo que "ultrajava a religião". O artigo ofensivo tinha o estilo da escrita de Raoul Rigault por toda parte.[35]

A vida de Rigault no café, interrompida por curtos períodos na cadeia, trouxe-lhe uma corpulência prematura. Ele tinha uma altura média e "olhos curiosos" que espiavam por trás de seu pincenê. Vestido de maneira tão miserável quanto possível e levando sua caixa de rapé, Rigault recebia visitantes com uma chuva de cuspe que saía de sua boca quando ele arengava e tossia. Algumas gotas ficavam presas em sua barba eriçada, espessa, acastanhada, complementada por seu cabelo longo e desgrenhado. Aqueles que o confrontavam notavam que seus lábios contribuíam para sua postura aparentemente "irônica", até provocativa, seu olhar penetrante e inquisitorial, "cheio de um descaramento sarcástico". A voz de Rigault subia do ressonante ao trovejante quando o assunto passava à política e à luta de classes. Seu mau humor era notório; certa vez gritou com seu oponente durante uma discussão: "Vou lhe dar um tiro!"[36]

Desenvolvendo uma obsessão pela organização e pelo pessoal da polícia, Rigault seguia agentes esmeradamente, incluindo os onipresentes espiões da polícia (*mouchards*) em suas rondas, observando seus hábitos, forças e fraquezas, bem como suas atitudes. Vestindo-se como um advogado, ele obtinha acesso ao tribunal do Palácio da Justiça, que julgava crimes políticos, e tomava notas atentas sobre policiais que testemunhavam. Rigault arrumava as informações que reunia e guardava num grande arquivo.

Como muitos outros militantes jovens, Rigault ingressou na Primeira Internacional, criada em 1864 e proibida na França em 1868.[37] Em fins de 1865, ele ajudou a organizar um encontro de estudantes em Liège, cidade no leste da Bélgica. No ano seguinte a polícia o prendeu depois de uma turbulenta reunião no Le Buci – que em seguida fechou por vários meses – sob a acusação de ter formado uma sociedade secreta conhecida como "a Renascença". Embora tenha se recusado a fazer um juramento de dizer a verdade que invocava Jesus Cristo, Rigault foi libertado porque esta era sua primeira prisão.

Em 1865, Rigault foi atraído para o blanquismo por meio de Gustave Tridon, um socialista revolucionário francês. Os "blanquistas" eram seguidores de Auguste Blanqui, "*Le Vieux*" (O Velho), um revolucionário profissional e perfeito homem de ação que passara metade de sua vida na prisão por ter participado de uma série de conspirações. Ele sustentava que um bando firmemente organizado de militantes de esquerda poderia um dia tomar o poder revolucionário.

A fim de participar de reuniões políticas de estudantes em salas de confererência, Rigault se matriculou numa escola de medicina, perto de seus cafés e *brasseries* favoritos. Durante os anos seguintes, o dossiê de Rigault na *préfecture de police* cresceu. No salão de dança Folies-Belleville, Rigault encontrou ouvintes ávidos entre artesãos e trabalhadores semiqualificados. Num discurso em dezembro de 1868, ele defendeu o reconhecimento de *unions libres* (casais não casados), argumentando que qualquer obstáculo à "união de um homem e uma mulher" violava as leis da natureza. Rigault ridicularizou os sempre presentes espiões da polícia, que anotaram o que ele disse. Naquele ano ele publicou um prospecto em um jornal informando aos leitores: "Deus é o absurdo." Mais tarde, no mesmo ano, um artigo seu apareceu no *Démocrate*, prevendo que, se os ateístas chegassem ao poder, não tolerariam seus inimigos. Quando, durante um comparecimento a um tribunal, o advogado de acusação se referiu desdenhosamente a Rigault como o "professor das barricadas", o alvo respondeu: *"Oui! oui!"*[38]

Depois de uma prisão, Rigault conseguiu escapar chegando ao telhado de um prédio, correndo para a Gare de Lyon e pulando no primeiro trem que partia. Saltou em Moret-sur-Loing, perto de Fontainebleau, e durante dois dias vagou por uma floresta. Rigault se deparou com Auguste Renoir em pé diante de seu cavalete. O pintor impressionista viu vários veados se dispersando de repente e ouviu barulhos nos arbustos. Um jovem "de aparência não terrivelmente atraente apareceu. Suas roupas estavam rasgadas e cobertas de lama, seus olhos perturbados e seus movimentos bruscos". Renoir, achando que Rigault fosse um louco que escapara de uma instituição, agarrou sua bengala para se defender. O homem parou a vários metros dele e exclamou: "Eu lhe imploro, senhor, estou morrendo de fome!" Rigault explicou sua situação e Renoir, que tinha simpatias republicanas, foi à cidade e comprou um avental de pintor e uma caixa de tintas, assegurando a ele que as pessoas da vizinhança não fariam perguntas; os camponeses ali estavam agora bastante acostumados a ver pintores.[39]

De volta a Paris, Rigault ajudou a formar uma aliança entre os "cidadãos proletários" e os intelectuais radicais, ligando o tradicionalmente revolucionário *faubourg* de Saint-Antoine e os novos bastiões de trabalhadores de Montmartre e Belleville ao Quartier Latin. Ao mesmo tempo, ajudou a encontrar fundos para novos jornais substituírem aqueles que haviam fechado ou fracassado, coletando notícias e relatos sobre julgamentos políticos e publicando tórridas denúncias contra indivíduos que considerava lacaios imperiais. Em quatro anos, Rigault enfrentou dez condenações judiciais no tribunal – o bordel, como ele gostava de chamá-lo.[40]

Assim, no fim dos anos 1860, Paris se tornara cheia de vida com a crescente mobilização política de pessoas comuns. Uma lei de 8 de junho de 1868, permitindo a liberdade de associação, deu início ao frenético período do "movimento de reuniões públicas". Multidões se aglomeravam em salões de dança, cafés-concerto e armazéns, a maioria destes na periferia plebeia de Paris, para ouvir discursos e debater temas políticos antes proibidos. De 1868 a meados de 1870, quase mil reuniões públicas aconteceram. Nada menos que 20 mil pessoas participaram numa única noite. Os trabalhadores continuavam sendo o principal público das reuniões políticas, embora esses encontros atraíssem parisienses de classe média também. A polícia, sem dúvida, também estava presente, anotando o que era dito e, com isso, fornecendo aos historiadores relatos incrivelmente ricos sobre esses "parlamentos do povo".[41]

NO INÍCIO DE 1870, NO RASTRO DA CONTÍNUA MOBILIZAÇÃO POLÍTIca liberal e das vitórias eleitorais, Napoleão III nomeou um novo gabinete liderado por Émile Ollivier – um republicano moderado –, que foi considerado um governo de conciliação. Mas sua breve acomodação entre o governo e a oposição chegou ao fim em meio à crescente militância republicana. Não foi por coincidência que a reaproximação terminou durante a estagnação da economia, que trouxe tempos difíceis. Quando o financiamento dos grandes projetos de Haussmann se tornou um escândalo público, contribuindo para a crescente oposição ao regime, a bolha estourou e, em 5 de janeiro de 1870, Napoleão III demitiu o barão da prefeitura do Sena, uma das condições impostas por Ollivier para aceitar o cargo no governo. O ressentimento contra Napoleão III aumentou, em meio a greves e mais reuniões públicas. Nessa precoce primavera, tornou-se possível imaginar um novo mundo político.[42]

RIGAULT ESTAVA ENTRANDO NA BIBLIOTHÈQUE NATIONALE QUANdo recebeu a notícia de que, em 11 de janeiro de 1870, o príncipe Pierre Bonaparte havia baleado e matado seu amigo Victor Noir num duelo, depois de o príncipe insultar dois jornalistas. *"Chouette! Chouette!"* (Ótimo! Ótimo!), exclamou Rigault, porque um Bonaparte finalmente seria levado a julgamento. Em 12 de janeiro de 1870, opositores políticos do regime transformaram o funeral de Noir numa grande manifestação contra o império, da qual participaram 100 mil pessoas. Gustave Flourens, um dos cerca de 3 mil blanquistas, tentou transformar a manifestação numa insurreição. Rigault também ajudou a organizar e conduzir a marcha, que incluiu alguns trabalhadores portando pistolas ou barras de ferro sob seus jalecos azuis de comerciantes. Confrontada por soldados de prontidão, a multidão se dispersou. Um tribunal absolveu o primo do imperador, condenando os dois jornalistas à prisão. A absolvição não surpreendeu membros da esquerda; em vez disso, estimulou-os.

NUMA TENTATIVA DE ANGARIAR APOIO A SEU IMPÉRIO, EM MAIO DE 1870 Napoleão III recorreu à velha tática bonapartista – e, mais tarde, gaullista – de organizar um plebiscito com termos dissimulados para tentar reafirmar sua autoridade. Este perguntava aos homens franceses se eles aprovavam as mudanças liberais realizadas pelo império. Um *non* poderia, assim, indicar oposição ao imperador ou às reformas liberais, como o relaxamento da censura. Em todo o país, 7,4 milhões de homens votaram *oui* e 1,5 milhão *non*, mas em Paris o voto *non* ganhou de 184 mil a 128 mil. Portanto, o plebiscito em Paris ficou bem aquém de alcançar seu efeito pretendido. O anúncio dos resultados levou a manifestações sangrentas e batalhas campais com a polícia, causando várias mortes.[43] O Segundo Império e seus opositores em Paris pareciam estar em rota de colisão.

CAPÍTULO I

A GUERRA E O COLAPSO DO IMPÉRIO

EM 1870, NAPOLEÃO III ESTUPIDAMENTE EMPURROU A FRANÇA PAra uma guerra contra a Prússia e seus aliados alemães ao sul, uma guerra que iria minar seu poder, fortalecer o sentimento antigoverno e levar ao colapso do Segundo Império. Em questão estava a candidatura do príncipe Leopoldo – um membro dos Hohenzollern, a família real prussiana – ao trono vago da Espanha. Se um prussiano se tornasse rei da Espanha, a França se arriscaria a ficar cercada pelos Hohenzollern, rivais para a supremacia continental europeia, deixando potenciais inimigos do outro lado dos Pireneus bem como na outra margem do Reno.

Mas Napoleão III tinha outros motivos para querer a guerra. A força crescente dos republicanos e socialistas na França enfraquecia o imperador, que sofria com o fiasco da política externa no México, em 1867, quando forças francesas foram derrotadas pelo presidente Benito Juárez, e Maximiliano, protegido de Napoleão III e pretenso imperador do México, foi executado. O imperador presumia que a guerra contra a Prússia traria uma vitória relativamente fácil, aumentando, com isso, seu prestígio. Não era a primeira vez que ele usava a guerra para esses fins; Napoleão se valeu das vitórias francesas na Guerra da Crimeia, de 1853 a 1856, e contra a Áustria, em 1859, para lembrar a seu povo e ao resto da Europa a força de seu império. Ao jantar com oficiais do exército em Châlons-sur-Marne, em 1868, ele foi provocador ao erguer uma taça de vinho Riesling alemão da Renânia e anunciar, "Cavalheiros, espero que logo vocês estejam colhendo esse vinho", enquanto indicava com a cabeça o leste.[1]

Em 1866, Napoleão III havia subestimado muito a força do exército prussiano, presumindo que a Áustria dos Habsburgo sairia vitoriosa numa guerra curta naquele ano pela supremacia política no centro da Europa. Ele cometeria o mesmo erro quatro anos depois. A criação da Confederação da Alemanha do Norte, dominada pela Prússia depois da derrota da Áustria, mudou o equilíbrio de poder. Mesmo depois da vitória da Prússia, porém, o imperador francês fizera fortes exigências de compensação territorial, em resposta ao crescimento da força de um rival em poder encarapitado do outro lado do Reno, em relação à Alsácia. Especificamente, ele insistia para que a Prússia concordasse com a possível anexação da Bélgica e de Luxemburgo pela França, ao que a Grã-Bretanha e outras potências se opuseram com êxito. O chanceler prussiano, Otto von Bismarck, rejeitou as exigências da França feitas por escrito.

Em julho de 1870, sob grande pressão francesa, o príncipe Leopoldo retirou sua candidatura ao trono espanhol. Napoleão III exigiu que o rei Guilherme I, da Prússia, pedisse desculpas formalmente à França e prometesse que jamais um membro da família real Hohenzollern se candidataria novamente ao trono da Espanha. O embaixador francês na Prússia, conde Vincent Bénédetti, apresentou essa insistência ao rei prussiano, com agressividade e grosseria, na cidade balneária de Bad Ems. Bismarck respondeu com um telegrama, mais tarde divulgado à imprensa, que se tornou conhecido como o Despacho de Ems, embelezando forçadamente o que havia ocorrido. Bismarck, cujo pai era um nobre prussiano (*Junker*), ingressara na burocracia prussiana depois de concluir o curso de direito, no qual ficara mais conhecido por cicatrizes em brigas do que pelo êxito acadêmico. Como primeiro-ministro da Prússia, ele dominava as políticas interna e externa com sua marca da *Realpolitik*, a busca do autointeresse nacional baseada numa astuta avaliação de todas as possibilidades. O uso do Despacho de Ems foi uma manobra calculada para preparar seu país para a guerra. Bismarck rejeitou a exigência francesa. O "Chanceler de Ferro" da Prússia estava agora confiante de que uma guerra vitoriosa contra a França levaria à unificação dos estados alemães sob a liderança prussiana.[2]

Na Prússia e em outros estados alemães espalhou-se rapidamente a história de que o embaixador francês insultara com arrogância o rei. Tanto na Prússia quanto na França, o clima era belicoso. Muitos parisienses também pareciam querer a guerra, inclusive alguns republicanos. Multidões cantaram

"A Marselhesa", que fora proibida na França imperial por ser identificada com o republicanismo e a Revolução Francesa. O clima popular e a expectativa de vitória refletiram na decisão de uma editora de produzir um *Dicionário francês-alemão para uso dos franceses em Berlim*.³ Instigado pelo ministro das relações exteriores, o duque de Gramont, e pela imperatriz Eugénie, bem como por um segmento da população, Napoleão III declarou guerra em 19 de julho de 1870.

Os estados alemães de Württemberg, Hesse, Baden e Baviera ficaram do lado prussiano. A França foi para a guerra sem aliados. Bismarck revelou aos britânicos o documento em que Napoleão III exigira a anexação da Bélgica e de Luxemburgo, uma tentativa de tomar o poder que Bismarck sabia que enfureceria os britânicos e asseguraria a neutralidade destes. Recém-unificada – pelo menos em princípio –, a Itália não perdoara a França pela absorção de Nice em 1860, depois de um plebiscito, e não estava disposta a ajudá-la agora. Gramont estupidamente presumiu que a Áustria se juntaria à França contra seu ex-inimigo depois que os exércitos franceses entrassem na Renânia prussiana e em Palatinado, no sudoeste da Alemanha, mas a Áustria permaneceu fora da briga.

Embora fosse enfrentar os prussianos sozinho, o exército francês parecia confiante na vitória. Além de suas vitórias na Guerra da Crimeia e na guerra contra a Áustria, em 1859, as forças francesas haviam expandido os interesses imperiais no sudeste da Ásia, dando a seu corpo de oficiais mais experiência em batalhas. A derrocada no México três anos antes, esperava o exército, poderia ser convenientemente esquecida.

Mas a complacência militar se estabelecera e as rotinas tradicionais passaram a dominar. As forças armadas estavam infestadas de facções, intensificadas por tensões entre oficiais aristocratas e homens de origem popular – trabalhadores e camponeses das classes média e baixa. A experiência acumulada em campanhas militares unilaterais no norte da África e no sudeste da Ásia não poderia ser facilmente aplicada numa guerra europeia.⁴

Para piorar as coisas, a mobilização francesa para a guerra não ficou nada aquém do caótico. Regimentos estacionados por toda a França foram levados de trem para pontos de mobilização distantes, num processo desorganizado, ineficiente e dolorosamente lento. Foi preciso convocar reservistas em suas casas e transportá-los para os quartéis dos regimentos. Ao exército da Alsácia faltavam especialmente suprimentos e dinheiro, e alguns soldados eram abertamente hostis a seus oficiais. Até mesmo mapas topográficos apropriados estavam indisponíveis ou era difícil encontrá-los. Comandantes tinham apenas dois terços do número de soldados previsto e lhes faltavam as grandes reservas disponíveis à Prússia e seus aliados.

Os planos de mobilização prussianos, por outro lado, estavam indo bem. As ferrovias da Prússia, públicas e privadas, foram postas sob controle militar e modernizadas com particular atenção às necessidades em tempo de guerra. Em contraste, o alto-comando francês dera pouca atenção ao papel crucial das ferrovias, tão necessárias para uma mobilização rápida e eficiente de tropas. Os trens das tropas francesas moviam-se por um único trilho, portanto só podiam ser usados para transportá-las em uma direção de cada vez. Todos os dias, cinquenta trens prussianos seguiam para a frente de batalha por trilhos duplos em cinco linhas principais, em contraste com doze trens franceses.

Mas o exército francês tinha um novo fuzil com carregamento pela culatra, o *chassepot*, que era superior aos fuzis prussianos porque os soldados podiam levar uma quantidade muito maior de suas balas, de calibre menor. As tropas francesas também tinham uma versão inicial da metralhadora (*mitrailleuse*), bem parecida com a Gatling, da Guerra Civil dos Estados Unidos. Tinha 37 canos, ou "tubos", disparados em rápida sucessão por um soldado que virava rapidamente uma manivela manual. Logo a arma ganhou o apelido de "moedor de café".

Os comandantes franceses faziam pouca ideia do estado-maior prussiano coeso e organizado, incansavelmente supervisionado desde 1857 por Helmuth von Moltke. Em acentuado contraste, a França, inacreditavelmente, não tinha um chefe do estado-maior. Em princípio, o imperador comandava o exército; ele presumia que o fato de ser sobrinho de Napoleão era suficiente. Parece que Napoleão III, diferentemente de Von Moltke, não tinha nenhum plano específico para lutar a guerra contra a Prússia.

Dezoito dias depois da declaração de guerra, a Prússia e seus aliados alemães do sul tinham quase 1,2 milhão de soldados na fronteira ou perto desta. Um general francês relatou em pânico por telegrama: "Cheguei a Belfort.

Não consigo encontrar minha brigada. Não consigo encontrar o comandante da divisão. O que devo fazer? Não sei onde estão meus regimentos." Soldados franceses desmoralizados – muitos dos quais eram recrutas relutantes e constrangidos entre soldados profissionais que já haviam visto de tudo – pareciam apáticos, jogando cartas e bebendo muito para sustentar o ânimo em meio à carência de comida. Comandantes estavam notoriamente desinteressados sobre as condições de seus soldados. Aos reservistas recentemente reconvocados faltava treinamento suficiente e às vezes comprometimento.[5]

As táticas prussianas, desenvolvidas na guerra contra a Áustria quatro anos antes, enfatizavam o movimento rápido e coordenado de unidades em direção às posições do inimigo, estendendo, assim, o campo de batalha. Os comandantes franceses acreditavam que linhas firmes, armadas com *chassepots* e metralhadoras, e apoiadas por fogo de artilharia, venceriam os "fuzis de agulha", de alcance inferior. Eles pareciam ignorar o fato de que os canhões prussianos de aço resistente, produzidos pelas fábricas Krupp, eram mais fortes, precisos e podiam ser disparados mais rapidamente do que as peças de artilharia de bronze já gastas da França. Além disso, Von Moltke treinara suas baterias para alcançar melhor mobilidade e, portanto, tornou-as mais responsivas às mudanças de posição do inimigo. Ele também se esforçara muito para modernizar a cavalaria, retirando oficiais incompetentes, apesar de suas credenciais de nobres prussianos. Em contraste, aristocratas mantinham seu lugar privilegiado nas forças armadas francesas, independentemente de sua incompetência.[6]

O IMPERADOR DEIXOU PARIS EM DIREÇÃO A METZ EM 28 DE JULHO, designando a imperatriz Eugénie como regente em sua ausência. Em 31 de julho, o Exército do Reno francês avançou num ataque preventivo. Tropas francesas cruzaram a fronteira e capturaram Saarbrücken, que estava praticamente indefesa, pois os exércitos prussianos comandados por Von Moltke tinham peixes maiores para fisgar. Esta foi a última vitória francesa com alguma consequência. Dois exércitos prussianos foram para o norte de Lorena e um terceiro para o norte da Alsácia. As forças prussianas tiveram vitórias durante batalhadas em Wissembourg, em 4 de agosto, e em Spicheren, perto das montanhas dos Vosges, no dia seguinte, enquanto os regimentos do marechal Achille Bazaine estavam acampados a menos de 15 quilômetros de distância, e depois em Woerth, no dia seguinte.

As derrotas francesas não foram esmagadoras e seu inimigo sofreu muitas baixas, porém os exércitos da França foram forçados a recuar. Canhões prussianos dispararam granadas uma após a outra sobre os franceses, com os soldados prussianos bem fora do alcance das metralhadoras francesas. O marechal Patrice de MacMahon se retirou para Châlons-sur-Marne, e Bazaine, agora nomeado comandante-chefe, para o forte de Metz. Ordens francesas caóticas, e por vezes mal transmitidas, iam e voltavam o tempo todo. Bazaine moveu seu exército na direção de Verdun, mas encontrou a rota cortada por Von Moltke.[7]

Em 18 de agosto, o exército prussiano, com 188 mil soldados, avançou contra forças francesas com dois terços de seu tamanho sob o comando de Bazaine. Na Batalha de Gravelotte, travada a oeste de Metz, os prussianos causaram 20 mil baixas (contra 12 mil no lado alemão). A desmoralização e o ressentimento acompanharam os exércitos franceses depois dessas derrotas. Em Saverne, soldados embriagados insultaram oficiais que encontraram sentados confortavelmente num café. Mas uma outra perda tornou as coisas piores. O exército de Bazaine recuou para Metz e o exército prussiano cercou a cidade, derrotando o exército comandado por MacMahon, que estava tentando aliviar Bazaine. Ali, alguns oficiais superiores haviam se desencantado tanto com Bazaine que planejaram, sem aprovação do marechal, organizar uma tentativa de romper Metz e envolver os prussianos numa batalha. Mas o comandante francês soube do plano e este ruiu. Para os republicanos, o incidente ganhou um tom político porque Bazaine, assim como outros comandantes franceses, havia alcançado um cargo militar elevado por meio de patente apadrinhamento imperial.

Como um cerco prussiano a Paris parecia agora inevitável, o general Louis Trochu havia sugerido ao conselho de guerra de Napoleão III que o exército de Bazaine se retirasse para os arredores de Paris, para além de suas fortificações, a fim de manter os prussianos afastados. Seis dias depois, o imperador chegou a Châlons-sur-Marne para presidir uma reunião militar a fim de determinar se seguiria o plano de Trochu. Ali ele encontrou uma confirmação de o quanto a situação do exército se tornara terrível: soldados aparentemente acabados estavam ociosos, "vegetavam, não viviam", como explicou um de seus oficiais, "mal se moviam mesmo que você os chutasse, resmungando ao terem seu sono perturbado".[8] O exército de Napoleão III parecia resignado com a derrota.

Em Paris, a ansiedade com o avultante cerco prussiano se misturou à ira diante das miseráveis derrotas militares da França, uma atmosfera que apresentava uma oportunidade para a esquerda política. Em 14 de agosto, um grupo de "blanquistas" se preparou para uma revolução. Liderado por um jovem estudante, Émile Eudes, o grupo forçou sua entrada num Corpo de Bombeiros em La Villette, no norte de Paris. Sua tentativa de deflagrar uma insurreição não deu em nada quando bombeiros pegaram suas armas e trabalhadores não se aproximaram para ajudá-los. Os insurgentes rapidamente recuaram para seu bastião periférico de Belleville.[9]

Em 17 de agosto, o imperador nomeou o militar Trochu como governador-geral da região de Paris. A nomeação do conservador pareceu, para a maioria dos parisienses, pura provocação. Napoleão III rejeitara a ideia de Trochu de que as forças de Bazaine voltassem para defender Paris, acreditando que esse movimento sugeriria uma proximidade da derrota e poderia pôr em perigo seu império. Parecia que, em vez de tentar defender Paris de um cerco prussiano, o imperador estava mais preocupado em reprimir a agitação civil, uma atitude que só fez enfurecer os pobres, já ansiosos. Entretanto, Trochu imediatamente retornou a Paris com 15 mil *gardes mobiles* parisienses, companhias de reservistas recém-criadas, para garantir a segurança da capital.

O moral francês continuou a fraquejar. A chegada dos *gardes mobiles* perto da frente de batalha aumentou as tensões, em parte porque eles tinham pouca experiência militar. Eles descansavam perto de Châlons-sur-Marne e em outros acampamentos com seus uniformes novos em folha, em contraste com o vestuário cada vez mais surrado dos outros soldados. Além disso, vários oficiais superiores com fortes ligações com o império estavam agora dispostos à paz, em parte devido à preocupação com suas carreiras caso houvesse mais derrotas. A catástrofe militar francesa em andamento acentuou as tensões políticas que haviam aumentado no fim dos anos 1860 entre bonapartistas e republicanos.[10]

Depois de enviar Trochu para Paris, o imperador ordenou a MacMahon que levasse seu exército de Châlons-sur-Marne para Reims, antes de mudar o destino para Montmédy, na fronteira belga. Napoleão III acompanhou MacMahon, pretendendo organizar um novo exército e marchar sobre Metz para aliviar as forças sitiadas de Bazaine. Agora não havia nenhum soldado francês entre os exércitos prussianos e Paris; e Trochu, ao chegar a Paris, descobriu que quase nenhuma preparação fora feita para defender a capital.

O plano de Napoleão rapidamente descarrilou. Em 30 de agosto, o exército de Von Moltke atacou, causando baixas pesadas e forçando o exército de 100 mil homens a recuar para a cidade fortificada de Sedan, perto da fronteira belga. O exército francês estava cercado. Napoleão III estava tão enfraquecido por uma enfermidade que mal conseguia ficar em cima de seu cavalo. Em 1º de setembro, o exército francês tentou fugir de Sedan, mas foi duramente derrotado pelos prussianos, perdendo mais de 17 mil homens, mortos e feridos, além de mais 20 mil capturados. No dia seguinte, o imperador e 100 mil de seus soldados se renderam.

Quando os exércitos imperiais fracassaram, a trégua política entre o império e a oposição republicana produzida pela guerra rapidamente evaporou. Em Paris, a revolução já parecia uma clara possibilidade, em especial porque a Guarda Nacional da cidade crescera em força durante a guerra e se tornara uma força republicana cada vez mais organizada e militante. Em 12 de setembro, os guardas nacionais passaram a receber 1,50 franco por dia – ou *trente sous*;* mais tarde, 75 centavos foram acrescentados por uma esposa e 25 centavos por filho. As famílias mais pobres dependiam dessa quantia irrisória para conseguir comprar comida. Os guardas nacionais elegiam seus oficiais da companhia, que por sua vez elegiam os comandantes de batalhões – trabalhadores e homens de classe média baixa em geral desconhecidos fora de seus bairros.[11]

A esquerda considerava a Guarda Nacional – que crescera para 134 batalhões durante a Guerra Franco-Prussiana, incorporando de 170 mil a 200

---

* O termo *trente sous* seria usado posteriormente como apelido para os que serviram à Guarda Nacional neste período. Um *sous*, unidade monetária do Antigo Regime, correspondia a 5 centavos de franco. Apesar de oficialmente em desuso, a população continuava a empregá-lo, por estar mais próximo do valor das trocas do dia a dia. (N. do P. O.)

mil homens, talvez mais – um equilíbrio contra o exército profissional, usado antes da guerra pelo regime imperial para reprimir grevistas. A maioria das unidades tinha origem em grupos de parisienses da classe trabalhadora, embora os *quartiers* elegantes ostentassem unidades de elite. A Guarda Nacional podia não ter acesso a muitos *chassepots*, que eram mantidos pelo exército oficial, mas estava armada e tinha canhões.

Em 3 de setembro, a imperatriz Eugénie recebeu uma mensagem concisa de Napoleão III: "O exército foi derrotado e rendido. Eu próprio sou um prisioneiro." A situação dela não era muito melhor. Gritos contra o império já ecoavam nas ruas, embora muitos parisienses não tivessem consciência da derrota em Sedan. Eugénie ofereceu autoridade provisória a Adolphe Thiers, que servira como primeiro-ministro de 1830 a 1840 sob a Monarquia de Julho orleanista, mas este se recusou, dizendo que não restava nada que pudesse ser feito pelo império.[12]

Na noite de 3 de setembro, deputados do Corps Législatif reunidos no Palais Bourbon podiam ouvir gritos do lado de fora pela proclamação de uma república. Em meio a um tumulto geral, o republicano moderado Jules Favre proclamou o fim do império bem depois da meia-noite. Vinte e seis deputados nomearam uma "comissão de governo", cujos membros ainda seriam determinados, mantendo Trochu como governador-geral de Paris.

Na manhã de 4 de setembro, uma multidão seguiu da place de la Concorde para o Palais Bourbon, atravessando o Sena. Um relato descreveu as pessoas com condescendência, como pertencentes às "mais diversas classes", incluindo mulheres, "que, como sempre, eram dignas de nota por sua atuação entusiasmada, violenta e histérica".[13]

Sutter-Laumann, um republicano de 18 anos, foi de Montmartre aos bulevares, onde encontrou pessoas em estado de agitação. Pouco antes, ele fora preso e espancado depois de fazer um discurso numa reunião pública num velho salão de dança no boulevard Clichy. Agora, a palavra "traição" estava no ar. Ao saber que o imperador fora feito prisioneiro em Sedan, ele caminhou até a place de la Concorde e sentou na calçada para refletir. "Um clamor triunfante" se aproximava dele, o povo gritando por uma república. O jovem descreveu suas emoções como refletindo "uma tripla embriaguez: a do patriotismo, a do vinho e a do amor".[14]

No Palais Bourbon, tropas e multidão se olharam com cautela. Guardas nacionais conservadores atraídos de bairros próximos também estavam ali, suas baionetas reluzindo ao sol. Então, quando deputados apareceram tardiamente, alguém abriu os portões. Parisienses invadiram o Palais Bourbon. Ali, o debate continuava: a proclamação do fim do império feita na madrugada por Favre competia com propostas apresentadas pelo governo e por Thiers, que pediu a nomeação de uma "comissão de governo e defesa nacional". Léon Gambetta, um ativista anti-imperial radical, proclamou uma república. Multidões então atravessaram o Sena, seguindo para o Hôtel de Ville, o "soberbo Louvre das revoluções" que passara a simbolizar a Paris revolucionária. Vários proeminentes republicanos jacobinos radicais e socialistas já estavam ali, inclusive os velhos *quarante-huitards* ["quarenta-e-oito-anos", veteranos da Revolução de 1848].[15] Os jacobinos eram um grupo amorfo de republicanos nacionalistas, inspirado pela Revolução Francesa e pelo papel desempenhado por Paris nesta, que defendia a democracia direta e acreditava que o Estado centralizado deveria cuidar do bem-estar dos cidadãos.

Mais tarde, em 4 de setembro, Gambetta proclamou a república pela segunda vez, aplaudido pelo povo abaixo. A multidão forçara a libertação da prisão de Henri Rochefort, um opositor estridente, mas errático, do regime imperial. A multidão republicana o saudou em triunfo. Gambetta se autoproclamou ministro do interior e Favre assumiu o cargo de ministro das relações exteriores. Rochefort ingressou na lista como o único membro da esquerda. Dois dias depois da derrota de Napoleão III em Sedan, seu Segundo Império desabava e a Terceira República era estabelecida.

COM EXÉRCITOS PRUSSIANOS SEGUINDO PARA PARIS, MUITOS DESAfios atormentaram a nova República desde o início. Sérias divisões entre moderados e radicais se tornaram imediatamente aparentes, enquanto Paris assumia o direito de falar para o resto do país, grande parte do qual era muito mais conservador do que a capital. Os blanquistas presentes estavam particularmente indignados com a composição política extremamente moderada do Governo de Defesa Nacional provisório, mas suas vozes mal podiam ser ouvidas no caos.[16]

A maioria dos parisienses acreditava que somente uma república poderia salvar a França. Membros do Governo de Defesa Nacional, cujo título sugeria neutralidade política, temiam outra insurreição parisiense e estavam determinados a afastar os radicais, fossem republicanos ou socialistas. Um bonapartista escreveu em seu diário que "os perigos internos eram temidos tanto quanto os prussianos".[17] A presença contínua de Trochu como presidente interino do governo tinha a intenção de tranquilizar conservadores e moderados; ele deixou claro seu compromisso com "Deus, a Família e a Propriedade". Nesse meio-tempo, Paris ganhou um ar festivo, seu povo confiante de que a unidade republicana, diferentemente do regime de Napoleão III e Eugénie, acabaria por derrotar os prussianos.

A imperatriz Eugénie fugiu de Paris, deixando para trás a desordem de caixas de joias vazias jogadas no chão às pressas, bem como uma refeição elegantemente preparada, que os "revolucionários" comeram depois de invadir as Tulherias.[18] Temendo tanto as tropas prussianas quanto uma república, muitos outros moradores ricos também tomaram o caminho fácil da saída, deixando os *arrondissements* do oeste, mais prósperos, pela segurança de casas de campo. Enquanto faziam isso, trabalhadores substituíram placas de Paris que anunciavam a "rue du Dix-Décembre", data em que Luís Napoleão Bonaparte fora eleito, 10 de dezembro de 1848, por "rue du Quatre-Septembre" [rua Quatro de Setembro], o nome que permanece ainda hoje. Martelos retiraram a golpes o "N" de Napoleão de pontes e monumentos de pedra.

A esquerda se mobilizou rapidamente. Raoul Rigault, que se escondia da polícia em Versalhes, chegou a Paris em 5 de setembro, um dia depois da proclamação da República. Naquele dia, membros dos "comitês de vigilância", que os republicanos radicais haviam criado em cada *arrondissement*, exigiram eleições para um governo municipal. Dez dias depois, um cartaz vermelho (*affiche rouge*) repetia essa exigência. Rigault e outros blanquistas começaram a planejar febrilmente uma insurreição. Eles correram até a prisão Mazas, perto da Gare de Lyon, libertando Eudes e vários outros prisioneiros políticos. Rigault foi então à *préfecture de police* e se instalou no escritório do chefe de segurança. Ele vasculhou documentos nos arquivos da polícia para descobrir os nomes daqueles que haviam trabalhado como espiões da polícia imperial, na esperança de mais tarde puni-los. Por sua obsessão com a polícia, Rigault era a pessoa perfeita para o trabalho. Blanqui descreveu seu discípulo ardente como tendo "uma vocação. [...] Ele nasceu para ser chefe da polícia".[19]

AGORA, COM OS SOLDADOS PRUSSIANOS PRÓXIMOS A PARIS, A FRANça era uma república dividida, incipiente. Muitos da esquerda acreditavam que as circunstâncias poderiam oferecer uma oportunidade para estabelecer uma república radical, progressista. Clubes políticos parisienses reconstituídos ingressaram no coro. A Paris plebeia abria o caminho. Em 6 de setembro, Jules Vallès, um jornalista radical, organizou um clube em Belleville. Este se reuniu na Salle Favié, um dos bastiões da agitação política antes da guerra. Em Montmartre, no 18º *arrondissement*, André Léo (Victoire Léodile Béra, uma escritora que usava os nomes de seus dois filhos gêmeos) e Nathalie Le Mel (uma encadernadora de livros, oradora frequente no movimento de reuniões públicas e uma das fundadoras de uma cooperativa de consumidores em Montmartre) estavam entre as mulheres militantes dedicadas à causa da defesa de Paris, das famílias da classe trabalhadora e da República. Ali, a *mairie* (a subprefeitura de cada *arrondissement*) fornecia alguns serviços sociais em resposta às cartas escritas por mulheres da classe trabalhadora pedindo assistência. Essas cartas refletiam o sofrimento das mulheres quando tentavam sustentar a si mesmas e às suas famílias com a ajuda de amigos e vizinhos.[20] No 13º *arrondissement*, o Club Démocratique Socialiste anunciou que estudaria "todos os problemas sociais e políticos relacionados à emancipação do trabalho e dos trabalhadores", enquanto permaneceria vigilante contra qualquer tentativa de restaurar a monarquia. Com as forças prussianas cercando Paris, os comitês de vigilância escolheram "delegados" para um comitê de vigilância central, dominado pelos republicanos da ala esquerdista e socialistas. O Comitê Central dos Vinte Arrondissements realizou sua primeira reunião em 11 de setembro. Aos poucos, evoluiu e se tornou o equivalente a um partido de esquerda, comprometido com a República e a continuidade da guerra. Os blanquistas eram ativos no Comitê Central, reunindo-se nos clubes de Montmartre e do sexto *arrondissement*.[21]

Foi também em setembro que começou a se ouvir falar da "Comuna" no contexto do "nacionalismo revolucionário" que se seguiu ao estouro da guerra. O precedente histórico era a "Comuna revolucionária" que tomara o poder em agosto de 1792, quando a França havia sido sitiada por Estados estrangeiros. Agora, exigências de soberania popular e de um governo parisiense autônomo emergiam como parte da definição do que a "Comuna" desejada deveria ser, mesmo enquanto tropas prussianas ameaçavam a capital. Para pessoas da esquerda política, o papel da Comuna seria ampliado para incluir grandes reformas sociais. Assim, a "Comuna" assumiria diferentes significados para diferentes pessoas, dependendo de suas fidelidades.[22]

Em 15 de setembro, o Comitê Central dos Vinte Arrondissements assinou um cartaz de parede pedindo o armamento de todos os parisienses e o "controle popular" sobre a defesa, o abastecimento de comida e as habitações. Isso fez parte de uma explosão de exigências de autonomia municipal nos primeiros tempos da República, um desejo que surgira no contexto da centralização imperial autoritária sob o domínio de Napoleão III. Os pedidos de autonomia municipal eram ainda mais sonoros devido à ameaça de uma invasão prussiana. Na tradição da Revolução Francesa, e mais recentemente do movimento de reuniões públicas iniciado em 1868, os republicanos acreditavam que a organização popular por si só permitiria a defesa de Paris contra as tropas inimigas que cercavam a cidade. Clubes políticos e comitês de vigilância apresentavam, portanto, pedidos de uma "guerra total" (*guerre à l'outrance*) em defesa de Paris. Para tornar as coisas um pouco mais fáceis para os parisienses que se preparavam para a guerra, o Governo de Defesa Nacional declarou em 30 de setembro uma moratória sobre o pagamento de aluguéis e instruiu a casa de penhores municipal (Mont-de-Piété) a devolver os itens penhorados sem nenhum custo se estes valessem menos do que 15 francos.[23]

Os exércitos da Prússia e de seus aliados sitiaram Paris a partir de 19 de setembro, enquanto outras forças inimigas saíam da cidade em direção ao rio Loire. Em 10 de outubro, uma força prussiana de 28 mil homens atacou uma posição mantida pelo reconstituído Exército do Loire francês, seus números inchados por uma enchente de voluntários. As tropas prussianas venceram a batalha e capturaram Orléans. O exército francês se retirou, aumentou sua força para cerca de 70 mil homens e retomou a cidade. Porém, a chegada de mais tropas prussianas vindas do nordeste da França levou a novas derrotas francesas na região do Loire e em Le Mans em 11 e 12 de janeiro de 1871.[24]

Os prussianos haviam permitido que Napoleão III partisse para o exílio na Grã-Bretanha, o terceiro chefe de Estado francês (depois do rei Carlos X, após a Revolução de 1830, e do rei Luís Filipe, depois da de 1848) a ser enviado de mala e cuia pelo canal da Mancha.

O Governo de Defesa Nacional nomeou novos prefeitos para cada *arrondissement*. O republicano Comitê Central dos Vinte Arrondissements também exigiu a participação em decisões referentes à defesa de Paris. Unidades da Guarda Nacional começaram a pressionar sua organização e conseguiram impor autoridade nos bairros onde seus integrantes haviam sido recrutados.

Um parisiense, Félix Belly, abriu um escritório na esperança de atrair mulheres suficientes – 30 mil – para encher dez batalhões, cada um deles com oito companhias. Essas unidades de defesa femininas usariam calças e blusas pretas e chapéus com fitas cor de laranja e prometeriam não beber nem fumar. As unidades igualitárias de Belly nunca se materializaram, porém. Por um breve período, ele precisou de proteção contra vizinhos que reclamavam do barulho, e o plano rapidamente evaporou quando Trochu proibiu as novas unidades.[25]

O jovem republicano Sutter-Laumann, recrutado pelo exército, descreveu a estranha sensação de segurança que existia em Paris durante o cerco. O exército supunha que os fortes externos poderiam manter as tropas prussianas afastadas, mas logo ficaria provado que estava errado. O batismo de fogo de Sutter-Laumann aconteceu numa investida, chamada de *sortie*, pela rota de Neuilly-sur-Marne, seguida por vários outros episódios de luta. A população parisiense começara a manifestar "considerável irritação", notou Sutter-Laumann, enquanto as tropas prussianas se defendiam facilmente dessas investidas.[26]

No início de outubro, Gambetta, o ministro do interior, voou corajosamente sobre as linhas prussianas num balão e ergueu um exército considerável que continuou a luta contra o inimigo. E então uma notícia incrível chegou da região de Lorena. Em 27 de outubro, Bazaine inexplicavelmente rendeu seu exército de 155 mil soldados em Metz. Isso praticamente pôs fim a qualquer esperança de aliviar os parisienses sitiados e derrotar os prussianos e seus aliados. Rumores de traição se tornaram abundantes, particularmente quando se soube que o comandante francês vinha negociando secretamente com a contraparte prussiana.

Os parisienses reagiram rápido. Em 31 de outubro, Sutter-Laumann ouviu gritos de "Vida longa à Comuna!" no *faubourg* Saint-Denis, enquanto Paris, faminta e morrendo de frio, resistia. Trabalhadores furiosos desceram a colina de Belleville e outros *quartiers* populares e foram para o centro de Paris e o Hôtel de Ville, incitados por membros de clubes radicais e comitês de vigilância que pediam uma insurreição. Blanquistas invadiram o Hôtel de Ville. Gustave Lefrançais, um oficial da Guarda Nacional, pulou sobre uma mesa e proclamou o fim do Governo de Defesa Nacional, apenas dois meses depois de este ter sido proclamado. Os militantes anunciaram um novo governo, chefiado por velhos nomes da Revolução de 1848: Félix Pyat e Charles Delescluze, bem como pelo revolucionário inveterado Auguste Blanqui. Gustave Flourens chegou com alguns guardas nacionais e empurrou Lefrançais para fora do centro do cenário, acrescentando novos membros ao governo. Flourens e Lefrançais odiavam um ao outro e este último simplesmente foi para casa. Rigault chegara também e Blanqui lhe ordenou que levasse homens para a *préfecture de police* para defendê-la.

Mas logo os trabalhadores voltaram para seus *quartiers* no norte e nordeste de Paris, muitos pensando que haviam conseguido derrubar o governo provisório, e apenas o grupo de guardas de Flourens permaneceu no Hôtel de Ville. Trochu e Jules Ferry, outro membro do governo provisório, aproveitaram-se da saída da multidão e no dia seguinte recuperaram o controle do prédio municipal. Blanqui escapou por pouco de uma perseguição organizada pela polícia do restabelecido Governo de Defesa Nacional.[27]

Depois da tentativa de insurreição em 31 de outubro, os militantes organizaram ainda mais clubes, movidos tanto por desejos políticos quanto pelo desespero durante o cerco em curso. A fome atacava, enquanto os preços disparados dos alimentos desafiavam o esforço dos funcionários dos *arrondissements* para lidar com a situação distribuindo cartões de ração e toda a comida que podiam encontrar. Oradores dos clubes denunciaram pessoas que armazenavam comida às escondidas e fizeram mais exigências exaltadas de uma "Comuna revolucionária". Os resultados de um plebiscito em 3 de novembro e de eleições municipais dois dias depois podem ter refletido o predomínio de vozes moderadas, mas de nada adiantaram para silenciar a militância da esquerda, cada vez mais estabelecida em *quartiers* da classe trabalhadora. Alguns prefeitos de *arrondissements* incentivaram a criação de cooperativas de produtores e comitês de vigilância que desempenharam um papel na distribuição de alimentos e armas. Os blanquistas e outros revolucionários começaram a formar seus próprios clubes, consolidando a relação entre intelectuais militantes, como Rigault, e trabalhadores parisienses.[28]

No início do cerco, famílias parisienses passeavam de trem em torno da circunferência murada de Paris e faziam piquenique perto dos baluartes, até perceberem que as granadas prussianas podiam matá-las. O Comitê Científico do Governo de Defesa Nacional recebeu muitas sugestões desde o início sobre como os parisienses poderiam se livrar do cerco. As ideias submetidas eram risíveis e incluíam soltar "todos os animais mais ferozes do jardim zoológico – para que o inimigo seja envenenado, asfixiado ou devorado". Outra delas propunha a construção de uma "*mitrailleuse* musical" que atrairia soldados prussianos ingênuos tocando Wagner e Schubert, para em seguida ceifá-los; e outra ainda era armar os milhares de prostitutas de Paris com "dedos prússicos" – agulhas cheias de veneno que seriam injetadas nos prussianos no momento crucial, durante um encontro íntimo.[29]

Mas caiu a ficha da realidade depois da rendição de Bazaine, enquanto o cerco continuava e as condições do tempo pioravam. A única correspondência que entrou e saiu de Paris foi transportada em 65 voos de balões que sobrevoaram as linhas inimigas. Pombos levavam mensagens além das linhas prussianas. No fim de outubro, tudo se tornou terrivelmente sério, enquanto o clima ficava insuportavelmente frio, o Sena congelava e os suprimentos de comida minguavam. Uma tentativa militar de romper o cerco a Paris – uma *grand sortie* – e causar danos às forças inimigas falhou miseravelmente em 31 de outubro, o mesmo dia da fracassada insurreição política. Os franceses perderam mais de 5 mil soldados, o dobro de seus adversários alemães.

Edmond de Goncourt escreveu em seu diário em 8 de dezembro: "As pessoas só estão falando do que comem, do que podem comer e do que há para comer. [...] A fome começa e a penúria está no horizonte." Placas anunciando "açougueiros caninos e felinos" começaram a aparecer. Donos de animais de estimação tiveram que proteger seus cachorros, e não o inverso. Camundongos e até ratazanas começaram a ser comidos e um americano afirmou que estas últimas tinham um gosto bem parecido com o de uma ave. Fatias de animais do jardim zoológico – como ursos, veados, antílopes e girafas – foram parar em pratos parisienses. Os muito idosos e muito jovens foram os que mais sofreram e pequenos caixões carregados pelas ruas eram uma visão cada vez mais comum.[30]

O longo cerco isolara mais Paris – tanto política quanto economicamente – das províncias, particularmente do oeste da França. Em Paris, o conservador *L'Opinion Nationale* lamentou em 1º de janeiro que alguns *quartiers* tivessem caído nas mãos de "*Communeux*", um temor burguês que "evocava o Terror" da Revolução Francesa. Para conservadores que permaneciam em Paris, qualquer menção à "Comuna" começava a assumir um aspecto apavorante.[31]

Na manhã de 6 de janeiro, os parisienses acordaram para ver outro cartaz em vermelho vivo colado nos prédios, dizendo "Abra caminho para a Comuna de Paris!". Rigault estava entre os signatários desse *affiche rouge*. O Club Favié de Belleville aprovou a resolução: "A Comuna é o direito do povo, [...] é a *levée en masse* [alistamento em massa] e a punição aos traidores. A Comuna, por fim, [...] é a Comuna." Em reuniões de clubes, o termo "Comuna" ainda era ouvido no sentido de direitos municipais, mas agora com um tom mais progressista, com Paris e seus fervilhantes bairros da classe trabalhadora imaginados como o centro de uma república democrática e social. O comitê de vigilância do 18º *arrondissement* proclamou que "os *quartiers* são a base fundamental da República democrática".[32]

Outra derrota militar intensificou os pedidos de uma Comuna. Em 19 de janeiro, uma força de 100 mil soldados comandada por Trochu tentou desimpedir Paris e derrotar as forças prussianas. O resultado foi uma catástrofe, com a perda de mais de 4 mil homens mortos ou feridos. Isso levou a uma furiosa manifestação que beirou uma insurreição, em 22 de janeiro. Multidões gritaram contra Trochu. Blanquistas pediram a proclamação de uma Comuna. Blanqui sentou num café perto do Hôtel de Ville e, das janelas, ouviu tiros ordenados pelo republicano moderado Gustave Chaudey, amigo de Rigault, em direção à manifestação. Os disparos deixaram cinco mortos na calçada abaixo, incluindo outro amigo de Rigault, Théophile Sapia, seu sangue ensopando Rigault. A multidão se dispersou rapidamente, mas essa mobilização e a violência que se seguiu só fizeram aumentar o abismo entre os militantes e os conservadores do Governo de Defesa Nacional.[33]

EM 28 DE JANEIRO, O GOVERNO DE DEFESA NACIONAL CONCORDOU com um armistício entre os prussianos e seus aliados que finalmente acabaria com o cerco. Jules Favre assinou a rendição dois dias depois, encontrando Bismarck em Versalhes. Paris resistira por quatro meses, mas os canhões prussianos haviam destruído partes da cidade e os parisienses sofriam demais. Como era de se esperar, a maioria dos parisienses permaneceu contra qualquer concessão aos prussianos, embora Bismarck agora permitisse que comboios de alimentos entrassem na capital. Os termos do armistício foram duros e indignaram os parisienses, entre muitos outros franceses. A França devia uma enorme indenização ao novo império alemão, que foi proclamado, para grande humilhação da França, na Galeria dos Espelhos do Palácio de Versalhes. Pior ainda, pelo Tratado de Versalhes assinado por Thiers e Bismarck em 26 de fevereiro – mais tarde formalizado pelo Tratado de Frankfurt em 10 de maio – a França perderia a relativamente próspera região da Alsácia e grande parte da Lorena para a Alemanha.[34] Léon Gambetta renunciou com desgosto ao que restava do Governo de Defesa Nacional em 1º de março. Forças prussianas continuavam acampadas nos arredores de Paris, com pronto acesso à cidade.

Depois do armistício, o Governo de Defesa Nacional francês, que fracassara completamente em sua missão de defender a França, convocou imediatamente eleições para uma nova Assembleia Nacional que criaria um novo regime. Apesar dos protestos de republicanos de que um período tão curto entre a capitulação militar e as eleições favoreceria os monarquistas, as eleições foram marcadas para o início de fevereiro. Republicanos e socialistas organizaram um Comitê Central da Guarda Nacional para defender a República, agora claramente ameaçada pela possibilidade de monarquistas dominarem a nova Assembleia Nacional.[35] Eles pareciam prontos para tomar as rédeas em suas mãos.

As eleições nacionais de 8 de fevereiro, cujos resultados foram de certa forma uma aberração por causa das circunstâncias excepcionais e da falta de preparação, devolveram deputados majoritariamente conservadores, monarquistas, à Assembleia Nacional, que se reuniria não em Paris, mas em Bordeaux. Em nítido contraste, 36 dos 43 deputados eleitos por Paris eram republicanos e a maioria deles acreditava que a França, liderada por Paris, deveria continuar lutando contra os prussianos. Mas, em Paris, os candidatos revolucionários receberam apenas 50 mil dos 329 mil votos (15,2%) e elegeram apenas sete dos 43 representantes. O *Le Rappel* de 8 de fevereiro comentou: "Já não é um exército que você está enfrentando, [...] já não é a Alemanha. [...] É mais. É a monarquia, é o despotismo."[36] E no devido momento, em 17 de fevereiro de 1871, a reunião da Assembleia Nacional em Bordeux aprovou os poderes executivos a Adolphe Thiers.

Apesar de identificado com a burguesia parisiense, Thiers era filho ilegítimo, nascido em Marselha, em 1797, e mantinha o jeito provençal em algumas maneiras. Seu pai, Louis, um vigarista que comprometera o status e a riqueza da família, era tido como desaparecido. Com a ajuda de uma bolsa de estudos parcial, Thiers ingressou no *lycée* de Marselha em 1809. Absorvido pela política liberal, em novembro de 1815 ele iniciou a escola de direito em Aix-en-Provence.

Quando lhe foi oferecido um cargo no *Le Constitutionnel*, um jornal monarquista moderado, crítico da monarquia dos Bourbon, Thiers se mudou para Paris. Um contrato para escrever a história da Revolução lhe rendeu algum dinheiro e ele fez bons contatos na elite da capital. Thiers era relativamente baixo, com 1,57 metro, e qualquer coisa menos bonito. Tinha pouca paciência com qualquer um. O poeta Lamartine recordou: "Ele fala primeiro, fala por último, não presta muita atenção em nenhuma resposta." Tipicamente vindo da Midi, ele falava rápido, com uma linguagem pitoresca e um sotaque marselhês apoiado na última sílaba, acompanhado de gestos rápidos e enfáticos. Tinha uma voz solene de orador e a um admirador pareceu ser "agraciado com uma autoridade quase divina". Ambicioso e trabalhador, era conhecido pela loquacidade e réplicas sarcásticas. Ele talvez tivesse um complexo napoleônico, se é que tal coisa existe. Até um amigo observou que Thiers reagia com indignação e violência verbal a qualquer pessoa que "lhe recusasse confiança cega".[37]

A ELEIÇÃO DE UMA ASSEMBLEIA NACIONAL DOMINADA POR MONARquistas e liderada por Thiers, do qual muita gente da esquerda tinha motivos para desconfiar, aumentou a tensão e agitou os revolucionários em Paris. Em 15 de fevereiro, uma multidão de trabalhadores invadiu o palácio do arcebispo. O arcebispo Georges Darboy perguntou o que as pessoas pretendiam, dizendo-lhes que, se estavam de olho nos móveis, estes pertenciam todos ao Estado. Quanto aos livros, explicou que eram preciosos para ele, mas não para a multidão. Tudo o que restava seria a sua vida. Os parisienses o deixaram em paz.[38]

Em 20 de fevereiro, três dias depois de a Assembleia Nacional conceder poderes executivos a Thiers, André Léo deixou Paris para tentar convencer os camponses de que eles sofreriam com uma Assembleia Nacional dominada por monarquistas. Em Paris, a esquerda começou a se unir em oposição à Assembleia Nacional. O Comitê Central dos Vinte Arrondissements e membros da Primeira Internacional tinham muitos assuntos em mútua concordância. Por sua vez, Rigault também se aproximou dos moderados, visando a construir uma coalizão capaz de tomar o poder. Um Partido Socialista Revolucionário, estabelecido em clubes radicais e nos comitês de vigilância dos *arrondissements*, emergiu durante esses dias impetuosos, seus adeptos manifestando a determinação de alcançar a igualdade social em Paris. Uma Declaração de Princípios anunciou que o partido buscaria "por todos os meios possíveis a supressão dos privilégios da burguesia, sua queda como classe dirigente e o advento político dos trabalhadores – em uma palavra, a igualdade social".[39]

As tropas alemãs, é claro, ainda cercavam grande parte da capital, seus canhões se estendendo além dos muros do norte e do leste de Paris. Não havia muita coisa entre as tropas e a entrada de Paris, caso os sinais de resistência ao armistício se materializassem. Os republicanos desconfiavam das tropas prussianas e não apenas porque estas representavam uma ameaça militar. Eles temiam também que elas pudessem ajudar a restaurar a monarquia.

Os republicanos radicais estavam certos ao questionar o futuro do republicanismo com Thiers. Anteriormente, ele havia indicado que apoiava uma restauração da monarquia, embora não tivesse dito qual delas: a Bourbon (apoiada pelos "legitimistas") ou a orleanista, de um filho de Luís Filipe, destronado em 1848. Isso explica por que a Assembleia Nacional, dominada por monarquistas, elegeu-o "chefe da autoridade executiva da República" quando reunida em Bordeaux em fevereiro de 1871. Mas Thiers também gozava de apoio cada vez maior dos republicanos conservadores. Em 1850, ele manifestara sua crença de que "a República é o regime que nos divide menos". Isso agora parecia particularmente verdadeiro considerando a desconfiança entre legitimistas e orleanistas. Os legitimistas aceitariam uma restauração em seus termos, insistindo para que a bandeira branca dos Bourbon fosse mantida. Como o herdeiro do trono Bourbon, o conde de Chambord, não tinha filhos, uma solução poderia ser a de que depois de sua morte o trono passasse aos orleanistas, com a bandeira tricolor. O pretendente Bourbon se recusou. Em meio à tensão entre as duas famílias, Thiers tentou assegurar aos republicanos moderados que ele não representava "o instrumento de uma conspiração formada na Assembleia Nacional para abolir a república".[40] Mas a maioria dos parisienses suspeitava de que Thiers pretendia fazer exatamente isso, mesmo que o governo por ele estabelecido não refletisse a dominação monarquista da Assembleia Nacional. Além disso, três comandantes do exército – Joseph Vinoy, Patrice de MacMahon e Gaston Galliffet – eram conservadores, bonapartistas para ser preciso, mas que prefeririam sem dúvida uma monarquia a uma república.[41]

A memória coletiva de revoluções anteriores permanecia forte em Paris e a manifestação seguinte contra a Assembleia Nacional ocorreu numa data importante. No aniversário da Revolução de 24 de fevereiro de 1848, uma enorme multidão se formou na praça da Bastilha, circundando a Coluna da Vitória, erguida após a Revolução de Julho de 1830. Dois dias depois, transeuntes viram um policial disfarçado observando-os perto do Sena. Eles o agarraram e – instigados por gritos de "Para a água! Para a água!" – amarraram seus braços e pernas e o jogaram no rio, do *quai* Henri IV. Quando ele subiu à superfície, eles o empurraram para baixo até afogá-lo. Muitos parisienses odiavam a polícia e ataques a policiais ocorriam de vez em quando.[42] Dessa vez, porém, o ataque ganhou um significado político. No início daquela noite, uma multidão de parisienses superou em número os soldados que vigiavam os canhões da Guarda Nacional na place Wagram e arrastou as armas para o alto de Montmartre. Nesse meio-tempo, multidões correram até a prisão de Saint-Pélegie para libertar prisioneiros políticos. Para reprimir as multidões agitadas, o general Vinoy, comandante da região de Paris, convocou o que considerava serem as unidades confiáveis da Guarda Nacional, cuja maioria se opunha abertamente ao novo governo. Poucos homens responderam.

A Guarda Nacional parisiense não era uma força militar profissional, consistindo de homens comuns orgulhosos por defender a cidade e os *quartiers* onde haviam sido mobilizados. De fato, parecia que, durante a Guerra Franco-Prussiana, o que restava do império temia mais a Guarda Nacional largamente plebeia do que o exército prussiano. A abolição do exército francês, que decepcionara todo o país com a derrota na guerra, era essencial na visão da Comuna para uma nova Paris. Nessa visão, a Guarda Nacional asseguraria a defesa da capital.

O novo Comitê Central da Guarda Nacional emergira como uma autoridade revolucionária nas semanas após o armistício. Exigia que a Guarda Nacional mantivesse suas armas, incluindo, sobretudo, seus canhões, alguns dos quais haviam sido comprados pelas próprias unidades e muitos deles estavam agora em Montmartre ou Belleville. Um membro insistiu que a Guarda Nacional representava "uma barreira inexorável erguida contra qualquer tentativa de reverter a República".[43] Claramente, considerando sua composição, o governo provisório de Thiers não podia contar com a Guarda Nacional como uma força repressiva eficiente diante da crescente ira e mobilização política popular. Dos 260 batalhões da Guarda Nacional em Paris, podia-se contar com apenas sessenta para defender a "ordem", como Thiers definia.[44]

PARISIENSES QUE FERVILHARAM DE RAIVA DIANTE DA ASSOMBROSA derrota militar francesa e dos termos humilhantes do armistício foram lembrados disso mais uma vez quando tropas alemãs entraram em Paris, no dia 27 de fevereiro. Quatro dias depois, parisienses que por acaso estavam perto do Arco do Triunfo assistiram enfurecidos a vários oficiais franceses saindo de carruagens com senhoras alemãs em seus braços. A Paris republicana radicalizou, furiosa com a aparente covardia, se não duplicidade, de Thiers e do Governo de Defesa Nacional. Paris parecia estar seguindo numa direção muito diferente de grande parte do resto da França.⁴⁵

Manifestações ocorriam quase diariamente na praça da Bastilha, enquanto os parisienses se preparavam para a partida das tropas alemãs depois de sua marcha triunfal pelos Champs-Élysées em 3 de março. Os recursos de Paris também foram ampliados pela presença de dezenas de milhares de soldados franceses, muitos deles indisciplinados e aguardando com ansiedade a desmobilização. Muitos oficiais eram jovens recentemente promovidos. Assim como no caso dos homens que estavam sob seu comando, sua lealdade a Thiers e à Assembleia Nacional não podia ser assegurada. Fidelidades políticas importavam pouco quando soldados franceses eram perturbados por pobreza e fome. Um observador testemunhou "o mais lamentável dos espetáculos. Soldados perambulando, [...] seus uniformes manchados, desgrenhados, sem armas, alguns deles parando transeuntes para pedir dinheiro".⁴⁶

Logo depois que as tropas prussianas partiram, o novo governo aprovou leis que pareciam uma flagrante afronta aos parisienses em dificuldades. Em 7 de março, a Assembleia Nacional pôs fim à moratória declarada pelo Governo de Defesa Nacional sobre itens depositados na casa de penhores. Os bens depositados ali poderiam agora ser vendidos se não fossem resgatados. Mas resgatá-los com o quê? A maioria dos parisienses não tinha nenhum dinheiro. Em Londres, o *Times* relatou que "2.300 pobres coitados haviam penhorado seus colchões, e costureiras morrendo de fome haviam penhorado 1.500 pares de tesouras. [...] Quantas coisas necessárias para a existência foram guardadas nessas galerias cruéis? [...] Um esquelético segredo nos encara em cada prateleira cheia, [...] a fome!". A Assembleia também pôs fim à moratória sobre o pagamento de letras de câmbio (notas promissórias que exigiam que fundos devidos fossem pagos), acrescentando que os possuidores destas teriam que resgatá-las com juros nos quatro meses seguintes. Essa medida teve consequências devastadoras para homens de negócios parisienses de recursos modestos. Pelo menos 150 mil parisienses descumpriram imediatamente o pagamento das notas que deviam. Pior, a Assembleia pôs fim à moratória sobre o pagamento de aluguéis – famílias que não conseguissem pagá-los poderiam ser expulsas. Isso atingiu duramente os parisienses pobres – a grande maioria da população alugava suas habitações. Não satisfeita com essas medidas, a Assembleia pôs fim à remuneração diária de 1,50 franco aos guardas nacionais, deixando dezenas de milhares de famílias sem dinheiro suficiente para comprar comida e combustível.[47]

Em 10 de março, a Assembleia Nacional tomou a decisão de se reunir em Versalhes, a antiga capital dos reis. O forte de Mont-Valérien ficava perto para oferecer proteção. Nas palavras provocadoras de Thiers: "A honestidade não me permitiria prometer à Assembleia segurança completa em Paris."[48] Thiers imediatamente se reuniu com prefeitos ou membros de conselhos municipais de Lyon, Marselha, Toulouse e outras grandes cidades. Culpou Paris pela atividade revolucionária, assegurando ao mesmo tempo a outros líderes de cidades seu apoio a uma república, com a intenção de minar o possível apoio deles à Paris insurgente.[49]

Quando Thiers e seu governo chegaram para se instalar em Versalhes, os alemães haviam partido recentemente da antiga capital dos monarcas Bourbon. Versalhes em alguns aspectos parecia, nas palavras do conservador republicano Jules Simon, uma cidade "de tabernas alemãs, e com cheiro de tabaco, cerveja e couro". Os ordeiros prussianos não haviam destruído nada, deixando algumas placas em alemão na estação de trem e nos muros dos quartéis.[50]

Versalhes abriu seus braços para Thiers, a Assembleia Nacional e o rico *beau monde* que fugia da cada vez mais turbulenta Paris. O visconde Camille de Meaux ficou impressionado com o contraste entre os recém-chegados de semblante abatido e as pessoas elegantes "retocadas" por boas refeições. Funcionários do governo, deputados, diplomatas, oficiais militares, jornalistas e pessoas em busca de cargos inundaram bulevares que estavam praticamente desertos desde 1789. O Palácio de Versalhes se tornou uma espécie de "colmeia ministerial" que ocupou amplas salas de mármore e soberbos salões decorados com pinturas famosas e complementados por tetos magníficos.[51]

Apesar da riqueza da maioria dos que chegavam a Versalhes, cuja população saltou de 40 mil para cerca de 250 mil, tornou-se difícil encontrar habitações adequadas. Os recém-chegados reclamaram dos quartos mal mobiliados, com camas duras, mas os restaurantes da capital dos Bourbon receberam bem os clientes de estômago vazio e carteira cheia. Durante a primeira semana da Comuna, as estações de trem de Paris foram atravancadas por pessoas tentando partir – parecia *le grand départ* dos meses de verão em tempos normais.

Parisienses exilados encontraram em Versalhes "seus jornais, seus restaurantes, seus clubes, suas relações cavalheirescas e até seus banqueiros". Charles Laffitte esbarrou com um amigo do restrito Jockey Club de Paris vestindo agora "farrapos". As altas finanças apareciam agora nos salões de Versalhes, incluindo o barão Rothschild. Hector Pessard, editor-chefe do *Le Soir*, as descreveu como "a artilharia de Veuve Clicquot disparando rolhas [de champanhe] estouradas contra tetos de restaurantes". Porém, no início ele encontrou apenas "uma turba preocupada unicamente com interesses particulares". Mais soldados chegavam todos os dias a Versalhes e a elite da França comprava bebidas e charutos para eles. No domingo de Páscoa, o abade Du Marhallac'h, deputado de Morbihan, rezou uma missa diante de uma imensa multidão no planalto de Satory, erguendo a hóstia num altar que incluía ornamentos militares, "um espetáculo realmente grandioso [...] sob um céu radiante, em torno de um padre que abençoa e reza".[52]

Paris, apenas alguns meses antes a casa do governo da França e de suas famílias mais ricas, parecia agora estar sob o controle de pessoas comuns que exigiam direitos municipais e reforma social. A derrota da França na Guerra Franco-Prussiana levara ao fim o regime de Napoleão III, e o longo cerco de Paris que se seguiu à rendição de Napoleão só fez enfurecer os parisienses que há muito tempo criticavam o imperador. Radicalizados pela guerra, os parisienses da classe trabalhadora e, igualmente, os intelectuais republicanos e socialistas, já não estavam dispostos a defender a opressão do governo centralizado. Quando Thiers e a Assembleia Nacional, dominada por membros monarquistas e conservadores, pareciam prontos para reinstalar a monarquia, os republicanos parisienses – apoiados por unidades da Guarda Nacional potencialmente revolucionárias – estavam preparados para governar eles próprios a cidade.

CAPÍTULO 2

O NASCIMENTO DA COMUNA

COM O GOVERNO DE THIERS REUNIDO NO GRANDE PALÁCIO DOS Bourbon, os republicanos tinham ainda mais motivos para temer uma possível restauração da monarquia. A mudança do governo para Versalhes, durante séculos identificada com a íntima aliança entre a monarquia Bourbon e a Igreja Católica, inflamou mais a opinião popular. Thiers certa vez afirmara: "Quero tornar a influência do clero todo-poderosa, porque estou contando com ele para propagar a boa filosofia que ensina ao homem que ele está aqui embaixo para sofrer e não aquela outra filosofia que diz ao homem o oposto: tenha prazer."[1] Em 11 de março de 1871, o governo de Versalhes proibiu seis jornais da esquerda. Essa notícia chegou a Paris depois da informação de que uma corte marcial condenara *in absentia* Auguste Blanqui e outro revolucionário popular à morte, Gustave Flourens, por suas participações na tentativa de insurreição de 31 de outubro, durante o cerco prussiano.

Parisienses se mobilizaram contra o governo provisório que emitia decretos em Versalhes e tropas do governo passaram grande parte do fim de fevereiro e do início de março reagindo a multidões revoltosas. As forças do general Joseph Vinoy, limitadas pelo armistício com os prussianos a 12 mil soldados e 3 mil gendarmes, já haviam dispersado várias manifestações. Vinoy, que deixara o seminário para ingressar no exército quando era jovem e cujo temperamento era tão frio quanto os Alpes de sua nativa Dauphiné, acreditava que Paris estava sendo tomada por "líderes de delinquentes", "os mais baixos dos baixos" e "agitadores culpados", com a intenção de "pilhar" e semear a "desordem". O embaixador dos Estados Unidos, Elihu B. Washburne, percebeu que o governo estava perdendo o controle da capital: em 16 de março, ele enviou uma mensagem a Washington relatando que "os insurgentes de Paris estão ganhando poder e força a cada hora".²

Em 17 de março, Thiers decidiu agir contra os militantes parisienses. Ele enviaria tropas no início da manhã seguinte para capturar os canhões da Guarda Nacional, a maioria dos quais havia sido levada para Montmartre (171 canhões) ou Belleville (74 canhões), ambos *quartiers populaires* – predominantemente bairros de trabalhadores – a partir dos quais eles poderiam dominar a cidade. Thiers tomou a decisão por motivos econômicos, bem como políticos. Ele explicou: "Homens de negócios estavam andando por aí repetindo constantemente que as operações financeiras jamais teriam início até que esses desgraçados fossem liquidados e seus canhões levados. Era preciso pôr um fim em tudo isso e então se poderiam retomar os negócios." Uma multidão frustrou a primeira tentativa das tropas de Thiers em Montmartre, em 12 de março. Para os cidadãos daquele *quartier*, os canhões da Guarda Nacional representavam o direito de Paris de se armar. Nada os impediria de proteger os canhões contra as tropas do governo. Os oficiais de Thiers, enquanto isso, prepararam às pressas um plano para ocupar Paris.³

Em Montmartre, os canhões ainda estavam posicionados em duas fileiras no alto e num platô um pouco mais abaixo na Butte. Quatro dias depois, soldados sob ordens de Thiers tentaram novamente resgatá-los, mas foram impedidos por guardas nacionais. No dia seguinte, Thiers decidiu que no início da manhã do próximo dia levaria os canhões para baixo, a fim de "desarmar Paris" e seu "partido revolucionário". A tarefa em questão era extremamente difícil, exigindo que os soldados se apoderassem dos canhões e os arrastassem pelas ruas de pedra íngremes e estreitas dos bairros hostis.

No início da noite de 17 de março, o general Louis d'Aurelle de Paladines, um antigo bonapartista agora suspeito de ter transferido sua lealdade para os Bourbon e que Thiers nomeara chefe da Guarda Nacional de Paris, convocou os comandantes de cerca de trinta ou quarenta unidades da guarda nacional conservadoras. Ordenou que seus homens estivessem prontos na manhã seguinte. Por volta das 4:30 de 18 de março, tropas de Vinoy estavam a postos para começar a levar para baixo os canhões da Guarda Nacional em Montmartre. Soldados comandados pelo general Claude Lecomte também subiram para Montmartre, vindos do norte. Uma coluna de cerca de 4 mil homens sob o comando do general Bernard de Susbielle montaria um posto de comando na place Pigalle. Outra coluna tomaria o controle de Belleville, enquanto uma divisão permaneceria abaixo para assegurar o controle dos bairros entre o Hôtel de Ville e a praça da Bastilha.[4]

De manhã bem cedo, quando saíam para comprar pão, mulheres desses bairros se viram cara a cara com soldados que usavam a calça vermelha, a túnica azul e vermelha e o quepe azul do exército oficial. Georges Clemenceau, prefeito do 18º *arrondissement*, ficou surpreso e irado ao ver soldados quando saía de seu apartamento, por volta das seis horas. Ele manifestou sua "extrema surpresa e decepção" com a operação militar a um dos comandantes. Thiers ordenara a operação militar sem notificar os prefeitos dos *arrondissements*, que haviam tentado obter a rendição pacífica dos canhões. Clemenceau esperava que as armas pudessem ser devolvidas sem uma demonstração de força do governo provisório de Thiers. Mas, por enquanto, tudo estava calmo, e alguns moradores de Montmartre conversavam amigavelmente com soldados sob uma chuva fina parisiense.[5]

Da place Clichy, soldados comandados por Susbielle, conduzidos por gendarmes que conheciam as ruas de Montmartre, partiram para assegurar os canhões que estavam perto do Moulin de la Galette e do Château Rouge, bem como para ocupar a Tour Solférino. Soldados do general Lecomte tomariam o controle dos canhões que estavam perto do grande salão de dança do Château Rouge. Tropas bloquearam a entrada da igreja de Saint-Pierre, impedindo o toque de alarme do sino que teria alertado parisienses e soldados da Guarda Nacional republicanos para a ameaça. Às seis horas, a força do general Lecomte ocupou la Butte Montmartre. Soldados montaram postos nas encostas do leste e do sul da colina para facilitar a descida dos canhões em caso de problema, afastando os guardas nacionais designados para protegê-los. Eles afixaram a declaração de Thiers explicando que tomar de volta os canhões era "indispensável para a manutenção da ordem". A declaração afirmava que Thiers queria eliminar o "comitê insurgente" que ele insistia existir, cujos membros eram quase todos desconhecidos, representando doutrinas "comunistas" enquanto se preparavam para entregar Paris à pilhagem.[6]

Enquanto isso, moradores de Montmartre entraram em várias igrejas, escalando torres para fazer os sinos soarem o toque agitado de alarme. Parisienses inundaram as ruas. Na place Saint-Pierre, soldados preencheram pequenas trincheiras que haviam sido cavadas para impedir que os canhões fossem facilmente movidos, enquanto espectadores, incluindo homens em roupas de trabalho, manifestavam sua hostilidade. Embora as tropas tivessem chegado várias horas antes, os canhões ainda estavam no lugar. Cerca de 2 mil cavalos eram necessários para arrastá-los para baixo de Montmartre e estes não haviam chegado, nem havia equipamentos de engate para prendê-los aos canhões.[7]

Em Belleville, espalhou-se a informação de que tropas de linha haviam chegado para tomar os canhões, incluindo algumas que estariam no parque de Ménilmontant. Várias unidades da Guarda Nacional fortemente republicanas já estavam a caminho e chegaram à rue Puebla quando soldados estavam arrastando canhões para a rue de Belleville. Moradores de Belleville e guardas nacionais começaram a construir barricadas improvisadas para impedir que os soldados movessem os canhões pelas ruas. Muitos soldados haviam virado os canos de seus fuzis para baixo, num sinal de que não estavam prestes a usá-los. Quando os tambores do governo começaram a soar, convocando unidades da Guarda Nacional consideradas confiáveis, nenhum guarda apareceu para se juntar a seu comandante.

Na *mairie* de Belleville, um correspondente inglês do *Times* londrino se deparou com um pelotão da cavalaria que parecia pretender lutar, armado com três *mitrailleuses* e estacionado perto dos canhões, com cavalos parados ali perto. Mas a hostilidade evaporou rapidamente, transformando-se em fraternização, quando moradores da área começaram a construir uma barricada e os soldados não fizeram nenhum movimento para impedi-los. Finalmente, por volta das 11 horas, o pequeno destacamento seguiu para Buttes-Chaumont, onde parou. Ao voltar para Montmartre, o inglês notou que "não havia uma calça vermelha [cor da calça dos soldados franceses] à vista, exceto um ou outro retardatário fazendo um discurso fraternal para um público admirado. [...] Essas ruas, tão desertas de manhã, exceto por um ou outro guerreiro prematuro, estavam agora fervilhando deles, tambores e clarins soando e toda a bulha da vitória".[8]

A paz inquieta entre soldados e guardas não durou muito tempo. Um confronto ocorreu depois de tropas surpreenderem guardas, que abriram fogo, ferindo um cavalariano. Um guarda nacional, chamado Turpin, desafiou gendarmes e foi baleado e ferido de morte. Vários outros guardas foram capturados e mantidos na Tour Solférino. Alguns conseguiram escapar e espalharam o alerta. Soldados e cavalos conseguiram começar a arrastar dois comboios de canhões morro abaixo em Montmartre. Uma multidão parou um terceiro na rue Lepic, mas soldados conseguiram abrir caminho e o comboio desceu por todo o trajeto e atravessou o Sena até a École Militaire, na Rive Gauche. Em outros lugares, nada transcorreu tranquilamente para as tropas. Um destacamento que seguia para o Moulin de la Galette encontrou seu caminho bloqueado por guardas nacionais que gritaram para as tropas se juntarem a eles. Um guarda deu uma pancada na cabeça de um oficial com a coronha de um fuzil, enquanto alguns soldados seguiam rapidamente morro abaixo. Na place Pigalle, tiros de guardas nacionais mataram um capitão que ordenara a seus soldados desimpedir a área.[9]

Quando Clemenceau foi ao quartel-general da Guarda Nacional, por volta das 7:30, deparou-se com Louise Michel, que participava ativamente do comitê de vigilância do 18º *arrondissement*. Ela saiu apressada e desceu o morro correndo: "Desci a Butte, meu fuzil sob meu casaco, gritando: 'Traição!', [...] achando que morreríamos pela liberdade. Vínhamos da terra. Nossas mortes libertariam Paris."[10]

Nascida numa vila em Haute-Marne, no leste da França, Louise Michel era filha ilegítima de uma empregada doméstica e um jovem de título vagamente nobre. Sua mãe e os pais de seu pai a criaram num palácio decadente perto da vila de Vroncourt-la-Côte. Ali ela passou a se interessar por costumes tradicionais, mitos folclóricos e lendas. Cada vez mais hostil ao catolicismo, foi influenciada, contudo, pelas "profundezas sombrias das igrejas, as velas bruxuleantes e a beleza dos cantos antigos". Quando criança, dava frutas, vegetais e pequenas quantias de dinheiro aos pobres; quando jovem, tornou-se professora, primeiro numa vila próxima e depois em Paris. Com um rosto oval e "uma boca longa, fina e de lábios apertados", ela parecia ter traços rijos, quase masculinos. Michel é conhecida na história como "a Virgem Vermelha". Ela abraçou a causa dos direitos das mulheres, proclamando que não se podia separar "a casta das mulheres da humanidade".[11]

QUANDO MAIS CAVALOS FINALMENTE CHEGARAM, ALGUNS SOLDAdos começaram a tentar deslocar mais canhões para baixo de Montmartre. Mas mulheres que estavam nas ruas do bairro voltaram para casa a fim de acordar seus maridos, então o que eram agrupamentos esparsos de espectadores curiosos havia agora inchado e se tornado uma multidão irada. Homens, mulheres e crianças bloquearam a descida dos soldados, tentando cortar os arreios de seus cavalos e jogando garrafas e pedras neles. Um observador viu "um enxame de mulheres e crianças subindo a encosta do morro numa massa compacta; os artilheiros tentaram em vão abrir caminho à força no meio da multidão, mas as ondas de pessoas engolfavam tudo, lançando-se sobre os suportes dos canhões, as carroças de munição, embaixo das rodas, sob as patas dos cavalos, paralisando o avanço dos cavaleiros que esporeavam seus animais em vão. Os cavalos empinavam e se lançavam para a frente, seus movimentos repentinos afastando a multidão, mas o espaço era preenchido imediatamente por uma contracorrente criada pela multidão que se lançava". Um guarda nacional subiu num marco miliário e gritou: "Cortem os tirantes!" Homens e mulheres cortaram os arreios com facas. Os artilheiros, rapidamente desistindo de mover os canhões, desceram de seus cavalos e alguns começaram a confraternizar com pessoas da multidão, aceitando carne, pães e vinho oferecidos por mulheres. Soldados que abandonavam os canhões e saíam de sua formação eram "objeto de ovações frenéticas" da multidão.[12]

No lado leste de Montmartre, moradores irados também impediram que tropas sob o comando de Lecomte levassem os canhões morro abaixo. O general estava confiante de que a brigada comandada pelo general Susbielle atacaria pelo outro lado de Montmartre, prendendo os insurgentes entre eles. Quando sentinelas relataram que os guardas nacionais estavam avançando em sua direção, Lecomte anunciou com confiança que suas tropas cuidariam deles. Mas seus soldados, longe de tentarem combater os insurgentes, pararam e começaram a discutir a situação com os guardas e outros moradores. Um oficial chamado Lalande chegou a prender um lenço branco em sua espada. Em Buttes-Chaumont, tropas esperaram em vão os cavalos. Os guardas nacionais, porém, chegaram, construíram barricadas e os soldados se retiraram.

Em Montmartre, o general Lecomte se aproximou para assumir o comando. Ordenou três vezes a suas tropas que atirassem na multidão de homens, mulheres e crianças. Mas não atiraram. Uma mulher desafiou os soldados: "Vocês vão atirar em nós? Em seus irmãos? Em nossos maridos? Em nossos filhos?" Outra mulher os insultou, lembrando às tropas de linha sobre sua derrota nas mãos dos prussianos. Lecomte ameaçou disparar contra qualquer homem que se recusasse a atirar, perguntando se os soldados "iriam se render àquela escória". Louise Michel recordou que um oficial subalterno deixou as fileiras, "pôs-se diante de sua companhia e gritou, mais alto do que Lecomte: 'Virem as coronhas de seus fuzis para cima!' Os soldados obedeceram. [...] A Revolução estava feita".[13]

O capitão Lalande informou a Lecomte que era ele quem teria de se render. O general enviou um oficial à rue Lepic para trazer reforços, mas as tropas incumbidas ali de uma multidão haviam sido recebidas com tiros que mataram um oficial e feriram vários de seus homens. Guardas nacionais correram à frente e fizeram Lecomte e vários outros oficiais prisioneiros, levando-os para um posto policial em Château Rouge.[14]

Clemenceau estava ansioso para obter a libertação do general Lecomte, temendo que ele pudesse ser ferido, já que a turba furiosa havia se reunido em frente ao posto policial. Guardas levaram Lecomte e alguns outros prisioneiros de volta à casa modesta que servia de quartel-general à Guarda Nacional, na rue de Rosiers, procurando por membros do Comitê Central da Guarda Nacional que pudessem decidir o que fazer. Mas não encontraram ninguém do comitê: seus membros haviam partido, achando que os prisioneiros eram mantidos em segurança pela Guarda Nacional. Guardas chegaram ali tendo como prisioneiro o general Clément Thomas, que antecedera Aurelle de Paladines como comandante da Guarda Nacional. A multidão rapidamente reconheceu Thomas, vilipendiado por trabalhadores por sua participação no massacre de insurgentes durante os Dias de Junho de 1848. Ele estava usando roupas civis – e portanto foi tido como espião. A multidão de homens e mulheres arrastou Thomas e Lecomte para um jardim atrás do prédio. Ali, ambos foram baleados. Lecomte só teve tempo de pedir piedade em nome de sua esposa e seus cinco filhos.[15]

O Comitê Central da Guarda Nacional partiu para a ação, ainda que com certo atraso devido à incerteza sobre o que estava acontecendo. Às 10 horas, aproximadamente uma dúzia de homens havia se reunido. Eles enviaram representantes aos bairros onde os batalhões da Guarda Nacional eram conhecidos como hostis ao governo provisório. No início da tarde, guardas comandados por Émile Duval, filho de uma lavadeira, ocuparam o Panthéon e a *préfecture de police*. Eugène Varlin, tipógrafo e socialista, conduziu 1,5 mil guardas de Batignolles e Montmartre para os *beaux quartiers* abaixo, controlando a place Vendôme, onde ficava o quartel-general da Guarda Nacional, no meio de um bairro conservador. No início daquela noite, uma bandeira vermelha tremulava no Hôtel de Ville, onde agora se reunia o Comitê Central, por enquanto o governo *de facto* da nascente Comuna de Paris. O que começara como uma defesa espontânea dos canhões da Guarda Nacional se tornou rapidamente uma insurreição e em seguida uma revolução. Como explicou Benoît Malon, membro da Internacional: "Nunca uma revolução teve revolucionários tão surpresos." Louise Michel proclamou: "O 18 de março poderia ter pertencido aos aliados dos reis, ou aos estrangeiros, ou ao povo. Foi do povo."[16]

THIERS PERCEBEU QUE O EXÉRCITO NÃO TINHA TROPAS SUFICIENTES para esmagar a insurreição. Primeiro ele ordenou a Vinoy que afastasse suas tropas para trás do Sena e ocupasse as pontes na Rive Gauche, depois ordenou uma retirada completa de Paris de todos os funcionários do governo, seguidos pelas tropas. Dos cerca de 4 mil policiais, mais de 2,5 mil ingressaram nas tropas de linha a caminho de Versalhes. Paris foi deixada praticamente sem dirigentes, sem funcionários, sem magistrados, sem polícia. Muitos parisienses de recursos já haviam começado a abandonar sua cidade. No dia seguinte, Thiers cortou toda a correspondência entre Paris e as províncias.[17]

Durante a Revolução de Fevereiro de 1848, Thiers aconselhara o regime orleanista a levar o exército para fora de Paris, reagrupá-lo e depois voltar para esmagar os insurgentes da classe trabalhadora. O príncipe Alfred Windischgraetz fizera a mesma coisa naquele mesmo ano em Viena. Com milhares de soldados franceses em campos de prisioneiros de guerra na Alemanha e a potencial desconfiança de muitas tropas de linha, Thiers não podia considerar um ataque imediato a Paris. Ele queria tempo para reconstruir forças.

Thiers ordenou a retirada das tropas dos fortes de Mont-Valérien, Issy, Vanves e Montrouge, todos estes bem além dos baluartes de Paris. Logo depois, percebeu que desistir de Mont-Valérien, a sudoeste de Neuilly, havia sido um erro grave e o reocupou; tropas repeliram um hesitante ataque de forças da Guarda Nacional. Os oficiais do exército agora duas vezes derrotado se reuniram em Versalhes, chocados com os acontecimentos e totalmente humilhados.

RAOUL RIGAULT RETORNARA A PARIS EM 18 DE FEVEREIRO, UM DIA depois da Assembleia Nacional eleger Thiers chefe da autoridade executiva. A polícia estava a sua procura, portanto ficou entocado até meados de março. Depois de jantar tarde na *brasserie* Glaser, no Quartier Latin, na noite anterior, Rigault acordou tarde em 18 de março para ouvir a notícia de que o povo de Montmartre havia impedido que tropas levassem os canhões da Guarda Nacional e baleado os generais Lecomte e Thomas. O fervoroso discípulo da revolução perdera a coisa toda! Rigault correu até a *préfecture de police* e, ao descobrir que Émile Duval já assumira as funções da polícia ali, botou-o para fora e tratou de se instalar. Começou então a assinar ordens para libertar prisioneiros políticos. Os blanquistas estavam se mordendo, ansiosos para organizar uma marcha militar em Versalhes. Porém, o Comitê Central da Guarda Nacional hesitava, assim como os jacobinos e muitos membros da Internacional.

Montmartre, Belleville e outros bairros plebeus da periferia tomaram a vitória em 18 de março como sua, proclamando uma revolução que desafiaria o governo provisório conservador existente. Eles desceram as colinas para desfilar triunfalmente na place de l'Hôtel de Ville e nos bulevares do centro de Paris. A organização e a militância continuariam firmemente baseadas no contexto da ação de bairro.[18]

Edmond de Goncourt testemunhou a explosão de alegria popular e a energia em 18 de março: "Em toda parte à minha volta as pessoas estão falando de provocação e debochando de Thiers. [...] A revolução triunfante parece estar tomando posse de Paris: guardas nacionais estão fervilhando e barricadas estão sendo erguidas em toda parte; crianças desobedientes sobem em cima delas. Não há trânsito nenhum; as lojas estão fechando." No dia seguinte, ele caminhou perto do Hôtel de Ville. Nada simpático às pessoas comuns, reclamou:

> Você fica cheio de nojo ao ver seus rostos estúpidos e abjetos, que o triunfo e a embriaguez imbuíram de uma espécie de imundice radiante. [...] Por enquanto a França e Paris estão sob o controle de trabalhadores. [...] Quanto tempo isso vai durar? Quem sabe? As regras inacreditáveis, [...] os bandos de Belleville enchem nosso bulevar conquistado, [...] seguindo adiante em meio a uma admiração um tanto zombeteira que parece constrangê-los e os faz virar seus olhos de vitoriosos para os bicos de seus sapatos, calçados em sua maioria sem meias. [...] O goveno está saindo das mãos daqueles que têm para ir para as mãos daqueles que não têm. [...] Será possível que na grande lei subjacente às mudanças aqui na Terra os trabalhadores sejam para as sociedades modernas o que os bárbaros foram para as sociedades antigas, agentes convulsivos da dissolução e da destruição?[19]

Ernest Vizetelly descreveu os bairros mais prósperos de Paris como sendo invadidos por homens "com rostos que pareciam só ser vistos em dias de Revolução".[20]

Mas a vida em Paris em alguns aspectos prosseguiu como se nada tivesse mudado. As lojas abriram no dia seguinte como de hábito e em alguns bairros as pessoas simplesmente contornaram as barricadas restantes ao passar. Eugène Bersier, um pastor protestante, recordou que ninguém podia realmente acreditar que estava no meio de uma insurreição. Ele observou batalhões da Guarda Nacional de Belleville, Montmartre e do subúrbio sulino de Montrouge, "pobres almas perdidas que acreditam ter salvado a República", desfilando pelo centro de Paris. Uma semana depois, Auguste Serraillier, um sapateiro e membro do Conselho da Internacional, de 30 anos, relatou que a única ocorrência anormal era o fechamento das oficinas – os empregadores pareciam estar organizando um locaute para minar a Comuna. Mesmo o historiador conservador Hippolyte Taine teve de admitir que nada de asssustador ou dramático acontecera depois da vitória do povo em 18 de março. Ele viu guardas nacionais jogando *boules* e passando o chapéu para conseguir dinheiro para comprar linguiça e um pouco de vinho.²¹

Enquanto o drama se desenrolava em Montmartre, Paul Vignon, filho de um magistrado e ele próprio um advogado que havia sido guarda nacional durante o cerco prussiano, levara sua mãe à Gare Montparnasse a fim de que ela pudesse voltar para a casa da família na cidade normanda de Falaise. Ao retornar ao Palácio da Justiça, ele ouviu gritos vindos da direção do *quai* de la Mégisserie. Então soube do que acontecera em Montmartre, longe de sua vida confortável. Ele viu dois gendarmes de camisa rasgada que haviam lutado com uma multidão que gritava a favor da Comuna e contra o exército. Horas depois, a maioria dos guardas nacionais conservadores havia deixado seus postos. O que restava de sua unidade da Guarda Nacional, afirmou Vignon, era apenas "o elemento preguiçoso" – aqueles que continuavam a servir pelo 1,50 franco por dia que recebiam. Vignon sustentou que uma espécie de febre atacara os parisienses comuns. A Guerra Franco-Prussiana os arrancara de suas ocupações normais e eles agora pareciam acreditar que nenhum líder era necessário num mundo de igualdade total, sem uma "classe governante" e no qual o tipo de luxo ao qual ele estava acostumado seria "um estigma".

Édouard, pai de Paul, relatou a sua esposa dois dias mais tarde que "depois dos prussianos, agora são Belleville e Montmartre que querem encenar seu drama político". Para parisienses ricos como Paul e Édouard Vignon, a insurgência de início não era nada para se preocupar demais, apenas mais um episódio parisiense a ser combatido. De fato, Paris parecia impressionantemente calma, em particular seus *quartiers* burgueses no centro da cidade, onde os rostos estavam "tristes, sombrios".

Paul logo começou a tentar organizar os guardas nacionais conservadores que eram "francamente reacionários". Édouard também acreditava que seu dever era "aumentar o número de *honnêtes gens*".* A família Vignon rapidamente adotou o vocabulário da estigmatização social e espacial. Eles com-

---
* *Honnêtes gens*: pessoas honradas, homens de bem, isto é, grandes proprietários. (N. do T.)

paravam a "gentalha" comuneira – por exemplo, "a classe baixa de Belleville" – aos *honnêtes gens* das classes superiores nos bairros elegantes. Édouard e seu filho esperariam sua hora, e confiavam que Thiers e a Assembleia Nacional poriam fim àquela bagunça.[22]

EM 19 DE MARÇO, ÉMILE DUVAL ADVERTIU O COMITÊ CENTRAL DE que a resistência ao que havia acontecido estava em ação, particularmente nos conservadores primeiro e segundo *arrondissements*. Ele exigiu que medidas fossem tomadas para impedir que unidades conservadoras da Guarda Nacional chegassem a Versalhes. Membros do comitê protestaram que eles não tinham um mandato para defender Paris e se recusaram a transformar formalmente o órgão até mesmo numa autoridade revolucionária provisória. Mas concordaram em ordenar que destacamentos de guardas garantissem a segurança em pontos cruciais, como o Banque de France e o Palácio das Tulherias. Paris tinha de ser defendida.[23]

Membros do comitê emitiram um manifesto que punha fim ao estado de sítio imposto por Thiers e Vinoy e convocava os parisienses a organizar eleições para assegurar a existência da república. Ainda que não estivesse disposto a servir formalmente como governo provisório, o Comitê Central continuava sendo a única verdadeira autoridade, embora alguns de seus membros fossem bem desconhecidos do parisiense médio. François Jourde, um membro do comitê proveniente de Auvergne e que havia sido escrevente de um tabelião e depois de um banco, relatou mais tarde a sensação de surpresa e confusão que se seguiu a uma vitória tão rápida: "Não sabíamos o que fazer: não queríamos tomar posse do Hôtel de Ville. Queríamos construir barricadas. Estávamos muito constrangidos por nossa autoridade."[24]

Édouard Moreau, um blanquista parisiense de 27 anos que fazia flores artificiais, presidia o Comitê Central. Os traços finos de Moreau, incluindo uma barba loura comprida, renderam-lhe o apelido de "o Aristocrata". O comitê também incluía os blanquistas Émile Eudes e Duval. Rigault e outros blanquistas dirigiam a *préfecture de police* e viam Auguste Blanqui como potencial salvador e líder, embora ele fosse prisioneiro do governo de Versalhes numa ilha próxima a Morlaix, na Bretanha. Rigault explicou da seguinte maneira: "Nada pode ser feito sem o Velho", Blanqui.[25]

O comitê, liderado por Moreau, apresentou uma lista de exigências à Assembleia Nacional em Versalhes. Insistia que os parisienses tinham o direito de eleger os prefeitos de cada um de seus vinte *arrondissements*; que a *préfecture de police* fosse abolida; que o exército em Versalhes fosse mantido fora de Paris; que a Guarda Nacional deveria ter o direito de eleger seus oficiais; que a moratória sobre o pagamento de aluguéis à qual a Assembleia Nacional pusera fim arbitrariamente continuasse; e, finalmente, que a Assembleia Nacional proclamasse oficialmente a República. Eudes proclamou que desde 18 de março Paris "não tem nenhum outro governo que não seja o do povo e este é o melhor. Paris está livre. A autoridade centralizada não existe mais". O conceito de Comuna como uma entidade governante ganhou terreno quando a primeira edição do *Journal Officiel de la Commune* apareceu, em 20 de março. Uma avaliação em palavras estridentes parabenizava "os proletários da capital [que], em meio aos fracassos e traições das classes governantes, entenderam que chegou a hora de salvar a situação tomando a direção dos assuntos públicos em suas próprias mãos". O termo "Comuna", conforme observado, estava no ar durante o cerco prussiano e depois da derrota francesa. Agora, a vitória dos homens e mulheres de Montmartre ao impedir que as tropas de Thiers se apoderassem dos canhões da Guarda Nacional incentivava os parisienses insurgentes a acreditar que a criação de uma autoridade progressista e até autônoma na capital – a Comuna de Paris – estava ao alcance.[26]

Por enquanto, porém, a maioria dos prefeitos e vice-prefeitos dos *arrondissements* e dos deputados que representavam Paris na Assembleia Nacional recusava uma reunião com o Comitê Central, acreditando que isso seria o equivalente a reconhecê-lo como autoridade legítima. Uma minoria de prefeitos, porém, reuniu-se com o Comitê Central no Hôtel de Ville, incluindo Clemenceau, prefeito do 18º *arrondissement*. Clemenceau insistiu que o órgão não representava Paris e tentou persuadir seus membros a devolver os canhões ao governo de Thiers e reconhecer a autoridade dos prefeitos existentes. Ele esperava que estes pudessem negociar com a Assembleia Nacional. Os prefeitos dos *arrondissements* mais conservadores limitaram suas exigências a obter uma autonomia municipal.[27]

A Assembleia Nacional dominada por monarquistas se reuniu em sessão secreta no início da noite de 22 de março para determinar como responderia à revolta em Paris. Thiers e Jules Grévy, um republicano bastante conservador, dominaram os procedimentos. A direita monarquista encontrou apoio à sua exigência de que voluntários fossem convocados nas províncias para defender "a ordem e a sociedade". O clima prevalecente estava refletido num membro que insistiu que "os criminosos que agora dominam Paris atacaram Paris: agora eles atacam a própria sociedade". Nenhuma concessão seria feita a "um tumulto". Thiers e Grévy deixaram claro que estavam dispostos a dar tempo ao que consideravam uma autoridade insurgente e ilegal para se estabelecer enquanto um "exército sério" poderia ser reconstruído para tornar legítima uma repressão sangrenta. Thiers saboreou o fato de a possibilidade de uma guerra civil pairar sobre a reunião. Quando alguém o desafiou, perguntando se ele empurraria Paris para uma guerra civil, gritos vieram da Assembleia: "Isso já começou! Está aqui!" A Assembleia Nacional conservadora se revoltou contra Paris e não o contrário. Apenas dias depois de o povo de Paris tomar o controle de sua cidade, Thiers e a Assembleia Nacional estavam se preparando para uma guerra que eles entendiam como "uma guerra de classes" entre a burguesia e os trabalhadores parisienses.[28]

Enquanto isso, muitos daqueles parisienses da elite que receberiam com orgulho o título de "homens da ordem" seguiam Thiers até Versalhes ou se retiravam para lugares mais seguros fora da capital. Em Versalhes, republicanos conservadores que de início pareciam estar na difícil posição de ter que escolher entre uma restauração monárquica e a Comuna podiam agora apoiar Thiers, que prometia esmagar em Paris "a multidão vil" que ele tanto detestava.

Para os republicanos conservadores, a palavra "Comuna" se tornara sinônimo de "comunismo". Esses chamados "homens da ordem" podiam se convencer de que os membros e aliados da Comuna, chamados de *communards*, pretendiam principalmente confiscar e dividir as propriedades dos ricos. Thiers, assim como outros *anticommunards*, estava convencido de que membros da Internacional eram em grande parte responsáveis pela insurreição de 18 de março.[29]

Enquanto Thiers e a Assembleia Nacional se preparavam para reconstruir o exército, a contrarrevolução estava em andamento em Paris. Thiers nomeou o almirante conservador Jean-Marie Saisset comandante da Guarda Nacional de Paris, uma decisão que com certeza indignaria muitos parisienses comuns. Os bonapartistas fiéis, a "Sociedade dos Amigos da Ordem" e os guardas nacionais "leais" começaram a se concentrar perto da Bourse, da Ópera e do elegante Grand Hôtel em Paris, reunindo-se em torno de Saisset. Em 21 de março, uma manifestação de cerca de 3 mil "Amigos da Ordem" teve início no boulevard des Capucines e marchou por vários bulevares e ruas de bairros conservadores. Os legalistas de Versalhes dominaram os *quartiers* entre os *grands boulevards* até o mercado de Saint-Honoré e nas imediações do Palais-Royal, do Banque de France e da rue Montmartre. Saisset organizou outra manifestação, na place Vendôme, no dia seguinte. A escolha do local era provocativa – em frente ao quartel-general da Guarda Nacional. Quando Saisset estava prestes a falar, tiros foram disparados em sua direção por contramanifestantes. Gaston Cerfbeer, de 12 anos, morador da rue Saint-Honoré, perto da rue Royale, olhou para baixo e viu "homens da ordem [...] correndo como loucos, abaixo de nossas janelas".[30]

Aproximadamente doze pessoas foram mortas e várias outras ficaram feridas na confusão. A desorganização de Saisset e sua falta de carisma, bem como rumores de que orleanistas importantes esperavam que as manifestações constituíssem o primeiro passo para uma restauração, ajudaram a levar ao fim o incidente sangrento. A maioria dos parisienses rejeitava qualquer possível retorno a uma monarquia. Mas, em vez de acabar com a contrarrevolução, as mortes só fizeram consolidar o forte sentimento *anticommunard* entre os conservadores que restavam em Paris.

Enquanto isso, a Assembleia Nacional se recusava a usar o nome "República" em suas proclamações. O governo adotou imediatamente um discurso de difamação, descrevendo os parisienses como "desgraçados", "bandoleiros", "saqueadores" e "bandidos". Em meados de abril, a Assembleia reagiu às reivindicações de Paris com uma nova lei sobre municipalidades, afirmando que no futuro a capital ainda não teria nenhum prefeito, ficando, em vez disso, sob administração direta do prefeito do Sena. Os conselheiros municipais seriam nomeados para mandatos de cinco anos, respondendo apenas ao governo central que os designaria.[31]

A INSURREIÇÃO DE PARIS INCITOU ALGUMAS CIDADES PROVINCIAIS. Multidões em Lyon haviam proclamado a República em agosto de 1870, antes de isso ocorrer em Paris, em 4 de setembro, o que refletia também a radicalização política durante os últimos anos do império. Os manifestantes pediram a continuação da guerra contra a Prússia – agora Alemanha –, autonomia municipal e reforma social. Em 22 de março, representantes de Lyon, Bordeaux, Rouen, Marselha e várias outras cidades se reuniram com o Comitê Central para ouvir um relato sobre os movimentos parisienses por direitos. Naquele dia, insurgentes tomaram o poder em Lyon. Marselha, Narbonne, Saint-Étienne, um centro fabril, e a pequena cidade industrial de Le Creusot se ergueram em 24 de março, seguidas de Limoges, no início de abril. Todas elas proclamaram "comunas" de vida curta. Benoît Malon e a militante socialista, feminista e romancista André Léo escreveram o "Apelo aos Trabalhadores do Interior", do qual 110 mil cópias alcançaram as províncias. "Irmãos", dizia o texto, "eles estão enganando vocês. Nossos interesses são os mesmos!"[32]

Alguns proeminentes republicanos parisienses moderados, como o ex-deputado Édouard Lockroy, que era membro do conselho municipal e representara o *département* do Sena na Assembleia Nacional, e Jean-Baptiste Millière, outro deputado, juntaram-se a Clemenceau na tentativa de obter um compromisso com Thiers. Porém, em 23 de março, Thiers rejeitou a delegação de prefeitos e deputados que representava Paris. Ele estava tentando ganhar tempo, dizendo: "Já impedi a França de se afogar numa revolução uma vez; não sou jovem o suficiente para fazer isso pela segunda vez."[33]

Três grupos – a Ligue d'Union républicaine des droits de Paris, a Union nationale du commerce et de l'industrie e os franco-maçons – ainda pressionaram por uma conciliação, cada um deles esperando que o reconhecimento da existência da República pelo governo de Versalhes e uma afirmação dos direitos de Paris levassem a um acordo negociado. Thiers insistiu que como a Comuna não tinha nenhuma legitimidade, não havia nada para negociar. À Union nationale du commerce et de l'industrie, que afirmava representar

6 mil comerciantes e fabricantes, Thiers exigiu que os *communards* desistissem de suas armas – em outras palavras, que se rendessem.³⁴

O TERMO "COMUNA" TINHA VÁRIOS SIGNIFICADOS NESSA ÉPOCA. O Manifesto do Comitê dos Vinte Arrondissements, divulgado vários dias depois dos acontecimentos de 18 de março, apresentava sua definição de "Comuna [...] [como sendo] a base de todos os estados políticos, assim como a família é o embrião das sociedades. [A Comuna] deve ser autônoma [...] [com] sua completa soberania, assim como o indivíduo no meio da cidade". Com o objetivo de desenvolvimento econômico e garantia de segurança, Paris deveria "federar-se com todas as outras comunas ou associações de comunas para formar a nação. [...] É essa a ideia [...] que acabou de triunfar em 18 de março de 1871".³⁵

Porém, muito mais do que a autonomia municipal estava em jogo. Muitos parisienses acreditavam que a asserção dos direitos municipais representava o primeiro passo para alcançar uma "República democrática e social". O manifesto pedia a organização de "um sistema de segurança comunitário contra todos os riscos sociais", incluindo o desemprego e a falência, bem como uma investigação sistemática de todas as possibilidades de obter capital e crédito para trabalhadores individualmente para pôr fim ao interminável "pauperismo".³⁶ Assim, embora alguns militantes limitassem suas exigências aos direitos municipais, outros exigiam reformas sociais significativas.

Em 23 de março, a filial da Associação Internacional dos Trabalhadores em Paris usou sua influência para apoiar a Comuna. Sua proclamação, redigida por Albert Theisz, que trabalhava com bronze, afirmava otimisticamente que "a independência da Comuna significará um contrato discutido livremente que acabará com um conflito de classe e produzirá a igualdade social". Repercutia também as exigências republicanas prevalecentes apresentadas durante o Segundo Império: educação obrigatória, gratuita e secular; o direito de se reunir e formar associações; e a autoridade municipal sobre as forças armadas, a polícia e a saúde pública. Como explicara o tipógrafo socialista Eugène Varlin, "a revolução política e as reformas sociais estão ligadas e uma não pode ir sem a outra".³⁷

O pastor protestante Élie Reclus captou a esperança de muitos *communards* de que reformas sociais pudessem lhes trazer vidas melhores: "Lázaro, sempre morrendo de fome, já não se contenta com as migalhas que caem da mesa dos ricos, e agora ousou pedir sua parte do banquete." Assim como seu irmão geógrafo anarquista Élisée, Reclus acreditava que o futuro da humanidade residia numa conexão íntima com a natureza, sem um Estado. Acreditava que se os trabalhadores pudessem se organizar em associações de produtores, acabariam sendo capazes de se emancipar de seus chefes. Mas, embora cerca de 300 mil parisienses estivessem agora sem trabalho em decorrência da guerra e do cerco, várias associações de trabalhadores foram bravamente formadas. No Conselho dos Sindicatos do Comércio Federados, um orador perguntou: "Que diferença faz para mim que sejamos vitoriosos sobre Versalhes se não encontramos a resposta para o problema social, se o trabalhador continua nas mesmas condições?"[38]

Louis Barron, filho de uma lavadeira, ex-soldado e escritor, queria "uma revolução social" por tanto tempo esperada por muitos de sua geração. Ele descreveu o mundo de trabalho do qual a Comuna tirava sua força: "Os vastos subúrbios da classe trabalhadora, pelos quais se chega lentamente a Butte Montmartre ou Buttes-Chaumont, esses montes Aventinos de Paris, refletem o misterioso, tumultuado e triste movimento desses bairros industriais. [...] Pessoas comuns vivem nessas ruas, misturando-se, passeando, discutindo, brigando, matando tempo. Para esses milhares de homens acostumados a trabalhar com ferramentas todos os dias a fim de ganhar o suficiente para comer, o desemprego, mesmo que a fome absoluta não seja uma consequência, é tão difícil quanto se o sombrio empobrecimento total viesse em seu rastro."[39] Milhares de trabalhadores parisienses esperavam que a Comuna produzisse reformas que melhorassem suas vidas.

AS ELEIÇÕES MUNICIPAIS, ADIADAS POR QUATRO DIAS ENQUANTO alguns prefeitos tentavam sem sucesso um acordo negociado com Versalhes, foram realizadas em 26 de março. O objetivo era eleger o conselho governante da Comuna. Rigault era candidato no geralmente reacionário oitavo *arrondissement*, que incluía a Igreja da Madeleine, onde algumas das famílias mais ricas se casavam e realizavam batismos, e o Champs-Élysées.[40] Ele supôs que sua reputação e o recém-adquirido status de chefe da polícia poderiam lhe dar a vitória na eleição mesmo num distrito reacionário, como era.

As eleições refletiram a geografia social e política cada vez mais dividida de Paris. Tiveram seu peso determinado pela população, com o plebeu 11º *arrondissement* – o mais populoso, com quase 150 mil moradores – e o oitavo elegendo, cada um, sete pessoas, enquanto o 16º – o menor, com 42 mil moradores – teria somente dois representantes. Apenas aproximadamente metade dos homens votou, em parte devido ao fato de que milhares deles haviam fugido da capital, mas também porque muitos não conheciam bem os candidatos ou foram dissuadidos pelo fato de que Thiers pedira ao povo para não votar.

Os candidatos da esquerda revolucionária se saíram bem nos *arrondissements* plebeus do leste e, sobretudo, do nordeste de Paris, onde blanquistas, membros da Internacional e jacobinos eram maioria. Em Belleville, o guarda nacional anticlerical Gabriel Ranvier, filho de um sapateiro e uma secretária, foi reeleito prefeito do 20º *arrondissement*, onde se tornou conhecido como "o Cristo de Belleville". Ele era conhecido por brindar à mudança política com xarope, e não vinho, era um orador frequente nos armazéns dos *quartiers populaires* e passara algum tempo na prisão por sua participação na tentativa de insurreição de 31 de outubro. Assim como outros de feitos históricos semelhantes, ele estava convicto de que Paris deveria liderar o caminho na luta por uma república justa.[41]

Aqueles que agora exerciam autoridade na Comuna eram homens com pouca ou nenhuma experiência administrativa, mas que caminhavam juntos – debatendo e brigando desde o começo – para o desconhecido. Nenhuma figura dominante surgiu para liderar a Comuna, e problemas de autoridades superpostas e rivalidades persistiam. Quando a Comuna emitia decretos, cabia aos prefeitos, aos vice-prefeitos, à polícia e aos guardas nacionais de cada *arrondissement* fazer com que fossem cumpridos. É claro que nem todos os prefeitos e policiais eram aliados voluntários da Comuna, o que significa que havia limites à autoridade efetiva da Comuna e que esta tinha de confiar em dirigentes, policiais e guardas nacionais independentemente de o quanto republicanos eles fossem.[42]

A primeira e mais premente tarefa da Comuna, porém, era defender Paris do Exército de Versalhes, que estava se preparando para uma luta contra os *communards*. Houve debates furiosos entre "realistas" e "idealistas". Em grande parte para desgosto dos "idealistas", que estavam ansiosos para estabelecer uma sociedade justa, os "realistas" insistiam que nenhuma verdadeira reforma, social ou política, podia ser alcançada com determinados inimigos ao portão. Em 29 de março, o primeiro decreto do novo órgão administrativo da Comuna lembrou aos cidadãos que eles eram "donos da própria vida", advertindo que "criminosos" estavam "fomentando o foco de uma conspiração monarquista nos portões da cidade. Estão planejando desatar uma guerra civil".[43]

Em 28 de março, a vitoriosa nova autoridade da capital francesa proclamou oficialmente a Comuna de Paris no Hôtel de Ville, enquanto tambores, clarins e salvas de artilharia disparadas para o alto no cais ali perto saudavam a vitória sobre a tirania. Os recém-eleitos membros do conselho governamental da Comuna ficaram de pé sobre uma plataforma enquanto a Guarda Nacional marchava junto a uma grande e animada multidão. A cor vermelha estava em toda parte – lenços, cintos, laços de fita e na bandeira que tremulava no Hôtel de Ville. Rigault havia aparado sua barba e estava impressionantemente bem-vestido, deleitando-se com seu status de chefe da polícia. Jules Vallès descreveu a proclamação da Comuna como uma "compensação por vinte anos de Império, seis meses de derrota e traições". A Comuna teve, desde o início, o apoio esmagador da maioria dos parisienses.[44]

O Comitê Central da Guarda Nacional anunciara que, com as eleições de 26 de março, cederia o poder aos que haviam sido eleitos para a Comuna. Mas logo no dia seguinte começou a se reorganizar, depois de 16 de seus membros serem eleitos para a Comuna. O Comitê Central, que continuava a realizar reuniões regulares, via-se como o "guardião da revolução". Advertiu os parisienses a tomar cuidado com pessoas favorecidas por fortunas, porque apenas raramente elas consideravam "os trabalhadores irmãos". Possivelmente houve uma espécie de soberania dupla: o Comitê Central da Federação da Guarda Nacional, formalmente estabelecido em 20 de março, e a "Comuna", o órgão governamental eleito da Comuna proclamada em 28 de março.[45]

A COMUNA IMEDIATAMENTE ENFRENTOU DESAFIOS INTERNOS E EXternos. Primeiro, e mais imediatamente, precisava de fundos para funcionar. Segundo, nem todo mundo que a apoiava concordava com a extensão da transformação em Paris que ela supervisionaria – divisões políticas permaneceriam. Terceiro, enquanto as forças alemãs cercavam os baluartes e fortes do norte e do leste, o exército de Thiers, aquartelado em Versalhes, mantinha os territórios ao sul e a oeste de Paris. Os alemães não representavam nenhuma ameaça imediata, mas o exército de Thiers já estava planejando seu ataque a Paris.

Como a Comuna encontraria dinheiro para pagar aos guardas nacionais 1,50 franco por dia por seus serviços, bem como aos muitos funcionários municipais? A Comuna também tinha de encontrar uma maneira de cumprir sua promessa de financiar alguma assistência aos pobres. Assim como em outras cidades da França, a maior parte da renda nacional vinha do dinheiro coletado nos *octrois* (as barreiras de alfândega) em torno de Paris. O dinheiro confiscado no Hôtel de Ville quando o regime anterior desapareceu no meio da noite dava para alguma coisa. Mas eram necessários muito mais recursos financeiros.

A Comuna nomeou François Jourde como delegado para finanças. Em 19 de março, Jourde e Eugène Varlin foram ao Banco da França pedir educadamente um empréstimo de 700 mil francos. Receberam. A Comuna também recebeu um crédito bem superior a 16 milhões de francos – embora esta fosse uma quantia insignificante comparada aos 258 milhões de francos em crédito que Versalhes recebera do Banco da França, tornando possível a reconstituição do exército. A família banqueira Rothschild também emprestou dinheiro aos revolucionários.[46] A Comuna permaneceu presa ao legalismo e não confiscou fundos no Banco da França, o que poderia ter feito facilmente, mas começou a cunhar suas próprias moedas em meados de abril.[47]

Por enquanto, a autoridade provisória não propusera nenhum programa econômico ou político concreto além de afirmar que a França agora era uma república. Mas a Comuna imediatamente tomou medidas importantes no interesse dos parisienses das classes trabalhadora e média. Proibiu a expulsão de inquilinos incapazes de pagar seu aluguel, o que tranquilizou aqueles que estavam frustrados e irados com a repentina abolição, pela Assembleia Nacional, da moratória sobre aluguéis que mantivera as pessoas em suas casas durante o cerco. Gustave Flaubert, por exemplo, expressou sua indignação como dono de propriedades que queria que seus aluguéis fossem pagos imediatamente. Ele não teria ficado contente ao ouvir o comentário de um homem que informou a seu senhorio no 11º *arrondissement* que "a Comuna triunfaria e poria os inquilinos no lugar dos senhorios". A Comuna tranquilizou os negócios propondo um compromisso no interesse de devedores e credores, dividindo o pagamento das dívidas ao longo de três anos, enquanto o governo de Versalhes dera apenas três meses para devolver o dinheiro devido. A Comuna suspendeu a venda de itens que haviam sido trocados por dinheiro na casa de penhores municipal, medida importante para muitos parisienses.

O Conselho da Comuna, que incluía mais ou menos 65 homens, muitos dos quais eram também dirigentes em seus *arrondissements*, reuniu-se 57 vezes enquanto existiu. Administrações superpostas, comitês, delegados, diferenças ideológicas e rivalidades pessoais minaram, porém, seus esforços.[48] (O que menos tranquilizava Élie Reclus em relação à Comuna era seu conselho governante.) Em cada uma das *mairies* dos *arrondissements*, versões menores das reuniões no Hôtel de Ville aconteciam, com cada prefeito, vice-prefeito e os membros das comissões supervisionando assuntos locais. A própria estrutura do que em essência era uma federação de *arrondissements* significava que coordenar uma política unificada no nível da Comuna era difícil, se não impossível. As unidades da Guarda Nacional e a existência do Comitê Central da Federação da Guarda Nacional serviam para descentralizar a autoridade e complicar mais a coordenação de políticas ordenadas pela própria Comuna. Desde o início, a Comuna sofreu com autoridades conflitantes e duas visões opostas da Comuna. De um lado, os proudhonistas, que eram anarquistas e, portanto, opunham-se à própria existência do Estado, viam a Comuna essencialmente como uma democracia popular e uma autonomia municipal. Os jacobinos, por sua vez, eram a favor de uma estrutura mais autoritária e realista que parecia cada vez mais necessária, considerando a situação militar desafiadora.[49]

Tornando ainda mais difusa sua autoridade, a Comuna estabeleceu "comissões" executivas, algo como o equivalente a ministérios, cada uma delas dirigida por um "delegado". As comissões se reuniriam duas vezes por dia no Hôtel de Ville, em encontros longos e cada vez mais contenciosos que, com frequência, se prolongavam pela noite. As reuniões desperdiçavam um tempo considerável discutindo assuntos de pouca ou absolutamente nenhuma importância. Alguns membros pareciam ficar presos aos aspectos cerimoniais de sua autoridade limitada. Num esforço para dissipar essa ênfase na aparência e na cerimônia, Varlin sugeriu que a Comuna se recusasse a pagar pelo uniforme elegante, que incluía listras militares, encomendado por Eudes. Ele explicou: "A Comuna não tem dinheiro para roupas de luxo."[50]

O órgão administrativo da Comuna rapidamente decidiu que não era democrático chamar alguém de ministro da guerra, então este se tornou "Cidadão Delegado para o Ministério da Guerra". Além de "Guerra", as outras comissões eram "Subsistência", "Finanças", "Relações Exteriores", "Serviços Públicos", "Educação", "Segurança Geral", "Justiça" e "Trabalho e Comércio". Esta última era chefiada pelo húngaro Léo Frankel, um relojoeiro, membro da Internacional, de baixa estatura e que usava óculos. Frankel falava francês com um sotaque forte e morava perto do subúrbio de Saint-Antoine, no coração da Paris dos artesãos. Ele insistia que, como os trabalhadores haviam feito a revolução de 18 de março, a Comuna não faria sentido se não fizesse alguma coisa por eles.[51]

ENQUANTO A COMUNA SE OCUPAVA DE FORMAR SEU GOVERNO, Adolphe Thiers estava começando a reconstruir o exército francês em Versalhes.[52] Isso seria um desafio. Mais de 300 mil soldados e oficiais, que haviam se rendido em Sedan e Metz, ainda estavam internados nos estados alemães. O Exército do Leste, acampado na Suíça, consistia em grande parte de soldados da *Garde Mobile* à espera de desmobilização. No início de abril, o número de soldados alcançado era de apenas 55 mil, incluindo aqueles liberados do internamento alemão, e os três corpos haviam recebido o nome apropriado de Exército de Versalhes. Os Voluntários do Sena forneciam outros 6 mil homens. Mas Thiers esperaria seu momento, convencido de que bem mais de 100 mil poderiam ser necessários.[53]

O marechal Patrice de MacMahon parecia ser o comandante-chefe perfeito para o Exército de Versalhes. Legitimista com esperança de uma restauração Bourbon, MacMahon, um condecorado veterano de campanhas de conquistas e matança na Argélia, compartilhava a crença em Versalhes de que a Comuna ameaçava a ordem social. A rendição do marechal em Sedan só havia comprometido um pouco sua excelente reputação, porque ele se ferira cedo na batalha.

Em 6 de abril, Thiers nomeou Paul de Ladmirault, Ernest de Cissey, François du Barail, Justin Clinchant e Félix Douay comandantes. Thiers designou Joseph Vinoy, que liderara o malsucedido esforço de capturar os canhões da Guarda Nacional, para comandar o exército de reserva. Todos eles eram politicamente conservadores, e incluíam dois legitimistas, dois bonapartistas e um republicano conservador (Ladmirault). O corpo de oficiais franceses continuava sendo de classe alta e orgulhoso de seu status, mantendo a crença de que o sangue nobre garantia dedicação e competência. Os oficiais franceses mais antigos haviam colaborado com Luís Napoleão e depois com sua segunda encarnação como Napoleão III, em parte porque temiam os republicanos e socialistas. Não surpreende, portanto, que estivessem ansiosos para empunhar armas contra os *communards* parisienses.[54]

Se o republicano conservador Jules Simon havia descrito o exército versalhês em suas primeiras semanas "como uma horda tártara", os oficiais agora impunham disciplina. Os casos de insubordinação e, sobretudo, as dissidências politicamente motivadas – como quando soldados que chegavam de Bordeaux gritaram em favor da Comuna – eram duramente tratados. Unidades consideradas até mesmo vagamente simpáticas a Paris eram enviadas para tarefas distantes na França ou nas colônias.

O moral entre os soldados, tão devastado poucos meses antes, melhorou radicalmente. Ajudou o fato de Thiers ter assumido um interesse pessoal em melhorar as condições de vida das tropas, quadruplicando suas rações de vinho e triplicando as de *eau-de-vie* – aguardente à base de frutas. As tropas também foram bombardeadas com propaganda que atacava os *communards*. Depois de inicialmente impedir o acesso dos soldados aos jornais, a Assembleia Nacional aprovou em abril que eles recebessem exemplares do *Le Gau-*

lois e do *Le Soir*, que denunciavam a Comuna por desafiar o regime de propriedade, a religião, a hierarquia social e a autoridade. Os *communards* eram apresentados como a escória da sociedade, ex-condenados, bêbados, vagabundos e ladrões, estrangeiros com liberdade para as tramas diabólicas organizadas pela Internacional, talvez em conluio com a Alemanha.[55]

Depois de o Império Alemão e o governo provisório da França assinarem o Tratado de Frankfurt em 10 de maio – sob cujos termos a França perdia a Alsácia e grande parte da Lorena para a Alemanha, além de ter que pagar uma enorme indenização de 5 bilhões de francos e reconhecer Guilherme I como imperador da Alemanha – Bismarck libertou soldados franceses capturados para que eles ingressassem no Exército de Versalhes. Esses soldados formariam um quarto da força de 130 mil homens disponível a Thiers. Oficiais estavam ansiosos para restaurar o orgulho do exército francês depois da abjeta humilhação na guerra catastrófica contra a Prússia, embora alguns que haviam servido no Exército de Defesa Nacional tivessem sido expulsos. Com suas carreiras profissionais em suspenso, oficiais que voltavam juntavam rapidamente suas carroças à caravana de Versalhes. Thiers não tinha nenhuma experiência militar, mas isso de maneira alguma o dissuadiu de tentar impor sua vontade aos comandantes do Exército de Versalhes. Toda manhã, ele insistia em se reunir com MacMahon e os outros, mas não com o titular superior deles, Adolphe Le Flô, ministro da guerra, nem com Vinoy, cuja reputação havia sido manchada pelos acontecimentos de 18 de março.[56]

A invasão de Paris planejada por Thiers e o Exército de Versalhes não seria fácil. A cidade resistira a um exército imponente por mais de quatro meses durante o cerco prussiano. Era protegida por um muro que se estendia em torno de sua circunferência, entremeado por 94 bastiões fortificados. Cada um deles podia abrigar canhões e metralhadoras. Um fosso de nove metros de profundidade e quase 14 metros de largura oferecia um sério obstáculo adicional a qualquer força invasora. Durante o cerco prussiano, o Governo de Defesa Nacional construíra mais fortificações para além do lado sudoeste dos baluartes, usando barragens proporcionadas pela ferrovia que corria em torno da circunferência de Paris. Pontes levadiças podiam fechar os portões da cidade.

Além disso, uma série de fortes externos haviam sido construídos durante a Monarquia de Julho: Issy, Montrouge, Vanves, Bicêtre e Ivry. Conectados em determinados lugares por trincheiras e redutos, eles eram controlados pelas forças da Comuna, à grande exceção do enorme forte de Mont-Valérien, a oeste de Paris, que fora retomado pelos versalheses. Ironicamente, esses fortes haviam sido construídos por instigação de Thiers. A disposição dos fortes havia gerado um debate acalorado, porque críticos republicanos notaram que suas localizações pareciam refletir mais uma preocupação em disparar para Paris, contra trabalhadores insurgentes – como aqueles que haviam se rebelado em várias ocasiões depois da Revolução de 1830 – do que em oferecer uma defesa útil contra um exército invasor. O exército alemão controlava as áreas além dos muros do norte e do oeste de Paris, incluindo os fortes externos (à exceção de Vincennes, a leste, mantido pelos *communards*). A suposta neutralidade alemã dava aos *communards* a vantagem de não temer um ataque versalhês vindo daquelas direções.[57]

O DELEGADO *COMMUNARD* PARA GUERRA, QUE TERIA DE SE PREParar para um ataque versalhês, era Gustave Cluseret, parisiense formado na escola militar de elite de Saint-Cyr. Embora não tivesse ainda 50 anos, Cluseret tinha uma experiência militar impressionante: foi ferido na Argélia e, como comandante da *Garde Mobile*, lutado contra os insurgentes durante os Dias de Junho de 1848. Depois foi para a esquerda e ficou afastado do serviço militar antes de lutar pelo Norte na Guerra Civil americana, após a qual se tornou cidadão americano. Cada vez mais comprometido com a revolução social, ele voltou à França em 1867 e passou um breve período preso, em 1868, depois de escrever um artigo que desagradou às autoridades imperiais.

Cluseret tinha, nas palavras de Louis Rossel, um outro comandante *communard*, "um rosto grosseiramente bem-apessoado", mas modos "rudes, incivis", o que levou a acusações de que era ditatorial em seus métodos. Um dos secretários do comandante descreveu o clima de "perpétua improvisação, incoerência fundamental, o caos tentando em vão se organizar e [...] um cenário de turba em que todo mundo comanda e ninguém obedece". Mas ele entendia os problemas intimidantes de tentar defender Paris com forças da Guarda Nacional indisciplinadas e vulneráveis às indecisões e desentendimentos de seus comandantes. A Guarda Nacional estava organizada em companhias formadas dentro dos *arrondissements*, reunindo vizinhos, colegas de trabalho e amigos. Cada companhia agora elegia um delegado que atuaria como uma espécie de "policial político e militar", à procura de oficiais desleais, com o direito de convocar reuniões para discutir assuntos considerados importantes.[58] O fato de as companhias da Guarda Nacional elegerem esses delegados acrescentou camadas de comando e aumentou a dificuldade das tarefas do comandante-geral.

Cluseret acreditava que, se a Guarda Nacional conseguisse resistir aos versalheses, algum tipo de acordo negociado com o governo de Versalhes poderia ser obtido. O primeiro passo, porém, era assegurar que a Guarda Nacional estivesse pronta para a tarefa à sua frente. Com isso em mente, ele reorganizou algumas unidades da Guarda Nacional e lembrou às autoridades dos *arrondissements* que ele tinha a autoridade suprema sobre os batalhões. Em 7 de abril, um decreto obrigava todos os homens com idade entre 19 e 40 anos a servir na Guarda Nacional. Cluseret instou os guardas a policiar seus bairros e forçar homens que evitavam o serviço a ingressar na Guarda. O delegado para guerra criou um conselho de guerra em cada legião da Guarda Nacional, uma espécie de corte marcial, com o objetivo de impor disciplina e, assim, rebater tentativas dos versalheses de subverter o moral. Uma corte marcial julgou um comandante acusado de se negar a conduzir seus homens contra tropas de linha em Neuilly. Ele foi condenado à morte, mas nunca executado.[59]

As tentativas de Cluseret de criar um exército verdadeiro de soldados da Guarda Nacional foram dificultadas ainda mais pelos limites de sua autoridade e por uma liderança da Guarda Nacional cada vez mais obstrucionista. Ele denunciou a intromissão do Comitê Central da Guarda Nacional, o que acentuou a divisão de autoridade que minava a Comuna. O Comitê Central continuou dando ordens às municipalidades dos *arrondissements*, ignorando os esforços de Cluseret para centralizar sua autoridade. Houve uma enxurrada de proclamações oficiais, algumas extremamente contraditórias. Quando, certa ocasião, Cluseret supôs que 1,5 mil guardas estariam aguardando suas ordens na Gare Saint-Lazare, encontrou apenas 200, "que não queriam marchar". Apenas cerca de 80 mil homens estavam prontos para lutar em meados de maio, se tanto.⁶⁰

Cluseret previu que o exército de Thiers atacaria os portões do oeste, em Point-du-Jour, Auteuil e Passy. Com isso em mente, estabeleceu uma bateria em Trocadéro e outra perto de Passy, no Château de la Muette, próximo ao Bois de Boulogne. Mas durante o cerco formado ficou claro que eles não causaram nenhum dano real às forças versalhesas.⁶¹

NO FIM DE MARÇO, VERSALHES ENVIOU UMA PATRULHA EXPLORATÓ-ria em direção aos baluartes e em seguida bem além das fortificações do sul para avaliar as defesas dos *communards*. Thiers acreditava que demoraria trinta dias para ter o controle da área imediatamente em torno dos baluartes e montar canhões ali. Ele permanecia empenhado em atingir os baluartes com tiros de canhão, numa preparação para um ataque, insistindo em escolher os alvos.⁶²

O primeiro combate aconteceu em 30 de março, apenas dois dias depois da proclamação da Comuna, quando tropas versalhesas seguiam para Courbevoie, que fica do outro lado do Sena a partir de Neuilly, numa missão exploratória. Ao chegarem a um pequeno posto perimetral da Comuna, as tropas de linha versalhesas hesitaram. O general Gaston Galliffet ordenou imediatamente à artilharia que disparasse e quando os soldados se queixaram, ele ralhou com eles, pistola à mão. Em seguida, avançou sobre seu cavalo, fazendo alguns prisioneiros, enquanto guardas da Comuna fugiam. Soldados versalheses apanharam a bandeira vermelha e a jogaram aos pés de Galliffet, em triunfo. A capacidade do general de recuperar o moral de seus soldados pode ter sido um ponto decisivo; o exército, de início relutante em atacar seus companheiros franceses, parecia agora preparado para um ataque aos *communards*. Thiers ordenou ao batalhão de Galliffet que voltasse sem tentar tomar a pont de Neuilly e a Porte Maillot, mas a escaramuça tivera o efeito pretendido. As forças da Comuna recuaram em pânico, enquanto o desempenho do exército tranquilizava Thiers. Ele enviou um telegrama às autoridades provinciais informando que "a organização de um dos melhores exércitos profissionais já possuídos pela França está sendo concluída em Versalhes; bons cidadãos podem criar coragem".

Em 2 de abril, Thiers ordenou a duas brigadas do exército, apoiadas por artilharia e comandadas por Galliffet, que atacassem uma concentração de guardas nacionais na rotunda de Courbevoie. Um general cirurgião militar chamado Pasquier se aproximou para negociar com os *communards*. Confundindo-o com um coronel da gendarmaria, por causa de seu uniforme, o lado da Comuna atirou em Pasquier e o matou. A luta que se seguiu entre os *communards* e o exército de Thiers terminou com uma vitória versalhesa, mas como as tropas de Thiers em seguida recuaram, alguns *communards* entenderam como uma vitória sua. Não foi nada disso, porque o Exército de Versalhes agora ocupava Courbevoie, um ponto-chave da defesa de Paris. A morte de Pasquier tornou-se um marco inicial da propaganda versalhesa.[63]

Cerca de trinta *communards* foram feitos prisioneiros em Courbevoie, enquanto os *fédérés* – nome oriundo da Federação da Guarda Nacional – voltavam às pressas para Paris, chegando à avenue de Neuilly e depois à Porte Maillot. As ordens de Vinoy foram inequívocas: todos os soldados, homens da Guarda Nacional ou marinheiros aprisionados seriam executados. Quando a notícia sobre essas execuções chegou ao Hôtel de Ville, o Conselho da Comuna decidiu ordenar uma grande *sortie* contra Versalhes. Os blanquistas Eudes e Émile Duval foram os principais proponentes de um ataque. No fim do dia 2 de abril, a Comuna informou à Guarda Nacional que "conspiradores monarquistas" haviam atacado, lançando uma guerra civil.[64]

A disposição, e até mesmo ânsia, das tropas versalhesas para realizar execuções sumárias de *communards* capturados marcou um ponto decisivo precoce na história da Comuna de Paris. Deixou poucas dúvidas nas mentes de *communards* determinados de que o governo e os exércitos de Adolphe Thiers eram capazes de uma violência desenfreada e de que Paris tinha de ser defendida a todo custo.

A liderança da Comuna rapidamente reuniu uma força que pode ter chegado a 20 mil, mas que provavelmente era menor. Às cinco horas de 3 de abril, quatro colunas marcharam para fora de Paris, em direção a Versalhes, duas pelo lado direito: uma delas, comandada por Jules Bergeret, iria para perto de Mont-Valérien e a outra, sob o comando de Gustave Flourens, atravessaria a pont d'Asnières. Uma terceira coluna, sob o comando de Eudes, marcharia por Issy e Meudon, enquanto a quarta, comandada por Duval, seguiria por Châtillon. As tropas de linha de Thiers estavam prontas, depois de serem informadas por espiões em Paris.⁶⁵

Um parisiense que estava saindo da cidade observou as forças desordenadas e insignificantes em marcha para Versalhes. Um coronel do exército francês, que conseguira entrar e sair de Versalhes, decidiu que seria "prudente" voltar definitivamente para a capital dos Bourbon. Ele ouvira alguém se referir a ele como um *mouchard* (espião da polícia) e achou que suas idas e vindas estavam sendo notadas. Quando o coronel se preparava para sair de Paris, os bulevares foram varridos por um "grande rumor" de que as forças da Comuna estavam indo para Versalhes. O coronel viu os guardas nacionais partindo em desordem quase total, cada um deles levando um pouco de linguiça, pão e um litro de vinho. Alguns estavam bêbados e cantando enquanto seguiam. Comerciantes espertos se meteram entre eles, vendendo *eau-de-vie* forte. Ele ouviu alguns guardas gritando que "*Père* Thiers" devia ser enforcado. Guardas nacionais lhe asseguraram que eles eram 100 mil. Pareciam bem menos que isso.⁶⁶

Líderes *communards* haviam assegurado à Guarda Nacional que os soldados versalheses não lutariam e apontariam seus fuzis para o chão, como algumas tropas haviam feito em 18 de março em Montmartre. Mas agora todos os sinais indicavam que as tropas de linha de fato lutariam. Uma vez fora dos baluartes, os combatentes *communards* enfrentaram bombardeios incessantes de canhões versalheses que disparavam do alto do Mont-Valérien. Apenas a coluna comandada por Eudes teve algum êxito, mas depois teve de recuar para Clamart, no fim da tarde, devido à cobertura insuficiente da artilharia.⁶⁷

Émile Duval e Gustave Flourens foram capturados durante o combate. Flourens se refugiara num *auberge*. Gendarmes invadiram o lugar e o acusaram (falsamente) de disparar contra um gendarme que estivera ali antes à procura de *communards*. Um gendarme que reconheceu Flourens o arrastou para fora e o retalhou até a morte às margens do Sena. A perda de Flourens, uma força muito instruída e ativa dentro da Comuna, foi desastrosa. Um general prometera aos combatentes *communards* que quem se rendesse seria salvo. Mas quando Vinoy chegou e perguntou quem comandava os *fédérés*, o general gritou ordens para que atirassem imediatamente em Duval e seu chefe do estado-maior. Um soldado retirou as botas de Duval de seu corpo e gritou "Quem quer as botas de Duval?", enquanto se afastava. Quando as colunas de *communards* recuaram, Galliffet ordenou que pelo menos outros três prisioneiros fossem mortos.[68]

Sutter-Laumann, o jovem socialista que morava em Montmartre, soube em Paris que as forças de Vinoy haviam avançado contra a rotunda de Courbevoie e que os guardas nacionais capturados haviam sido executados. Ele voltou às pressas para Montmartre para ver se seu batalhão havia sido convocado para a ação e encontrou seu bairro em estado de alarme. Tambores e cornetas estavam soando "com um ar lúgubre que dava arrepios". Ele soube que sua unidade, que incluía seu pai, um cabo, partira duas horas antes. Sutter-Laumann os alcançou ao longo do Sena. Ninguém parecia ter a menor ideia de onde estava indo. Mas os rumores eram de que milhares de guardas estavam seguindo para Versalhes. Poderia a tomada de Versalhes não estar assegurada?

A distância, eles podiam ver a silhueta do Mont-Valérien. De repente, os canhões ali abriram fogo. Eles se aproximaram de Meudon, cujos palácio e parque se estendiam por trás do monte, com o Fort d'Issy à esquerda. Em meio aos combates e perdas, alcançaram a vila de Clamart e foram recebidos com fogo de metralhadora. O batalhão da Guarda Nacional recuou assim que chegou, no caos, e em seguida recebeu ordem para marchar para Châtillon. Sutter-Laumann decidiu voltar para a vila de Issy. Absolutamente exausto, deparou-se com guardas que se distraíam praticando tiro ao alvo, embora as tropas versalhesas parecessem seguir em sua direção. Foi ali que Sutter-Laumann soube do fiasco em Châtillon e das mortes de Flourens e Duval.[69]

Sutter-Laumann e outros colegas se viram sob ataque entre Vanves e Issy. Seus números caíram de cinquenta para trinta, e depois para aproximadamente oito, enquanto guardas corriam em busca de segurança. Por milagre, ele conseguiu encontrar seu pai, separado de seu batalhão. Os dois conseguiram voltar juntos para Paris. Sutter-Laumann estava agora convencido de que a derrota da Comuna era inevitável. A *sortie* de talvez até 20 mil guardas nacionais, apoiados pelos fortes de Issy e Vanves, não foi capaz de expulsar dois ou três regimentos de tropas de linha versalhesas.[70]

O resultado foi um desastre total e as forças da Comuna se retiraram para Paris. Em 4 de abril, os versalheses lançaram um contra-ataque às colunas de Duval e Eudes, capturando o planalto de Châtillon e a pont de Neuilly. Por enquanto as forças da Comuna ainda mantinham os fortes de Issy, Montrouge, Bicêtre e Ivry. Mas no início da noite de 12 de abril os versalheses já ocupavam Sèvres, Châtillon, Meudon e Saint-Cloud. A Comuna perdera cerca de 3 mil combatentes mortos ou capturados.

APESAR DA DERROTA NAS MÃOS DAS TROPAS VERSALHESAS E DOS desafios imprevistos de governar Paris, a confiança dos *communards* ainda era grande nas primeiras semanas da primavera. Louis Barron recordou: "O movimento parisiense [...] é levado adiante puramente por seu próprio impulso. [...] De maneira imprudente me permito ser arrastado por sua corrente. [...] Mal penso nos perigos do dia seguinte." Barron teve de "admitir que as bravatas alegres dos participantes, suas conversas frívolas, suas roupas loucamente ostentosas, seu gosto por cores brilhantes, chapéus com plumas e discursos apaixonados ajudam a me distrair dos temores que ficam me remoendo".[71] Com Thiers reconstituindo o exército francês no palácio real de Versalhes, havia, de fato, muito a temer.

CAPÍTULO 3

DONOS DA PRÓPRIA VIDA

PARIS ESTAVA LIVRE. PESSOAS COMUNS DOS *QUARTIERS POPULAIRES* passeavam pelos bairros elegantes do leste da cidade, que muitas delas jamais haviam visto antes, a não ser que tivessem trabalhado como empregadas domésticas ou diaristas. Algumas famílias de trabalhadores que foram expulsas de bairros centrais pelos grandes projetos de Haussmann se reapropriaram das ruas que conheciam muito bem. Mas com Thiers preparando suas tropas em Versalhes, quanto tempo isso poderia durar?

No Domingo de Páscoa, os Jardins de Luxemburgo pareceram tão cheios para Ernest Vizetelly "quanto nos mais calmos dias de paz". E assim também estavam os principais bulevares de Paris, pelo menos até os cafés receberem ordem para fechar às 23 horas. Em muitos aspectos, durante a primeira quinzena de abril a vida em Paris parecia seguir como antes. O Louvre e a Bibliothèque Nationale reabriram. A Bourse – bolsa de valores – continuava funcionando, embora a maioria dos investidores tivesse deixado a capital. O Café de Madrid, observou Vizetelly, estava "fervilhando de delegados e oficiais do Estado-Maior".[1]

Concertos realizados nos Jardins das Tulherias celebraram a Comuna. Louis Barron notou a mistura social nas aglomerações, que juntavam proletários idosos e "as figuras brancas e gordas dos burgueses bem nutridos, assim como os pequenos rostos sorridentes de mulheres jovens". Ele se divertiu vendo pessoas de todas as classes sociais cumprimentando umas as outras com entusiasmo: "*Ah! Citoyenne... Ah! Citoyen!*" De maneira mais surpreendente, o Palácio das Tulherias, onde Napoleão III e sua família haviam morado tão recentemente, foi aberto ao público, com a taxa de entrada a cinquenta centavos revertida para o tratamento daqueles que haviam sido feridos combatendo os versalheses. Mulheres se concentravam nos apartamentos da imperatriz, imaginando a vida luxuosa que Eugénie levava ali. Aqueles que eram hostis à Comuna provavelmente perderam as risadas constantes das crianças pequenas que assistiram aos fantoches de Guignol na extremidade mais baixa da Champs-Élysées.[2]

A Comuna era uma espécie de "festa permanente" de pessoas comuns que comemoravam sua liberdade se apropriando das ruas e praças de Paris. Canções revolucionárias ecoavam, bem arraigadas à memória coletiva. O povo de Paris cantava "A Marselhesa", "Le Chant du départ" e "La Carmagnole". Édouard Moriac lembrou que "todos queriam ver o espetáculo do dia", e os parisienses correram para ver os canhões sendo arrastados para a batalha, esquecendo-se, talvez, que um conflito com as tropas de Thiers era inevitável. A Comuna dava enorme importância ao simbolismo político e a destruição de vários símbolos de "reação" e "injustiça" fazia parte da atmosfera festiva que permitia a algumas pessoas esquecer a situação cada vez mais tenebrosa.[3]

Numa dessas demonstrações de destruição de símbolos, em 7 de abril, guardas nacionais do 11º *arrondissement* queimaram uma guilhotina na place Voltaire, no fim da rue de la Roquette, onde execuções ocorriam todo ano. Milhares de pessoas estavam presentes. Leighton assistiu: "Quando não restava nada além de uma pilha de cinzas incandescentes, a multidão gritou com alegria; e eu, por minha vez, aprovei totalmente o que acabara de ser feito, bem como aprovaram os espectadores."[4]

Um reflexo da animação popular e do engajamento com a Comuna foi a grande proliferação de jornais, folhetos, panfletos, cartazes políticos, manifestos, cartazes murais e caricaturas que inundaram Paris. Noventa jornais surgiram durante a Comuna, incluindo o jacobino *Le Vengeur* e o proudhonista *La Commune*. O *La Sociale* foi em grande parte obra de André Léo, ajudado por Maxime Vuillaume. Outros jornais tiveram apenas algumas edições. Do *Le Cri du peuple*, de Jules Vallès, eram produzidos de 50 a 60 mil exemplares a cada edição, às vezes mais. Meninos de boné vermelho vendiam o *Le Bonnet Rouge* nos bulevares.[5]

O *Père Duchêne*, do qual eram publicados até 60 mil exemplares por dia, foi um dos jornais mais populares, embora seu tom, seus insultos e sua absoluta vulgaridade ofendessem muitos daqueles que eram leais à Comuna.[6] Assim como seu homônimo durante a Revolução Francesa, o *Père Duchêne* se apropriou dos jargões mordazes dos parisienses da classe trabalhadora. Adotou o calendário revolucionário que tivera início em 1792, de modo que 1871 era o ano 79. Em 3 de germinal,* o *Père Duchêne* denunciou "os joões-ninguém [*jean-foutres*] reacionários que espalhavam a desordem em Paris". Mas, apesar da violência das denúncias do jornal contra os ricos donos de propriedades, Vuillaume, outro militante anti-imperial que escrevera seu primeiro texto para o jornal em 1869, defendia a manutenção da hierarquia social. Seus artigos, pelo menos, refletiam os sentimentos da maioria dos parisienses, que lia jornais e cartazes em muros enquanto discutia política e a situação corrente, mas fazia isso com respeito e geralmente com bom humor.

A publicação de tantos jornais durante a Comuna deve ser contraposta à censura de outros. Justo quando o general Joseph Vinoy acabara de fechar uma enxurrada de jornais, menos de uma semana antes da Comuna, o Comitê Central proibiu, no fim de março, o *Le Figaro* e o *Le Gaulois*, fortemente ligados a Thiers. Pelo menos 27 jornais foram fechados depois de 18 de março. Em 5 de maio, foi a vez dos *France*, *Le Temps* e *Le Petit Journal*. Mais tarde outros dez desapareceram.[7]

Houve sinais, também, de um novo florescimento das artes durante a Comuna. Alegando uma autoridade dada a ele depois da proclamação da República, em 4 de setembro, o grande pintor Gustave Courbet anunciara em 18 de março, coincidentemente, a convocação de uma assembleia de artistas. Courbet exigia liberdade artística em relação às restrições e aos gostos impostos pelo Estado. Ele declarou: "Paris é um verdadeiro paraíso, [...] todos os grupos sociais se estabeleceram como federações e são donos de seu próprio destino."[8]

Courbet estava no sexto *arrondissement* como candidato às eleições para a Comuna no dia seguinte, mas ficou em sexto lugar, deixando de conseguir um cargo por uma posição. Quando eleições suplementares aconteceram,

---

* Sétimo mês do calendário republicano, instituído na Revolução Francesa. (N. do T.)

em 16 de abril, para substituir membros que não haviam aceitado o mandato da Comuna, que haviam sido eleitos em mais de um *arrondissement*, ou renunciado, Courbet foi eleito, tornando-se prefeito do *arrondissement* uma semana depois.⁹

Courbet comemorou sua recém-descoberta liberdade artística comendo e bebendo. Louis Barron fez uma visita ao "mestre de Ornans" em seu apartamento na rue Serpente, no sexto *arrondissement*. Encontrou o pintor sentado diante de um prato pungente de salsichas com repolho refogado, que ele consumia com taças e mais taças de vinho tinto. Eles foram para o boulevard Saint-Germain. As varandas dos cafés estavam repletas de estudantes e casais enamorados, enquanto os habituais *flâneurs* passavam, respirando o aroma doce das flores dos Jardins de Luxemburgo. Mas, a uma longa distância, podia-se ouvir vagamente o som de tiros de canhão. Courbet pareceu por alguns instantes preocupado e esperou que os parisienses não se deixassem ser capturados, observando: "É verdade que os franceses nas províncias estão comemorando a carnificina infligida aos franceses de Paris."¹⁰

Courbet agiu rapidamente para organizar e sistematizar a liberdade e a promoção das artes em Paris. O artista anunciou uma proposta de quinze tópicos em 7 de abril. Seu discurso inflamado insistia que Paris salvara a França da desonra. Ele convocou os artistas, dos quais Paris "cuidara como uma mãe", para que ajudassem a reparar "o estado moral e reconstruir as artes, que são a riqueza" da França. No anfiteatro da Escola de Medicina, 400 artistas elegeram um comitê de 47 membros extraídos da pintura, escultura, arquitetura, litografia e das artes industriais. Trinta e dois deles deveriam ser substituídos um ano depois. Além de Courbet, eleito presidente da nova Federação de Artistas, Jean-François Millet, Camille Corot, Édouard Manet e Eugène Pottier (autor do hino "A Internacional") eram membros. O estabelecimento da federação e o grande número de artistas que participou de sua assembleia refletiram o impressionante aumento do número de artistas em Paris: 350 em 1789; 2.159 em 1838; e 3.300 em 1863. Os artistas parisienses, assim como outros profissionais, temiam por seu meio de vida sob o regime de Luís Napoleão. Também nas artes, a Comuna oferecia esperança.¹¹

A federação assumiu a responsabilidade sobre a conservação de monumentos, museus, galerias e bibliotecas relevantes, e apresentou a ideia de que a Comuna pagasse pelo treinamento de artistas jovens e promissores. Logo aboliria a Academia de Belas-Artes, há muito tempo considerada um apêndice do gosto "oficial". Uma semana depois, produziu um projeto para a futura administração das artes em Paris. O comitê da federação logo demitiria os diretores e diretores associados do Louvre e do Musée Luxembourg, considerados simpáticos a Versalhes. A federação passou a se preocupar cada vez mais em proteger os tesouros artísticos do Louvre de danos por granadas versalhesas; algumas pinturas já haviam sido enviadas para Brest, por segurança. Courbet ordenou que as janelas do Louvre fossem protegidas e pôs guardas em torno do museu.¹²

A Comuna designou Courbet para a Comissão de Educação em 21 de abril, em parte porque esta era nominalmente responsável por supervisionar a federação. Courbet descreveu seu trabalho: "Para seguir a onda que é a Comuna de Paris, não tenho que refletir, apenas agir naturalmente."¹³

Em 29 de abril, a Comuna nomeou o pastor protestante Élie Reclus diretor da Bibliothèque Nationale. Assim como Courbet com o Louvre, ele procurou assegurar que nenhum dano fosse causado às ricas coleções por bombardeios versalheses. Quando chegou à grande bibilioteca, em 1º de maio, ele teve de chamar um serralheiro para abrir o escritório do antigo diretor, que escapulira para Versalhes. Doze dias depois, Reclus notificou os funcionários que demitiria qualquer um que não assinasse um documento prometendo obediência à Comuna.¹⁴

ENQUANTO AS BELAS-ARTES PARECIAM PRONTAS PARA FLORESCER sob a Comuna, os teatros se viravam da melhor maneira que podiam devido à seriedade da situação enfrentada por Paris. A Comuna abolira monopólios e subsídios aos teatros, procurando incentivar a criação de associações cooperativas em vez disso. A Comédie Française fechara na noite de 18 de março, dia em que o povo de Montmartre conseguira proteger os canhões da Guarda Nacional das tropas, mas reabriu dez dias depois com a ajuda de um empréstimo. Na confusão imediata, alguns outros teatros também fecharam por algum tempo. Uma trupe reduzida de atores (alguns haviam deixado a cidade) fez 51 apresentações durante a Comuna, encerrando-as por algum motivo em 3 de abril (o que causou um breve pânico na vizinhança, porque parecia que algo terrível havia ocorrido), embora também tenha se apresentado durante um feriado mais tarde, na mesma semana. Porém, menos ingressos foram vendidos e a arrecadação mal cobriu o custo da luz e da calefação. A produção mais relevante talvez tenha sido a que foi encenada no Gaité no fim de abril. Retratava, em termos nada lisonjeiros, homens que haviam conseguido evitar servir na Guarda Nacional.[15]

Com o mês de maio vieram o desânimo e poucas apresentações teatrais. Em 1º de maio, a Comédie Française teve apenas 38 poltronas ocupadas. Ninguém gosta de representar para um teatro em grande parte vazio, e o diretor adotou a estratégia de distribuir ingressos, de modo que em algumas noites havia 500 pessoas na plateia. Pelo menos outros onze teatros realizaram apresentações durante a Comuna, incluindo o Folies-Bergères. Quando Catulle Mendès comprou um ingresso para um espetáculo, o teatro estava quase vazio. Os atores disseram suas falas rapidamente, acompanhando-as de gestos lentos. Pareciam entediados e, por sua vez, entediaram aqueles que haviam se dado o trabalho de estar ali. Cafés em bulevares próximos fecharam, por falta de movimento de saída dos espetáculos.[16]

Os músicos em Paris continuaram a tocar, graças ao apoio da Comuna. A Comuna nomeou uma comissão para administrar os interesses dos músicos. Quando o diretor da Ópera de Paris parou de organizar apresentações, a Comuna nomeou um novo diretor para o Conservatoire de Musique, o compositor Daniel Salvador, filho de refugiados espanhóis. A Comuna incentivou uma música que seria "heroica a fim de exaltar os vivos, fúnebre para chorar os mortos". O novo prédio da Ópera desenhado por Charles Garnier permanecia inacabado – abriria em 1875 – e servia como depósito de alimentos. A antiga Ópera continuou com quase metade de seus músicos. Em 13 de maio, Salvador convocou professores do Conservatoire de Musique para uma reunião no Alcazar, na rue de *faubourg*-Poissonnière, mas apenas cinco apareceram. Um deles perguntou a Salvador se ele entendia que estava arriscando seu pescoço ao se aliar à Comuna e ele respondeu que sabia muito bem que poderia ser morto, mas tinha que agir de acordo com seus princípios.[17]

A MÚSICA E OS SÍMBOLOS REVOLUCIONÁRIOS NÃO PODIAM ESCONder as grandes diferenças nas tendências políticas dos homens que conduziam a Comuna. Os veteranos *quarante-huitards* eram proeminentes entre os líderes da Comuna. Esses jacobinos tendiam a ser mais velhos do que os outros, incluindo Félix Pyat, Charles Delescluze e Charles Beslay, já por volta dos 75 anos. Bretão proveniente de Dinan, Beslay abrira uma fábrica de máquinas de produção em Paris durante a Monarquia de Julho. Apoiava os direitos dos trabalhadores, diferentemente de Thiers, com o qual se unira na oposição ao regime Bourbon nos últimos anos deste. Pyat, filho de um advogado de Vierzon, estudara direito, mas se dedicava à política e escrevia peças e folhetos políticos. O pomposo Pyat era tudo menos um homem de coragem, tendo se escondido numa barca de carvão durante as manifestações que se seguiram ao funeral de Victor Noir. Pyat tinha uma "risada irritante" e "olhos biliosos de um homem cuja infância havia sido infeliz".[18]

Republicanos dedicados, os jacobinos pareciam romantizar um retorno às revoluções anteriores – daí terem como símbolos a cor vermelha e o barrete frígio, associado aos *sans-culottes* da Revolução Francesa. Rigault se referia a eles de maneira depreciativa como "as barbas velhas de [18]48". Os jacobinos tendiam a avaliar a situação enfrentada por Paris nos termos da política de revoluções anteriores, particularmente a de 1789, quando uma invasão estrangeira e uma guerra civil ameaçaram os ganhos revolucionários. Tanto jacobinos quanto blanquistas continuavam a respeitar a autoridade revolucionária. Porém, diferentemente dos blanquistas – e sobretudo de Raoul Rigault, que estava obcecado com a tomada e o exercício de poder –, Delescluze e outros jacobinos permaneciam comprometidos em manter liberdades essenciais, apesar da situação militar ameaçadora. Conforme vimos, Rigault também fazia referências constantes à Revolução Francesa e estava obcecado com militantes da extrema esquerda durante aqueles dias impetuosos. Militantes jacobinos e blanquistas eram proeminentes no órgão governante da Comuna e no Comitê Central da Guarda Nacional; de fato, depois das eleições de 16 de abril, aproximadamente quinze de seus membros eram membros dos dois órgãos.[19] Portanto, quando os membros da "Comuna" – o órgão governante eleito – começaram a se reunir, as divisões políticas vieram à tona imediata e contenciosamente. Diferentemente dos jacobinos, os blanquistas não queriam que as sessões do Conselho da Comuna fossem divulgadas, temendo que em mais ou menos uma hora Thiers e seu *entourage* soubessem de tudo o que havia sido discutido, em particular as estratégias militares, que, como revolucionários profissionais, os seguidores de Blanqui consideravam sua especialidade. Além disso, Rigault propôs que Blanqui fosse nomeado presidente honorário, mas Delescluze e outros protestaram com vigor. Ele não conseguia suportar a postura autoritária de Rigault e denunciou a proposição como "monárquica".[20]

Num esforço para apaziguar as tensões políticas e deixar claro que os abusos judiciais do Segundo Império seriam deixados para trás, a Comuna pediu a Eugène Protot – filho de camponeses burgúndios, um advogado que fora delegado no congresso da Internacional em Genebra e agora era *communard*, indicado como delegado para a justiça –, que encaminhasse os procedimentos civis e criminais com mais rapidez e tomasse medidas para garantir "a liberdade de todos os cidadãos". Mas os esforços de Protot tiveram pouco efeito sobre a profunda divisão entre blanquistas e jacobinos, em grande parte graças à obsessão de Rigault com as ameaças à revolução percebidas. Gustave Lefrançais e alguns outros delegados queriam a abolição da *préfecture de police*, para acabar com o que pareciam ser prisões arbitrárias empreendidas por Rigault. O blanquista lutou com unhas e dentes contra essa medida, insistindo que Thiers podia muito bem ter mil espiões em Paris.

Os temores de Rigault não eram infundados, porém. Conspirações contra a Comuna estavam em andamento desde o começo. Em duas semanas, os organizadores *anticommunards* começaram a distribuir braçadeiras (*brassards*) – símbolo da mobilização conservadora que de início eram brancas, a cor dos Bourbon, e mais tarde tricolores – em bairros conservadores. Aqueles que as tinham esperavam pelo dia em que poderiam se expor e esmagar a Comuna.[21] Numa ocasião, o militante internacionalista Jean Allemane, impressor de profissão, atravessou os limites de Versalhes numa tentativa fracassada de se infiltrar de algum modo no governo de Thiers. Ao retornar, ele relatou sua curta viagem na companhia, por acaso, de dois agentes secretos versalheses linguarudos. Quando um deles observou que entrar na Paris revolucionária era tão fácil quanto cortar manteiga com uma faca, Allemane rapidamente percebeu seu erro e agiu para que eles fossem presos ao chegarem. Thiers e seu *entourage* também tentaram subornar *communards* bem posicionados, aparentemente com algum sucesso.[22]

Num esforço para neutralizar essa ameaça, Rigault, nomeado delegado civil para segurança geral em 29 de março, designou jovens e leais discípulos blanquistas para ocupar os escritórios vazios da *préfecture de police*. A equipe de Rigault reunia arquivos, acompanhando relatórios de seus agentes, e supervisionava o policiamento. Um jovem blanquista, Théophile Ferré, parisiense de 25 anos, "um homem pequeno e sombrio, com olhos negros, penetrantes", parecia onipresente. Um detrator se referiu ao ex-secretário como de aparência estranha, "mas o mais engraçado é quando ele fala; ele se levanta na ponta dos pés como um galo zangado e emite sons agudos, que constituem o que se pode chamar impropriamente de sua voz". P.-P. Cattelain, chefe de segurança, tentou entender como a paixão política podia ter se transformado num ódio tão grande em Ferré, que "inspirava respeito por sua honestidade e medo por seu temperamento de feroz amigo da revolução". Ele seria implacável com aqueles que acreditava estarem impedindo o caminho da mudança política. Cattelain disse que, apesar de Ferré ser pequeno, tinha medo dele e achava que ele mataria alguém se suspeitasse de traição. Quando vários homens assaltaram uma casa na Champs-Élysées, ele disse a Cattelain para atirar "nesses desgraçados que desonram a Comuna!". Mas depois mudou de ideia e os enviou para a batalha com a Guarda Nacional; um deles foi ferido e mais tarde morreu.[23]

Gaston da Costa – "Coco" – servia como fiel assistente de Rigault, *chef du cabinet* de segurança geral. Era um jovem alto e aprazível de 20 anos, com um cabelo louro comprido e desgrenhado, que estudara matemática, ganhara seu *baccalauréat* e já pensara em se candidatar à École Polytechnique, de elite, assim como fizera seu mentor Rigault. Este pedira a Da Costa, conhecido no Quartier Latin no fim dos anos 1860 como o "cachorrinho de Rigault", para reorganizar a *préfecture de police*. Da Costa estava entre aqueles que tentaram, com limitado sucesso, convencer Rigault de que a reorganização devia ser realizada de maneira menos incendiária. Mas o medo que Rigault tinha de o inimigo estar dentro se apoderara dele. Cada revés militar da Comuna era recebido com gritos de "Traição!". Agora, "um simples sinal de mão [de Rigault] [era] suficiente para causar a prisão de qualquer um, embora ninguém soubesse o que poderia acontecer com seus prisioneiros".[24]

Já impopulares entre os jacobinos, bem como entre parisienses com atitudes ambivalentes ou hostilidades em relação à Comuna, devido a seus esforços inflexíveis de policiamento, Rigault e seus companheiros, com seu estilo de vida turbulento, pouco faziam para amenizar sua imagem e fomentavam propagandistas em Versalhes. Em seus momentos livres, eles se enchiam de comida, vinho e *eau-de-vie*, e planejavam mudar uma de suas *brasseries* preferidas do boulevard Saint-Michel para a *préfecture de police*. O apetite de Rigault por companhias femininas também não diminuiu com a chegada da revolução: com frequência ele estava acompanhado de Mademoiselle Martin, uma jovem atriz. Tudo isso gerava rumores em Versalhes de "orgias" na *préfecture de police*. Quando o longo dia de trabalho terminava – não sem intervalos para comida, bebida e frivolidades –, Rigault e os outros iam jantar e beber um pouco mais. Seus críticos vociferavam contra as contas de restaurantes que ele alegadamente acumulava com "Coco" da Costa. Um café da manhã de 75,25 francos, em 10 de maio, alegadamente incluiu dois excelentes Borgonhas e filés *Chateaubriand aux truffes*; cinco dias depois, eles gastaram 62,85 francos em vinhos de Pommard e Nuits-Saint-Georges, Veuve Clicquot e charutos.[25]

O general *communard* Gustave Cluseret descreveu a obsessão de Rigault com a polícia: "Ele não podia dar cabo de uma *bock* – e ele bebia muitas – sem falar da polícia." A cidadã americana Lili Morton estava entusiasmada com a Comuna, mas azedou um pouco quando conheceu Rigault. Ela precisava de um passe para sair de Paris e o procurou levando uma carta de apresentação, mas o chefe de polícia a recebeu com grosseria e ela foi interrogada "diabólica[mente]". A americana conseguiu o passaporte, mas foi embora com repulsa à "expressão perversa [...] [nos] olhos astuciosos [de Rigault]".[26]

Rigault, com todos os seus defeitos, era dedicado à causa e ajudava os *communards* sempre que podia. Cattelain se lembrou de seu chefe como um "ardente revolucionário, às vezes brutal, mas sempre sujeito a sentimentos de humanidade", enfatizando "a extrema instabilidade de seu caráter". Ele podia ser malévolo, mas também compassivo. Todo dia apareciam pessoas pedindo para vê-lo. Mulheres chegavam para implorar por ajuda; suas famílias não tinham uma habitação apropriada e estavam famintas. Algumas até apareciam para pedir ajuda embora seus homens estivessem lutando do lado de Versalhes. A Comuna dava 75 centavos por dia às esposas de guardas nacionais, mas isso não era suficiente. A algumas delas Rigault oferecia quartos no quartel Lobau. E, depois de ter sido ajudado por Renoir quando estava fugindo da polícia imperial vários anos antes, ele também permitia ao impressionista que saísse de Paris para pintar no interior.[27]

O jornalista dissidente Henri Rochefort não era nem um pouco fã de Rigault. Mas admitiu que ele era "feito da matéria da qual revolucionários autênticos são talhados". Rigault sacrificava tudo pela causa da revolução. Era destemido – nenhum perigo levava "seu rosto a empalidecer". Era o tipo de homem que podia dizer a alguém: "Gosto muito de você, mas as circunstâncias infelizmente me compelem a atirar em você. Portanto, vou fazer isso!"[28]

Rigault montou oitenta escritórios da polícia em bairros e tinha à sua disposição uma brigada de 200 agentes com a tarefa de descobrir espiões de Versalhes. De manhã, pelo menos quando estava acordado, ele convocava uma espécie de conselho que analisava os relatórios feitos nas últimas 24 horas. O policiamento político continuava sendo, como era de se esperar, seu foco central. Cerca de 3,5 mil pessoas foram presas durante a Comuna, entre elas 270 prostitutas. As prisões de Paris estavam cheias. Rigault ordenou a prisão de mais de 400 pessoas entre 18 e 28 de março, embora muitas delas, incluindo Georges Clemenceau, tenham sido rapidamente soltas.[29]

Conforme as semanas passaram, as prisões daqueles que eram acusados de trabalhar para Versalhes aumentaram e incluíram um membro da Internacional que era espião da polícia imperial. Os opositores políticos de Rigault dentro da Comuna discordavam de seus métodos ditatoriais. As tensões entre Rigault e o Comitê Central se intensificaram. Rigault respondeu de forma memorável a um crítico: "Não estamos fazendo justiça, estamos fazendo uma revolução."[30]

Em 13 de abril, Rigault atraiu mais críticas quando ordenou a prisão de Gustave Chaudey, ex-vice-prefeito, seguidor do anarquista Pierre-Joseph Proudhon e amigo e ex-editor do *Le Siècle*. Chaudey também era amigo de Courbet, que pintara um retrato seu em 1870 e protestou contra a prisão.

Chaudey ordenara a guardas bretões que disparassem do Hôtel de Ville contra manifestantes em 22 de janeiro, matando várias pessoas, incluindo Théophile Sapia, amigo de Rigault. Élie Reclus, que descreveu Chaudey como arrogante e meio medíocre, sugeriu que o jornalista havia sido encarcerado pela Comuna, à qual se juntara, porque se opusera energicamente a todos "que não parecessem estar agindo de boa-fé".[31]

QUEM ERAM OS *COMMUNARDS*? O JORNALISTA BRITÂNICO FREDERIC Harrison avaliou os *communards* de Paris, escrevendo que os "'insurgentes' [...] são simplesmente o povo de Paris, principalmente e de início homens trabalhadores, mas agora em grande parte recrutados das classes do comércio e profissional. A 'Comuna' tem sido organizada com habilidade extraordinária, os serviços públicos são executados com eficiência e a ordem tem sido em sua maior parte preservada". Na visão de Harrison, a Comuna era "um dos governos revolucionários menos cruéis [...] [e] talvez o mais capaz dos tempos modernos".[32]

O *communard* médio era o parisiense médio: jovem, com idade entre 21 e 40 anos, em sua maioria homens de 36 a 40 anos. Três quartos deles eram nascidos fora de Paris e haviam integrado ondas de migração, sobretudo vindas do nordeste da França, mas também do noroeste, juntamente com migrantes sazonais provenientes da região de Creuse, no centro. Mais ou menos 45% dos *communards* eram casados e 6% viúvos, embora muitos trabalhadores vivessem em *union libre* – união estável –, que a Comuna legalizou. Somente 2% haviam tido educação secundária. Numa época de maior alfabetização, apenas 11% eram analfabetos, embora muitos parisienses comuns tivessem apenas capacidades básicas de ler e escrever.[33]

A maioria dos *communards* provinha do mundo parisiense do trabalho, incluindo artesãos e operários que produziam *articles de Paris* e joias. Entre eles havia trabalhadores qualificados e semiqualificados – muitos dos quais trabalhavam com madeira, sapatos, gráficas ou produção de metal em pequena escala – e operários de construção, bem como diaristas e empregados domésticos. Lojistas, secretários e homens de profissão liberal também estavam bem representados. Faziam parte do "povo" que sofrera durante o cerco e se sentia ameaçado pelas maquinações monarquistas.[34] Cerca de 70%

das mulheres *communards* vinham do mundo do trabalho, em particular os comércios de tecidos e roupas. Algumas corajosamente forneciam comida e bebida a combatentes ou serviam como assistentes de médicos, cuidando de *communards* feridos. Louise Michel não tinha nada contra a incorporação de prostitutas às unidades de mulheres que ajudavam os feridos: "Quem tem mais direito do que essas mulheres, as mais lamentáveis vítimas da velha ordem, de dar suas vidas à nova?" A Comuna aprovou pensões para viúvas e filhos – quer fossem legítimos ou não – de homens mortos quando lutavam pela Comuna.[35]

Mas, por mais comum ou mediana que a maioria dos *communards* fosse, muitos observadores – estrangeiros e locais – viram a Comuna como um conflito acirrado entre classes. Em seu período relativamente curto na legação dos Estados Unidos, por exemplo, Wickman Hoffman observou "o ódio de classe que existe na França". Para o americano, era "algo do qual não temos nenhuma ideia e creio que nunca teremos. É amargo, implacável e cruel; e é, sem dúvida, um triste legado da sangrenta Revolução de 1789 e dos séculos de opressão que a precederam".[36]

Hippolyte Taine, um historiador conservador, estava certo de que a Comuna era uma revolução proletária. Em 5 de abril, ele escreveu que, de maneira mais fundamental, a "presente insurreição" era socialista: "O chefe e o burguês nos exploram, portanto precisamos suprimi-los. Superioridade e status especial não existem. Eu, um trabalhador, tenho habilidades e se eu quiser posso me tornar o chefe de um negócio, um magistrado, um general. Por sorte, temos fuzis, vamos usá-los para estabelecer uma república em que os trabalhadores como nós se tornem ministros de gabinete e presidentes."[37]

Edmond Goncourt e seu irmão Jules haviam avaliado pouco antes da morte deste último, um ano antes, que "a disparidade entre salários e o custo de vida matarão o Império". Um trabalhador tinha, de fato, motivos para perguntar: "'De que me adianta haver monumentos, óperas, cafés-concertos onde eu nunca ponho os pés porque não tenho dinheiro?' E ele se regozija de que de agora em diante não haverá mais ricos em Paris, tão convencido está de que a concentração de ricos num lugar aumenta os preços."[38]

As divisões econômicas e políticas nos *quartiers* parisienses pareciam confirmar as origens da Comuna num conflito de classes. Os bairros mais plebeus de Paris estavam à frente no apoio à Comuna. A geografia social de Paris refletia a divisão entre a metade oeste da cidade, mais próspera, e a Paris do Povo, dos distritos do leste; e entre o centro e a periferia proletária. A divisão fora intensificada pelos grandes projetos urbanos do barão Georges Haussmann durante o Segundo Império, mas, com a revolta de 18 de março, a periferia praticamente conquistara os *beaux quartiers*. Isso não quer dizer que não houvesse alguns que se opunham à Comuna em áreas mais pobres, como nos 11º, 12º, 18º, 19º e 20º *arrondissements*, ou que não houvesse *communards* dedicados nos relativamente mais privilegiados sexto, sétimo e oitavo *arrondissements*. A geografia social, porém, contava muito.

O segundo *arrondissement* incorporava a divisão social e política que podia ser encontrada até mesmo dentro de um distrito relativamente próspero. As áreas a oeste eram mais burguesas, mais *anticommunards* e altamente suspeitas em relação ao proletário Belleville, a seus guardas nacionais e aos "Vengeurs de Flourens" que desciam para desfilar nos *quartiers* conservadores. Nas primeiras semanas da Comuna, muitos moradores defenderam uma conciliação e um acordo negociado e votaram em representantes moderados na eleição de 26 de março. Os bairros do leste do segundo *arrondissement*, mais plebeus, enviaram delegados para a Comuna, o que não foi o caso dos moradores de classe média do oeste. Cerca de 12 mil pessoas requisitaram assistência para moradia no *arrondissement*. Provavelmente eram guardas, porque suas famílias dependiam do pagamento de 1,50 franco por dia. Um mecânico explicou isso da seguinte maneira: "Tenho sete filhos e minha mulher está doente. Não tenho outros meios de alimentar minha família."[39]

Devido às necessidades de seus aliados plebeus, a organização do trabalho continuou sendo um objetivo significativo dos militantes *communards*. A "Déclaration du peuple français", de 19 de abril, pedia a criação de instituições que dessem crédito a pessoas comuns, facilitando o "acesso à propriedade" e a "liberdade de trabalho". Ideias e até projetos concretos para a "organização do trabalho" estavam no ar, em meio à confiança de que a defesa dos canhões da Guarda Nacional em 18 de março havia inaugurado uma nova era, repleta de possibilidades que tornariam Paris e o mundo lugares melhores.[40]

Assim, a "questão social" – a condição dos pobres e as reformas que poderiam ser realizadas para ajudá-los – permanecia importante para muitos parisienses comuns. A ideia de que a revolução poderia produzir reformas que reduziriam ou mesmo eliminariam as consideráveis diferenças nas condições de vida, nas oportunidades e nas expectativas permanecia entrincheirada na memória coletiva dos trabalhadores parisienses. Eugène Varlin explicou isso da seguinte maneira: "Queremos derrubar a exploração de trabalhadores pelo direito ao trabalho [*le droit au travail*] e pela associação dos trabalhadores em corporação." Trabalhadores esperavam que cooperativas recém-estabelecidas refletissem a organização da própria Comuna: descentralizadas e com governo local. A influência do anarquista Proudhon podia ser vista em muitas organizações de trabalhadores de muitos ofícios. Os proudhonistas e os blanquistas imaginavam que a França, assim como Paris, evoluiria e se transformaria numa federação de comunas, tornando-se um país livre assim como Paris se tornara uma "cidade livre" (*ville libre*). Esses ecos puderam ser ouvidos no encontro de mulheres na Igreja da Trinité em 12 de maio, quando um orador esbravejou: "O dia da justiça se aproxima a passos gigantes; [...] as oficinas em que vocês estão apinhados pertencerão a vocês; as ferramentas que são postas em suas mãos serão suas; o ganho resultante de seus esforços, de seus transtornos e da perda de sua saúde será compartilhado entre vocês. Proletários, vocês renascerão."[41] Esse era um tempo de grandes sonhos.

Os regulamentos estabelecidos por uma oficina montada no Louvre para consertar e reformar armas refletem o modo como alguns trabalhadores previam a manufatura funcionando no futuro. Os mestres e seus subordinados imediatos (que supervisionavam os tornos) seriam eleitos, assim como as unidades da Guarda Nacional elegiam oficiais. Eles também determinariam as responsabilidades do conselho administrativo – formado por gerente, mestre, seu subordinado imediato e um trabalhador "eleito em cada bancada de trabalho" –, que fixaria salários e rendimentos e asseguraria que o dia de trabalho não passasse de dez horas.[42]

Em 16 de abril, a Comuna ordenou uma inspeção em oficinas abandonadas por empregados que haviam fugido de Paris, para que estas pudessem ser assumidas por cooperativas de trabalhadores. Alguns de fato foram entregues a cooperativas. Uma pequena cooperativa de fundição de ferro foi aberta em Grenelle. Os membros foram para uma oficina quatro dias depois e para outra após duas semanas. A cooperativa, que empregava cerca de 250 trabalhadores, produzia granadas, que eram cruciais para a defesa da cidade contra Thiers. Os trabalhadores elegeram "diretores administrativos" – um termo não muito socialista – liderados por Pierre Marc, de 39 anos, que herdara uma fundição de seu pai. A cooperativa pagava aluguel ao dono anterior da loja. Os trabalhadores empregados pela cooperativa ganhavam menos do que seus colegas empregados na fábrica de granadas do Louvre. Cooperativas de produtores foram, então, organizadas, juntamente com tradicionais linhas de classe, e os trabalhadores deviam apresentar seus *livrets* (documentos de identidade profissional), que lhes eram exigidos desde 1803, embora essa obrigação tivesse causado muitos ressentimentos.[43]

Além de reorganizar os trabalhadores de Paris, a Comuna se empenhou em melhorar suas condições de trabalho. A abolição da fornada de pães noturna por um decreto emitido em 20 de abril foi uma das medidas sociais concretas no interesse da mão de obra tomadas pela Comuna. O debate tinha como centro as vantagens para os padeiros e o fato de que a virtual escravidão noturna deles era "para o benefício da aristocracia da barriga". Alguns padeiros mestres resistiram, temendo a perda de clientes, e a aplicação da medida foi adiada para 3 de maio, com outro decreto no dia seguinte ameaçando apreender os pães produzidos antes das cinco horas e distribuí-los aos pobres. Mas muitos parisienses ainda exigiam *croissants* quentes assim que acordavam, tornando difícil à Comuna impor a medida. Outros decretos da Comuna estabeleceram um salário máximo para funcionários municipais (6 mil francos por ano), proibiram empregadores de descontar multas dos salários dos trabalhadores (o que se tornara uma prática crescente durante o Segundo Império) e estabeleceram agências de emprego em cada *arrondissement*.[44]

Considerando as circunstâncias e as divisões ideológicas entre os líderes *communards*, não é surpresa que não tenha havido nenhuma tentativa séria de transformar a economia, apesar da participação dos socialistas, que em última análise queriam que os trabalhadores tivessem o controle sobre as ferramentas de suas profissões.[45] Mas a maioria dos *communards* aceitava a ideia de propriedade privada. Além disso, para os blanquistas, uma revolução social completa teria que esperar até que o poder político fosse assegurado.

Embora a estrutura da economia permanecesse relativamente inalterada, a posição das mulheres melhorou muito rapidamente. De fato, a solidariedade e a militância das mulheres parisienses, que haviam sofrido muitas dificuldades durante o cerco prussiano, destacam-se como um dos aspectos mais notáveis da Comuna de Paris. As mulheres, orgulhosas de seu papel como *citoyennes* [cidadãs], pressionaram a Comuna a dar atenção a seus direitos e exigências e cobraram uma defesa enérgica da capital. A *citoyenne* Destrée proclamou num clube: "A revolução social só funcionará quando as mulheres forem iguais aos homens. Até lá, você terá apenas a aparência de revolução."[46]

Essas militantes consideravam a condição das mulheres um reflexo do "autoritarismo burguês" do falecido império e dos inimigos que reuniam suas forças em Versalhes. Aqui, também, a Comuna parecia oferecer possibilidades de mudança animadoras. Élisabeth Dmitrieff, que ajudara a organizar cooperativas em Genebra e chegou a Paris no fim de março como representante da Internacional, explicou isso da seguinte maneira: "O trabalho das mulheres era o mais explorado de todos na ordem social do passado, […] sua imediata reorganização é urgente."[47]

A desvantagem econômica enfrentada por trabalhadoras comuns infundiu as exigências das mulheres. Muitas *communardes* continuavam mais interessadas em melhorar suas vidas do que em alcançar uma igualdade política, exigência que estava marcadamente ausente no discurso das mulheres. Louise Michel explicou: "[A mulher] se curva sob a mortificação; em sua casa seus fardos a esmagam. O homem quer mantê-la assim, para se assegurar de que ela nunca usurpe sua função ou seus títulos. Cavalheiros, nós não queremos nem suas funções nem seus títulos." Muitas mulheres eram duplamente exploradas, por sua situação familiar e pelos empregadores. Uma mulher denunciou os chefes como "a ferida social que precisa ser tratada", porque eles se aproveitavam dos trabalhadores, que consideravam "uma máquina de trabalhar" enquanto se divertiam. Dmitrieff defendeu a eliminação de toda a competição e salários iguais para homens e mulheres, bem como uma redução do número de horas de trabalho. Exigiu também a criação de oficinas para mulheres desempregadas e pediu que fundos fossem usados para ajudar associações da classe trabalhadora que surgiam.[48]

Dmitrieff nasceu como Elisavieta Koucheleva, em Pskov, província do noroeste russo, em 1850. Era filha ilegítima de um aristocrata e uma enfermeira alemã vinte anos mais nova. Com um *mariage blanc* (casamento de conveniência), ela conseguiu sair da Rússia, depois de uma participação ativa num grupo de estudantes em São Petersburgo. Levou recursos de seu dote para o exílio em Genebra, em 1868. Foi para Londres e conheceu Karl Marx e sua família. Imediatamente após a proclamação da Comuna, Marx a enviou para Paris e ela lhe enviava relatórios sobre a situação.

Dmitrieff era uma figura marcante. Usava uma roupa de equitação preta, um chapéu de feltro com penas e um xale de seda vermelho com aplicações de ouro. Segundo uma descrição da polícia, tinha 1,60 metro de altura, cabelo castanho e olhos azuis acinzentados. Léo Frankel foi provavelmente apenas um dos *communards* que se apaixonaram por ela. Dmitrieff combinava um feminismo precoce com um socialismo influenciado por Marx e uma firme esperança e expectativa de que a revolução um dia chegasse à Rússia.[49]

Como no caso de Dmitrieff, as roupas vestidas por algumas mulheres durante a Comuna refletiam sua determinação de efetuar mudanças. Alguns enfeites eram coloridos, extravagantes mesmo, com a cor vermelha onipresente, por exemplo, em faixas. Outras mulheres usavam roupas de homem e carregavam fuzis. Lodoiska Cawaska, uma polonesa de 30 anos, cavalgou à frente de soldados adornada de "calça turca, botas de salto alto abotoadas, com uma roseta vermelha, e um cinto azul do qual pendiam duas pistolas".[50]

Em 8 de abril, Dmitrieff tentou reunir *citoyennes* em defesa de Paris, na tradição das mulheres que haviam marchado para Versalhes em outubro de 1789. Três dias depois, mães, esposas e irmãs, incluindo Dmitrieff e Nathalie Le Mel, publicaram um *Apelo às Cidadãs de Paris*: "Precisamos nos preparar para defender e vingar nossos irmãos."[51]

No início daquela noite, foi formada a Union des Femmes, sob a liderança de um conselho de cinco mulheres, sendo Dmitrieff a secretária geral. Esse sindicato convocou as mulheres para criar filiais em cada *arrondissement*. Saudando a Comuna como representando a "regeneração da sociedade", a organização pediu às mulheres para construir barricadas e "lutar até o fim" pela Comuna. Na maioria dos *arrondissements*, montou comitês que eram centros de recrutamento de voluntárias para trabalhar em enfermagem, cantinas e na construção de barricadas.⁵²

A Union des Femmes também lutou por direitos iguais em fábricas parisienses. A fabricação de uniformes da Guarda Nacional, em sua grande maioria produzidos por mulheres, era uma indústria parisiense que se mantinha a pleno vapor. A Comuna assinara contratos com fabricantes tradicionais para a produção de uniformes. Um relatório submetido avaliou que isso significava que as trabalhadoras estavam recebendo menos do que durante o Governo de Defesa Nacional. A Union des Femmes exigiu que todos os futuros contratos fossem submetidos a cooperativas de trabalhadores de produtores e que o pagamento por peça fosse negociado entre o Sindicato dos Alfaiates e delegados da Comissão de Trabalho e Comércio.⁵³

A Comuna deu às mulheres da Union des Femmes – que incluía pelo menos 1 mil e talvez até 2 mil mulheres – responsabilidades públicas sem precedentes, mas a resposta não foi totalmente positiva. Alguns líderes *communards* e outros homens reagiram com incerteza e até absoluta hostilidade. Um funcionário do décimo *arrondissement* disse à mulher que administrava um albergue de assistência social que as integrantes do comitê do sindicato "deveriam ser mantidas afastadas de todas as agências administrativas".⁵⁴ Mas sem dúvida as mulheres deram contribuições essenciais à Comuna, denunciando o clero em reuniões em clubes, incentivando a defesa militar de Paris e cuidando de combatentes *communards* feridos.

EMBORA A MAIOR PREOCUPAÇÃO DA COMUNA FOSSE O BEM-ESTAR de seus cidadãos, o novo governo também enfrentou a tarefa intimidante de demonstrar sua estabilidade e legitimidade aos estrangeiros que moravam na cidade ou a visitavam. Cerca de 5 mil cidadãos americanos que viviam em Paris antes da Comuna se viram cercados pelas tropas versalhesas. O embaixador dos Estados Unidos, Washburne, temeu que demorasse muito para que "esses problemas terríveis em Paris" terminassem. Contando os turistas que estavam passando por ali, o número de cidadãos americanos em Paris durante a Comuna pode ter chegado a 13 mil. Eles liam o jornal *American Register*. A maioria morava na Rive Droit no Champs-Élysées ou no 16º *ar-*

rondissement. Muitos não falavam nada de francês, mas se beneficiavam do dólar forte. Tinham a reputação de serem "sem refinamento", até grosseiros, e "arrogantemente reservados".

A maioria dos americanos parece ter ficado contra a Comuna. W. Pembroke Fetridge a denegriu como o ato "mais criminoso que o mundo já viu, [...] uma revolução de sangue e violência" liderada por "criminosos cruéis, [...] o rebotalho da França, [...] bandidos, [...] ateus e livres-pensadores, [...] loucos, bêbados de vinho e sangue". Contudo, dois americanos que moravam em Paris não conseguiram encontrar nenhum defeito no modo como a cidade funcionava. Marie Putnam descreveu a "aparente ordem da Comuna". Frank M. Pixley, da Califórnia, recordou: "Eu estava presente na cidade de Paris durante todo o período em que a Comuna existiu. [...] E mesmo assim durante as cinco semanas – semanas de ameaças vindas de fora e sofrimento dentro – não vi nem ouvi um único ato de pilhagem e assassinato."[55]

De fato, os líderes da Comuna apregoaram uma "moralidade revolucionária", sabendo que estariam sendo examinados de perto por seus componentes e por observadores estrangeiros. Eles procuraram manter um alto padrão de honestidade e responsabilidade, na intenção de estarem em nítido contraste com a corrupção desenfreada do Segundo Império de Napoleão III. Os líderes *communards* se esforçaram para demonstrar que controlavam firmemente o barco e podiam dar conta de todos os gastos. Inspirada pelos objetivos de igualdade e descentralização, a Comuna rejeitou salários altos para dirigentes, embora assegurando o princípio de ter dirigentes eleitos. A ideia era de que os servidores públicos ouviriam os cidadãos, que por sua vez estariam ativamente envolvidos em seu governo; um cartaz no segundo *arrondissement* pedia "a permanente intervenção dos cidadãos nos assuntos comuns por meio da livre expressão de suas ideias e da livre defesa de seus interesses". Os administradores da Comuna eram considerados responsáveis pelas pessoas comuns, assim como seus representantes e delegados.[56]

A capacidade da Comuna de oferecer serviços públicos depois do prolongado cerco prussiano e da derrubada do governo também foi essencial para demonstrar sua legitimidade. A situação se complicou com a repentina partida de muitos dirigentes e funcionários. Mas a municipalidade da Comuna administrou suficientemente bem, fornecendo água, luz e serviço postal. As ruas eram limpas regularmente e o lixo descartado de maneira apropriada. Impostos eram recolhidos. Uma americana recebera sua fatura fiscal e procurou um dirigente, contando que, em vista dos acontecimentos, sua família estava tendo dificuldade de conseguir o dinheiro que devia. O *communard* respondeu que não havia problema algum, para alívio da americana. Ela foi obrigada a admitir que "os *communards* não eram tão maus assim". O serviço do cemitério continuou a funcionar como sempre – e teria cada vez mais o que fazer.[57]

Alguns observadores insistiram que os crimes pareciam ser um problema menor em Paris durante a Comuna do que antes ou depois. Em 23 de março, um cartaz advertia que ladrões presos *en flagrant délit* seriam executados. Parece que relativamente poucos roubos foram relatados, e provavelmente apenas dois assassinatos ocorreram numa cidade que, apesar da saída de tantas pessoas, continuava sendo um lugar fervilhando de gente. Charles Beslay atribuiu isso ao surgimento espontâneo de uma "moralidade revolucionária". Mas algumas evidências sugerem que os roubos na verdade podem ter aumentado. Não sabemos. A *préfecture de police* proibiu a mendicância – Rigault admitiu em 17 de abril que esta "ganhara uma extensão considerável" – e aboliu os jogos de azar, e um decreto advertiu vigaristas e vendedores ambulantes a se manterem longe dos mercados. A Comuna proibiu a prostituição, fazendo algumas prisões e empurrando essa indústria para os cantos, embora as doenças venéreas tenham proliferado, assim como acontecera durante o cerco prussiano. Um decreto em maio devolveu as prostitutas aos antigos regulamentos draconianos, incluindo ressentidas inspeções médicas obrigatórias. Apesar do decreto da polícia de Rigault que proibia servir bebidas a qualquer pessoa "em estado de embriaguez" (ironicamente, considerando a origem), o alcoolismo continuou a assolar a Cidade Luz, que poderia muito bem ter sido chamada de a Cidade Alcoolizada.[58]

A Comuna também quis assegurar que a comida estivesse disponível e a preços acessíveis. Com essa finalidade, estabeleceu uma Comissão de Subsistência em 29 de março. A anual Feira do Presunto aconteceu de 4 a 6 de abril; porcos e *charcuterie* foram vendidos como acontecia desde a era medieval. O preço da comida subiu, mas não foi nada como a escassez extrema que fizera parte dos efeitos desastrosos do clima congelante durante o cerco prussiano. Depois que as autoridades militares alemãs permitiram à Comuna abrir os portões que levavam à sua zona de ocupação, mais provisões entraram na cidade. Algumas *mairies* compraram e depois venderam carne a preços razoáveis. Mas Henri Dabot, que morava no Quartier Latin, reclamou que sua cozinheira não conseguia encontrar o que queria no mercado e que um modesto coelho pequeno, que antes sairia por 2 francs (quase o salário diário de um trabalhador em tempos comuns), exibia agora o preço de 5 francs. Courbet bebia um copinho de licor de genciana "para esquecer de ter que comer pão preto e carne de cavalo". Porém, para as pessoas comuns que não tinham cozinheiras, os preços tornaram algumas mercadorias cada vez mais inacessíveis. No início de maio, um funcionário da *préfecture de police* relatou que os parisienses estavam reclamando do custo crescente da comida. Denúncias de que comerciantes escondiam mercadorias tornaram-se comuns e autoridades ordenaram que algumas lojas fossem revistadas.[59]

As *mairies* dos *arrondissements* se tornaram centros de atividades durante a Comuna; além de venderem alimentos pelo mesmo preço com que os adquiriam, ou quase o mesmo, tratavam de assuntos da governança local que atraíam um fluxo constante de cidadãos. Paul Martine, um ex-*normalien* (estudante da prestigada *École normale*) e professor de *lycée*, relatou o caos criativo da *mairie* de Batignolles, no 17º *arrondissement*: "Primeiro vinham nossas tumultuadas deliberações no grande salão onde o conselho municipal se reunia, depois a público se aglomerando à porta com exigências de todo tipo. Depois vinham aqueles que traziam notícias, os insatisfeitos, estrangeiros e pessoas que queriam declarar nascimentos, mortes ou pedir para serem casadas. E isso enquanto os canhões rugiam, dia e noite, em torno dos baluartes. Ficávamos ali quase permanentemente." Martine com frequência dormia num dos colchões postos no canto, já que "o salão do conselho municipal foi transformado num dormitório".

Dependendo dos suprimentos, a *mairie* de cada *arrondissement* fornecia carvão, madeira e pão a guardas nacionais e indigentes. De manhã cedo, começava "uma procissão ininterrupta de mulheres pobres, sem trabalho e sem pão, e cujos maridos foram mortos em combate". Chegavam pedindo vales que podiam ser trocados por comida sempre que houvesse estoques disponíveis. A *mairie* assegurava *soupes populaires* quando havia provisões suficientes. Casais chegavam pedindo para serem casados: Benoît Malon às vezes realizava as breves cerimônias. Malon, que agiu para que oito guardas nacionais fossem presos por roubo em 25 de abril, também supervisionava enterros de *communards* mortos em combates além dos baluartes ou pela artilharia dos canhões versalheses. Eram eventos tristes seguidos de gritos irados por vingança e pela morte de Thiers e "daqueles que bombardeiam Paris!".[60]

O pai de Sutter-Laumann começara a trabalhar na *mairie* do 18º *arrondissement* no início do cerco prussiano. Agora seu filho encontrava trabalho ali. Sutter-Laumann e seu pai recebiam 1,50 franco por dia pelo serviço na Guarda Nacional. Isso mal dava para sobreviver, portanto o salário de 5 francos por dia que cada um deles recebia pelo trabalho na *mairie* ajudava. O Sutter-Laumann mais jovem distribuía vales para pão e carne a moradores pobres do distrito das 8 às 17 horas. O trabalho não era difícil, mas "odiosamente monótono e cansativo": das 40 mil pessoas inscritas nos registros apenas daquele distrito pobre, talvez 10 mil aparecessem. A ajuda que a *mairie* podia oferecer era bem pequena; muitas mulheres exigiam mais, "meio implorando, meio ameaçando".

Sutter-Laumann fazia questão de comparecer aos encontros do batalhão e às reuniões de clubes. Os clubes encarnavam a soberania popular no trabalho. O de Saint-Nicolas-des-Champs insistia para que a Comuna respondesse diretamente a todas as suas propostas, mesmo que isso demorasse duas horas por dia. Disseminou-se a crença de que os dirigentes da Comuna deviam participar dessas reuniões públicas. Alguns clubes admitiam participantes sem nada cobrar, outros tinham pequenas taxas que variavam de 5 a 15 centavos, e de vez em quando 25 centavos, por pessoa. Quem estava no auditório podia se levantar para falar e debater, com frequência em meio ao barulho e, dependendo do assunto, interrompido por perguntas. A defesa de Paris era um tema cada vez mais presente. Numa reunião de clube em Saint-Ambroise, no 11º *arrondissement*, o Cidadão Jubelin recordou "a terrível ameaça que paira sobre nosso povo inteligente, as colônias de condenados em Lambessa e Caiena que esperam por nós se fracassarmos". Ele acrescentou que morreria defendendo seus direitos. Em 9 de maio, no mesmo clube, o Cidadão Roussard se levantou para denunciar "os jovens dândis e outros que são covardes demais para ingressar nas fileiras da Guarda Nacional" e pediu a imediata incorporação desses homens às forças de combate da Comuna. Vários dias depois, o Cidadão Lesueur contou que seu batalhão da Guarda Nacional se desfizera e "todos" fugiram. Ele acusou os homens "que usam os galões" e que deveriam liderar, mas estavam "ficando na retaguarda".[61]

Das 733 pessoas que podem ser identificadas como *clubistes* (ou seja, que participavam de clubes políticos), 113 eram mulheres (15%) e 198 tinham algum cargo na Comuna (27%). O membro médio era um pouco mais velho do que o *communard* médio e, provavelmente, provinha dos principais bairros da classe trabalhadora. Os organizadores viam os clubes como um meio de educação popular e de manter a vigilância contra a "quinta-coluna" de versalheses dentro dos muros de Paris.[62]

Em 16 de abril, Sutter-Laumann pediu dois dias de folga no trabalho na *mairie* para poder se juntar a seu batalhão, que estava sendo enviado para reforçar as tropas em Asnières. A cidade ficava diretamente na linha de fogo dos canhões versalheses posicionados apropriadamente num palácio em Bécon, do outro lado do Sena. Sutter-Laumann teve a sorte de voltar vivo. Perto de Gennevilliers, os versalheses avançaram, aproximando-se tanto que ele podia distinguir facilmente os uniformes dos gendarmes daqueles das tropas de linha. Os guardas nacionais recuaram sob fogo inimigo, deixando para trás companheiros mortos. Aqueles que haviam chegado ao Sena antes haviam destruído a ponte, temendo que os versalheses a usassem para atravessar o rio. Sutter-Laumann cruzou o Sena a nado e voltou para Paris.[63]

DESDE O COMEÇO, A COMUNA ENFRENTOU DURAS CRÍTICAS, BEM como o desafio quase impossível de governar uma cidade dividida que ainda cambaleava depois de meses de cerco, mesmo enquanto se preparava para um ataque por parte de Versalhes. Mas, enquanto esperavam que o novo governo resolvesse suas distorções – e até que participassem de seus ministérios –, cidadãos comuns como Sutter-Laumann e seu pai teriam sua paciência testada pela ameaça versalhesa. E, apesar de todos os seus esforços, a Comuna perderia rapidamente (se é que de fato algum dia tivera) a confiança de muitos visitantes estrangeiros e da maior parte da burguesia que permanecia na cidade.

O inglês Ernest Vizetelly foi um estrangeiro que notou que o clima em Paris estava mudando. Tornara-se sombrio, ou "mais desanimado", conforme explicou. A maioria das oficinas havia fechado, exceto aquelas que produziam uniformes ou outros itens para a Guarda Nacional, e "não havia nenhuma moda de primavera nem dias de ofertas". As lojas de vinho, porém, pareciam estar sempre abertas. Certa noite, Goncourt saiu para jantar. Ele perguntou sobre o *plat du jour*. "Não tem, não sobrou ninguém em Paris", respondeu o garçom, referindo-se a seus clientes habituais. Outro grande restaurante não tinha clientes e "os garçons só falavam em tons baixos", enquanto os clientes abastados estavam comendo bem em Versalhes. Em 17 de abril, Goncourt também ouviu falar do descontentamento da burguesia. Ele se perguntou: "As coisas estão indo mal para a Comuna? Estou impressionado hoje por descobrir que a população voltou à vida." Ele notou gritos ocasionais contra a Comuna, inclusive de um homem de sobretudo cinza "que sobe o bulevar desafiando os desordeiros irados e virando-se para gritar em voz alta seu desdém pelos *communards*". Cinco dias depois, observou ele: "Em toda a extensão da rue de Rivoli há uma procissão de bagagens dos últimos burgueses que estão indo para a estação de trem de Lyon." Ele foi ao jardim zoológico e ali pensou que havia encontrado "a tristeza de Paris. Os animais estão em silêncio".

As derrotas da Comuna nas mãos dos versalheses em repetidas escaramuças não ajudaram a restaurar a confiança na nova ordem. No centro de Paris, Goncourt viu quando quatro carros funerários enfeitados de bandeiras vermelhas passaram, um deles carregando "um homem, cuja metade do rosto e quase todo o pescoço haviam sido levados por uma granada, com o branco e o azul de um de seus olhos escorrendo pela face. Sua mão direita, ainda preta de pólvora, estava levantada e fechada, como se segurasse uma arma".[64] Os corpos daqueles que foram mortos por granadas versalhesas eram levados para o Hôtel de Ville para aguardar a identificação pela família e os amigos. Os cadáveres não identificados eram fotografados na esperança de que alguém viesse procurar por uma pessoa perdida. Era tudo muito pavoroso. Um guarda nacional escreveu uma carta a um jornal expressando sua repugnância ao voltar exausto de combates em Issy e Vanves e encontrar os cafés do boulevard Saint-Michel cheios de clientes se divertindo "com *drôlesses* [mulheres promíscuas]", continuando como sempre enquanto outros parisienses estavam arriscando suas vidas pela Comuna.[65]

Dentro dos baluartes da capital francesa sitiada, muitos parisienses de classe alta que não tinham conseguido sair, ou que achavam que a Comuna desmoronaria em menos tempo do que de fato levou, aguardavam sua libertação. Estes incluíam a família Vignon, que se preocupava mais com suas propriedades. Eles tinham dinheiro, joias e outros bens valiosos em outro apartamento no décimo *arrondissement*, agora sob a supervisão de empregados domésticos. Tinham também uma casa na aldeia de Clamart, um pouco ao sul de Paris, mas ali estava tudo bem. Henri, irmão de Paul Vignon, estava alojado em segurança em Versalhes e dali assegurou a sua mãe em Falaise, na Normandia, que "todas as pessoas honestas e sensíveis estão abandonando Paris". Em Versalhes, Henri acordava tarde, comprava o jornal versalhês *Le Gaulois* para ficar em dia com o ângulo de visão do governo sobre as notícias – por exemplo, de que muitos estrangeiros estavam envolvidos na Comuna –, almoçava, passeava perto do palácio, jantava e ia para um café. Henri tranquilizou sua mãe de que estava recebendo de Versalhes uma indenização de 10 francos por dia. De qualquer modo, assegurou-lhe, a família ainda estava bem de vida e dinheiro não era problema.

O sexto *arrondissement* parecia tão calmo quanto Falaise. Paul podia escrever para sua mãe sentado num café sossegado. Édouard, o pai de Paul e Henri, tinha mais de 60 anos, portanto não precisava se preocupar em ser recrutado pela Guarda Nacional de Paris. Paul conseguira evitar o serviço em sua unidade, que por enquanto não tinha nenhum oficial. Ele notou que não havia problema nenhum em sair em Paris, mesmo em ruas onde haviam começado a construir barricadas.[66]

Com dez dias de Comuna, Édouard Vignon começou a ficar preocupado com a situação em Paris, que descreveu em carta a sua esposa como o poder absoluto "do mais perverso que a sociedade pode oferecer". Ele não achava que os *honnêtes gens* se deixariam ser pilhados e massacrados. Édouard lamentou que toda a conversa sobre reconstituir uma Guarda Nacional "de ordem" continuava sendo apenas isso. Por sua vez, seu filho achava as medidas tomadas pela Comuna cada vez mais "absurdas", em particular a lei sobre aluguéis e a abolição do serviço militar obrigatório e, portanto, de um exército profissional.

Paul também pôde imaginar a reação dos *honnêtes gens* a esses "bandidos". Suas reflexões revelam o emergente discurso biológico diferenciando a parte "saudável" da população daqueles tão corrompidos que tinham de desaparecer. Paul distinguia as pessoas que tinham propriedade daquelas que não tinham. A propriedade da família era um tema constante na correspondência da família Vignon. Édouard recebeu uma ordem preocupante de um juiz de paz para retirar os objetos de valor de seu apartamento no décimo *arrondissement*, que havia sido fechado até que advogados pudessem decidir sobre a posse, depois da recente morte de um parente. A residência ficava perto o bastante de Montmartre para poder sofrer "uma visita indiscreta de homens mal-intencionados". Édouard levou os melhores móveis para um cômodo bem dentro do apartamento e carregou as coisas de valor para o apartamento no sexto *arrondissement*, onde acreditava que não havia nada a temer por causa da composição social do *quartier*. Levou documentos e títulos da família para serem trancados. Para a família Vignon, a Comuna punha em risco "toda a sociedade, o futuro da França e especialmente as fortunas privadas", incluindo a sua. Édouard pensou em levar sua família e sua fortuna para as montanhas da Suíça. Não era o último francês de recursos a considerar essa decisão.

Por enquanto, Paul não podia reclamar. Ele ficou satisfeito ao saber que "os membros do Conselho da Comuna começaram a comer uns aos outros, um bom sinal". Tranquilizou sua mãe, em 1º de abril: "Continuaremos a gozar da mais perfeita tranquilidade. Passeio todos os dias, procurando maneiras de ocupar meu tempo." Paul ia diariamente a um café para ver os amigos, lia no jardim do Museu de Cluny ou nos Jardins de Luxemburgo e jogava uíste. Andava pelos bulevares sozinho ou com seu pai. Paul observou padres caminhando por seu bairro sem o menor problema. Sua unidade da Guarda Nacional, comandada pelo "Cidadão Cozinheiro Lacord", atuava sob o princípio da inércia, mais forte que a resistência.

Enquanto isso, as duas empregadas domésticas dos Vignon tomavam conta de um de seus apartamentos, indo diariamente à missa, pedindo a Deus "para conceder as mais preciosas bênçãos aos nossos excelentes patrões e a sua querida família". As criadas observaram melancolicamente que "o jornal de *monsieur*" já não era encontrado, apenas o *Le Cri du peuple* e o *Père Duchêne*, que os Vignon não aprovavam. Seu *concierge* estava sob pressão da Comuna para disponibilizar apartamentos vazios aos parisienses cujas casas foram destruídas por granadas versalhesas. Todo dia, as domésticas diziam ao *concierge* que estavam esperando amigos da família Vignon que chegariam a qualquer momento. As criadas tinham suas próprias preocupações, com um cunhado e um irmão no exército de Versalhes. "*Monsieur* é realmente muito bom", escreveram, "por pensar em nossos soldados mortos."[67]

Paul evitava caminhar em ruas próximas de seu apartamento, temendo ver homens com os quais havia servido durante o cerco e que poderiam perguntar por que ele não estava de uniforme. Um dia, foi ao Palais de Justice apanhar alguns documentos e esbarrou com um advogado que conhecia vagamente. Seu colega sabia que Paul servira na Guarda Nacional durante o cerco prussiano e o incentivou a se juntar à Guarda novamente. O advogado podia assegurar que ele manteria sua antiga patente de capitão, e acrescentou que Paul veria "que a Comuna é um governo honesto e legítimo". Paul se recusou, dizendo a ele muito friamente que sabia o que tinha a fazer, e não era participar da Comuna. Ofendido, o advogado virou as costas rapidamente e foi embora.[68] Apesar de discussões como essa, Paul decidiu não deixar Paris por enquanto, pensando que fugir podia ser mais perigoso do que permanecer na cidade.[69]

Bem no fim de março, a ferrovia para Versalhes ao longo da margem direita do Sena foi cortada, mas o trem do outro lado do rio continuava a funcionar. Henri, irmão de Paul, não teve nenhuma dificuldade para ir de Versalhes a Paris em 30 de março, a fim de passar o início da noite com seu pai e seu irmão. Da mesma forma, Paul foi a Versalhes sem dificuldade visitar seu irmão. Porém, muitos parisienses não tiveram tanta sorte quanto a família Vignon para trocar notícias com suas famílias, ou mesmo visitá-las. Os versalheses confiscavam cartas enviadas de Paris via Saint-Denis "aos milhares"; algumas passavam, mas muitas – na verdade, a maioria – não. Édouard temeu que suas cartas e as de Paul não pudessem mais sair de Paris, como acontecera durante o cerco prussiano. Mas, ao mesmo tempo, ele se alegrou porque a maior vigilância de versalheses e alemães poderia impedir a saída da propaganda *communard* direcionada às províncias. O governo de Thiers, de maneira nada surpreendente, estava bombardeando as províncias e ao mesmo tempo outros países com relatos fantasiosos sobre o que estava acontecendo em Paris.[70]

O fracasso das forças da Comuna na tentativa de derrotar os versalheses em Courbevoie, em 2 de abril, agradou à família Vignon. Guardas nacionais recuaram para a avenue de Neuilly e para dentro de Paris, seguidos por granadas versalhesas. Henri deixou seu pai e seu irmão e voltou para Versalhes via Sceaux. Ao se aproximar do vale do Bièvre, ouviu sons de um combate próximo. Henri se deparou com camponeses que o desaconselharam a tomar a rota escolhida, advertindo que logo ele se veria no meio da luta. Depois de finalmente chegar a Versalhes, ele viu quando prisioneiros *communards* chegaram escoltados. Cerca de 20 mil pessoas esperavam para dar uma olhada neles. Os soldados e gendarmes foram recebidos com gritos entusiasmados, enquanto os guardas nacionais capturados foram insultados e até espancados. A presença de guardas impediu que a multidão de Versalhes fosse longe a ponto de massacrar os capturados. Os soldados deixaram claro, porém, que não queriam nada além de invadir Paris e "cuidar desses revolucionários". Henri escreveu a sua mãe que os *communards* haviam sofrido perdas de 1 mil a 1,5 mil homens, e que o Exército de Versalhes tinha apenas 25 feridos. O fato de as tropas versalhesas terem decidido "não dar nenhuma clemência" agradou aos Vignon. *Communards* capturados que haviam "desertado" do exército regular haviam sido imediatamente mortos a tiros. Henri considerou isso um "exemplo enérgico e positivo".[71]

A confiança de Édouard Vignon no exército francês se renovou depois de Courbevoie. Após o exército alcançar sua força total, Édouard estava certo de que este daria uma lição aos parisienses. O burguês não estava decepcionado com o fato de as tentativas de conciliação ou de algum tipo de acordo negociado terem falhado. Mas assegurou a sua esposa que ela não deveria temer por Paul e Henri – eles não seriam obrigados a marchar. Édouard estava certo de que, quando os versalheses lançassem um ataque a Paris, "os bravos guardas nacionais da ordem" se ergueriam e a debandada dos "bandidos" seria completa: tudo o que restaria fazer seria "restabelecer a ordem com severidade". Ele ouvira falar que, em combates em Châtillon e Clamart, a Guarda Nacional não encontrara nenhum gendarme, mas sim tropas francesas regulares, que não podiam ser confundidas por causa de suas calças vermelhas. Os guardas nacionais tinham motivos para estarem desanimados.

Henri contou animado à sua mãe a notícia do bem-sucedido ataque versalhês às barricadas da pont de Neuilly em 6 de abril, uma das quais incluía um ônibus virado e outra um vagão de trem. O Exército de Versalhes atravessou o Sena e ocupou as primeiras casas de Neuilly. Defensores *communards* aprisionados foram mortos; conforme Henri explicou, "o *mot d'ordre* [a palavra de ordem] é não levar nenhum prisioneiro, matar a tiros todos que caírem em suas mãos". Ele assegurou à sua mãe que "estrangeiros" estavam tendo uma participação importante na Comuna e repetiu relatos da propaganda de que o governo britânico havia informado ao governo de Versalhes que 5,2 mil larápios estavam atravessando o Canal da Mancha para aumentar o caos na capital.[72]

Henri se divertia uma ou duas vezes juntando-se às tropas versalhesas quando estas saíam em expedições perto dos muros de Paris. Ele achava essas excursões um pouco perigosas, mas "realmente admiráveis". Pôde avaliar por si mesmo a eficácia dos duelos de artilharia entre os dois lados. Quando os *communards* reagiram com fogo disparado de Point-du-Jour, ele e seus amigos decidiram que seria prudente voltar para Versalhes. Mas ele estava convencido de que seu exílio em Versalhes logo chegaria ao fim. Afinal de contas, Thiers anunciara que em breve suas tropas estariam dentro da capital.[73]

NO INÍCIO DE ABRIL, CONTINUAVA RAZOAVELMENTE FÁCIL ENTRAR E sair de Paris. Céline de Mazade permaneceu na cidade nas primeiras seis semanas da Comuna para supervisionar o funcionamento da empresa têxtil de seu marido, que tinha fábricas em Oise, ao norte de Paris, e um armazém na capital. Seu marido, Alexandre, mantinha-se afastado da capital para evitar ser recrutado para a Guarda Nacional. O casal apoiava Versalhes e reclamou que a Comuna estava prejudicando os negócios. Tornara-se difícil encontrar boa mão de obra. Céline de Mazade conseguia sair de Paris regularmente e enviar seda para armazéns da empresa, às vezes com a ajuda de subornos. Ela não era a única a depender desse método para entrar e sair da cidade.⁷⁴ Mas, enquanto a propaganda de Thiers continuava a inundar Paris, acompanhada por soldados feridos que voltavam da batalha, parisienses ricos e nascidos no exterior – mesmo aqueles que haviam resistido – começaram a sentir vontade de escapar.

A legação dos Estados Unidos estava lotada de cidadãos franceses pedindo passaportes. No fim de abril, o embaixador Elihu B. Washburne havia fornecido mais de 1,5 mil *laissez-passers* (passes diplomáticos) a alsacianos, que agora podiam alegar ser alemães. Ele estava cada vez mais pessimista com toda a situação, relatando em 20 de abril: "A sorte, os negócios, o crédito público e privado, a indústria, o trabalho, os empreendimentos financeiros, está tudo enterrado num túmulo coletivo. A devastação, a desolação e a ruína estão em toda parte. A fisionomia da cidade se torna cada vez mais triste […] e Paris sem seus cafés brilhantemente iluminados já não é Paris."⁷⁵

Mas para aqueles que não podiam pedir cidadania estrangeira para escapar da cidade e evitar o serviço na Guarda Nacional, o suborno era a melhor, se não a única, opção. A luta contínua contra as tropas de Versalhes significava que a Guarda Nacional estava precisando desesperadamente de homens para lutar, portanto fazia tudo o que estava em seu poder para arrebanhar aqueles que se esquivavam de seu dever. Guardas nacionais exigiam de *concierges* informações sobre quem morava nos prédios dos quais cuidavam, e revistavam apartamentos à procura de homens que tentavam evitar o serviço. Os homens de 20 a 40 anos descobertos escondidos e que resistiam eram puxados para fora e informados de que mostrariam sua coragem na próxima escaramuça. A Comuna cortava seus salários diários, na esperança de que suas esposas os pressionassem a servir. Mas alguns ainda continuavam a partir subornando guardas a olhar para o outro lado. John Leighton observou que era possível ir à Gare du Nord, alegar ter 78 anos e um guarda reagir, zombando: "Só isso? Pensei que você fosse mais velho." Leighton soube que alguns moradores de Belleville e Montmartre estavam ganhando "uma boa rendinha" ajudando pessoas a sair, mesmo que escalando os muros.⁷⁶ Wickham Hoffman, secretário da legação americana, também conseguia entrar e sair de Versalhes, onde encontrara hospedagem graças a sua embaixada. Granadas versalhesas atingiram oito vezes o prédio em que residia em Paris. Hoffman ia e voltava de seu escritório com passes facilmente obtidos dos dois lados. Mas como no caminho tinha de passar por Saint-Denis, ocupada por alemães, para poder voltar a Paris de trem, a viagem aumentava de 19 para mais de 48 quilômetros, demorando três horas em cada um dos sentidos. Amigos lhe pediram para sair de Paris pela estrada, usando seus cavalos e carruagens, a fim de que ele os levasse para Versalhes. Hoffman comentou ironicamente que "se os oficiais comunistas nos portões eram bons observadores, pensaram que eu era dono de um dos maiores e mais bem equipados estábulos de Paris". Sua principal reclamação durante a Comuna foi de que sua senhoria ficara sem seu champanhe favorito.[77]

PAUL VIGNON, ASSIM COMO OUTROS 200 MIL PARISIENSES DE CLASSE alta que já haviam fugido, percebeu em meados de abril que chegara a hora de sair de Paris. Em seu apartamento na rue de Seine, o *concierge* o chamou a um canto e lhe disse que um jovem oficial da Guarda Nacional aparecera com uma lista de nomes num caderno, perguntando sobre moradores que tinham menos de 40 anos. Quando o *concierge* hesitou, o oficial mencionou ter conhecimento de que anteriormente ele fornecera informações que sabia serem falsas, acrescentando que a Comuna queria fazer desse tipo de coisa um exemplo a fim de reduzir o número de homens que tentavam escapar do serviço militar (*réfractaires*). O *concierge* se arriscou a dizer que, de fato, dois irmãos que normalmente residiam ali tinham idade para servir, *les citoyens Vignon*, que haviam estado no 84º batalhão durante a guerra, mas tinham ido para as províncias. O oficial da Guarda Nacional partiu dizendo que descobriria se isso era verdade ou não. Paul Vignon agradeceu profusamente ao *concierge*, mas sabia que não podia adiar mais.

O desafio agora era sair. A segurança cada vez maior da Comuna tornava mais difícil deixar Paris. Os portões eram fortemente vigiados e apenas civis com passes carimbados pela Comuna podiam partir. Paul soubera que alguns jovens haviam conseguido sair escondidos embaixo de roupas de lavanderia nos vagões das lavadeiras, ou mesmo, de algum modo, dentro de pedaços de carne gigantes, graças a açougueiros simpáticos. Mas guardas haviam ouvido falar disso e estavam esfaqueando com suas baionetas a carne transportada. Vários jovens balconistas de lojas de departamento fugiram transpondo um guarda do posto de alfândega e correndo rapidamente. Algumas outras almas ousadas jogaram cordas do alto dos baluartes e desceram por estas à noite.

Uma empregada dedicada da família Vignon soubera que um jovem suíço havia emprestado seus documentos a um parisiense e que ela poderia entrar em contato com ele. Paul e seu pai aceitaram a proposta. Logo, Paul estava de posse de uma certidão de nascimento suíça em nome de Schmitt, que tinha aproximadamente sua idade, juntamente com um passaporte carimbado na embaixada suíça.

Na manhã seguinte cedo, Paul, seu pai e a doméstica – que voltaria a Paris com os documentos depois que eles chegassem a Saint-Denis – foram para a Gare du Nord armados com a nova identidade de Paul. Os guardas não parariam o pai de Paul, por causa de sua idade, nem a empregada doméstica, já que mulheres podiam muito bem ir e voltar quando quisessem. Paul foi ao guichê comprar três passagens de segunda classe, para que eles pudessem (pelo menos uma vez) "viajar democraticamente" a fim de não atrair uma atenção incomum. *Communards* não viajavam de primeira classe. Eles registraram seus dois caixotes de pertences sem problema algum e foram para a sala de espera.

Os viajantes mostraram seus documentos a um guarda à porta e este recuou para deixá-los passar. Mas um jovem tenente da Guarda Nacional apareceu de repente e pediu educadamente para ver os documentos. Ele anunciou que os papéis de Paul não estavam em ordem porque não haviam sido carimbados na *préfecture de police*. Paul respondeu que isso não era necessário porque tinham o carimbo de um representante da Suíça – "meu país", mentiu – e não houvera nenhuma exigência desse tipo quando seu irmão partira. De fato isso era verdade, respondeu o tenente, mas com tantos homens tentando sair de Paris para evitar o serviço militar, um novo regulamento fora aprovado. Paul lembrou a ele que, como "estrangeiro", deveria ter permissão para ir, mas o jovem tenente não cederia. Paul disse a seu interrogador que encontraria o chefe da vigilância da estação de trem, que presumivelmente cuidaria do assunto.

Quando chegou ao escritório da polícia, Paul descobriu que o oficial da Guarda Nacional desconfiado usara uma escada nos fundos e já estava ali. O oficial da vigilância assegurou a Paul que não duvidara nem por um minuto que ele era suíço, mas recebera instruções explícitas que não podia ignorar. Não havia nada a ser feito. Se Paul fizesse uma cena, eles poderiam dar uma olhada em sua bagagem e ver que, como bom burguês parisiense, suas iniciais, "P.V.", estavam em suas roupas e sua bengala. Ele não podia ir à *préfecture de police* porque durante quatro anos estivera vinculado à corte de apelação e com frequência tinha que lidar com oficiais ali. Alguém poderia reconhecê-lo. Eles teriam que encontrar outra saída.

Por sorte, encontraram. Quando andavam de um lado para outro na estação, um funcionário da ferrovia esbarrou em Paul ao passar. Olhando Paul na cara, ele perguntou se eles estavam impedidos de partir para Saint-Denis. Paul começava a contar sua história quando o homem o interrompeu: eles deveriam acompanhá-lo e lhe dar uma pequena propina em dinheiro. Subornando o guarda em serviço com 20 francos – uma quantia considerável –, Paul se arriscaria a ser preso por suborno caso fosse apanhado. Então ele sacou 2 francos, entregou-os e passou rapidamente pela porta para o *quai*, enquanto o funcionário da ferrovia olhava para o outro lado.

Paul, seu pai e a empregada entraram na cabine de segunda classe mais próxima que encontraram. O coração de Paul batia forte. Suas companheiras de viagem eram seis *femmes du peuple*, não o tipo de companhia com o qual Paul e seu pai viajavam antes. Uma das mulheres de repente o avisou para ter cuidado: antes de o trem partir, guardas *communards* passariam pelos carros. Ela observou que ele parecia jovem demais para estar saindo de Paris naquela situação. Paul recontou a história agora um tanto batida sobre o fato de ser suíço, portanto as autoridades da Comuna não poderiam impedi-lo de sair e por aí em diante. "Acredite em mim!", reagiu a valiosa mulher, dizendo-lhe para ficar embaixo do banco da cabine e que as outras poderiam escondê-lo com suas roupas. Ele fez isso e um instante depois um guarda entrou para olhar. O trem partiu e vinte minutos depois sua nova conhecida disse que ele podia sair de baixo do banco. Ela havia visto um soldado alemão na plataforma da estação de trem de Saint-Denis.

Agora já não mais dentro da jurisdição da Comuna, Paul, seu pai e a empregada saíram do trem, dando a cada uma daquelas mulheres da classe trabalhadora "um caloroso aperto de mão". A empregada doméstica dos Vignon voltou para Paris com os documentos suíços. Paul e seu pai foram imediatamente desfrutar de um almoço "copioso" antes de deixar a estação. Em seguida, eles partiram para Falaise. Não muito tempo depois, Paul Vignon estava em Versalhes. Ele teve a impressão de que deveria mostrar "algum zelo" pelo trabalho novamente. Encontrou Versalhes repleta de deputados e senadores, mas também um bando de gente procurando trabalho, homens que, como ele, haviam abandonado Paris. Mas Paul conseguiu encontrar um cargo no governo de Thiers.[78]

A COMUNA DE PARIS TROUXE MUITAS DIFICULDADES PARA A MAIOria dos parisienses, como Sutter-Laumann, mas também esperança. Para outros com existências mais confortáveis, como a família Vignon, a Comuna era algo que precisou ser suportado até o Exército de Versalhes conseguir pôr um fim nas pretensões dos parisienses comuns. Cercados militarmente, uma guerra civil impingida na vida diária, enquanto granadas caíam no oeste de Paris e as baixas aumentavam em meio ao medo crescente, persistente.

Aos poucos, alguns parisienses que haviam se disposto a dar uma chance à Comuna porque eram republicanos e favoráveis ao programa de autonomia municipal começaram a se voltar contra ela. Os parisienses de classe média baixa, por exemplo, pareciam desgostosos com as brigas entre líderes *communards*. Numa tentativa de combater o apoio cada vez menor, a propaganda *communard*, no *Journal Officiel* e em cartazes murais, transformou as perdas de *fédérés* em grandes vitórias sobre depauperadas forças versalhesas que estariam sofrendo muitas baixas. Em suas histórias, batalhões e regimentos inteiros de tropas de linha versalhesas estavam abandonando Thiers e se unindo à Comuna.[79] Havia pouca verdade nesses relatos, e os parisienses, mesmo aqueles dedicados à Comuna, não poderiam ter ignorado as baixas cada vez mais numerosas nas escaramuças.

Mas a crescente oposição a prisões arbitrárias, a tomada de reféns e os ocasionais pedidos de suprimentos não fizeram todas as opiniões públicas hesitantes se voltarem para Thiers. Na verdade, Thiers continuava a fazer todo o possível para merecer o ódio dos parisienses. O líder versalhês concordara com o armistício devastador, e seus canhões estavam causando grandes danos a Paris – mais do que aqueles causados pelo cerco prussiano – e matando parisienses inocentes. Seu compromisso com a República era, na melhor das hipóteses, duvidoso. Charles Beslay escreveu uma carta a Thiers, que ele conhecera razoavelmente bem, instando-o a renunciar. O *communard* moderado saudava aquela terceira revolução do século em Paris, "a maior e a mais justa", e acusava Thiers de se opor em óbvia má-fé à transformação social que estava ocorrendo na segunda metade do século na Europa. Se Versalhes agora estava mais forte, acreditavam firmemente Beslay e muitos outros, Paris pelo menos tinha o direito ao seu lado.[80]

Numa grande manifestação do ódio dos parisienses a Thiers, jornais pediram a demolição da casa do "bombardeador" que lançava granadas destrutivas em Paris enquanto negava fazer isso. Na manhã de 15 de abril, líderes *communards* acompanhados de guardas nacionais apareceram à porta da casa de Thiers na place Saint-Georges. O *concierge* quase desmaiou ao ver "os visitantes de aparência sinistra", mas rapidamente entregou as chaves. Uma busca rápida revelou objetos de arte, pinturas e livros que Thiers tão assiduamente colecionara durante anos. Eles encontraram bronzes do Renascimento italiano, porcelanas de séculos passados, entalhes em marfim, cristais de pedra incrustados e gravações em jade chinesa e japonesa. Courbet propôs que os *objets d'art* pertencentes a Thiers fossem enumerados. Quando Thiers soube em Versalhes que sua querida casa estava prestes a ser demolida, ficou pálido e caiu numa poltrona. Em seguida, começou a chorar. Thiers, poder-se-ia facilmente concluir, amava objetos, não pessoas.[81]

A destruição da casa de Thiers fez pouco para aplacar os temores de *communards* como Élisabeth Dmitrieff, que se preocupava com o destino da Comuna na qual investira tanto esforço. Será que haveria tempo para estabelecer os sindicatos de mulheres trabalhadoras conforme ela esperava? Dmitrieff estava doente, com bronquite e febre, e não havia ninguém para substituí-la. Ela sabia que tempo era essencial. Em 24 de abril, escreveu para o Conselho Geral da Internacional: "Eu trabalho duro; estamos mobilizando todas as mulheres de Paris. Organizo reuniões públicas; montamos comitês de defesa em todos os *arrondissements*, em plenas prefeituras, e um Comitê Central também."[82] Dmitrieff trabalhava incansavelmente em benefício da Comuna, mas seria isso suficiente? Cada vez mais, parecia que o futuro da Comuna dependia não de *communards* como ela, mas de forças eficientes fora de Paris, e fora de seu controle. Derrubar a casa de Thiers não teria nenhum impacto sobre os esforços para defender Paris das hordas versalhesas. Thiers já não tinha sua mansão, mas tinha um exército poderoso se aproximando cada vez mais dos baluartes de Paris.

CAPÍTULO 4

A COMUNA *VERSUS* A CRUZ

A EXECUÇÃO SUMÁRIA DOS COMANDANTES *COMMUNARDS* ÉMILE Duval e Gustave Flourens, em 2 de abril, mudou a história da Comuna de Paris. Do ponto de vista da Comuna, os versalheses não tinham nenhum direito de executar um prisioneiro capturado. A Comuna exigira que seus combatentes fossem tratados como "beligerantes" e, portanto, fossem bem cuidados, como especificava a Convenção de Genebra de 1864, aprovada em resposta à sangrenta Guerra da Crimeia, de 1853 a 1856, e à guerra de 1859 entre França e Áustria. Mas Thiers e seu governo continuaram a insistir que os *communards* aprisionados eram insurgentes, de fato bandidos e criminosos, e não mereciam nenhuma proteção sob qualquer tipo de lei internacional.

Na reunião da Comuna em 4 de abril, Raoul Rigault insistiu que fosse tomada uma ação em resposta à morte de Duval e Flourens. Com o apoio de Édouard Vaillant, ele propôs a tomada de reféns, sugerindo o encarceramento do arcebispo de Paris, Georges Darboy, e de outros eclesiásticos. Quatro dias antes, Darboy já recebera uma advertência de que seria preso. Quando ordenou sua prisão, Rigault vociferou: "Me arrumem dois policiais e vão prender o padre!"[1]

NASCIDO EM 1813, NA CIDADEZINHA (2,5 MIL PESSOAS) DE FAYL-BILlot, em Haute-Marne, no leste da França, Georges Darboy era o mais velho de quatro filhos, cujos pais possuíam uma pequena mercearia e um armarinho. Seus vizinhos trabalhavam na lavoura ou produziam cestas e outros objetos de vime vendidos na região ou em outros lugares. O mundo da família Darboy era centrado na igreja da vila. Bem cedo o padre da paróquia decidiu que Georges parecia destinado ao sacerdócio.

Georges ingressou no Pequeno Seminário, em Langres, em 1827, com cerca de outros 200 meninos, acomodados em salas de aula tão frias que no inverno a tinta de escrever às vezes congelava. Quatro anos depois, Darboy foi para o Grande Seminário de Langres, declarando que sempre estaria disposto a morrer por sua religião, o que havia sido o destino de muitos padres e freiras durante o Terror, de 1793 a 1794, período da Revolução Francesa. Ordenado em 1836, Darboy tornou-se professor de filosofa e mais tarde de teologia no Grande Seminário. Sempre foi fascinado por história e pela relação desta com a teologia. Acreditava que a Igreja tinha que se adaptar às novas realidades sociais e políticas.

Darboy passou a se preocupar cada vez mais com a crescente indiferença à Igreja em grandes segmentos da população e com a espantosa diferença entre as práticas religiosas de mulheres e homens, sendo que elas tendiam mais a ir à missa. Ele lamentou que as pessoas estavam mais preocupadas com "coisas terrenas". Será que as ciências, pelas quais ele passara a se interessar intensamente, não poderiam ajudar a reacender a fé? E será que a Igreja não deveria apregoar seu papel histórico na França?[2]

Os intensos estudos de Darboy e sua busca de perfeição pessoal tiveram um preço, trazendo um sofrimento constante, uma espécie de *calvaire* privado que lhe traria graça na missão de salvar a si mesmo e aos outros. Pálido e pequeno, o padre dava a impressão de ser reservado, nervoso, pensativo, até melancólico. Seu cabelo, prematuramente grisalho, como que tingido pelas preocupações, pendia debilmente sobre suas têmporas estreitas. Um contemporâneo inglês o descreveu: "Seu nariz é grande demais, seus lábios são grossos demais, seu queixo é pesado demais e lhe faltam fineza e graça." Mas, como um de seus admiradores explicou, "uma flor não precisa de um invólucro deslumbrante".[3]

Em 1845, Denis Affre, o arcebispo de Paris, convocou Darboy para a capital, onde ele foi nomeado capelão do prestigioso Collège Henri IV. Darboy descreveu a si mesmo como "feliz, livre e alegre" em Paris, uma cidade com "sua atmosfera, seu caos, suas ideias – sua vida intensa". Mas, ao andar pela cidade, Darboy ficou horrorizado com a pobreza dos pobres trabalhadores, a maioria dos moradores da cidade.[4]

Num chuvoso 22 de fevereiro de 1848, Paris explodiu numa revolução quando um movimento por reforma política culminou em manifestações nas ruas e tropas mataram a tiros vários manifestantes. A Monarquia de Julho desabou e, assim como Carlos X, seu predecessor Bourbon, o rei Luís Filipe fugiu às pressas para a Inglaterra. Darboy imediatamente apresentou seu apoio à Segunda República francesa. O jovem padre acreditava que a Revolução de Fevereiro poderia levar a relações melhores entre a Igreja e as pessoas comuns. Então a revolta dos Dias de Junho sacudiu a capital, enquanto manifestações de trabalhadores se transformavam numa insurreição total. Enquanto combates giravam em torno do Panthéon, Darboy dava a extrema-unção a vários trabalhadores moribundos. No ano seguinte, enquanto a esquerda revolucionária continuava a ganhar força, o entusiasmo do padre pela República chegava ao fim.

Darboy permanecia, porém, preocupado com a situação dos parisienses pobres e esperava lidar com o anticlericalismo oriundo, pelo menos em parte, da profunda disparidade de riqueza entre paróquias privilegiadas e plebeias. Quando o novo arcebispo de Paris, Marie-Dominique Sibour, designou-o para fazer um levantamento das paróquias da diocese de Paris, Darboy descobriu o óbvio. As paróquias dos ricos distritos do oeste gozavam de recursos praticamente inesgotáveis, suas cerimônias religiosas ocorrendo com esplendor e pompa. Essa ostentação servia para acentuar o anticlericalismo, popular nos bairros mais pobres, cujas igrejas eram espartanas, com frequência quase vazias, e onde os padres encontravam cada vez menos fiéis nas fileiras.[5]

A principal batalha de Darboy, porém, foi com o Vaticano. A recusa a se submeter ao papa Pio IX o empurrou para mais perto de Napoleão III. Quando jovem, Darboy aceitara o galicanismo, uma doutrina que sustentava que a autoridade dos 91 bispos franceses deveria ter precedência sobre a do papa.

Como uma das maiores figuras da mais importante e visível diocese da França, Darboy passou a conhecer um dos clérigos mais bem relacionados, o abade Gaspard Deguerry, *curé* da Igreja da Madeleine, onde aconteciam os casamentos e batismos da elite. Deguerry era um homem grande, imponente, extrovertido, que dava a impressão de ser cortejado por bajuladores e era confessor da imperatriz Eugénie que, assim como seu marido, Napoleão III, parecia ter muito a confessar.[6]

Em 1859, o imperador nomeou Darboy bispo de Nancy, tornando-o o primeiro bispo abertamente galicano designado durante os primeiros sete anos do Segundo Império. O Vaticano concordou com a nomeação, não tendo escolha, porque a Concordata assinada com Napoleão em 1802 dava ao Estado francês o direito de nomear bispos. O novo bispo insistia que a Igreja não podia existir independentemente das condições sociais e políticas e que a autoridade temporal do papa simplesmente não correspondia "às realidades modernas". Em sua opinião, "os grandes tempos do Papado como instituição política acabaram".[7]

Quando o arcebispo de Paris morreu, no último dia de 1862, o imperador escolheu Darboy para substituí-lo, ignorando a oposição do Vaticano. Ao saber da nomeação, sua mãe comentou: "Arcebispo de Paris, isso é bom, mas os arcebispos de Paris não duram muito tempo."[8] Desde que Darboy se mudara para Paris, três arcebispos haviam morrido – dois deles de forma violenta.

Em sua nova função, Darboy se tornou ainda mais próximo do imperador. Satisfeito com sua lealdade ao império, Napoleão III o nomeou para o Senado – o único arcebispo ou bispo a receber essa honra – e para o conselho consultivo privado do imperador. Em 1864, Darboy se tornou capelão-mor para a residência do imperador nas Tulherias, onde os ocupantes imperiais se cercavam de adoráveis pessoas ricas. O arcebispo casou e batizou membros da família imperial e supervisionou a primeira comunhão do príncipe imperial. Esses eventos extravagantes o deixavam desconfortável, porque claramente o identificavam com pessoas sofisticadas. No meio delas, o filho de lojistas provincianos nunca realmente se sentiu em casa. Quando Napoleão III concedeu a Darboy a Légion d'honneur, o arcebispo tranquilizou seus pais de que não havia sido atacado pela "doença" de buscar honras imperiais.[9]

O PRIMEIRO CONCÍLIO DO VATICANO TEVE INÍCIO EM DEZEMBRO DE 1869, convocado para aprovar a proclamação da infalibilidade papal planejada pelo papa, que supôs que isso marcaria o fim da oposição galicana às prerrogativas papais. Os ultramontanos franceses ficaram satisfeitos, insistindo que o papa era "Cristo em terra". Em Roma, Darboy se destacou como líder da oposição à infalibilidade papal. Em 13 de julho, o papa conseguiu o que queria: os bispos apoiaram a infalibilidade papal, mas um terço dos bispos franceses votou contra ou não votou. Darboy foi embora para Paris sem votar, enviando mais tarde sua aceitação formal de uma doutrina à qual se opusera com vigor.[10]

A primeira reação do arcebispo Darboy à proclamação da Comuna havia sido desdenhosa: "Isso é um desfile sem dignidade e uma paródia estúpida sem alma." Depois das primeiras derrotas militares sofridas pelas forças da Comuna, na tarde de 4 de abril, cerca de trinta guardas nacionais entraram no pátio do palácio do arcebispo. Um capitão da Guarda Nacional, Révol, levava uma intimação oficial assinada por Rigault que lhe ordenava "prender *monsieur* Darboy, o chamado arcebispo de Paris". Révol disse a Darboy que não queria lhe causar danos e que isso seria apenas uma visita ao chefe de polícia, que perguntaria sobre alguns tiros supostamente disparados das janelas de uma escola dirigida por jesuítas – e depois ele poderia voltar para sua residência. A irmã do arcebispo pediu para acompanhá-lo, mas Darboy se recusou. Ernest Lagarde, um vigário de 45 anos, foi com ele.[11]

Conduzido por diversos escritórios, alguns dos quais pareciam o caos total, transbordando de gente fumando, gritando e bebendo, Darboy foi levado a Rigault. O delegado para segurança, conhecido por sua falta de atenção às roupas, exibia agora, surpreendentemente, um quepe militar com condecorações, e estava elegantemente sentado numa poltrona alta, diante de uma grande mesa coberta por um pano verde. A visão do homem de trajes clericais pareceu enraivecê-lo. "Então é você, Cidadão Darboy! Bem, aí está! Agora é a sua vez!" Quando o arcebispo se referiu ao novo chefe da polícia e seus colegas como "meus filhos", a resposta imediata e afiada foi: "Nós não somos filhos – somos os magistrados do povo!" O arcebispo perguntou por que ele foi preso. Rigault falou com rispidez que há 1.800 anos "você nos aprisiona com suas superstições!". Era hora de isso acabar: "Seus *chouans* [insurgentes camponeses contrarrevolucionários do oeste da França em 1793-94] massacraram nossos irmãos! Bem, cada um à sua vez. Agora somos nós com a força, a autoridade e o direito; e vamos usá-los." Ele prometeu que os *communards* não queimariam o clérigo vivo, assim como fizera a Igreja em praças durante a Inquisição: "Nós somos mais humanos. Não. [...] Vamos atirar em você." Quando Darboy mostrou um leve sorriso, Rigault lhe disse que em dois dias ele seria morto a tiros – será que sorriria depois disso?

Rigault e seu amigo blanquista Théophile Ferré acusaram o arcebispo de ter roubado "os bens das pessoas". Darboy respondeu que os bens usados nos serviços religiosos pertenciam aos conselhos da Igreja. Rigault e Ferré não estavam nem um pouco dispostos a reconhecer a posição de Darboy como arcebispo, as propriedades da Igreja ou mesmo a existência de Deus. Quando o arcebispo teve permissão para ver um padre por um breve momento, a autorização se referia ao "Prisioneiro A que diz ser um servo de alguém chamado Deus".

A irmã do arcebispo, Justine, também foi encarcerada. Darboy foi transferido para a prisão da Conciergerie, que durante a Revolução abrigara, entre outros, Luís XVI e Maria Antonieta antes de eles serem guilhotinados.[12]

Em 5 de abril, depois da execução por Versalhes de prisioneiros capturados, a Comuna votara a "Lei para Reféns", aprovada por 5 votos a 4, uma medida que legalizou a prisão e o encarceramento de outros clérigos. O Artigo 5 da lei dizia que, como o governo de Versalhes se colocara fora das leis de guerra e humanidade, a Comuna retaliaria ordenando a execução de três reféns.[13]

Rigault não perdeu tempo. No dia seguinte, prendeu mais eclesiásticos, a começar pelo *curé* da Saint-Séverin, juntamente com vários jesuítas, em sua residência na rue de Sèvres. No dia seguinte, numa escola do quinto *arrondissement*, ele deteve sete jesuítas que, infelizmente (aos olhos de Rigault), haviam recebido de braços abertos os filhos da antiga nobreza e da classe média rica. O padre da paróquia de Saint-Jacques-du-Haut-Pas foi encarcerado, acusado de pedir às mulheres de sua congregação para convencer seus maridos a não empunhar armas para defender a Comuna. O número de clérigos presos durante a Comuna pode ter chegado a mais de 300, um percentual pequeno dos mais de 125 mil padres e irmãos religiosos que viviam em Paris na época.¹⁴

Gaspard Deguerry morava na rue Saint-Honoré, perto de sua Igreja da Madeleine, onde servia como *curé*. Um grupo de *fédérés* bateu à porta do presbitério e, pelo menos de acordo com o *concierge*, entrou e se serviu de vinho. Deguerry conseguiu escapulir de sua casa, depois de vestir roupas civis, e se escondeu numa casa próxima. Mas foi encontrado e imediatamente preso, acusado de ter resistido ao decreto de 2 de abril da Comuna que separava a Igreja do Estado. Um dos guardas nacionais alegadamente lhe disse: "Logo vamos providenciar para você seu paraíso."¹⁵

Dentro da Comuna, o decreto dos reféns acentuou as tensões entre republicanos moderados, que ainda esperavam algum tipo de compromisso com o governo de Versalhes, e Rigault e os radicais (*les durs*). Rigault já ordenara a prisão de vários moderados que o desagradavam. Eugène Protot, filho de camponeses da Borgonha, advogado e agora delegado para justiça, exigira uma explicação completa sobre os motivos das prisões. Estava indignado por não serem permitidas visitas aos prisioneiros – mesmo membros da Comuna não podiam recebê-las. Rigault permaneceu inflexivelmente contra as visitas aos prisioneiros, mas no fim foi derrotado.¹⁶ Apesar de suas objeções, a Comuna decidiu por voto, em 7 de abril, que os prisioneiros poderiam receber visitantes.

Em 8 de abril, houve uma forte discussão entre Rigault e *communards* mais moderados. Arthur Arnould, um membro da Comuna que era a favor da abolição da *préfecture de police*, denunciou Rigault. Teve o apoio de Charles Delescluze e Jean-Baptiste Clément, que acusavam Rigault de levar a Comuna na direção de uma ditadura. Quando a reunião manteve, por 24 a 17 votos, a declaração do dia anterior permitindo que membros da Comuna visitassem prisioneiros, Rigault e Ferré ofereceram suas renúncias na Comissão para Segurança Geral. Estas não foram aceitas. Porém, a Comuna aprovou por voto a substituição de Rigault, como delegado para segurança, por Frédéric Cournet, um moderado. Rigault ainda manteve seu status de membro do órgão governante da Comuna e chefe da *préfecture de police*, e três semanas depois também foi nomeado promotor público. O intransigente

Rigault acreditava que prestando "justiça revolucionária" ajudaria a salvar a Comuna.[17]

AS PRISÕES DE DARBOY, DEGUERRY E OUTROS PADRES OCORRERAM após as execuções sumárias de Flourens e Duval e foram, pelo menos nominalmente, uma reação a estas. Mas jamais teriam ocorrido se a Comuna não tivesse iniciado uma onda de anticlericalismo popular em Paris. Como o próprio Darboy percebeu logo depois de chegar a Paris, o anticlericalismo vinha se desenvolvendo há décadas na França. A prática religiosa continuava a decair em Paris e em outras grandes cidades, bem como num bom número de regiões. Além disso, a Igreja Católica permanecia fortemente identificada com sua oposição à Revolução Francesa e seu apoio à monarquia. A construção de uma sociedade essencialmente secular era um objetivo geral dos *communards*. Reclus, ele próprio um homem do clero, pastor protestante, não mediu palavras, captando em 8 de abril o clima popular: "Complô ou não, é certo que a enorme instituição clerical é um exército ainda mais ameaçador que o de Versalhes, mais perigoso no sentido de que atua nas sombras", alegadamente trabalhando contra a Comuna.

Desde o início, a Comuna fizera tudo o que estava em seu poder para minar o poder da Igreja e do clero. Um dia depois de chegar ao poder, o governo da Comuna proclamara, em 29 de março, a educação primária gratuita e obrigatória, mas isso não foi tudo. Uma Sociedade da Nova Educação e os Amigos da Instrução logo enviaram delegados pedindo que a Comuna considerasse "a necessidade [...] de preparar a juventude para governar a si mesma por meio de uma educação republicana" e exigindo que o ensino religioso fosse eliminado das escolas. No terceiro *arrondissement*, um cartaz alardeou que a educação laica era um "*fait accompli*". Paul Martine circulou com um delegado de *arrondissement* para checar escolas do quarto *arrondissement*, mas admitiu que repeliu a ideia de descartar o pessoal do clero. No militante 20º *arrondissement*, porém, um franco-maçom supervisionou um "forte programa de laicização".[18]

Em 2 de abril, um Domingo de Ramos, a Comuna aprovara formalmente a separação entre Igreja e Estado, pondo fim aos subsídios do governo a instituições religiosas. Decretou também o confisco das propriedades de ordens religiosas (*congrégations*). A batalha entre a Bandeira Vermelha e a Cruz estava acontecendo. Na rue de Grenelle, uma multidão invadiu uma escola dirigida por uma congregação e a fechou.

Várias semanas depois, muitos membros de ordens religiosas haviam deixado seus cargos de magistério e pedido a nomeação de professores laicos para substituí-los. A Comuna aumentou os salários de professores e seus assistentes e concedeu pagamento igual a professores e professoras. Surgiram escolas para meninas dirigidas por professores laicos em vários bairros.[19]

Uma proposta submetida mais tarde sugeriu que creches novas e seculares para bebês e crianças pequenas "deveriam ser disseminadas em áreas da classe trabalhadora, perto de grandes fábricas", cada uma delas acomodando até 100 bebês e crianças pequenas. Várias dessas creches já estavam estabelecidas.[20] Uma escola profissional de artes industriais foi aberta, com uma jovem como diretora.

Em meados de maio, a Comuna havia banido todo o ensino religioso em escolas laicas. Todas as marcas religiosas foram prontamente removidas, inclusive crucifixos em salas de aula (alguns já foram retirados durante o Governo de Defesa Nacional), cuja presença identificava claramente o papel antes central da Igreja na educação francesa.[21] Édouard Moriac observou com horror, na rue des Martyrs, um "bando" de cerca de 200 "crianças pequenas" marchando atrás de um tambor e uma bandeira vermelha: "Elas cantavam 'A Marselhesa' a plenos pulmões. Esse desfile grotesco comemorava a abertura de uma escola laica organizada pela Comuna."[22]

A Comuna também tomou medidas para secularizar hospitais e prisões. Por um decreto de 22 de abril, todos os símbolos religiosos deveriam ser removidos de instalações médicas. Além disso, proibiu que membros de congregações religiosas atendessem a pacientes. Quatro dias antes, irmãos religiosos haviam sido expulsos da agora bastante movimentada instalação médica da rotunda de Longchamps, apesar da oposição de guardas feridos. Irmãs agostinianas continuaram a ajudar no Hôtel-Dieu, usando cintos vermelhos sobre seus hábitos pretos, altares e crucifixos encobertos por flores. Os capelães em princípio foram postos para fora de prisões e hospitais, mas tiveram permissão para voltar e visitar pacientes e prisioneiros durante o dia. Eles continuaram a assinar documentos oficiais, inclusive de batismos. Freiras foram removidas de instituições de caridade em alguns lugares, mas em outros continuaram a trabalhar.²³

Em sua maior parte, a Comuna não estava impondo a secularização ao povo de Paris. A forte associação da Igreja com as pessoas de recursos despertara a ira popular há muito tempo; o nascimento da Comuna simplesmente a deslanchou. Muitos parisienses comuns viam agora os padres como "um tipo particular de burguês". Se padres humildes trabalhavam longe, em *quartiers* plebeus onde as igrejas estavam cada vez mais vazias, as procissões extravagantes, os adornos eclesiásticos ostentosos e os fiéis elegantes caracterizavam igrejas como a Notre-Dame-des-Victoires e a Igreja da Madeleine, do *curé* Gaspard Deguerry, no oeste de Paris. Cartas escritas ao jornal *Père Duchêne* denunciavam a Igreja por "parasitismo social". Irenée Dauthier, moradora do décimo *arrondissement*, pediu primeiro a editores e leitores que a desculpassem por seus erros de escrita e depois perguntou por que os bispos e abades tinham rendimentos tão grandes. Não era como se eles pudessem ter "uma mesa de gourmand maior que a do rei?". Numa cidade onde aproximadamente um quarto de todos os casais não era casado, a Igreja, que normalmente cobrava 2 francos para registrar um nascimento, exigia 7,50 francos (mais ou menos dois dias de salário de muita gente) para registrar um nascimento "ilegítimo". Um parisiense comentou amargamente: "Batismos, casamentos, enterros – você tem que pagar por tudo."²⁴

O discurso anticlerical era abundante em clubes políticos, que no início de abril começaram novamente a se reunir em pelo menos 24 das 51 igrejas de Paris. As igrejas não apenas eram de longe os lugares maiores onde um grande número de pessoas podia se reunir entre quatro paredes – assim como acontecera durante a Revolução Francesa –, como seu uso representava a apropriação do espaço público pelos *communards*, totalmente sancionada pelo governo da Comuna. Alguns clubes tinham suas origens depois do estabelecimento da República, em 4 de setembro de 1870, e haviam sido banidos pelo general Vinoy em 11 de março. Outros abriram durante a Comuna. Os parisienses ouviam oradores debatendo os temas do dia, incluindo o alto custo dos alimentos, os direitos das mulheres e dos trabalhadores, a situação da educação nas escolas primárias, o papel do clero e a liderança da Comuna.²⁵

A transformação de igrejas em clubes por vezes levou a confrontos com fiéis. No Club Saint-Ambroise, uma mulher protestou em voz alta contra uma reunião que estava sendo realizada na igreja e militantes a conduziram à porta em meio a risadas. Em 6 de maio, moradores locais apareceram com uma ordem oficial para que a Saint-Sulpice fosse usada por um clube. Expulsos, alguns fiéis protestaram com vigor e estourou uma briga. Guardas nacionais de Belleville, acampados por perto, reagiram para proteger os *clubistes* cantando "A Marselhesa".[26]

Como era de se esperar, os fiéis se ofenderam com a presença de clubes políticos em suas igrejas. Os *clubistes* eram abertamente críticos da Igreja e persistentes em seus ataques. Oradores de clubes pediram o confisco de propriedades pertencentes às congregações, insistiram para que o clero pagasse aluguéis à Comuna pelo uso dos prédios eclesiásticos "para encenar suas comédias" e determinaram que a renda fosse usada para ajudar viúvas e órfãos da Comuna. O clube do *faubourg* Saint-Antoine pediu que os sinos das igrejas fossem derretidos para fazer canhões, como durante a Revolução Francesa.

Oradoras concentraram suas críticas na influência descomunal da Igreja sobre as mulheres, nos casamentos e na vida em família, incluindo as funções eclesiásticas na educação. Foram particularmente estridentes em suas denúncias do casamento. Na grande igreja gótica de Saint-Eustache, perto do mercado central de Les Halles, uma mulher advertiu as *citoyenne*s que o casamento "é o maior erro da humanidade antiga. Ser casada é ser uma escrava". No clube da Saint-Ambroise, uma mulher se levantou para dizer que jamais permitiria a sua filha, que tinha 16 anos, casar-se, e que esta estava indo muito bem morando com um homem sem a bênção da Igreja. O clube da Saint-Germain l'Auxerrois aprovou uma entusiasmada resolução em favor do divórcio.[27]

Louise Michel presidia um encontro de mulheres três vezes por semana na grande rue de la Chapelle. Ali, propôs "a imediata abolição da religião organizada e sua substituição por uma moralidade mais severa", o que para ela era "tratar todos os outros e a si mesmo com justiça". Durante as reuniões de clubes, algumas mulheres subiam nos púlpitos para denunciar o clero com violência retórica. No Club Saint-Sulpice, Gabrielle, de 16 anos, vociferou: "Precisamos atirar nos padres. [...] As mulheres são prejudicadas indo à confissão. [...] Portanto peço a todas as mulheres que peguem todos os padres e queimem suas caras feias. [...] O mesmo com as freiras!".²⁸

Aos olhos da maioria dos *clubistes*, o clero e a burguesia eram a mesma coisa, o que tornava fácil condenar os dois grupos. Oradores denunciaram aqueles que usavam cartolas e "ternos pretos" elegantes como reacionários burgueses. Num clube, um sapateiro pediu a prisão de todos os "reacionários" que empregavam domésticas. Em outra reunião desse tipo, uma mulher contou que perto da Bourse uma senhora bem de vida insistira que não havia "cidadãos" no bairro, apenas "damas e cavalheiros". Pessoas de recursos, em particular donos de propriedades, tornaram-se "abutres". Um tom milenarista se insinuava, às vezes violento, como no Club de la Délivrance, onde um orador saudou "a chegada do dia da justiça [que] está vindo rapidamente. [...] Proletários, vocês renascerão!".²⁹

AS IGREJAS DE PARIS, AGORA ADOTADAS POR CLUBES POLÍTICOS, ESTAVAM totalmente irreconhecíveis, para satisfação da maioria dos parisienses, mas para desgosto de outros. Na reunião de clube em Saint-Michel, em Batignolles, crianças brincavam enquanto membros da Comuna sentavam, enfeitados com faixas vermelhas, em lugares geralmente reservados na missa para dignitários eclesiásticos, que teriam se vestido de maneira bem diferente. Em vez de hinos, os órgãos tocavam "A Marselhesa" e "Ça ira", um clássico revolucionário. O Cidadão Vigário Marguerite foi assegurado, em 17 de maio, de que o organista seria pago sob a condição de que tocasse "melodias patrióticas".³⁰

No início de maio, Maxime Vuillaume visitou o Club Saint-Séverin, a um quarteirão do Sena, com um amigo. A entrada da igreja estava quase totalmente escura, mas uma luz brilhava no meio da nave. Lamparinas de gás pendiam dos pilares. Atrás de uma mesa estavam sentados aqueles que presidiam a reunião, perto de uma bandeira vermelha. Um orador sugeriu que brigadas armadas com instrumentos capazes de disparar tiros cuidassem dos versalheses que ameaçavam a cidade. Uma mulher falou em seguida, mas Vuillaume e seu amigo estavam olhando em volta e não captaram a essência do que ela tinha a dizer. Havia cerca de 100 pessoas ouvindo, incluindo umas doze mulheres. Muitos homens usavam uniformes da Guarda Nacional. Dois deles, sentados ao lado de um pilar, comiam pão e linguiça e bebiam vinho. "Vamos embora", implorou o amigo de Vuillaume. "A Missa do Galo seria mais divertida." Quando eles saíram, a sessão do clube estava terminando com as pessoas cantando "A Marselhesa". Na manhã seguinte, alguém varreu a igreja e houve missa como sempre.[31]

Paul Fontoulieu, um visitante hostil, encontrou tantas oradoras quanto oradores ao participar de uma sessão do clube da Igreja da Trinité. O tema em debate era como a sociedade podia ser reformada. Lodoiska Cawaska, conhecida como "a Amazona Polonesa", falou primeiro, seu discurso recebido com frieza. Então outra oradora, de uns 30 anos, pediu o estabelecimento de cooperativas de produtores. Uma após a outra, mulheres se levantavam para falar, e suas palavras às vezes se afastavam do assunto pretendido. As "soluções" incluíam executar aqueles que não lutariam. Num breve discurso, Nathalie Le Mel insistiu que o dia do ajuste de contas estava chegando e todos, incluindo as mulheres, deveriam cumprir seu dever, lutar até o fim e estar preparados para morrer.[32] Seu discurso foi recebido com aplausos demorados. O orador final foi aclamado ao apresentar uma paródia "grotesca" (aos olhos de Fontoulieu) de uma missa. Quando as pessoas saíam da Igreja da Trinité, a presidente da reunião lembrou ao público que a vizinhança continuava cheia de monarquistas e versalheses.[33]

Ao entrar na igreja de Saint-Eustache, o inglês John Leighton ficou "agradavelmente surpreso ao encontrar a pia batismal cheia de tabaco, em vez de água benta e ao ver o altar a distância coberto de garrafas e copos". Na capela lateral, alguém havia vestido a Virgem Maria com um uniforme de *vivandière* (mulher que fornece provisões a guardas nacionais) e posto um pequeno cachimbo em sua boca. Leighton ficou "particularmente encantado" com os "rostos amigáveis das pessoas que vi reunidas ali. [...] Foi bem agradável não ver nenhum daqueles vestidos elegantes e modos frívolos que durante tanto tempo desgraçaram a melhor metade da raça humana". Quanto aos homens: "Foi encantador notar a elegância militar com que seus quepes estavam levemente inclinados sobre uma orelha: seus rostos, naturalmente medonhos, estavam iluminados pela alegria da liberdade."

Edmond de Goncourt se deparou com um cheiro de alho ao entrar numa igreja, enquanto os sinos, que geralmente anunciavam a missa, tocavam para o início de uma reunião de clube. Goncourt ouviu um orador pedindo a instituição do Terror, "para que as cabeças dos traidores possam rolar imediatamente na praça". Outro relatou que 10.060 garrafas de vinho foram encontradas no seminário de Saint-Sulpice e um terceiro perguntou: "Que me importa que tenhamos êxito contra Versalhes se não encontramos soluções para os problemas sociais, se os trabalhadores continuam nas mesmas condições de antes?"[34]

Na maioria dos clubes, porém, as pessoas presentes respeitavam o estabelecimento onde se reuniam. Por exemplo, *communards* foram solicitados a não fumar cachimbo na igreja de Saint-Eustache. Goncourt notou que homens tiravam o chapéu ao entrar. Mas alguns "visitantes" de igrejas se comportavam de maneira provocativa. Na Saint-Vincent-de-Paul, *communards* beberam o vinho de cálices reservados para a missa. Guardas nacionais e prostitutas podem ter se divertido na Notre-Dame-des-Victoires. Na Saint-Leu, em 14 de abril, trinta ou quarenta *fédérés* puseram mantos eclesiásticos e zombaram da missa, cantando "músicas obscenas [...] acompanhadas dos gestos mais grotescos". Um certo Kobosko ofereceu a "comunhão" aos "fiéis", substituindo as hóstias por brioches, e no jantar concomitante os participantes viraram 130 garrafas de vinho. Em outra igreja, um homem deu um banho em seu cachorro num recipiente de água benta e alguns *communards* fizeram suas necessidades nesses lugares. Esses atos chocaram católicos praticantes. A Comuna e a maioria dos *communards* rejeitavam desafiadoramente a religião organizada.[35]

Pilhagens ocorreram vez por outra. Vinte conventos relataram danos ou perda de bens. Na Saint Médard, pinturas foram rasgadas e o órgão e ornamentos quebrados. Confessionários foram derrubados. Na Notre-Dame-des-Victoires, *communards* decapitaram o que restava das relíquias de um santo. Porém, em geral houve surpreendentemente poucos casos desse tipo, nada em comparação ao que ocorreu durante a fase radical da Revolução Francesa. Itens tirados da Catedral de Notre-Dame na Sexta-Feira Santa e empilhados em carroças para serem levados foram salvos quando alguém correu até o Hôtel de Ville para avisar a membros da Comuna, que ordenaram a devolução à sacristia.³⁶

Eclesiásticos parisienses viram seu papel diminuir drasticamente durante a Comuna. Os batismos e as primeiras comunhões escassearam, em parte porque muitos homens estavam na Guarda Nacional e muitos parisienses em melhor situação haviam fugido da cidade. Durante o Segundo Império, os enterros civis não eram muito comuns. Agora, aconteciam quase todo dia, com direito a bandeiras vermelhas. O comparecimento às missas caiu e menos moedas eram jogadas na cesta de coleta quando esta era passada.³⁷

A ordem para fechar as portas afetou 34 das 67 igrejas de Paris. A Notre-Dame-de-Lorette foi transformada em quartel em 13 de maio e, seis dias depois, em prisão para aqueles que eram detidos por escapar do serviço na Guarda Nacional. A Saint-Pierre-de-Montmarte tornou-se uma oficina de fabricação de uniformes, depois um depósito de munição e, por um breve período, uma escola para meninas. A Igreja de Saint-Merri foi transformada numa instalação médica.

A imprensa comuneira manteve o discurso anticlerical com toda a força. O *Père Duchêne* liderou o caminho, acusando os clérigos de serem parasitas com uma paixão exagerada pela "boa vida" e se apropriando da imagem do padre ou monge comilão usando o sacramento da confissão para "seduzir" mulheres. A Igreja foi acusada de levar meninas novas para os conventos – "lugares cheios de vício" – onde estas sofreriam exploração, com salários inferiores aos das mulheres trabalhadoras. No discurso anticlerical estavam implícitas sugestões de que sequestro de menores, estupros e homossexualidade ameaçavam as famílias de pessoas comuns. As alusões a passagens secretas sob conventos e mosteiros eram abundantes, contribuindo para a obsessão, durante buscas em conventos, com o que seria encontrado nos porões. O *La Sociale* relatou que 2 mil fuzis e uma quantidade considerável de munição foram encontrados nos porões da Notre-Dame, e o *La Montagne* afirmou que monges foram presos depois da descoberta de pólvora nos tabernáculos de suas igrejas. Nada disso era verdade, mas rumores geravam manchetes e discussões animadas nas ruas.³⁸

Uma das buscas levou a uma história chocante que se espalhou rapidamente por Paris. No porão do convento das Dames de Picpus, guardas se depararam com o que pareciam ser instrumentos de tortura e restos humanos. As irmãs explicaram que haviam cuidado de três de suas companheiras que sofriam de problemas mentais. Na verdade, os supostos "instrumentos de tortura" não passavam de várias "camas ortopédicas". Um médico determinou que as freiras haviam morrido de causas naturais e, por qualquer que fosse o motivo, seus restos estavam guardados no convento, à espera de um destino final. Mas jornais continuaram a apresentar "revelações" de crimes clericais em Picpus e outros lugares, como sugeriam manchetes como "As confissões de um seminarista bretão", "As revelações de um ex-cura", "Sadistas tonsurados" e "Os cadáveres da Igreja de Notre-Dame-des-Victoires".[39]

A Guarda Nacional levou a sério relatos sobre pilhas de armas escondidas. Laurent Amodru, o *vicaire* da Notre-Dame-des-Victoires, de 54 anos, havia acabado de ouvir as confissões, por volta das 16 horas de 17 de maio, quando soube que a igreja estava cercada de homens do 159º batalhão da Guarda Nacional. Ele perguntou a um jovem oficial o que eles estavam fazendo e a resposta foi que tinham autorização para revistar a igreja à procura de armas. O padre respondeu que com certeza não havia nenhuma arma para ser encontrada e pediu que a busca, se precisava ser feita, fosse concluída antes da missa das 19 horas. Os guardas olharam desconfiados para as mulheres da igreja. Amodru afirmou mais tarde que teve sorte por não ter sido morto por um guarda bêbado designado para vigiá-lo na sacristia durante a busca; outros dois guardas o protegeram. Embora tenha sobrevivido à busca, Amodru foi imediatamente preso, levado para a Conciergerie, em seguida para a prisão Mazas, perto da Gare de Lyon, e finalmente para a prisão La Roquette.[40]

Nem todos os *communards* se dispunham a denunciar a Igreja. Algumas pessoas leais à Comuna manifestaram oposição às medidas anticlericais, em particular a retirada de freiras de instalações médicas e as buscas em alguns conventos de ordens religiosas. Na Sexta-Feira Santa, 6 de abril, guardas nacionais entraram na igreja de Saint-Eustache e exigiram que o abade Simon fosse com eles para a delegacia de polícia do bairro. Ali, um jovem magistrado interrogou o padre, assegurando-lhe que sabia de sua boa reputação em seu *quartier*. Um sobrinho do padre reclamou a membros da Comuna sobre a prisão. Ao saberem que seu padre fora preso, as senhoras do mercado de Les Halles procuraram Rigault para insistir que o abade Simon fosse libertado. Ligeiramente surpreso com a ira das mulheres, ele perguntou: "E se eu me recusar a soltar seu papista (*calotin*)?" A resposta refletiu a firme resistência das senhoras do mercado: "Estriparemos você na primeira ocasião possível num quarteirão do mercado, já que você dá um bom filé!" Rigault ordenou que o padre fosse solto. O abade Simon voltou para sua igreja em triunfo e na missa seguinte fez um sermão sobre o perdão aos inimigos. No *Le Cri du peuple*, Jules Vallès esbravejou que quando fora preso, durante o Segundo Império, não tivera um sobrinho para pedir que fosse perdoado.[41]

Apesar dos rumores de opulência e vida de luxo (que, em todo caso, tinham como foco os homens do clero), alguns "visitantes" ficaram impressionados com a pobreza das freiras e com seu trabalho pelos pobres, para os quais, afinal de contas, a Comuna chegara ao poder. E quando guardas nacionais revistaram a residência dos padres de Saint-Esprit, o diálogo logo se tornou cordial e os guardas os ajudaram a distribuir aos pobres os parcos recursos disponíveis.

De vez em quando, guardas enviados para revistar uma igreja se deparavam com um padre que conheciam em seu *quartier*. Os *communards* que entraram na Saint-Roch podiam ser hostis à religião organizada, mas reconheceram o padre porque este lhes dera a primeira comunhão. Alguns *communards* ajudaram padres a escapar ou avisaram a instituições religiosas que haveria uma busca em breve. Outros forneceram a eclesiásticos documentos de identificação. E, apesar de todas as suas críticas à Igreja, muitos não rejeitaram sua fé pessoal. Alguns *fédérés*, por exemplo, punham seus medalhões religiosos antes de ir para a batalha.[42]

Na Saint-Nicolas-des-Champs, um padre rezava missa todos os dias numa capela, e um clube se reunia na parte principal da igreja quase todas as noites. O clero, portanto, acabou dividindo confortavelmente o espaço com os *clubistes*. Missas, batismos e funerais eram realizados em horários diferentes daqueles das reuniões do clube, que em sua maioria aconteciam à noite. A igreja de Saint-Pierre, em Montrouge, à frente da qual fora fixado um aviso de que "as igrejas são o covil daqueles que assassinaram a moral das massas", foi dividida em duas partes, uma para o clero e a outra para as reuniões de clube presididas por um cabeleireiro. Missas foram celebradas na Saint-Roch, embora o inglês Vizetelly tenha relatado que "mais de uma vez foram perturbadas pelos insurgentes, como numa ocasião em que um bando de guardas inebriados invadiu a igreja quando cerca de quarenta meninas novas recebiam a primeira comunhão".[43]

Com a maior tensão gerada pela situação militar, o anticlericalismo popular se tornou mais determinado. Diante dessa oposição, os clérigos permaneceram unidos, ajudando uns aos outros quando possível e assumindo o lugar de colegas aprisionados. Os eclesiásticos mantiveram as cerimônias discretas. Na igreja de Saint-Merri, os sinos não foram tocados, o órgão permaneceu em silêncio, os cantos desapareceram ou foram atenuados e flores não foram depositadas em seus lugares. As carmelitas, na rue d'Enfer, silenciaram seus sinos, e as freiras do Marie-Répartrice suspenderam o catecismo. A paróquia de Saint-Pierre-du-Petit-Montrouge realizou cerimônias clandestinamente numa casa próxima.[44]

DEPOIS DE TRÊS DIAS NUMA CELA DA *PRÉFECTURE DE POLICE*, DARBOY foi transferido para a prisão Mazas, assim como o abade Deguerry. A eles se juntou Louis Bonjean, que fora presidente do Senado imperial e da Corte de Apelações e era identificado com a repressão a opositores políticos durante o império. Sua prisão fora uma das primeiras ordenadas por Rigault.[45]

A prisão Mazas era um enorme complexo que parecia uma fortaleza. Consistia de doze prédios, cada um deles com 100 celas e um grande pavilhão central no meio, coberto por um domo, que abrigava o escritório administrativo e uma capela. As celas eram pequenas, cada uma delas com uma cama de ferro presa à parede. Regras rígidas foram determinadas, proibindo cantar, falar alto ou tentar se comunicar com outros prisioneiros.[46]

O objetivo imediato do encarceramento desses reféns de renome era desencorajar os versalheses de realizar mais execuções de prisioneiros da Comuna. Depois de prender Darboy, Rigault enviou Gaston da Costa, seu braço direito, para pedir a Darboy e Deguerry que enviassem cartas a Thiers protestando contra essas mortes. Dias depois de Darboy e os outros serem feitos reféns, a liderança da Comuna decidiu tentar conseguir trocar prisioneiros com Versalhes. Auguste Blanqui, numa prisão em Morlaix, na Bretanha, ainda parecia ser o tipo de líder revolucionário que poderia galvanizar Paris. De sua parte, Rigault estava obcecado por trazer "o Velho" de volta a Paris.[47]

Em 8 de abril, Darboy escreveu para Thiers afirmando que "a humanidade e a religião" exigiam que ele pedisse a troca de reféns por Blanqui. O arcebispo se referiu diretamente a "atos bárbaros, [...] os excessos atrozes" das tropas versalhesas, incluindo a execução de combatentes feridos. Ele pediu a Thiers que usasse sua influência para pôr um fim na guerra civil. Deguerry havia escrito no dia anterior para membros do governo de Versalhes pedindo que parassem com a execução de prisioneiros, o que só poderia levar à tomada de mais reféns e talvez às execuções retaliatórias que a Comuna agora ameaçava realizar.[48]

Como Thiers não respondeu, Rigault pediu a Benjamin Flotte, um veterano da revolução de 1848 e amigo e discípulo de Blanqui, que visitasse Darboy e lhe propusesse escrever uma segunda carta. Em 10 de abril, Flotte e Lagarde, *grand-vicaire* de Darboy, procuraram o arcebispo, que imediatamente levantou o assunto da prisão de sua irmã. Flotte prometeu que ela seria libertada (embora isso só tenha acontecido em 28 de abril). Darboy escreveu para Thiers novamente, em 12 de abril, propondo a libertação de Blanqui em troca de sua liberdade e as de Deguerry e Bonjean. Rigault se recusou a permitir que Deguerry deixasse a prisão para levar a carta pessoalmente a Thiers. Em vez disso, a carta foi confiada a Lagarde, que chegou a Versalhes em 14 de abril.

Thiers não tinha nenhuma intenção de permitir a troca de Darboy por Blanqui, temendo que isso desse a seus inimigos *communards* uma figura importante em torno da qual eles se agrupariam. Thiers negou que suas tropas estivessem realizando execuções, acrescentando que todos os insurgentes que entregassem suas armas seriam poupados. Ele expressou dúvida de que as cartas do arcebispo fossem realmente verdadeiras. Quando Lagarde voltou para vê-lo pela terceira vez, Thiers lhe informou que o Conselho de Versalhes se opunha unanimemente à troca. Por meio de uma mensagem entregue em mãos, ele instruiu Lagarde a enviar uma carta lacrada a Darboy, presumivelmente com sua decisão.

Lagarde, porém, permaneceu em Versalhes. Embora Darboy o tivesse instruído a voltar para Paris imediatamente, ele pediu mais tempo. Por fim, o *vicaire général* enviou de Versalhes a notícia de que uma demora era inevitável. Darboy lhe escreveu em 19 de abril insistindo para que não permanecesse mais do que outro dia em Versalhes. Mas Lagarde ficou. Um artigo no *Le Cri du peuple* em 23 de abril revelou as tentativas de negociar uma troca e criticou Lagarde por ter traído sua promessa a Darboy continuando em Versalhes. O *La Sociale* denunciou Lagarde como mentiroso, covarde e traidor, o que não melhorou a imagem do clérigo para os parisienses. O *Journal Officiel* da Comuna publicou a correspondência em 27 de abril.[49]

O embaixador dos Estados Unidos Elihu B. Washburne permanecera em Paris, tentando ajudar os cidadãos americanos ainda na capital. Agora, ele se via "mergulhado nos eventos mais terríveis do século".[50] Washburne, cuja residência fora atingida duas vezes por granadas versalhesas, estava consciente da situação difícil de Darboy. Em 18 de abril, ele recebera cartas de várias autoridades eclesiásticas, incluindo o núncio papal Flavius Chigi e Lagarde, pedindo que interviesse para obter a libertação do arcebispo. O embaixador conseguira a libertação de várias irmãs de caridade indo à *préfecture de police*, portanto acreditavam que ele teria uma sorte semelhante com Darboy. Quando ele chegou à *préfecture de police* para pedir permissão para visitar Darboy, às 10:30, Cluseret o acompanhava e pediu para ver Rigault. Um funcionário respondeu com um sorriso que Rigault estava dormindo, porque acabara de voltar de uma longa noite fora. Quando foi acordado, Rigault assinou um documento – sem sequer olhá-lo – autorizando Washburne "a se comunicar livremente com o cidadão Darboy, arcebispo de Paris". Cluseret comentou: "Então eis o homem ao qual o proletariado deu um de seus cargos mais importantes!"[51]

Em 23 de abril, o embaixador americano – a primeira pessoa de fora a ver Darboy desde que este fora preso – levou para o arcebispo uma garrafa de Madeira. Darboy não manifestou nenhum ódio por seus captores, acrescentando que os *communards* "seriam julgados como sendo piores do que realmente eram". Ele esperaria "a lógica dos eventos". Em 22 de abril, a Comuna aprovou um decreto especificando que jurados escolhidos entre os guardas nacionais analisariam os casos de reféns individuais; ordenava também que o promotor da Comuna – este seria Rigault quatro dias depois – fizesse mais reféns.⁵²

Cinco dias depois, Darboy enviou outra mensagem a Lagarde, desta vez via embaixador Washburne: o vigário deveria retornar a Paris imediatamente. Cinco dias depois, Washburne escreveu a um oficial dos Estados Unidos para informá-lo que considerava a vida do arcebispo "no mais iminente perigo", relatando que um grupo de guardas nacionais fora a Mazas na intenção de executar Darboy até que um dirigente da Comuna interveio. Lagarde pode ter tido motivos reais para se demorar em Versalhes. Pode ter acreditado que sua volta a Paris levaria diretamente à execução de Darboy e os outros reféns. Ele também podia estar em contato com Félix Pyat, que achava que o pagamento de uma grande quantia de dinheiro poderia trazer a libertação do arcebispo. Lagarde pode ter escrito para Jules Simon sobre essas possibilidades vários dias antes, manifestando esperança de um retorno de uma influência moderada na Comuna. Além disso, o general Cluseret parecia favorável à libertação dos reféns, o que teria dado esperança aos aliados de Darboy. Em 2 de maio, Lagarde prometeu deixar Versalhes, mas dois dias depois ainda estava ali. Quaisquer que tenham sido seus motivos para ficar, ele jamais os informou a Washburne ou Darboy. Vários dias de otimismo evaporaram rapidamente.⁵³

Em 11 de maio, o arcebispo Darboy escreveu um "memorando" a Thiers, que o recebeu por meio de Chigi. Ele confessava que não sabia ainda a resposta que Thiers dera a Lagarde, que enviara "apenas relatos vagos e incompletos". Darboy descrevia a possível troca, que seria garantida pelo embaixador Washburne, acrescentando que "a resistência de Paris é uma resistência inteiramente militar, e a presença de M. Blanqui não poderia acrescentar nada a isso". De sua parte, o embaixador americano assegurou a Thiers que eles não tinham nada a perder com essa troca e que a vida de Darboy provavelmente dependia disso.⁵⁴

Lagarde agiu de fato para ajudar Darboy. Ele contatou o advogado Étienne Plou, que defenderia o caso do arcebispo diretamente junto à Comuna. Rigault permitiu que o advogado visse os reféns duas vezes. Mas em

11 de maio Plou escreveu ao embaixador Washburne para reclamar que Ferré o impedia de ver Darboy.⁵⁵ Dois dias depois, Flotte, ainda em Paris e visitando Darboy, teve permissão para ver Thiers, que mais uma vez insistiu que a troca simplesmente não era possível; a questão de uma possível troca havia "agitado" duas vezes seu Conselho e ele não acreditava que a vida de Darboy estivesse realmente em perigo. Ele disse a Flotte que levantaria o assunto no dia seguinte na Commission des Quinze, seu grupo consultivo.⁵⁶

Na manhã seguinte, Thiers informou a Flotte que nenhuma troca seria possível, porque "entregar Blanqui à insurreição seria dar a esta uma força igual a um corpo do exército". Flotte lembrou a Thiers que 74 reféns estavam sendo mantidos em Mazas e que se ele asssinasse uma ordem para libertar Blanqui, ele próprio traria todos eles para Versalhes no dia seguinte. Thiers provavelmente estava exagerando a influência de Blanqui. Ele era um homem doente, velho, cuja influência possivelmente vinha por ser um mito aprisionado num lugar distante. Seu retorno a Paris não necessariamente teria proporcionado muita liderança aos *communards*. Poucos *communards* além de Rigault e Flotte já o haviam encontrado.

Em Mazas, quando Flotte contou o que acontecera. Deguerry chamou Thiers de "homem sem coração", acreditando tratar-se de uma manobra calculada de sua parte. Thiers pode ter acreditado que a execução de Darboy e outros reféns desacreditaria imensamente a Comuna. A morte do arcebispo justificaria contínuas represálias aos *communards*.⁵⁷

Enquanto dias se tornavam semanas, sem trazer nenhum sinal de que sua libertação era iminente, o arcebispo parecia quase indiferente a seu destino possível. Darboy escreveu a seu irmão que estava indo bem o bastante, tinha tudo o que precisava e "não estava sendo tratado tão mal quanto eles [sua família] poderiam ter ouvido falar". O médico da prisão advertiu que se a situação do arcebispo não melhorasse, ele não duraria 15 dias. Darboy foi transferido para uma cela maior, com uma mesinha, uma cadeira, mais ar, roupa de cama trazida de sua residência e comida vinda de fora. Ele recebeu livros de teologia. Tinha em sua cela uma cruz que o arcebispo Affre lhe dera e um grande anel de safira, presente do arcebispo Sibour.⁵⁸

Duas propostas de fuga foram apresentadas a Darboy. Um jovem, o conde Anatole de Montferrier, conseguiu se encontrar com o arcebispo e lhe ofereceu um plano intricado envolvendo passes de salvo-conduto falsos. O arcebispo rapidamente declinou. Então um de seus guardas lhe ofereceu ajuda para escapar, mas Darboy respondeu que sua fuga seria "o sinal para o massacre dos padres" e que preferia ser executado do que ver outros mortos em seu lugar.[59]

A execução sumária dos comandantes *communards* Flourens e Duval pelas forças versalhesas aumentou os riscos para a Comuna de Paris, bem como para o arcebispo Darboy e os outros reféns mantidos na prisão Mazas. Todas as peças estavam montadas para um dramático confronto militar enquanto tropas de linha versalhesas se aproximavam dos baluartes de Paris.

CAPÍTULO 5

A BATALHA SE VOLTA CONTRA OS *COMMUNARDS*

OS VERSALHESES HAVIAM COMEÇADO A BOMBARDEAR PARIS EM 2 de abril. O pastor metodista W. Gibson ouviu um guarda nacional dizer no dia seguinte: "Logo seremos esmagados!"[1] Os disparos se intensificaram em 12 de abril. Cinco dias depois, Gibson concluiu: "Parece, pelo que transpirou na Assembleia de Versalhes, que há muitos entre os deputados que ficariam felizes em ver Paris bombardeada e a cidade inteiramente queimada." De fato, em 21 de maio, as granadas dos versalheses haviam matado indiscriminadamente centenas e talvez milhares de parisienses e destruído centenas de prédios em bairros do oeste e distritos centrais ao alcance da artilharia do exército. Ironicamente, muitos desses *quartiers* eram conhecidos por serem contra a Comuna ou pelo menos neutros. A Comuna estava sendo empurrada para um canto pela força do exército de Thiers, e parecia cada vez menos improvável que se recuperasse.[2]

O morador britânico John Leighton ficou indignado com o fato de os versalheses, pelos quais exprimia certa simpatia de classe, "não se contentarem" em atacar fortes e baluartes e matarem não apenas soldados *communards*, mas também "mulheres e crianças, transeuntes comuns [incluindo] infelizes que eram necessariamente obrigados a se aventurar pelas ruas do bairro com o propósito de comprar pão". O diplomata americano Wickham Hoffman concordou: "Será sempre um mistério o motivo pelo qual os franceses bombardearam tão persistentemente o bairro do Arco do Triunfo – a extremidade oeste de Paris –, o bairro onde nove entre dez habitantes eram conhecidos amigos do governo."[3]

Para os parisienses que haviam acabado de enfrentar o cerco prussiano, era muito pior. Os prussianos nunca haviam bombardeado instalações médicas. Os versalheses faziam isso. Thiers proclamou à França provincial que os *communards* estavam saqueando propriedades em Paris, isso enquanto canhões versalheses obliteravam filas de casas nos Champs-Élysées. Thiers depois negou que granadas estivessem caindo sobre Paris.[4]

Alguns parisienses foram em bando para o Arco do Triunfo em 6 de abril a fim de ver o que estava acontecendo, como haviam feito durante a primeira ou as duas primeiras semanas do cerco prussiano. Um homem empreendedor cobrava uma taxa daqueles que queriam uma vista melhor do alto de algumas cadeiras empilhadas. Do Arco do Triunfo, Leighton viu "uma multidão imóvel e atenta ocupando toda a extensão da avenue de la Grande Armée até a Porte Maillot, da qual uma grande nuvem de fumaça branca surge a todo momento, seguida de uma violenta explosão. [...] De repente, um fluxo de poeira, vinda da Porte Maillot, empurra para trás o grosso da multidão e, enquanto todos fogem, se alarga, se precipita de maneira desgovernada e se espalha pela região, todo mundo é tomado pelo terror e corre gritando e gesticulando".[5]

O primeiro funeral de vítimas *communards* após bombardeios versalheses aconteceu em 6 de abril, imediatamente depois de o cerco começar. Cavalos puxaram carros funerários gigantes pelos bulevares de Paris. Charles Delescluze, membro do conselho governante da Comuna, fez uma oração fúnebre pelos parisienses martirizados, concluindo que "esta grande cidade [...] tem o futuro da humanidade em suas mãos. [...] Não chorem por nossos irmãos que tombaram heroicamente, mas sim jurem continuar seu trabalho!". Funerais menos solenes se tornariam uma ocorrência diária. A Comuna concedeu pensões anuais de 600 francos às viúvas cujos maridos foram mortos lutando e de 365 francos para seus filhos.[6]

Entre os mortos e feridos havia meninos, incluindo Eugène-Léon Vaxivierre, de 13 anos, que continuou a manejar um canhão apesar de estar ferido. Outro menino, Guillaume, foi ferido por uma bomba quando disparava uma peça de artilharia com seu pai. Charles Bondcritter, de 15, foi morto depois de permanecer com seu canhão durante dez dias.[7]

Na avenue des Ternes, agora bem ao alcance das granadas versalhesas, uma pesarosa procissão fúnebre seguia lentamente. Dois homens carregavam um caixão pequeno, de uma criança nova. O pai, um trabalhador com seu jaleco azul, caminhava triste atrás, com um pequeno grupo de pessoas. De repente, uma granada disparada de Mont-Valérien caiu, destruindo o pequeno caixão e cobrindo o cortejo fúnebre de restos humanos. Leighton comentou ironicamente: "Massacrando os mortos! Esses canhões são uma invenção maravilhosa, refinada!"[8]

O exército de Thiers era, de fato, implacável. Em 11 de abril, tropas versalhesas repeliram forças *communards* em Asnières e avançaram para o planalto de Châtillon, ao sul da capital. Isso permitiu ao exército aproximar mais os canhões e bombardear os fortes externos e os baluartes de Paris. Quando os *communards* fugiam pelo que restava da ponte ferroviária, parcialmente destruída por granadas versalhesas, Ernest Vizetelly viu gendarmes a cavalo "alvejando homens que haviam caído", alguns deles se afogando no Sena.[9]

Alix Payen, cujo marido, Henri, era sargento da Guarda Nacional, ofereceu-se para trabalhar voluntariamente como *ambulancière* (ajudante num posto médico improvisado) porque não queria se separar dele. Ela estava com o marido no Fort d'Issy, cuidando de feridos na luta ali. Um dos combatentes *communards* encontrou para Alix uma espécie de abrigo – a tumba de uma família num cemitério. Os *communards* que Alix conheceu quando atendia aos feridos eram uma mistura variada, que representava a gama de aliados da Comuna. Entre eles, num abrigo, por exemplo, havia "um verdadeiro parisiense dos *faubourgs*, alegre, sarcástico, com um quê de marginal e falante como um corvo". Outro era um professor do Collège de Vanves, "muito educado e poeta. Ele improvisava versos inspirados em nossa situação". O homem tivera "um romance brutalmente infeliz", que o deixara tão arrasado que os combatentes *communards* o consideravam "um pouco louco".

No dia seguinte, 12 de abril, os combatentes *communards* deixaram os versalheses se aproximarem e então dispararam contra eles. Tudo ficou quieto por algum tempo. Henri Payen e o poeta, esperando se aproveitar da calmaria, quiseram organizar um concerto para alegrar os feridos. Alix fez uma coleta de dinheiro e saiu por perto para comprar umas flores. Uma mulher mulata que, assim como Alix, acompanhava o marido na batalha, cantou algumas músicas. Durante o concerto, alguém gritou: "Um homem ferido!", e Alix correu para ajudar um artilheiro atingido por uma granada enquanto a mulher cantava. Granadas e mais granadas começaram a chover sobre Issy, matando ou ferindo 26 *communards*. Com sua posição insustentável, as tropas recuaram para a entrada de Levallois-Perret com uma bandeira perfurada por balas versalhesas. O período de intenso bombardeio versalhês começara.

Quando *communards* feridos começaram a inundar Paris, a cidade lutou para encontrar lugares para abrigá-los e tratá-los. Dentro de Paris, cada *arrondissement* tinha uma instalação médica, como a de Porte Maillot, lotada de *communards* feridos porque ficava perto dos combates que ocorriam além dos muros do oeste. Hospitais civis cuidavam dos feridos, também, embora muitos combatentes preferissem simplesmente ser levados para casa. Uma instalação médica ocupava uma sala de palestras da Sorbonne. Corpos eram empilhados na Escola de Medicina, que também estava sem estudantes, principalmente porque a maioria deles era contra a Comuna, embora algumas aulas tenham sido dadas em outros lugares. Organizações britânicas e americanas também ajudaram a cuidar de *communards* feridos. Perto do *faubourg* Saint-Honoré, a bandeira britânica e a da Cruz Vermelha tremulavam na instalação médica inglesa com seus cinquenta leitos. Uma organização protestante britânica tinha de 600 a 800 leitos em Paris. Uma instalação americana também ajudava.

Os feridos enfrentavam os horrores de uma assistência inadequada. No Hospital Beaujon, todos os quinze homens que tiveram membros amputados morreram de piemia ou gangrena. Hospitais e clínicas médicas estavam totalmente superlotados e sem curativos e material de esterilização adequado. Apesar de tudo isso, o médico britânico John Murray insistiu que a Comuna estava cuidando da população da melhor maneira possível. Mas Murray temia que a pobreza e os tempos difíceis exacerbassem a cólera, "que seguramente está se aproximando".

O dr. Murray lembrou o triste caso de uma mulher ferida de morte por uma granada quando cuidava de um *communard* ferido em Issy. Ela faleceu depois de 36 horas de sofrimento. Seus amigos queriam organizar uma cerimônia fúnebre presidida por um padre, pedido que a Comuna hesitou em permitir, mas acabou cedendo. Nenhum padre, porém, era encontrado. Um pastor protestante estava presente e realizou a cerimônia.[10]

Numa grande instalação, o dr. Danet cuidou de 1,5 mil a 2 mil homens. Era difícil encontrar pessoas suficientes para ajudar a cuidar dos feridos. Ele reclamou que às vezes os líderes da Comuna atrapalhavam os médicos em vez de ajudá-los. Um dia, Delescluze, Jules Miot, outro jacobino membro do conselho administrativo da Comuna, e Gustave Courbet apareceram. Danet fora denunciado por ter feito os feridos trocarem seus uniformes da Guarda Nacional – porque estavam imundos – por trajes hospitalares mais simples. Porém, alguns guardas nacionais de algum modo haviam concluído que essa medida era para impedi-los de visitar seus companheiros feridos em outras instalações. Danet reclamou que alguns *communards* pareciam não perceber que um hospital não é um restaurante, e pessoas chegavam ali para comer e beber. Ele pusera algumas para fora e elas o denunciaram. Courbet disse a Danet que ele era "severo" demais e se enfureceu com ele com "sua voz estrondosa".[11]

Com o número de baixas aumentando diariamente, a Comuna começou a arregimentar mulheres para defender a cidade. Em 11 de abril, os parisienses acordaram e encontraram em seus jornais um apelo às *citoyennes*, convocando as mulheres a empunhar armas em defesa da Comuna: "A hora decisiva chegou." Élisabeth Dmitrieff e outras sete organizadoras da Union des Femmes proclamaram que as mulheres deveriam se preparar para lutar e, se necessário, morrer pela causa. Um grupo de mulheres formou sua própria legião de combate, as Amazonas do Sena. Ernest Vizetelly foi ao escritório de recrutamento delas para ver essas damas ele próprio. Seu relato, assim como de outros, em essência hostis à Comuna e ao papel das mulheres nesta, enfatizou características físicas que não eram consideradas femininas – pelo menos conforme a interpretação dele. Foram descritas como "mulheres em sua maioria musculosas, de 25 a 40 anos, as mais velhas excessivamente corpulentas e nenhuma delas, em minha juvenil opinião, de boa aparência".[12]

Mulheres lideraram manifestações públicas com a intenção de revigorar os ânimos abatidos na luta contra Versalhes. Uma mobilização de cerca de

800 mulheres aconteceu no início de abril na place de la Concorde, em frente à estátua de Estrasburgo, cidade que já fora incorporada pelo império alemão. Mulheres de Belleville propuseram marchar em direção aos exércitos de Versalhes para ver se os soldados realmente atirariam nelas – a resposta provaria que fariam isso com bastante avidez.[13]

Durante os conflitos em abril, mulheres combateram o exército versalhês fora dos baluartes. Em vários casos, as combatentes atiraram contra soldados da linha e algumas vezes os atingiram e mataram. Do alto dos muros da cidade, um grupo de espectadores supostamente aplaudiu uma mulher que fornecia comida a combatentes *communards* e matou um gendarme que a perseguia a tiros. Se os rumores e relatos versalheses de batalhões inteiros de mulheres engajadas na luta não eram verdadeiros, a participação de mulheres comuns nas batalhas é inegável.

As mulheres que apoiaram a Comuna sem empunhar armas foram igualmente providenciais. Aquelas que forneciam comida aos combatentes *communards* ou trabalhavam como assistentes de médicos contribuíram muito para a defesa da Comuna. As assistentes de médicos usavam cruzes vermelhas e, muitas vezes, compravam elas próprias suprimentos médicos, cuidavam dos feridos e moribundos. A União das Mulheres para Defesa de Paris e Assistência aos Feridos recrutou ativamente mulheres para atuar nessas duas atividades essenciais. Comentaristas *anticommunards* zombaram delas; por exemplo, uma charge retratou uma *cantinière* (cantineira) como uma criatura tola, leviana, servindo álcool a *communards* bêbados. Maxime du Camp descreveu que as assistentes dos médicos distribuíam *eau-de-vie* e não o "medicamento simples que teria curado". Algumas enfrentaram a arrogância de guardas nacionais. Nove dessas mulheres foram obrigadas a voltar para Paris por homens que rejeitavam sua presença na frente de batalha. Louise Michel comentou com acidez: "Se pelo menos eles me deixassem cuidar dos feridos. Você não acreditaria nos obstáculos, nas piadas, na hostilidade!"[14]

Michel cuidou dos feridos numa *ambulancière*, mas também se ofereceu como voluntária para entrar sorrateiramente em Versalhes e assassinar Adolphe Thiers. "Pensei que matar M. Thiers no meio da Assembleia [Nacional] provocaria tamanho terror que a reação contra nós pararia de repente", admitiu ela mais tarde. Michel de início levou bem a sério a realização de seu plano. Ela partiu para Versalhes e ali entrou, já que estava vestida de maneira respeitosa. Mas não conseguiu se aproximar de Thiers e voltou para Paris.[15]

Michel, uma atiradora respeitável, também lutou com o 61º batalhão da Guarda Nacional em Issy e Clamart, no início de abril. Nada parecia amedrontá-la. Mais tarde, ela relatou: "Foi pura bravura o que me deixou tão encantada com a visão do Fort d'Issy arruinado reluzindo fracamente à noite, ou a visão de nossas linhas em manobras noturnas [...] com os dentes das metralhadoras brilhando no horizonte. [...] Não era bravura, apenas achava que era uma bela visão. Meus olhos e meu coração reagiram, assim como meus ouvidos ao som dos canhões. Ah, eu sou uma selvagem, está bem. Eu amo o cheiro de pólvora, metralhas voando pelo ar, mas, sobretudo, sou dedicada à Revolução." Num momento mais calmo, ela e um amigo estavam lendo Baudelaire juntos, bebericando café num lugar onde vários de seus companheiros foram mortos. Eles haviam acabado de sair quando uma granada bateu no chão, espatifando as xícaras vazias. Mais tarde, uma bala a atingiu de raspão e ela caiu, torcendo um tornozelo. Para Louise Michel, que sempre deu uma impressão de tristeza e melancolia, as lutas da Comuna "se tornaram poesia".[16]

A Comuna procurou reunir as mulheres de Paris e cuidar de seus combatentes feridos para que eles se recuperassem, mas nenhuma das duas tentativas seria suficiente. Problemas enormes ameaçavam minar a defesa de Paris, e a instabilidade na Comuna e na Guarda Nacional pouco ajudava. Nenhuma rede de defesa firme e bem planejada fora construída dentro dos baluartes da Paris sitiada. A confusão de autoridades conflitantes em Paris e o caos produzido pela eleição e reeleição de oficiais da Guarda Nacional trabalharam contra a Comuna. Alguns oficiais estavam felizes por exibir os símbolos cintilantes de seu status, mas faziam pouco mais do que isso. A falta de credibilidade e de treinamento dentro das unidades de oficiais, bem como a dificuldade de levar guardas *communards*, que com frequência bebiam muito, a aceitar uma disciplina do tipo militar eram problemas constantes. Invejas e rivalidades entre oficiais contribuíram para a confusão. A insubordinação continuava crônica e a distribuição de armas e munição, irregular. Captando com perfeição a crescente falta de confiança nos comandantes da

Guarda Nacional, uma charge num jornal *communard* retratou um homem faminto num restaurante exclamando: "Garçom, mais dois ou três generais recheados!" "Estão em falta", responde o garçom. "Muito bem, então uma dúzia de coronéis ao molho de alcaparras." "Uma dúzia? Sim! Agora mesmo!"[17]

Além disso, nem todos os guardas estavam absolutamente comprometidos com a Comuna e alguns cumpriam apenas o mínimo de seus deveres, sendo mais leais a seus colegas na companhia ou no batalhão. Émile Maury era um deles. Nascido em Colmar, morava agora no *quartier populaire* de Popincourt. Ingressara na Guarda Nacional durante a Guerra Franco-Prussiana, que via como uma luta patriótica por causa de sua origem alsaciana. Maury se apresentara quando o rufar dos tambores o convocou na noite de 12 de abril, depois de uma manifestação dos "amigos da ordem". No fim de abril, quando foi convocado a servir novamente, em vez de fazer isso visitou a mãe em sua pequena loja. Em sua opinião, apenas "os muito necessitados, os fanáticos e os curiosos" de sua unidade saíram de Paris marchando para lutar – e ele não fazia parte de nenhum desses. Dos arredores da Igreja da Madeleine, Maury pôde ouvir a explosão de granadas caindo perto do Arco do Triunfo. Em outra ocasião, ele se aventurou a ir à Porte Maillot com parte de sua unidade. Quando uma granada versalhesa caiu perto, ele se refugiou embaixo da porta de uma carruagem no lado direito da avenida e depois na Gare de la Porte Maillot. Depois de seu "batismo de fogo", tomou um ônibus de volta a Paris e em seguida foi assegurar a seus pais que estava bem, descrevendo cinicamente "essa brilhante expedição". No fim de abril, ele temia que tudo terminase mal para os *communards*, referindo-se a estes na terceira pessoa, como se já não se considerasse um deles. Essa indiferença, seja lá como estivesse disseminada, comprometeu a defesa de Paris.[18]

Tentativas de chegar a algum tipo de negociação ressuscitaram por um breve período, mas fracassaram completamente. Os franco-maçons enviaram uma delegação a Versalhes em 21 de abril. Thiers a expulsou, dizendo: "Alguns prédios serão danificados, algumas pessoas mortas, mas a lei prevalecerá." Em 29 de abril, uma manifestação de 10 mil pessoas, muitas delas usando símbolos maçônicos, seguiu da place du Carrousel, perto do Louvre, até o Hôtel de Ville. Os maçons fincaram sua bandeira nos baluartes. Em

8 de maio, surgiu um cartaz nos muros de Paris pedindo a conciliação e criticando a intransigência dos líderes da Comuna. Isso produziu uma resposta violenta da Union des Femmes.[19]

ADOLPHE THIERS CONTINUOU CONVENCIDO DE QUE CANHÕES SUPEriores seriam suficientes para conquistar a vitória. Os bombardeios versalheses em Paris se tornaram cada vez mais incessantes. Cinquenta e dois canhões abriram fogo em Châtaillon, Breteuil e no alto de Bagneux em 25 de abril. A insistência de Thiers para que uma empreiteira privada montasse oitenta canhões navais em Montretout para aumentar o poder de fogo provavelmente atrasou o ataque versalhês a Paris, aborrecendo seus generais. Em determinado momento, o marechal Patrice de MacMahon se cansou da insistência de Thiers de que sabia tudo e lhe disse que seria impossível continuar no cargo devido à sua constante interferência. Thiers voltou atrás.[20]

CONFRONTADO POR UMA SITUAÇÃO MILITAR CADA VEZ MAIS PRECÁria e pela ameaça versalhesa ao Fort d'Issy, o velho jacobino Jules Miot sugeriu, em 28 de abril, a criação de um Comitê de Segurança Pública. Isso era um retorno consciente a 1793, quando a República estava sob ataque de forças contrarrevolucionárias da França e de exércitos dos aliados da coroa dos Bourbon. A Paris de 1871 tinha algumas semelhanças impressionantes com a cidade da época revolucionária. Os jacobinos, incluindo Charles Delescluze, Félix Pyat e outros que constantemente se referiam à Revolução Francesa, em geral foram a favor da proposta. Assim como os blanquistas, incluindo Rigault – a proposta combinava bem com a ideologia blanquista e com sua obsessão pessoal com a Revolução Francesa. Uma "minoria", que incluía Lefrançais, Gustave Courbet, Eugène Varlin e Benoît Malon, opôs-se à formação do Comitê de Segurança Pública.

Em 1º de maio, a Comuna aprovou a proposta por 34 votos a 28. A minoria chamava essa iniciativa de ditatorial, enquanto a maioria insistia que, assim como em 1793-1794, a guerra necessitava dessa medida. De sua parte, Courbet concluiu que o Comitê de Segurança Pública representava uma "volta, perigosa ou inútil, violenta ou inofensiva, a um passado que deveria nos ensinar, mas sem termos que copiá-lo". O *Le Prolétaire* refletiu a opinião da "minoria": "Vocês são servos do povo: não finjam ser soberanos, porque o papel não beneficia mais vocês do que beneficiou os déspotas que vieram antes de vocês."[21]

Os membros do Comitê de Segurança Pública incluíam os blanquistas Armand Arnaud, Léon Meilliet e Gabriel Ranvier – de longe o mais capacitado – bem como Charles Gérardin e Félix Pyat. O comitê imediatamente começou a entrar em choque com o Comitê Central da Guarda Nacional, cuja existência continuada comprometia tentativas dos delegados para guerra de centralizar sua autoridade sobre a própria Guarda Nacional. Em 1º de maio, o general Gustave Cluseret, que se tornou bode expiatório da incapacidade da Comuna de transformar a Guarda Nacional numa força de combate organizada, foi falsamente acusado de traição, detido por ordem do Comitê de Segurança Pública e encarcerado na Conciergerie, a prisão gótica da Île de la Cité. Três dias depois, o Comitê Central desafiou o Comitê de Segurança Pública, exigindo que substituísse os membros da Delegação de Guerra por outros, novos. Na visão da Comuna, estava claro que o Comitê Central buscava assumir a defesa de Paris.[22]

Em resposta, a Comuna escolheu Louis-Nathaniel Rossel para substituir o aprisionado Cluseret. Nascido na cidade bretã de Saint-Brieuc, em 1844, numa família militar de protestantes republicanos proveniente de Cévennes, Rossel se formara na École Polytechnique, frequentada pela elite. Um crítico o descreveu como alguém que falava "rápido demais, as palavras jorrando da boca de maneira muito desordenada". Rossel servira como chefe do estado-maior de Cluseret, mas alegou que seu chefe tinha inveja dele. Ele observou cinicamente que "os homens logo ficam desgastados em períodos revolucionários" e que este era o caso de Cluseret. O Comitê Central temia que sua influência fosse ofuscada por Rossel, que era fortemente favorável à ideia do Comitê de Segurança Pública, em parte como uma maneira de se livrar de Cluseret. Em 30 de abril, a Comuna nomeou Rossel delegado para guerra.

O Comitê Central pode ter sido cauteloso com Rossel, mas foi a falta de ação e as disputas entre líderes da Comuna que frustraram seus planos para a defesa de Paris. A Comissão Executiva convocou Rossel, querendo saber sua estratégia geral. Rossel instintivamente suspeitava que os "amadores" da Comuna obstruiriam reformas sérias. Esperando contorná-los, ele se encontrara secretamente com Maxime Vuillaume e o general *communard* Jaroslaw Dombrowski, membro da nobreza polonesa inferior, para discutir a possibilidade de criar uma ditadura no interesse de defender a Comuna contra Versalhes. Rigault aparentemente concordou com a ideia de golpe de Estado, mas, resoluto como sempre, queria esperar a troca por seu herói Blanqui. Enquanto isso, Rossel teve que lidar com a Delegação de Guerra, de cinco homens, dos quais apenas três trabalhavam de fato. Quanto ao Comitê Central, observou ele com frustração, "era incapaz de administrar qualquer coisa". Mas Rossel concordou com o plano da delegação de administrar a estrutura militar da Comuna, enquanto ele supervisionava a defesa de Paris. Comandantes da Guarda Nacional prometeram que 25 batalhões, cada um deles com 500 homens, estariam prontos para lutar. Nesse ínterim, os ataques dos versalheses na noite de 3 de maio já os tinham levado para mais perto dos baluartes de Paris, e eles fizeram muitos prisioneiros *communards*.[23]

A primeira medida de Rossel como novo delegado para guerra foi ordenar a construção de mais barricadas, em particular para proteger pontos estratégicos importantes de Paris. Ele nomeou Napoléon Gaillard, um sapateiro ao qual às vezes é atribuída a invenção das galochas de borracha e membro da Internacional, para supervisionar a construção dessas barricadas, incluindo aquela que protegeria a crucial artéria paralela ao Sena, a rue de Rivoli, na esquina com a rue Saint-Denis. Rossel descreve a barricada típica como sendo "um muro de pedra" de 1,3 a 1,5 metro de altura e 0,9 a 1,3 metro de espessura. Na place de la Concorde, o enorme *château* de Gaillard – construído ao custo de cerca de 80 mil francos – ligava a rue Saint-Florentin aos jardins das Tulherias. Erguido com sacos de areia e barris, com uma vala de quase cinco metros de profundidade à sua frente, estendia-se pela enorme *place*. Uma pequena passagem aberta através dele era "tão estreita que somente uma pessoa podia passar de cada vez". Gaillard mais tarde posou com orgulho diante de sua obra, vestindo um esplêndido uniforme com ornamentos dourados e botas lustrosas.

Mas vários jornais, incluindo o *Le Cri du peuple*, reclamaram da lentidão com que essas defesas foram construídas. Uma família americana moradora da avenue Friedland, que tinha apenas uma barricada construída às pressas e relativamente frágil, chegou a alugar um táxi para contemplar a obra-prima de Gaillard.²⁴ Jamais uma barricada gigante como essa enfeitara as praças e ruas de Paris. Temendo o que agora parecia ser uma inevitável batalha de proporções assustadoras, pessoas que moravam por perto começaram a deixar seus apartamentos.

Enquanto as novas barricadas eram construídas, Rossel ordenou ao general polonês Wroblewski que organizasse a defesa dos fortes externos restantes e dos baluartes. Por exemplo, Wroblewski designou comandantes para se responsabilizarem por setores específicos de Paris, nomeando Napoléon La Cécilia para a área entre o Sena e a margem esquerda do pequeno rio Bièvre. A esperança era de que as barricadas pudessem retardar o avanço versalhês, possivelmente desmoralizando as tropas invasoras. Porém, faltava à Comuna uma estrutura de defesa coordenada para proteger o centro de Paris contra a certeza de uma invasão pelo forte exército reconstituído de Versalhes. Impedimentos defensivos imponentes eram particularmente ausentes no oeste de Paris.²⁵

As forças versalhesas continuaram a ganhar terreno além dos baluartes de Paris, causando enormes baixas nos combatentes *communards* e, num desafio à Convenção de Genebra de 1864, matando igualmente prisioneiros *communards* e mulheres. Depois de capturarem um palácio e a estação de trem de Clamart em 2 de maio, elas executaram ex-soldados e desertores. Isso permitiu ao Exército de Versalhes montar outra enorme bateria, que lançou uma chuva de granadas sobre o Fort de Vanves. Ali perto, os soldados da "ordem" mataram a tiros duas jovens que ajudavam médicos, entre elas Armande Lafort, de 17 anos, abatida apesar dos apelos de homens feridos dos quais ela cuidava. Uma semana depois, as forças versalhesas invadiram um moinho de vento defendido em Cachan e em seguida tomaram duas barricadas em Bourg-la-Reine, no sul de Paris, matando uma centena de defensores e fazendo cinquenta prisioneiros. No dia seguinte, os bombardeios de Porte Dauphine, Porte Maillot e Point-du-Jour ganharam uma nova intensidade.²⁶

As forças versalhesas realizaram novos avanços em direção aos baluartes do oeste de Paris na noite de 3 de maio, fazendo alguns prisioneiros. Depois de uma vitória versalhesa em Moulin Saquet, entre os fortes de Montrouge e Ivry, ao sul de Paris, em 3 e 4 de maio, os soldados vitoriosos mutilaram

A BATALHA SE VOLTA CONTRA OS *COMMUNARDS* 163

Defesas durante a Comuna (CORBIS)

alguns dos 300 ou mais *communards* mortos nos combates. Já enfraquecidos por semanas de bombardeios costumeiros, e depois de oferecer firme resistência dentro e em torno da vila de Issy, os *fédérés* abandonaram o Fort d'Issy em 8 de maio, após duas semanas de luta, com até dez granadas versalhesas caindo a cada minuto do dia anterior e a perda de cerca de 500 homens, mortos ou feridos.[27]

Em Paris, a notícia da queda do Fort d'Issy levou ao que o embaixador americano Elihu B. Washburne chamou de "dia de pânico", apesar das negativas oficiais da Comuna. No dia seguinte, canhões versalheses esmurraram os portões de Auteuil e Passy, e uma entrada pareceu possível por Point-du-Jour, na extremidade oeste da capital, onde o Sena encontrava os baluartes de Paris. A grande bateria em Montretout abriu fogo em 8 de maio. Três dias depois, Thiers prometeu aos *honnêtes gens* que suas tropas entrariam em Paris dentro de oito dias. As forças *communards* abandonaram o Fort de Vanves em 13 de maio. Uma defesa bem-sucedida teria exigido 8 mil homens; a Comuna poderia reunir no máximo 2 mil, se tanto. Disparando dos fortes de Issy e Vanves, os canhões versalheses podiam agora causar danos ainda maiores à capital, forçando mais defensores a deixar os baluartes. O Exército de Versalhes tinha agora todo o Bois de Boulogne. Uma semana depois, estava instalado no outro lado das fortificações.[28]

Rossel planejou um ataque para retomar o Fort d'Issy, perdido por seu predecessor. Ao chegar à place de la Concorde, em 9 de maio, ele esperava encontrar cerca de 12 mil guardas nacionais prontos para marchar. Encontrou apenas alguns batalhões, não mais do que 7 mil guardas. Os números decrescentes de guardas nacionais disponíveis, comprometidos, bem como a falta de disciplina e de uma autoridade centralizada, agravavam as enormes desvantagens materiais enfrentadas pela defesa de Paris.[29]

Imediatamente depois do fiasco na place de la Concorde, Rossel, que havia irado líderes *communards* divulgando a notícia da queda do Fort d'Issy, renunciou. A Comuna se reuniu em sessão secreta para tentar resolver as tensões entre a minoria e a maioria. Velhas rixas e ódios vieram à tona. Embora a Delegação Militar da Comuna continuasse a apoiar Rossel, a maior parte do Comitê de Segurança Pública denunciou o delegado para guerra. Pyat o acusou de usar métodos ditatoriais, exigindo sua prisão sob a acusação de traição. Sob guarda, Rossel requisitou uma cela na prisão Mazas e depois, com a ajuda de seu amigo Gérardin, conseguiu sair do Hôtel de Ville e se esconder em Paris até 8 de junho.

Os membros da Comuna elegeram novos membros para o Comitê de Segurança Pública, saídos da maioria, incluindo Eudes, Ranvier e Delescluze. Pyat não foi reeleito. O comitê reconstituído decidiu então que o próximo delegado para guerra seria um civil: Delescluze, que parecia estar à beira de ingressar na minoria. Ele não tinha absolutamente nenhuma experiência militar e procurou Rossel para sondá-lo secretamente sobre a situação militar.[30]

Mesmo escondido, Rossel continuou a tentar dirigir a defesa de Paris. Ele enviou a Napoléon Gaillard sugestões sobre como a defesa deveria ser organizada. Advertiu que os versalheses atacariam os baluartes via Point-du-Jour e Fort d'Issy e lembrou a Gaillard que as únicas "forças seriamente revolucionárias" eram as do 18º, 19º e 20º *arrondissements*. Rossel confiava na determinação dos guardas nacionais restantes, insistindo que as pessoas comuns de Paris lutavam não apenas por seus 30 *sous*, mas "por uma resolução da questão social". Porém, ele acreditava que se as unidades da Guarda Nacional deixassem de defender seus próprios bairros, a defesa geral do que restava da Paris *communard* estaria comprometida. Ele recomendou o reposicionamento das unidades da Guarda Nacional que eram particularmente confiáveis: as do 18º iriam permanentemente para o 14º e 15º *arrondissements* a fim de reforçar a defesa de Grenelle, Vaugirard e Montrouge; as do 19º iriam para La Muette, perto dos baluartes do oeste; e as do 20º, amplamente consideradas as mais confiáveis, para a Point-du-Jour. Seu conselho versado caiu em ouvidos moucos.[31]

Em 15 de maio, a minoria publicou um protesto severo, atacando a maioria por conduzir a Comuna para uma ditadura e afastá-la de uma reforma social e política significativa. Os membros da minoria anunciaram que, por sua dedicação à "grande causa comunal", pela qual tantos cidadãos estavam morrendo, iriam se retirar para seus *arrondissements*, "talvez negligenciados demais", acrescentando que "os princípios de uma reforma séria e social" pareciam ter sido esquecidos. A minoria emitiu uma declaração convocando seus membros a retornar para seus bairros e cuidar de tarefas importantes locais. A maioria reagiu anunciando a suspensão de quatro membros da Comuna, incluindo Varlin. Numa torrente de violência verbal, o *Père Duchêne* denunciou os 22 membros da minoria como "desertores diante do inimigo que merecem nada mais do que um pelotão de execução!".[32] Essas disputas amargas comprometeram a defesa de Paris, minando a confiança do povo da capital sitiada.

Jenny, filha de Karl Marx, estava em Paris durante a Comuna. Ela, assim como Rossel, entendeu o quanto a situação se tornara precária. Em 12 de maio, relatou a seu pai que o fim da Comuna de Paris se aproximava devido à falta de planejamento militar (acentuada por uma resistência inveterada a "tudo o que é militar") e a uma dissensão aberta entre os líderes. Ela escreveu de maneira assustadora: "Estamos à beira de um segundo massacre de junho."[33]

A recusa categórica de Thiers a concordar com uma troca de prisioneiros gerou indignação em Paris e pedidos para que o arcebispo fosse executado. O *La Montagne* insistiu que "nem uma única voz seria ouvida para nos condenar no dia em que matarmos o Arcebispo Darboy [...] e se não nos devolverem Blanqui, [Darboy] de fato morrerá". Dirigindo-se ao clube, Louise Michel pediu a execução de um refém de renome a cada 24 horas até o *citoyen* Blanqui chegar a Paris. Em 15 de maio, a Cidadã Viúva Thyou se levantou no Club Saint-Ambroise e pediu que em 24 horas todas as pessoas que tinham qualquer coisa a ver com a Igreja fossem executadas, desde os padres até aqueles que enchiam os recipientes de água benta.[34]

ENQUANTO LÍDERES DA COMUNA BRIGAVAM E TROPAS VERSALHESAS se aproximavam da cidade, as elites parisienses esperavam, com a expectativa de que a Comuna chegasse ao fim sem nenhum problema para elas próprias. Outros assumiram um papel mais ativo e ingressaram na luta contra os *communards*. Gustave des E. estava em grande medida no primeiro time. Quando maio chegou, sua existência pacífica em Paris continuou, mesmo com as tropas versalhesas mais próximas das fortificações. Solteiro, bem de vida, 48 anos, formado em direito mas sem nunca ter exercido, ele era o tipo de pessoa que odiava a Comuna. Uma carruagem estava sempre disponível para levá-lo ao Cercle des Arts, na esquina do boulevard des Italiens com rue de Choiseuil. Seu clube oferecia salões muito confortáveis para conversas e alguns membros se referiam a este, brincando, como o "Círculo dos Mercadores", diferenciando com humor os membros da burguesia dos artistas, se é que algum podia ser encontrado ali. A maioria dos membros era de magistrados e advogados, "todos eles amigos das calmas e boas maneiras".[35] Gustave morava na rue Auber, perto da Ópera inacabada de Garnier, com uma empregada e uma ótima cozinheira para cuidar de suas necessidades diárias. O estoque de comida nunca era pequeno. Em 4 de maio, ele se gabou de ter comido no almoço um belo filé de linguado, carneiro cozido com vinagrete, aspargos (que estavam na estação para aqueles que podiam pagar) e sobremesa. Paris podia estar sofrendo sob o cerco, mas ele achava *drôle* ainda poder comer tão bem. Na noite anterior, dera cabo do "mais suculento pato e hoje [de] um delicioso assado com um excelente presunto com espinafre". Sua cozinheira cuidava das compras, adquirindo provisões suficientes para três ou quatro dias, incluindo uma perna inteira de veado. Bons vegetais e manteiga ainda estavam disponíveis – pelo menos para Gustave.

Um dia, o criado de seu irmão se recusou a levar a correspondência para Saint-Denis, porque em sua última viagem fora advertido por um guarda prussiano que seria preso. No *quartier* de Gustave, as coisas começaram a degringolar naquele mês. Ele se ofendeu com a instrução que, a partir de 14 de maio, determinava que todos os parisienses deveriam portar carteira de identidade. Além disso, igrejas próximas foram transformadas em clubes políticos e só havia professores leigos nas escolas locais. Muitas pessoas do bairro haviam ido para Versalhes ou outros lugares.

Gustave estava convencido de que a Internacional de Karl Marx controlava o destino de Paris. Os *communards*, aos seus olhos, eram "os aventureiros, os ambiciosos e os desprovidos". Num sábado, guardas nacionais foram ao bairro à procura de homens que se esquivavam do alistamento na Guarda Nacional. Gustave se sentiu um pouco humilhado por eles não lhe pedirem seus documentos porque não parecia ter menos de 40 anos, a idade máxima (em princípio) para o serviço obrigatório. Como alguns de seus vizinhos, ele pendurou a bandeira americana em uma de suas janelas na esperança de confundir os dirigentes *communards*.

Em meados de maio, depois de os versalheses se aproximarem dos baluartes, Gustave foi obrigado a lidar com o fato de que sua vida podia estar em risco. A segurança intensificada na Comuna tornava agora mais difícil para ele sair de Paris. Além disso, parecia desaconselhável afastar-se dos *quartiers*, principalmente o *quartier* próspero onde morava, e convinha evitar os distritos periféricos, como Montmartre. As pessoas comuns viam espiões versalheses em toda parte, e se alguém como Gustave fosse parado, "um difícil quarto de hora poderia se seguir". Então ele retornou a seu tema favorito, o que havia comido: "Ontem, foi uma cavala de primeira qualidade, um filé de veado com pequenas cebolas brancas com creme." Tiros de canhão a distância eram o tempero. Seu gatinho dormiu no meio de tudo isso. Se os combates chegassem ao centro de Paris, ele simplesmente permaneceria dentro de seu apartamento. Além disso, tinha o bastante para comer por vários dias, pelo menos. Acabara de arrematar um "primoroso filé comprado por 55 *sous*".

Enquanto parisienses da elite como Gustave relaxavam, outros deixavam Paris para empunhar armas contra a Comuna. Quando a Comuna teve início, em 18 de março, Albert Hans trabalhava numa enfermaria em Paris. Ele era um veterano das campanhas militares na Guerra da Crimeia, no sudoeste da Ásia e no México. Para sua satisfação, em sua enfermaria separavam os *fédérés* daqueles que ainda tinham ferimentos sofridos no cerco prussiano. Para seu aborrecimento, um "insurgente" ferido em Asnières se beneficiou porque, como era oficial da artilharia, fora posto junto aos oficiais do exército regular. Hans debochou da falta de educação do homem ferido e do fato de que – pelo menos em sua opinião – ele era um "mau trabalhador" antes de se tornar um orador de clube.[36]

Hans conseguiu sair de Paris e ingressar nos Voluntários do Sena, uma parte da "Guarda Nacional da Ordem" versalhesa que estava sendo organizada em Chartres sob o comando de Gustave Durieu, que lutara como oficial contra patriotas mexicanos e ingressara nas forças confederadas como tenente na Guerra Civil americana. Os Voluntários do Sena chegariam a ter 6 mil homens.[37]

Em 20 de abril, os Voluntários do Sena foram incorporados ao Primeiro Corpo do Exército de Versalhes. De início, Hans ficou chateado porque apenas 120 homens dos 1,5 mil voluntários originais haviam aparecido. O exército tivera um bom desempenho durante o cerco prussiano, mas Hans estava convencido de que a "terrível doença da indisciplina" que caracterizara o exército francês depois da humilhação da derrota havia surgido no regimento. Mas, durante o segundo mês da Comuna de Paris, o moral e a eficiência haviam retornado com o alistamento de ex-soldados de Lorraine que tinham sido libertados pelos prussianos.

Hans estava pronto para fazer a guerra contra os *communards*. Se os Voluntários do Sena incluíam um bom número de parisienses, a maioria não provinha das categorias de moradores comuns. Hans cobriu de elogios o filho de um banqueiro que provou ser "um dos mais determinados e dedicados" voluntários. Cada vez mais, um dos tropos da "guerra contra Paris" e de seus plebeus insurgentes era o de uma batalha contra um povo inferior. A noção, tão presente no discurso colonial emergente, era agora aplicada aos *communards*. Na avaliação de Hans, todos os Voluntários do Sena pertenciam à "grande família do conservadorismo", compartilhando a determinação de esmagar a Comuna de Paris.

Na noite de 12 para 13 de maio, os Voluntários do Sena se deslocaram para uma posição no Bois de Boulogne, em meio a rumores de que o momento de entrar em Paris estava se aproximando. Os voluntários de Hans foram enviados para Asnières. Perto da Pont de Clichy, entrincheiraram-se do outro lado do rio em relação às posições dos "insurgentes". Depois de uma excursão de reconhecimento noturna em 14 de maio, granadas dos *fédérés* caíram perto deles, vindas de canhões *communards* que estavam numa curva larga do Sena. Hans concluiu que o ódio invejoso contra aqueles "que possuem propriedades" levou os *communards* a retaliar os poucos moradores que restavam nos subúrbios do oeste.[38] Os Voluntários do Sena estavam, juntamente com as tropas de linha regulares, prontos para se vingar.

Em Versalhes, enquanto isso, Theirs estava mais preparado do que nunca para esmagar brutalmente os *communards* com todos os meios necessários, inclusive se aproveitando das informações de espiões baseados em Paris. Ele enfrentara um voto de não confiança em 11 de maio, depois de virem a público falsos rumores de que estava considerando um compromisso que permitiria aos líderes *communards* escapar. Thiers venceu por 490 votos a nove, e o renovado apoio só fez torná-lo mais implacável. Agora Thiers falava de maneira ainda mais ameaçadora, dizendo que era obrigado a ordenar "medidas terríveis", porque no fundo de seu coração sabia que representava o que era "certo" contra "os crimes" dos *communards*.[39]

Thiers fez um bom uso de espiões parisienses e o número de espiões que passavam informações para Versalhes parecia ter aumentado tremendamente. Charles Lullier, um comandante da Guarda Nacional bêbado e instável, tentou atrair oficiais *fédérés* para o lado versalhês com dinheiro dado por Thiers. Uma organização militar versalhesa clandestina, liderada pelo coronel Charles Corbin, também estava agindo em Paris. Os esforços de Thiers nem sempre foram bem-sucedidos, porém. Soldados versalheses, entre eles Albert Hans e os Voluntários do Sena, foram para o Bois de Boulogne, onde estavam vulneráveis às bombas *communards*, esperando plenamente que a traição paga generosamente por Thiers abrisse o portão. O portão permaneceu fechado.[40]

Thiers tentara subornar o general Dombrowski a trair a Comuna por uma enorme quantia (segundo rumores, 500 mil francos), pedindo a ele para liberar vários portões nos baluartes de modo a deixar as tropas versalhesas entrarem e prenderem vários líderes *communards*. Não teve sorte. Dombrowski, "um homem pequeno, magro, louro, grosso, nervoso, com um comportamento enérgico, seco e militar", servira como secretário da seção polonesa da Internacional e era um veterano da malsucedida revolta polonesa contra o governo russo em 1863. Falsos rumores aqui e ali o apontavam como agente prussiano, talvez porque parte da Polônia histórica estava dentro da Prússia. Bronislaw Wolowski, amigo de Dombrowski, foi a Versalhes para se encontrar com o ministro do interior, Louis Picard, e lhe disse que Dombrowski jamais trairia a Comuna. O general polonês considerava Thiers um amigo da Rússia imperial e, portanto, seu inimigo, e Dombrowski acreditava que poderia ajudar a Polônia livrando a França dos "lobos que a exploram". Picard pediu a Wolowski que fizesse nova tentativa com Dombrowski. Para reduzir seus riscos, Wolowski pediu passaportes para Dombrowski e outros oficiais poloneses, se necessários fossem, caso eles decidissem sair de Paris. Nesse caso, um trem estaria esperando em Saint-Denis para levar os poloneses até a fronteira.[41]

EMBORA NÃO TENHA CONSEGUIDO CONQUISTAR O APOIO DE DOMbrowski e, portanto, tenha tido seu acesso a Paris negado em 12 de maio, Thiers não seria mantido afastado por muito tempo. A Comuna, tendo ignorado o perspicaz conselho de Rossel sobre como defender a cidade, concentrou seus esforços em destruir símbolos proeminentes da velha ordem. Essas destruições públicas, embora catárticas e populares entre os parisienses da classe trabalhadora, nada adiantaram para retardar ou demover os versalheses.

Os *communards* vinham pedindo a destruição da casa de Adolphe Thiers em Paris desde meados de abril, e finalmente esta veio abaixo em 15 de maio. Quando John Leighton passou por ali, trabalhadores já haviam começado a derrubar o lado direito da construção: "Uma picareta estava encostada numa pedra afrouxada; o telhado havia caído. [...] O fogo estava cada vez mais alto." Vinte carroças foram necessárias para levar livros e *objets d'art* da casa antes que esta desabasse. Gustave Courbet retirou do chão algumas estátuas pequenas e outros itens de valor artístico, transportando-os para um lugar seguro. Ele repreendeu os trabalhadores por não terem feito um inventário. Courbet se opôs à proposta de vender a arte de Thiers aos britânicos, embora estimando o valor dos objetos da casa em incríveis 1,5 milhão de francos.[42]

A destruição da Coluna Vendôme foi, de longe, a mais espetacular tentativa dos *communards* de exorcismo por meio de demolição. Courbet, em particular, detestava a Coluna Vendôme porque esta representava o império de Napoleão e, portanto, o do sobrinho também. Em 1860, ele havia sugerido ao governo que a demolisse. Três anos depois, Napoleão III vestiu seu tio com uma veste romana no alto da coluna. Depois da Guerra Franco-Prussiana, Courbet pedira novamente a derrubada da coluna, argumentando que sua base poderia ser salva e os baixos-relevos relatando a história da República levados para Les Invalides (na época ainda um hospital e uma casa de repouso para ex-oficiais do exército, bem como o lugar do túmulo de Napoleão). Depois da proclamação da Comuna, o pintor havia sugerido que a coluna com Napoleão no alto poderia ser substituída por uma construção mais artística representando os acontecimentos gloriosos de 18 de março. Quanto ao "bloco de canhões derretidos", seria simplesmente destruído em sua queda. Pyat propusera a destruição da coluna à Comuna em 12 de abril, e a Comuna votou contra a proposta.[43]

Milhares de pessoas se reuniram na place Vendôme para testemunhar em primeira mão a destruição, em 16 de maio. Ingressos em princípio eram necessários para o evento. Do primeiro andar do Hôtel Mirabeau, na place Vendôme, um grupo de americanos assistiu à queda da coluna. Eles cantaram "Hail, Columbia" enquanto "uma menina ianque tocava violentamente" um piano. Um morador americano pagou 80 dólares pelo privilégio de ser a última pessoa a subir no alto da coluna.[44]

Membros da Comuna se destacavam no público, enfeitados com cintos e lenços vermelhos. Guardas nacionais se mantiveram por perto e músicos tocaram canções de revolução. Canhões estavam preparados para disparar balas comemorativas. Precauções foram tomadas para que a coluna não caísse sobre prédios próximos. A cerimônia foi marcada para as 14 horas.[45]

Cabos presos à coluna finalmente começaram a puxá-la. Mas romperam e foi preciso substituí-los por outros mais fortes. Às 17:45, um "som surdo de rachadura" ecoou na área. A coluna começou a inclinar e em seguida partiu-se em dois enormes pedaços que caíram no chão, despedaçando Napoleão. O globo que ele segurava rolou por alguns instantes no chão. Várias pessoas conseguiram passar pelos guardas e carregaram pedaços da coluna como suvenir.[46] Seguiram-se discursos breves e triunfantes, e então as pessoas começaram a se afastar em meio à densa poeira.

Embora as fotografias da famosa derrubada mostrem Courbet e outros comunistas de renome, em sua maioria as pessoas ali eram comuns, boa parte delas vindas da Paris do Povo. Antes da Comuna, a grande maioria não teria tido nenhum motivo para ir à place Vendôme, a não ser que fossem empregados domésticos da gente elegante que morava na vizinhança. Elas se arriscavam a ser paradas e questionadas pela polícia sobre por que estavam num bairro onde sua aparência e seu modo de falar pareciam deslocados. Agora, algumas delas haviam se apropriado dos *beaux quartiers*. Depois que a coluna caiu, elas foram fotografadas em silencioso triunfo, ou pelo menos esperança. Nos primeiros tempos desse instrumento, ser fotografado sozinho ou em retratos de família era um território da burguesia. Mas agora havia muitas fotografias de *communards* comuns postados heroicamente diante de barricadas.[47]

EM 17 DE MAIO, O EXÉRCITO DE VERSALHES HAVIA SE APROXIMADO ainda mais dos muros de Paris. Três dias depois, tropas de linha forçaram combatentes *communards* a deixar Auteuil e voltar para dentro dos muros. Em 20 de maio, o tratado de paz firmado entre a França e o recém-unificado Império Alemão, proclamado com triunfo no Palácio de Versalhes em 18 de janeiro, foi finalizado. À noite, tropas versalhesas haviam tomado os postos *communards* restantes nas vilas de Issy, Vanves e Malakoff. No dia seguinte, o Comitê de Segurança Pública se reuniu para analisar as acusações de traição contra Cluseret, e o absolveu por 28 votos a 7 – ele não havia feito absolutamente nada além de se opor à criação do comitê, e, como era de se esperar, não teve sucesso em aprimorar a precária situação militar da Comuna. Acreditando que o fim estava próximo, Cluseret e Pyat saíram de cena.[48]

A BATALHA SE VOLTA CONTRA OS *COMMUNARDS* 173

Destroços da estátua de Napoleão na place Vendôme, derrubada pela Comuna diante de uma multidão exaltada, em 16 de maio de 1871 (CORBIS)

Muitos na Comuna ainda tinham esperança de que chegaria ajuda de Lyon, Marselha e outras cidades militantemente republicanas onde movimentos por "comunas" locais haviam ocorrido. Essa ajuda não chegou.

ÀS 17:45 DE 17 DE MAIO, PARIS INTEIRA FOI SACUDIDA POR UMA EXplosão assustadora: a fábrica de munição na avenue Rapp foi pelos ares, matando dezenas de trabalhadores, em sua maioria mulheres. Parisienses acreditaram equivocadamente que a explosão era obra de um ataque versalhês. O ministro protestante e anarquista Élie Reclus notou que a "população exasperada" gritava por vingança – "mais um ou dois dias assim e uma volta dos Massacres de Setembro [de 1792] poderia ser possível".[49]

Três dias depois, Reclus observou que a situação dos reféns ocupava agora "o centro do palco com uma clareza imponente e uma urgência terrível". Na reunião do Comitê de Segurança Pública naquele dia, o Cidadão

Urbain exigiu que cinco reféns fossem executados imediatamente em represália à morte de uma *cantinière* pelos versalheses. Por sua vez, o *Père Duchêne* denunciou Darboy, o "joão-ninguém número um que está se enchendo de dinheiro [...] [e] que exerce a profissão maravilhosa de arcebispo de Paris e espião de Bismarck".⁵⁰

O advogado Étienne Plou tentou convencer Rigault de que um grande júri (*jury d'accusation*) deveria ser convocado e de que os reféns tinham direito a uma representação legal. Em 18 de maio, Plou requisitou que outro advogado defendesse Darboy, mas um dia depois o arcebispo disse que ele próprio se defenderia. No dia seguinte, Rigault anunciou a convocação do grande júri, separando os reféns em dois grupos, o primeiro formado por Darboy e os outros padres e o segundo pelos ex-*sergents-de-ville* (policiais municipais). O júri analisou primeiramente os casos destes últimos, que foram devolvidos à prisão sem saber se seriam executados. Darboy e os outros eclesiásticos foram informados de que seus casos seriam ouvidos na semana seguinte.⁵¹

Os prisioneiros de Mazas podiam se ver por um breve período todos os dias. A Darboy, Deguerry e Bonjean juntou-se o abade Laurent Amodru, preso em 17 de maio, depois que "os ímpios" fizeram uma busca na Notre-Dame-des-Victoires. Quando Amodru falou com Darboy, disse que eles deveriam falar em latim, já que, "monsenhor, aqui as paredes têm ouvidos e olhos".⁵²

O embaixador Washburne visitou Darboy em 19 de maio e o achou "muito fraco" e bastante enfermo, com "uma espécie de pleurisia". Mas o arcebispo parecia "alegre e aparentemente resignado com qualquer destino que poderia aguardá-lo". Plou o encontrou deitado, "vestido com uma batina velha [...] seus traços mudados, sua pele muito pálida", enquanto repetia, "eu estou doente, muito doente". Os guardas agora lhe traziam brioches e um pouco de chocolate. Ele disse que não estava em condições de comparecer diante do tribunal da Comuna e que, se quisessem matá-lo, que fosse ali mesmo.⁵³

NO SÁBADO, 20 DE MAIO, COM A SITUAÇÃO DOS REFÉNS INALTERAda, Reclus refletiu sobre o estado da Comuna, agora claramente dividida "em dois campos". As tensões entre o Comitê Central da Guarda Nacional e o governo da Comuna continuavam. Reclus descreveu as limitações fundamentais na tentativa de organizar a defesa de Paris, agora imprensada entre a autoridade ditatorial de um Comitê de Segurança Pública e "as aspirações ideais a uma república modelo". Para esta última existir, a Comuna teria que sobreviver. Embora os versalheses estivessem ainda além dos baluartes, ele temia que se as forças *communards* não pudessem repelir "as hordas invasoras. [...] A cidade será massacrada, a revolução perdida e todos estarão sujeitos aos horrores das represálias que podem não ter fim". Ele tinha razão ao se preocupar; já no dia seguinte, os versalheses entrariam na cidade.[54]

Naquela noite, o guarda nacional Émile Maury acordou às duas horas ao som de tambores chamando-o para o serviço de guarda perto dos baluartes. Não mais do que 200 guardas de seu batalhão apareceram, mas pelo menos Maury foi. Ele seguiu com uma pequena coluna pelos bulevares externos. Quatro "*ambulancières* determinadas" abriam o caminho, seguidas de um tamborileiro e um oficial a cavalo. Uma bandeira vermelha tremulava entre eles. Na place d'Italie, eles pararam e ensarilharam seus fuzis. Outros batalhões deveriam encontrá-los ali, mas nenhum apareceu. Maury e um amigo foram a uma loja de vinhos e decidiram voltar para suas casas em Paris, uma ocorrência que talvez fosse cada vez mais comum. Quando a pequena coluna seguiu para Gentilly, perto do Fort de Bicêtre, a falta deles não foi sentida.[55]

O batalhão de Maury não era o único que estava desfalcado, e não apenas devido à ausência de guardas como Maury. Desde 21 de maio, a ação versalhesa contra Paris matara pelo menos 4 mil homens, e um bom número de mulheres e crianças também; 3,5 mil *communards* foram feitos prisioneiros.[56] Naquele mesmo dia, Dombrowski notou que, da Point-du-Jour à Porte d'Auteuil a situação estava "ruim". Ele tinha apenas 4 mil combatentes no setor de La Muette, 2 mil em Neuilly e meros 200 em Asnières e Saint-Ouen. Tropas não podiam ser deixadas nos baluartes, onde ficavam totalmente expostas ao fogo de canhão vindo de Issy e Moulineaux.[57] Os bombardeios versalheses eram incessantes.

Ainda assim, naquele domingo quente e ensolarado de 21 de maio, era como se nada estivesse fora de ordem. Algo entre 10 e 15 mil pessoas compareceram a um concerto dominical nos jardins das Tulherias. O americano W. Pembroke Fetridge encontrou ali "uma enxurrada de pessoas de todas as nacionalidades e diferentes posições. [...] Havia lojistas e suas esposas, [...] cavalheiros cujas calças da Guarda Nacional se tornavam respeitáveis graças ao paletó cinza ou à blusa de um cidadão; donas de casa maçantes que aprovavam tudo e suspiravam de admiração com as belíssimas cores das paredes do Palácio das Tulherias".⁵⁸ Maxime Vuillaume observou um oficial que usava medalhas e botas polidas, com uma espada na cintura e o *képi* na mão, conversando amigavelmente com uma senhora burguesa um tanto larga que se abanava com um lenço. Guardas nacionais cantaram "A Marselhesa", "Les girondins", "Le chant du départ" e outros clássicos da Revolução Francesa. A cantora de café-concerto Madame Bordas, com "um vestido comprido solto, enfeitado com uma faixa escarlate [...] [postada] como uma aparição guerreira, [...] uma deusa da Liberdade dos *quartiers* populares", vociferava "Quanto à ralé! Bem, [...] sou eu!". Ao fim do último refrão, ela se embrulhou "numa bandeira vermelha, apontando com o braço estendido para o inimigo invisível, instando-nos a persegui-lo com nosso ódio e esmagá-lo sem piedade. A multidão [estava] em êxtase". Duas mulheres passaram o chapéu para os órfãos da Comuna.

Mesmo enquanto o concerto prosseguia, granadas disparadas por canhões versalheses estavam agora sendo lançadas de dentro dos muros de Paris e aterrissando na Champs-Élysées. Uma delas caiu no chão da vizinha place de la Concorde. Às 16:30, o concerto terminou, mas não sem antes um tenente-coronel pular para o palco e anunciar: "Cidadãos, *monsieur* Thiers prometeu entrar em Paris ontem. Mas ele não está aqui." Ele convidou todos para outro concerto dentro de uma semana. Cartazes anunciavam uma apresentação na Ópera no dia seguinte. Aqueles que foram a uma reunião de clube naquela noite ouviram um relato de que um ataque versalhês havia sido repelido com perdas de pelo menos 4 mil soldados de linha – o que claramente não acontecera –, com a garantia de que o inimigo enfrentaria a mesma coisa se ousasse atacar de novo. Paris parecia calma.⁵⁹

Monsieur Thiers não estava em Paris, mas suas tropas estavam, e por enquanto ninguém no Jardim das Tulherias sabia disso. Um ataque total a Paris vinha sendo planejado para 22 ou 23 de maio. Mas, por volta das 15 horas de 21 de maio, Jules Ducatel, um funcionário de Ponts-et-Chaussées, sinalizara dos baluartes de Point-du-Jour para forças versalhesas, acampadas por perto, que as forças *communards* haviam deixado os bastiões 65 e 66 indefesos. A Porte Saint-Cloud também estava vulnerável. Um oficial naval versalhês entrou com cautela, olhando à esquerda e à direita, e em seguida penetrou em várias casas próximas para se assegurar de que não era uma armadilha. Ao voltar à sua trincheira, ele telegrafou notícias espantosas para os generais. Uma hora depois, tropas de linha comandadas pelo general Félix Douay haviam entrado na capital. A Porte de Saint-Cloud e em seguida a Porte d'Auteuil caíram sem resistência e as tropas versalhesas logo fizeram 100 prisioneiros na área de um depósito de munição na rue Beethoven.

O Comitê de Segurança Pública soube por uma mensagem enviada por Dombrowski que as forças versalhesas estavam dentro de Paris, avançando por Passy. Enviou vários homens a La Muette para confirmar isso, e os homens de algum modo voltaram "com a mais tranquilizadora notícia" de que tudo estava bem. Delescluze, de maneira inacreditável, recusou-se a permitir que tocassem o sinal de alarme e simplesmente negou que os versalheses haviam penetrado os muros de Paris.[60]

Depois de abandonar seu batalhão no início daquela manhã, Émile Maury caminhou com seu pai por bulevares desertos e pôde ouvir tiros de canhão ao longe. Tudo "parecia sugerir que algo terrível aconteceria". O sino, que agora estava tocando o grande sinal de alarme, e o rufar de tambores os acompanharam até em casa, enquanto os tiros de canhão a distância pareciam "um manto de morte e luto sobre a grande cidade". Émile achava que a Comuna não podia vencer. Ele não queria morrer numa revolução que realmente não entendia.[61]

Naquele dia, Archibald Forbes, um jornalista britânico, queria entrevistar o general Dombrowski, que supervisionava a defesa de Paris no Château de la Muette. No Ministério da Guerra, na Rive Gauche, o jornalista britânico ficou perplexo com a "ausência total de formalidades e burocracia, [...] um choque para o sistema do bretão". Ali ele recebeu um passe que lhe permitia "testemunhar as operações militares na função de correspondente", dentro e fora de Paris. As duas coisas lhe foram concedidas com um "simples 'está bem'".

A Comuna requisitara, porém, seu cavalo. Forbes precisou de uma carruagem. Quando passava pela Pont de Jéna, a bateria em Trocadéro abriu fogo. Os canhões versalheses no Mont Valérien responderam. Dizendo a Forbes que tinha filhos e não o levaria mais longe, o condutor deixou o jornalista na grande rue de Passy. As casas próximas estavam praticamente vazias, "mas uma grande colônia de buracos de granadas" podia ser vista. Forbes viu soldados *communards* e até mesmo alguns marinheiros recostados "ociosamente nas calçadas". Ninguém parecia ter medo algum, embora granadas versalhesas estivessem caindo "livremente".

O general Dombrowski o cumprimentou cordialmente, até com entusiasmo. "Estamos numa situação deploravelmente cômica aqui", disse ele, sorrindo e dando de ombros, "porque o fogo é forte e contínuo." O simpático "companheiro limpo, arrumado, pequeno, [...] com muito poucos galões dourados" não falava inglês, mas, assim como Forbes, era fluente em alemão. Sua equipe de oito a dez homens jovens "parecia completamente disposta para o trabalho". Dombrowski conversou enquanto lia despachos e comia, perguntando a Forbes se ele sabia alguma coisa sobre uma possível intervenção alemã. Um comandante de batalhão veio relatar que as forças versalhesas estavam entrando pelo portão de Billancourt. Uma granada atingiu o palácio, mas o general não pareceu preocupado. Um ajudante levou Forbes ao telhado, de onde ele pôde ver lufadas de fumaça enquanto atiradores de precisão tentavam atingir *fédérés* nos baluartes. Dombrowski admitiu que teria que abandonar os baluartes da Porte d'Auteuil e ir para o Sena. Contava com a segunda linha de defesa e acreditava que o Exército de Versalhes teria de recuar. O comandante polonês insistiu que havia "muito espírito de luta ainda em nossos companheiros, principalmente quando eu estou liderando".

Dombrowski pediu a Forbes para acompanhá-lo ao sair para observar ele mesmo o progresso que as tropas versalhesas estavam fazendo. Eles passaram correndo pela rue Mozart, com canhões versalheses "em pleno estrondo". Quando encontraram os reforços que esperavam por Dombrowski no *quai* d'Auteuil, souberam que os versalheses haviam tomado também a Porte Saint-Cloud. Forças *communards* haviam começado a recuar para a direita e a esquerda, e breves contra-ataques fracassaram. Forbes perdeu de vista Dombrowski e nunca mais o viu.[62]

Forbes recuou para a segunda linha da defesa *communard*, que se comprimia atrás da ferrrovia. Às 23 horas, estava tudo quieto. Forbes foi para a rue de Rome e em seguida para Trocadéro, em meio a um denso nevoeiro.

ENQUANTO DOMBROWSKI ORQUESTRAVA A DEFESA DA CIDADE, ainda mais tropas de linha marchavam pelos portões de Auteuil, Passy, Sèvres, Saint-Cloud e Versailles, preparando-se para um grande ataque ao amanhecer.

Arthur de Grandeffe entrou em Paris em 21 de maio com os Voluntários do Sena. Os moradores de Passy, um bairro relativamente próspero, trataram-nos como amigos sumidos há muito tempo, contando-lhes histórias de *communards* esmagando crucifixos. Uma senhora ofereceu a Grandeffe e outros uma sopa que preparara para eles. Mais adiante, eles se depararam com insurgentes mortos. Um deles ainda estava vivo, sentado no chão, apoiado contra um muro. Ninguém deixou as fileiras dos Voluntários para ajudá-lo. Grandeffe considerou os prisioneiros que viu "a escória de Paris". Não era possível convencê-los. Em sua opinião, era preciso tratá-los duramente. Se não, a sociedade francesa correria o risco de retroceder para a "barbárie".[63]

Depois de acamparem no parque de Malmaison, Albert Hans e seu batalhão dos Voluntários do Sena foram para Rueil, onde aguardaram ordens para voltar a Asnières. No início da noite, espalhou-se um rumor de que tropas de linha haviam passado pelos baluartes de Point-du-Jour, tomando com facilidade Auteuil e, comandadas por Clinchant, estavam indo rapidamente para Trocadéro. Os "alegres" Voluntários do Sena logo os seguiram, cruzando uma ponte de madeira, os cavalos e as carroças fazendo um barulho que soava como tiros de canhão distantes.[64]

Desde o momento em que as primeiras tropas versalhesas entraram em Paris, ficou claro que os *communards* pouco podiam esperar delas em termos de misericórdia. Algumas das primeiras execuções sumárias realizadas pelos versalheses aconteceram em Passy e Auteuil, onde praticamente não houvera nenhum combate. Um repórter do *Le Gaulois* se deparou com trinta corpos e indagou à sua volta. Soldados haviam enfileirado as vítimas junto a um canal e as despachado com uma *mitrailleuse*. Um comerciante confirmou que nas primeiras execuções dois homens haviam sido postos contra a porta de uma tabacaria.[65]

Ansiosos para acabar com os "bandidos", os Voluntários do Sena chegaram à Porte d'Auteuil. Eles passaram por canhões derrubados, com carretas quebradas, uma estação de trem incendiada e casas demolidas. Os voluntários se depararam com corpos de *fédérés* que mesmo Albert Hans teve de admitir que haviam mostrado coragem ao permanecer em posição enquanto choviam granadas lançadas do Bois de Boulogne. Um homem ainda estava respirando e, depois de alguns voluntários ameaçarem matá-lo, acabou recebendo uma dose de *eau-de-vie* e depois foi deixado à beira da estrada com um cobertor jogado sobre ele, até que um padre ou alguém da vizinhança chegou com uma maca.

Ao chegarem a um forte semidestruído ao longo dos baluartes, Hans e os outros encontraram mais corpos e o primeiro grupo de prisioneiros que viam. O boulevard Beauséjour estava repleto de *képis*, sacos militares e até calças que guardas haviam deixado para trás ao saírem às pressas por temerem ser presos. No Château de la Muette, onde Archibald Forbes entrevistara Dombrowski um dia antes, os soldados encontraram várias dezenas de *communards* escondidos nos bosques e jardins. Um *concierge* escondera aproximadamente uma dúzia de voluntários *communards*, jovens e meninos de 12 a 17 anos. Eles deixaram os meninos irem.

Numa instituição de caridade, que *communards* haviam transformado num pequeno quartel, Hans ficou indignado ao encontrar pichações e desenhos obscenos nas paredes, garrafas vazias e lixo deixado por todo lado. Por fim, Hans chegou ao Arco do Triunfo e aos *beaux quartiers* do oeste de Paris. Ali, assim como em Passy, eles foram saudados com grande entusiasmo. Uma mulher desceu de seu apartamento devidamente acompanhada por vários criados, que distribuíram charutos, vinho, pão e outros alimentos aos soldados. Ela insistiu para que eles fossem à sua residência descansar um pouco.

Depois de passar pela igreja de Saint-Augustin, Hans alcançou o Parc Monceau. Quando eles chegaram, tropas haviam acabado de executar uma dúzia de "desertores" – ou seja, soldados que lutavam pela Comuna e ainda eram considerados integrantes do exército francês. O cenário cheirava a sangue fresco, em acentuado contraste com o aroma de primavera da vegetação em volta.

Depois de acamparem na place Wagram, os voluntários fizeram seus primeiros prisioneiros. Vários destes alegaram que não haviam lutado, mas seus fuzis, que eles não haviam tido tempo para limpar, revelaram o contrário. Um deles admitiu que participara de um confronto recente em Levallois, mas disse que estava na Guarda Nacional porque não tinha trabalho. "Esse pobre-diabo" estava preso entre ser "maltratado" pelos *communards* se não lutasse e ser levado pelos versalheses se lutasse.

Na rue Cardinet, alguns *fédérés* gritaram por detrás de uma barricada que se renderiam, querendo garantias de que, se baixassem as armas, não seriam maltratados. Eles hesitaram. Alguns voluntários, incluindo Hans, aproximaram-se e convenceram três deles a desistir. Um deles ficava repetindo: "Eu fiz o mesmo que os outros. Eu não podia fazer nada que eles não fizessem." Acreditando estar diante de um ignorante, e não de um canalha, Hans lhe disse para ficar quieto, temendo que ele acabasse como os *communards* que havia visto ao passar pelo Parc Monceau. Hans falava com outro *fédéré*, que achou que estivesse bêbado, quando vieram tiros da barricada *communard*. Os versalheses responderam com fogo, e Hans se refugiou numa loja. Por fim, os *fédérés* restantes abandonaram a barricada e fugiram.

Hans e outros voluntários receberam ordem para levar os prisioneiros para um posto, de onde eles seriam transferidos para uma corte marcial. Hans se preocupou com o guarda que aprisionara, temendo que ele fosse executado, em particular porque tecnicamente era um desertor do exército. Além disso, o *livret* do prisioneiro relatava apenas punições por lapsos insignificantes. O preso perguntou a Hans se ele achava que o matariam. Hans lhe disse que ele deveria simplesmente negar seu nome e lhe deu uma história para contar, na esperança de que ele fosse enviado de volta à massa de prisioneiros. Quando o Voluntário pediu ao homem para repetir a história, ele não conseguiu. Hans o entregou então a alguém que sabia que tinha um bom coração. Por acaso, o plano funcionou e Albert Hans salvou a vida do guarda.

Ao passarem por restos de barricadas *communards* na place Pereire, Hans e outros Voluntários do Sena se depararam com alguns prisioneiros de aparência muito triste. Em seguida, quando um tiro foi disparado de uma casa próxima, soldados entraram na casa, encontrando um sargento *communard*. O comandante o agarrou e ordenou sua imediata execução. O sargento implorou por piedade e, de repente, saiu correndo da parede contra a qual havia sido posto, chegando a uma porta, ajudado por tiros vindos de algum lugar. Os voluntários dispararam, mas ele conseguiu escapar.

Quando os Voluntários do Sena passavam pela avenue de Saint-Ouen, na extremidade norte de Paris, moradores só fizeram expressar bons sentimentos pelos versalheses, em particular as mulheres, "fortes em sua fraqueza", como Hans gostava de dizer. Uma das que foram cumprimentadas informou a eles com orgulho que seu marido estava lutando com os *fédérés* ali perto e quebraria suas cabeças. Hans teve de admitir que alguns voluntários prenderam pessoas no *quartier* sem nenhum motivo específico, irados com esse tipo de desafio.[66]

EDMOND GONCOURT PASSOU O DOMINGO "TEMENDO UM REVÉS para as tropas versalhesas". De sua janela, ele podia ouvir a distância "os passos regulares de homens marchando para substituir outros, como acontece toda noite. Lá vem! Isso é o efeito de minha imaginação. Volto para a cama, mas desta vez são os tambores, as cornetas! Corro de volta à janela. [...] Acima dos gritos de 'Às Armas!' sobem, em grandes ondas, as notas tragicamente sonoras do alarme, que começou a tocar em todas as igrejas – um som sinistro que me enche de alegria e marca o começo do fim da odiosa tirania em Paris".[67]

Naquela manhã, Élie Reclus acordou com a notícia de que tropas versalhesas estavam se movendo rapidamente dentro dos muros de Paris. Quando caminhava pela rue Saint-Pères, na Rive Gauche, uma bala passou zunindo por sua cabeça. Ele suspeitou de que fosse obra de "alguns bons burgueses ligados à 'ordem'". No sétimo *arrondissement*, não foi difícil ver "o júbilo secreto de todos os *concierges*, lojistas, comerciantes de artigos sagrados e homens e mulheres religiosos que formam a base da população ali. Os olhos deles seguem você para que eles possam denunciá-lo assim que possível ao primeiro gendarme ou policial" que represente a causa deles. Reclus pôde ver que faltava à resistência *communard* um plano bem desenvolvido para defender a Rive Gauche. Além disso, em torno da École Militaire e de Les Invalides, os bonapartistas eram abundantes, e o nobre *faubourg* Saint-Germain ainda tinha seu nicho de legitimistas, com a residência dos jesuítas ali perto, em Saint-Sulpice, juntamente com outras congregações religiosas. Estudantes de medicina também marchavam sob a bandeira clerical. Os pedidos entusiasmados de resistência heroica, o som incitante do alarme sinalizando um grave perigo, o rufar dos tambores e o grito alarmado das cornetas eram uma coisa; a organização eficaz, outra.[68]

Os guardas nacionais estavam agora se preparando às pressas para a luta, embora Delescluze ainda negasse que os versalheses estivessem dentro dos muros da cidade. O britânico John Leighton perguntou a um guarda se a notícia era verdadeira. Sim, respondeu este, "fomos traídos". As calças vermelhas dos soldados das tropas de linha foram vistas a distância. Ele ouviu o som forte de rodas girando e teve uma "estranha visão": "uma massa de mulheres aos trapos, furiosas, horríveis, mas magníficas, com o barrete frígio [da Revolução Francesa] na cabeça e as saias dos vestidos amarradas na cintura, estava agarrada a uma *mitrailleuse*, que elas arrastavam a toda velocidade; outras mulheres empurravam por trás com vigor". Ele as acompanhou até um ponto onde uma barricada era construída às pressas, na qual um menino o confrontou: "Não banque o espião aqui, senão vou quebrar sua cabeça como se você fosse um versalhês." Um homem velho de barba comprida disse ao menino que isso seria um desperdício de munição necessitada, virou-se para Leighton e educadamente pediu: "Você faria a bondade de trazer aquelas pedras da esquina para cá?" Leighton obedeceu e, quando a barricada foi concluída, o guarda lhe disse: "É melhor você ir, se você se importa com sua vida."[69]

Um parisiense que morava perto da Porte Saint-Denis acordou às seis horas de 21 de maio e ouviu jornaleiros anunciando a "grande vitória de Dombrowski em Neuilly". Ele ficou no quarto o dia inteiro, fumando seu cachimbo e lendo jornais *communards*. Depois de ir para a cama, foi despertado por volta da meia-noite pelo alarme dos sinos das igrejas de Paris. Abaixo, guardas nacionais moviam-se pelos bulevares. Ele não deu muita importância. Na manhã seguinte, os mesmos jornaleiros estavam ali cedo, mas gritando a mesma notícia do dia anterior. Ele mandou o *concierge* comprar mais jornais e este voltou com a notícia de que as tropas versalhesas haviam entrado em Paris. Os parisienses no bulevar abaixo pareciam "preocupados e estupefatos".[70]

Uma barricada de tamanho considerável foi erguida no início da rue Saint-Denis. Os parisienses que moravam perto da Porte Saint-Denis, na outra extremidade da rua, viram quando combatentes *communards* que lutavam na Igreja da Madeleine e na place Vendôme voltaram para seus bairros, alguns deles feridos. No início da noite, um delegado da Comuna para aquele *arrondissement*, um homem grande de 50 ou 60 anos, apareceu. Ao olhar em volta, ele ordenou a construção de várias barricadas, instruindo diversas pessoas que estavam por perto a ajudar. Um calceteiro parecia supervisionar o trabalho, e aproximadamente uma dúzia de crianças participou. Logo, um pelotão da Guarda Nacional de doze homens apareceu. Eles encostaram seus fuzis e dormiram na calçada. A essa altura, granadas haviam começado a explodir acima do prédio na Porte Saint-Denis. Uma testemunha começou a se perguntar se as barricadas abaixo impediriam a ela e a seus vizinhos de sair se os tiros se tornassem mais próximos. Mas ela saiu para jantar. Ao voltar para casa, gritaram-lhe ordens para que apagasse as luzes e fechasse as janelas. Então tudo ficou quieto.[71]

LOGO, 50 MIL SOLDADOS DE LINHA ESTAVAM DENTRO DE PARIS E, DEzessete horas depois do primeiro rompimento dos baluartes, 130 mil soldados versalheses, juntamente com a artilharia, haviam entrado na cidade.[72] Soldados passaram com facilidade pela avenue de Versailles e, em seguida, pelo *quai*, varrendo para o lado uma única barricada que havia entre eles e Trocadéro. O fato de nenhum fogo de canhão *communard* os receber refletiu a total falta de coordenação e adequação da defesa militar da Comuna. As tropas de linha versalhesas chegaram a Trocadéro antes do amanhecer de 22 de maio. O marquês de Compiègne estava ali: "Paris estendida aos nossos pés. A alegria tomou conta de nossos rostos." Os versalheses haviam tomado o mal defendido Trocadéro, bem como 1,5 mil prisioneiros. A queda de Trocadéro destruiu a ilusão de muitos *communards* de que eles poderiam rechaçar os versalheses.[73]

Durante o ataque, houve mais sinais da violência que estava por vir. Perto de Trocadéro, um oficial versalhês chamado Filippi se deparou com um oficial da Guarda Nacional ferido deitado numa maca. Ele ordenou a quatro soldados do 79º regimento que o levassem para uma instalação de assistência improvisada. Quando eles resmungaram, Filippi lhes lembrou que um combatente ferido era "sagrado" e insistiu para que cumprissem a ordem. Ele havia começado a se afastar quando ouviu tiros que lhe disseram que "o infeliz homem ferido fora liquidado".[74]

As forças versalhesas seguiram para Champs-Élysées. Tomaram o amplo Palácio da Indústria que, usado pelos *communards* para guardar suprimentos e como hospital, foi transformado em prisão pelas forças de Thiers. A apreensão de 30 mil rações reduziu a comida disponível aos *fédérés*. No início daquela manhã, a bandeira tricolor tremulava sobre o Arco do Triunfo. Centenas de *communards* haviam simplesmente abandonado seus postos no oeste de Paris, portanto os versalheses enfrentaram pouca ou nenhuma resistência. Uma grande coluna seguiu pelos bulevares em direção à Porte de Clichy, preparando-se, assim, para um ataque total a Montmartre.

Logo ficou evidente – igualmente para as forças versalhesas e os parisienses – o quanto a Comuna estava despreparada. Ao amanhecer de segunda-feira, Archibald Forbes pôde ver com facilidade as forças versalhesas avançando. Indo para Champs-Élysées, ele se deparou com tropas de linha recém-chegadas, com suas calças vermelhas. Os versalheses não enfrentaram nenhum fogo de canhão, apenas tiros de fuzis, e agora ocupavam os bulevares Haussmann e Malesherbes e o acesso à rue Royale. Mais adiante ficavam as imponentes barricadas *communards*, as únicas defesas *communards* que retardaram os versalheses. Construídas com móveis, ônibus, carretas e colchões, bem como pedras e sacos de areia, uma delas bloqueava a rue de Rivoli e outra a rue Saint-Honoré. *Communards* obrigaram Forbes, diante da ponta de uma baioneta, a acrescentar pedaços do calçamento à barricada, apesar de sua insistência de que era britânico. Seu objetivo imediato era chegar a seu hotel na chaussée d'Antin e tomar o café da manhã. Ao voltar para seu quarto, ele descobriu um buraco de bala em sua bolsa de tabaco.[75]

Na Rive Gauche, uma força comandada por Joseph Vinoy seguia ao longo do *quais*, aproximando-se do sétimo *arrondissement*, enquanto outra, sob o comando do general Ernest de Cissey, duplicava a estratégia na Rive Droit, seguindo pelas artérias externas em direção à Porte de Vanves. Ambas eram protegidas por canhões versalheses que agora eram disparados de Trocadéro, onde MacMahon montara seu quartel-general. Mil e quinhentos guardas nacionais já eram prisioneiros.[76]

Generais *communards* e líderes civis, enquanto isso, ofereciam pouca ou nenhuma direção àqueles que defendiam Paris. Dombrowski enviou Louise Michel e alguns outros para avisar o comitê de vigilância de Montmartre que o exército versalhês entrara em Paris. "Eu não sabia que horas eram. A noite estava calma e bonita. O que importava a hora? O que importava agora era que a revolução não devia ser derrotada, mesmo com morte." Os canhões de Montmartre estavam quietos. De qualquer modo, várias semanas de negligência os tinham deixado em mau estado. Quando começaram a ser disparados, por volta das nove horas, os versalheses já estavam bem protegidos.[77]

EM POUCO MAIS DE 24 HORAS, AS TROPAS VERSALHESAS TOMARAM aproximadamente um terço de Paris, e agora faziam uma pausa para que as provisões pudessem alcançá-las. Haviam encontrado muito pouca resistência de moradores – aqueles que ainda não haviam deixado a cidade – nos bairros mais elegantes dos *arrondissements* do oeste. Ocupavam o 15º e o 16º *arrondissements* inteiros, a maior parte do sétimo, incluindo Les Invalides, a École Militaire e o *quai* d'Orsay, o oitavo e parte do 17º. Grande parte da pólvora da Comuna se fora na explosão da avenue Rapp. Algum otimismo nada realista se mantinha. Um oficial da Guarda Nacional que Leighton encontrou num café lhe disse que boa parte da Rive Gauche estava dominada pelos versalheses. Mas o oficial continuava confiante: "O combate nas ruas é o nosso negócio, sabe", insistiu ele. "Em batalhas assim, o menor moleque de Belleville sabe mais do que MacMahon."[78] Mas a Comuna a essa altura tinha muito pouca chance de sobreviver, e alguns combatentes *communards* devem ter começado a se perguntar se sua única esperança seria não ser massacrado. Já havia um bocado de evidências em contrário.

As tropas versalhesas continuaram a matar a tiros *communards* capturados. Conduziram dezesseis guardas nacionais para o quartel de Babylone, na rue du Bac, e os executaram. O soldado Julien Poirier viu soldados invadirem um prédio onde haviam visto uma mulher entrar carregando uma bandeira vermelha. Eles a encontraram no sótão, com armas. Arrastaram-na pela escada, mas ela não chegou embaixo. Foi morta no caminho.[79]

Uma família americana na avenue Friedland recebeu os soldados versalheses como salvadores. Várias barricadas *communards* foram construídas às pressas ali perto, e alguns tiros foram trocados, mas não passava disso. A família viu quando os *communards* empurraram canhões pela avenida tão rápido quanto podiam. Pouco tempo depois, tropas de linha chegaram. A mãe ordenou aos criados que distribuíssem vinho e cigarros aos soldados, e sua filha jovem conversou com eles. A mulher entreouviu um deles se gabar de que eliminara cinco "comunistas" naquela manhã com sua baioneta, que estava torta e com uma crosta de sangue ressecado.

A menina estava pulando em frente à porta de seu prédio quando viu um oficial versalhês e vários soldados arrastando um homem que implorava por sua vida. A cena fez seu "sangue gelar, [seu] coração parar de bater, ao ver aquele pobre infeliz de joelhos, gritando para ser poupado, e o oficial apontando uma pistola para sua cabeça". Os soldados o chutaram para fazê-lo se levantar. Algumas pessoas que assistiam de uma janela sobre a rua gritaram para que o oficial não o matasse diante de mulheres e crianças, "então eles o empurraram e o chutaram até chegarem ao fim da rua", onde o mataram. Uma das filhas do *concierge* lhe contou mais tarde que queria vê-lo sendo morto e ficara decepcionada porque chegara à esquina um pouco tarde. A garota vira o bastante em muito pouco tempo, mais do que o suficiente para uma vida.[80]

AS EXECUÇÕES SUMÁRIAS HAVIAM SE TORNADO UMA ROTINA, ATÉ mesmo organizada. Comandantes franceses, humilhados com a derrota nas mãos da Prússia e de seus aliados apenas sete meses antes, pareciam estar se vingando em parisienses comuns. O marquês de Compiègne relembrou isso também: "As ordens para atirar em qualquer um que fosse feito prisioneiro eram formais, e os soldados estavam exasperados pelos incêndios em Paris" e pela resistência que encontravam, "sem esperança e sem objetivo".[81] Os soldados versalheses, muitos deles, se não a maioria, de origem rural, foram informados de que os *communards* eram insurgentes fora da lei e criminosos. Como resultado, muitos achavam que podiam matar *communards* capturados com a bênção de seus oficiais, que no mínimo faziam vista grossa. Os assassinatos se tornariam um massacre?

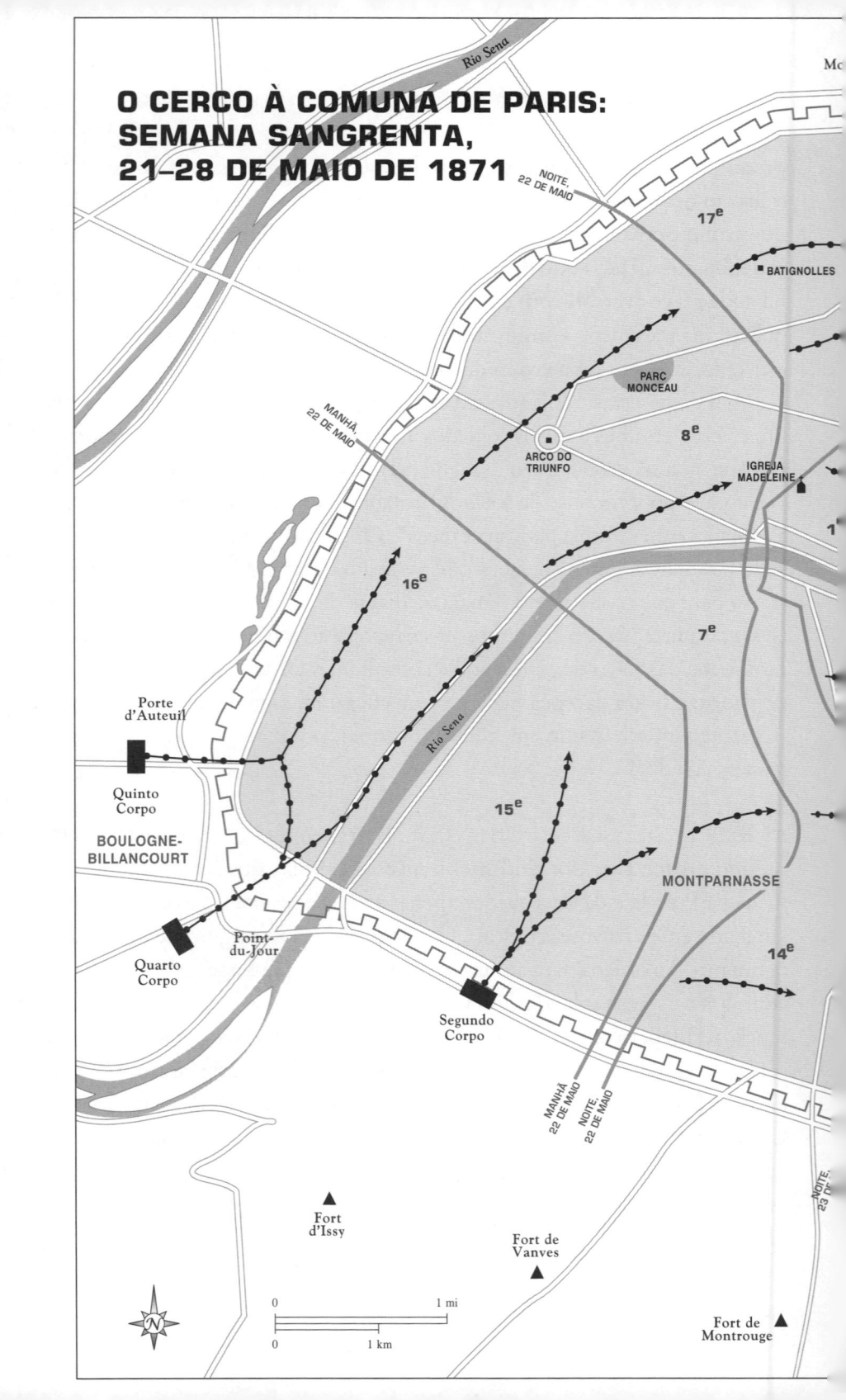

O CERCO À COMUNA DE PARIS: SEMANA SANGRENTA, 21–28 DE MAIO DE 1871

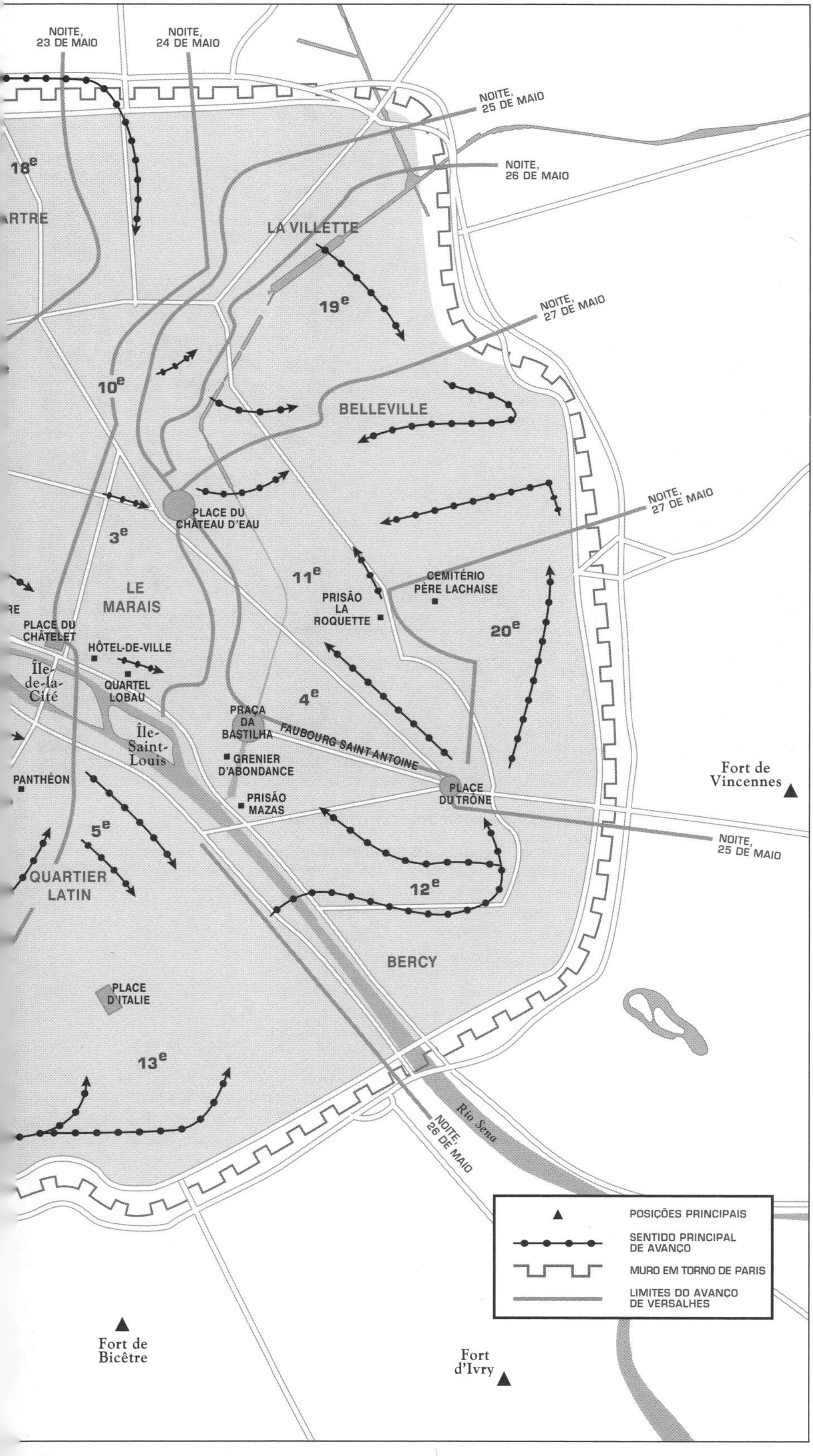
NOITE, 23 DE MAIO
NOITE, 24 DE MAIO
NOITE, 25 DE MAIO
NOITE, 26 DE MAIO
18e
ARTRE
LA VILLETTE
19e
NOITE, 27 DE MAIO
10e
BELLEVILLE
PLACE DU CHÂTEAU D'EAU
3e
NOITE, 27 DE MAIO
LE MARAIS
11e
CEMITÉRIO PÈRE LACHAISE
PRISÃO LA ROQUETTE
20e
PLACE DU CHÂTELET
HÔTEL-DE-VILLE
Île-de-la-Cité
QUARTEL LOBAU
4e
PRAÇA DA BASTILHA
Île-Saint-Louis
FAUBOURG SAINT ANTOINE
GRENIER D'ABONDANCE
PANTHÉON
PRISÃO MAZAS
PLACE DU TRÔNE
Fort de Vincennes
NOITE, 25 DE MAIO
5e
QUARTIER LATIN
12e
BERCY
PLACE D'ITALIE
13e
Rio Sena
NOITE, 26 DE MAIO
POSIÇÕES PRINCIPAIS
SENTIDO PRINCIPAL DE AVANÇO
MURO EM TORNO DE PARIS
LIMITES DO AVANÇO DE VERSALHES
Fort de Bicêtre
Fort d'Ivry

Uma enorme barricada communard
bloqueando a rue de Castiglione (CORBIS)

CAPÍTULO 6

COMEÇA A SEMANA SANGRENTA

COM AS TROPAS VERSALHESAS INUNDANDO PARIS PELOS PORTÕES do oeste e a parte ocidental da cidade tomada quase por inteiro, os três dias seguintes – a descida ao inferno – seriam cruciais, determinando o destino da Comuna de Paris e de milhares de pessoas que acreditavam nela. Embora estivessem construídas em ruas estreitas e bloqueassem grandes praças e amplos bulevares, as barricadas não eram suficientes para repelir os versalheses por muito tempo. As defesas *communards* no alto de Montmartre, onde a Comuna tivera início 62 dias antes, representavam o maior desafio para o Exército de Versalhes, em particular quando os combatentes *communards* fossem cada vez mais forçados a recuar para as fortalezas de seus próprios bairros, deixando o resto de Paris à mercê das tropas invasoras.

NA SEGUNDA-FEIRA, 22 DE MAIO, POR VOLTA DAS 14 HORAS, RIGAULT ordenou a transferência de Darboy, o abade Gaspard Deguerry, Bonjean e alguns outros reféns – 35 no total – de Mazas para a prisão vizinha de La Roquette, que ficava ainda mais adentro, no coração da Paris do Povo. Gaston da Costa, fiel assistente de Rigault, requisitou duas carroças para a viagem. Os prisioneiros foram reunidos no andar térreo de Mazas, alguns se vendo pela primeira vez em seis semanas. Darboy, embrulhado numa capa de chuva velha, aludiu à aproximação do fim, "finalmente", enquanto prisioneiros e guardas esperavam uma hora pela chegada de uma carroça. A mudança para La Roquette não transcorreu bem. Uma multidão de homens e mulheres hostis e ameaçadores, alguns com roupa de trabalho, cercou a carroça. Da Costa lembrou que ficou nervoso com os "gritos da turba delirante" no *faubourg* Saint-Antoine. Perny, um dos padres missionários, recordou que a multidão estava "exasperada", gritando ferozmente contra os "papistas!". Ele disse em voz baixa a Darboy: "Então aí está o seu povo!", pedindo que os "padres de Bonaparte" sejam jogados no Sena. Perny contou que passara vinte anos morando "entre selvagens" como missionário e nunca vira nada "tão horrível" quanto os rostos dos homens, mulheres e crianças que se "enfureceram" com eles durante a dolorosa viagem de Mazas para La Roquette. Deguerry, que como *curé* da Madeleine nunca havia visto aqueles bairros, perguntou em diversas ocasiões: "Onde estamos?"[1]

Os destinos de Darboy e dos outros reféns estariam ligados à crescente onda de anticlericalismo que invadiu Paris. Gaston da Costa descreveu o clima como de "legítima exasperação", que aumentara com os reveses militares. Gustave Courbet recordou o tom cada vez mais duro dos *communards*: "Não restava nada a fazer. O desespero tomara conta e com ele os métodos desesperados. A embriaguez da carnificina e da destruição havia tomado conta dessas pessoas comumente tão brandas, mas tão temíveis quando empurradas para a beira. [...] Morreremos se for preciso, gritavam homens, mulheres e crianças, mas não seremos enviados para Caiena."[2]

Quando os prisioneiros chegaram a La Roquette, o escrevente cuidou das formalidades do encarceramento. Ao ver que ficariam em "celas", os reféns tiveram motivo para temer que sua permanência em La Roquette fosse breve. Fora do portão de La Roquette, membros do 180º e 206º batalhões da Guarda Nacional, do bairro, montaram guarda. O diretor de 34 anos de La Roquette, Cidadão Jean-Baptiste François, estava todo enfeitado de vermelho *communard*: cinto, gravata, lenço de pescoço e calça. Pequeno, magro e pálido, era um trabalhador que bebia muito e estava endividado antes de ser contratado pela Comuna. Passara quatro anos preso por causa de um discurso feito numa reunião pública em 1870. Morava com uma mulher na rue de Charonne. François, que odiava o clero, assinou um documento: "Recebidos, quatro padres e magistrados." Quando um guarda se referiu a Darboy como "monsenhor", um jovem guarda nacional rebateu: "Não há senhores aqui, apenas cidadãos."[3]

La Roquette consistia de três prédios grandes. Os escritórios ficavam no prédio de frente para a rua, que também tinha uma capela, não utilizada ultimamente. Havia cerca de quarenta guardas sempre presentes. Darboy e os outros vindos da prisão Mazas estavam na quarta seção, o arcebispo na cela número um. Outros reféns eram mantidos no terceiro andar do prédio do lado oposto, perto do cemitério do Père Lachaise, uma proximidade que não podia passar despercebida. As celas eram extremamente pequenas e sujas, sem uma mesa ou cadeira, ainda mais espartanas do que as de Mazas. Os insetos eram abundantes. Um espaço aberto, mas com barras, ligava as celas; portanto, os prisioneiros podiam se falar facilmente.[4]

Das celas, os prisioneiros ouviam sons de explosões. Quando um tiro de canhão soou mais próximo, um padre gritou: "Em dois dias todos nós seremos salvos!" Mais cedo, alguém conseguira passar hóstias de comunhão escondidas num recipiente de leite vazio, dando aos padres algum consolo. O sino despertava os prisioneiros às seis horas. Às 15 horas, os reféns tinham permissão para caminhar no pátio da prisão. Darboy, que estava com náusea, foi tratado por um médico da prisão. Os reféns eram devolvidos às suas celas às 16 horas, quando esperavam pela comida trazida por prisioneiros jovens, em meio à tensão de não saber o que a Comuna planejava fazer com eles, e temiam o pior.[5]

TROPAS VERSALHESAS AVANÇAVAM RAPIDAMENTE PELO OESTE DE Paris. Ernest Vizetelly viu um gendarme com uma bolsa de mensageiro descendo a rua a cavalo, vindo de Saint-Philippe-du-Roule. Quando se aproximava, "um cano de arma apareceu entre as venezianas ligeiramente abertas do outro lado da rua". Um tiro ressoou. O gendarme levantou os braços e caiu do cavalo, morto ou quase. Vários soldados versalheses correram para ajudá-lo e os outros se dirigiram à casa de onde o tiro parecia ter sido disparado – um traço de fumaça mostrou a localização – e arrombaram a porta. Minutos depois, os soldados saíram do prédio com "uma mulher grisalha desgrenhada, cuja roupa escassa estava toda rasgada". Eles a empurraram rapidamente contra uma parede, "mas ela não deu sinal nenhum de medo. Endireitou-se e respondeu com escárnio: 'Bem feito! Bem feito! Vocês mataram meu filho esta manhã e agora eu matei um de vocês. Seu bando de covardes!'" Seu grito "Vida longa à Comuna!" expirou em sua garganta quando ela foi baleada, caindo de cara na calçada.[6]

Em retirada, soldados *communards* voltaram para o centro de Paris, vindo de combates nos bairros do oeste. Na rue Montmartre, um deles gritou, praticamente em lágrimas: "Traídos! Traídos! Eles vieram por onde não esperávamos!" Lojas próximas fecharam ou simplesmente não abriram. Um jornaleiro gritava na terça-feira: "Leve um hoje! Amanhã você não terá mais!" Na place d'Italie, um bastião *communard* no 13º *arrondissement*, alguns guardas nacionais se apressaram a abandonar seus fuzis, resmungando: "Fim da linha!"[7]

Na manhã de segunda-feira, 22 de maio, enquanto os reféns aguardavam seu destino, líderes da Comuna se encontraram no Hôtel de Ville. Félix Pyat estava entre eles, mas não por muito tempo; logo ele escapou de Paris e conseguiu chegar a Londres. Pouco depois da reunião, uma proclamação assinada por Charles Delescluze apareceu nos muros de Paris: "Cidadãos, chega de militarismo, não mais oficiais elegantes exibindo condecorações nos uniformes. Abram caminho para o povo, para os lutadores sem luvas! A hora da guerra revolucionária chegou!"

Assim como durante a Revolução Francesa, a *levée en masse* (alistamento militar em massa) foi proclamada. A Comuna começou a organizar defesas nos *arrondissements* ainda não ocupados pelos versalheses, esperando usar como vantagem as ruas estreitas da Paris do Povo. Os defensores *communards* supuseram que o exército de Adolphe Thiers lançaria ataques frontais às barricadas. Um enxame de homens, mulheres e crianças reforçou barricadas que já existiam ou ergueu novas. O papel das mulheres se tornou ainda mais importante para a defesa da Comuna porque as barricadas adquiriram essa importância tão grande. O americano W. Pembroke Fetridge viu cerca de trinta mulheres pedindo uma *mitrailleuse* para proteger a barricada que defendia a place du Palais-Royal: "Todas elas usavam uma faixa de crepe em torno do braço esquerdo; cada uma delas perdeu um marido, um amante, um filho ou um irmão, que juravam vingar. Como os cavalos a essa altura eram escassos no serviço da Comuna, elas arrearam a si mesmas e puxaram [a *mitrailleuse*], prendendo suas saias em torno da cintura para que estas não impedissem sua marcha. Outras as seguiram, carregando carretas cheias de munição. A última levava a bandeira."[8] Estas eram mulheres comuns catapultadas para uma situação excepcional, que começara com seu papel na defesa dos canhões de Montmartre em 18 de março.

No *faubourg* Saint-Antoine, mulheres e crianças construíram barricadas, juntamente com trabalhadores de jaleco, chamando transeuntes para dar uma mão: "Vamos, cidadãos, uma ajuda à República!"[9] Apesar dos rápidos avanços versalheses, Delescluze continuava convencido de que a Comuna poderia manter a posse de Paris, defendendo-a *quartier* a *quartier*, rua a rua. Mas o som incitante do alarme e os chamados de "guerra revolucionária" não podiam compensar a inferioridade numérica e a organização caótica.

Era mais difícil barricar bulevares do que ruas estreitas em *quartiers* de trabalhadores, como o barão Georges Haussmann entendera completamente. O Exército de Versalhes podia explodir barricadas que bloqueavam essas grandes artérias, enquanto usava táticas de flanquear os impedimentos defensivos. Porém, em sua maior parte, os soldados não atacaram as barricadas diretamente, para surpresa dos defensores *communards*. Os versalheses contornaram grandes defesas, correndo por ruas adjacentes e entrando em prédios próximos, o que lhes permitia disparar contra as barricadas abaixo. Wickham Hoffman viu soldados entrando em "casas adjacentes, passando de telhado em telhado e ocupando as janelas superiores, até finalmente avistarem a barricada e dispararem contra seus defensores". Na Porte Saint-Denis, o Quinto Corpo derrotou doze barricadas sem atacar nenhuma delas de frente. Logo ficou claro que as chances dos *communards* de manter uma barricada dependiam de sua capacidade de manter prédios adjacentes.[10]

John Leighton, nem um pouco amigo da Comuna, notou que em alguns lugares as pessoas pareciam receber esses acontecimentos perigosos com "silêncio e apatia". Estranhamente, a vida parecia continuar como sempre em algumas ruas maiores: "Algumas fitas aqui e ali iluminam vitrines de lojas; vendedoras sem chapéu passam com um sorriso nos lábios; homens olham quando elas passam." Mas a essa altura apenas homens velhos ousavam ser vistos sem o uniforme da Guarda Nacional. Em geral, "a solidão é algo terrível agora. [...] Uma multidão e tanto se reúne em torno de uma garotinha descalça que está cantando na esquina de uma rua". Os teatros estavam agora praticamente vazios. As risadas pareciam "despropositadas". A morte estava no ar.

Um sargento parou Leighton quando ele estava caminhando, perguntando-lhe por que não estava de uniforme. Era um espanhol ao qual o inglês dera alguns charutos durante o cerco prussiano. Leighton respondeu que não era o seu turno, e o sargento espanhol respondeu sarcasticamente: "Não, claro que não, nunca é. Você está tirando folga há muito tempo, enquanto outros são mortos." Ele parecia ter se esquecido dos charutos e escoltou Leighton até a Notre-Dame-de-Lorette, onde cerca de cinquenta homens que haviam se esquivado do serviço na Guarda Nacional eram mantidos. Tudo terminou bem, por ora, porque Leighton lançou um blefe improvável, dizendo ao oficial que o interrogou que era pugilista profissional e implorando a seu interrogador aturdido: "Tenha a bondade de me deixar partir imediatamente."[11]

Élie Reclus descia a rue des Saint-Pères, no sexto *arrondissement*. Sua perambulação foi interrompida quando um guarda nervoso lhe disse que ele não podia seguir adiante, enquanto "figuras angustiadas, sombrias, temerosas" construíam barricadas, preparando-se para o ataque. *Concierges* imediatamente começaram a relatar suas escapadas por pouco a ouvintes atentos, descrevendo como haviam absorvido as balas *communards* com colchões postos nas janelas e como procuravam *communards* em fuga tentando se esconder em suas casas. Um deles contou com orgulho: "Encontrei três deles no meu pátio; eu disse a um tenente onde estavam e ele os matou. Mas eu queria que os levassem embora; não posso guardar cadáveres na casa." O cumprimento com tratamento "cidadão" rapidamente desapareceu, "sob pena de ser suspeito", sendo substituído pelo "não democrático *monsieur*".[12]

A resistência *communard* endureceu por um breve período na segunda-feira, na place de la Concorde, onde o *château* – a enorme barricada – de Napoléon Gaillard se mantinha. Uma jovem subiu até o alto e agitou uma bandeira vermelha. Soldados versalheses a mataram a tiros enquanto uma família americana assistia com desdém, de um elegante apartamento. A família também viu quando uma rebelde idosa foi posta de cara contra um muro. Antes que fosse baleada, ela se virou e fez um gesto de desafio a seus matadores, em meio a corpos e postes quebrados que haviam sustentado com orgulho as lâmpadas de gás da enorme *place*.[13] Ali, também, *communards* haviam esperado um ataque frontal dos versalheses, mas as tropas de linha simplesmente contornaram, ocupando prédios próximos e atirando para baixo contra a barricada gigante de Napoléon Gaillard. Quando os prédios que se erguiam sobre as barricadas ainda estavam ocupados por parienses ricos, isso tornava as coisas mais fáceis. A queda da place de la Concorde deixou o centro de Paris aberto às tropas versalhesas.

Ali perto, na rue Royale, esquina com rue Saint-Honoré, *communards* penduraram um rato morto numa miniatura de forca, sobre uma barricada, com uma placa indicando que aquele seria o destino de Thiers e MacMahon, "que por tanto tempo devoraram o povo". Porém, parisienses que, de andares superiores de um prédio, olhavam para o oeste podiam ver agora soldados de calças vermelhas a distância. Mais perto deles, podiam identificar também unidades de *fédérés* movendo-se desordenadas.[14]

Contra as forças relativamente majoritárias de Versalhes, reconstituídas e com 130 mil homens, a Comuna pôde reunir apenas cerca de 20 mil combatentes, se tanto. Isso se tornava cada vez mais desproporcional, apesar da resoluta coragem de tantos parisienses. O Comitê de Segurança Pública se reuniu no Hôtel de Ville, em meio ao caos da chegada de mensageiros trazendo notícias cada vez piores. Ordens conflitantes, por exemplo, vindas do delegado para guerra da Comuna, do Comitê Central da Guarda Nacional e de oficiais individualmente, refletiam a ausência de uma liderança militar efetiva. Sobretudo, refletiam a virtual impossibilidade de centralizar a autoridade sobre o planejamento da defesa de Paris e, em particular, sobre a Guarda Nacional, da qual a Comuna dependia para sua sobrevivência.[15]

Na Rive Gauche, o exército do general Ernest de Cissey seguiu com facilidade para o Champs-de-Mars, Les Invalides, a École Militaire e o *quai* d'Orsay, tomado no início da noite de segunda-feira. Os *fédérés* estavam correndo para salvar suas vidas, atravessando o Sena em direção às Tulherias, onde um concerto fora realizado menos de um dia antes. Quando uma barricada na rue Bellechasse foi tomada, soldados versalheses invadiram um escritório de telégrafo, matando todos ali, inclusive uma cantineira. Daniel Salvador, compositor e diretor do Conservatório, lutou junto aos *communards* na rue de l'Université. Quando os versalheses avançaram, ele se refugiou numa casa próxima, mas soldados o encontraram. Ele foi morto a tiros depois de lhe darem um momento para endireitar sua gravata e seu corpo foi jogado numa vala comum.[16]

Mais tarde, naquele dia, o exército de Cissey chegou à Gare Montparnasse, na Rive Gauche, um ponto importante deixado sob a defesa de apenas 26 homens. Tropas passaram por distritos mais afastados do 15º, 14º e até 13º *arrondissements*, começando a circundar a Rive Gauche central. O exército de Clinchant continuou com uma estratégia semelhante na Rive Droite, seguindo ao longo dos baluartes. Ao anoitecer, os versalheses tinham metade da cidade, incluindo dez *arrondissements* inteiros ou quase. Eles se mantiveram numa linha que se estendia desde a parte baixa de Montmartre até a rue de la Paix e a Ópera, na Rive Droite, e por grande parte do sexto *arrondissement* na Rive Gauche.

A batalha se aproximava cada vez mais do apartamento de Edmond de Goncourt. Trabalhadores chegaram com ordens para bloquear o bulevar na rue Vivienne e começaram a construir uma barricada exatamente sob suas janelas. Mas trabalhavam devagar, sem "muito ânimo. Alguns movem duas ou três pedras do calçamento; outros, para satisfazer suas consciências, dão dois ou três golpes no asfalto com suas picaretas". Quando tiros soaram, eles saíram rapidamente, sendo substituídos por guardas nacionais que logo estavam levando corpos embora. Em alguns minutos, restavam apenas alguns meninos para defender a barricada, enquanto balas faziam "as folhas de uma pequena árvore que se estendia sobre suas cabeças chover sobre eles". Um guarda bravamente se aventurou a sair para tentar resgatar o corpo de uma mulher morta na luta, mas foi atingido enquanto insultava as tropas de linha que disparavam contra ele. Um segundo guarda também tentou e também foi baleado, caindo sobre a mulher. Agora anoitecia e alguém num prédio adjacente estupidamente acendeu um cachimbo, atraindo o fogo dos versalheses. Goncourt mal podia ver além de suas janelas numa "noite escura em Paris sem nem um pouco de gás".[17]

Com os versalheses controlando completamente os bairros do oeste, moradores ricos que haviam se refugiado em Versalhes começaram a voltar. Paul Martine os descreveu enquanto eles seguiam em segurança atrás de colunas de soldados, "como na África, onde a hiena e o chacal seguem as caravanas". Um residente que havia retornado se gabou da improvável proeza de ter matado catorze pessoas que não eram seus inquilinos e que encontrara em seu prédio.[18]

Gustave des E. permanecera em Paris e ficou aliviado quando sua criada lhe disse que havia visto que uma bandeira tricolor substituíra a bandeira vermelha que tremulava no Arco do Triunfo. Os *communards* ainda conseguiram, porém, perturbá-lo, interrompendo seu sono e confinando-o a seu apartamento. Logo soldados versalheses puderam ser vistos no telhado de uma casa na esquina do boulevard Haussmann com rue Auber, em frente à loja de departamentos Printemps. Guardas nacionais estavam disparando contra o prédio e *communards* erguendo às pressas uma barricada no meio da própria rua de Gustave à noite, enquanto ele tentava dormir. Gustave não pôde deixar seu apartamento para ir a seu clube. Por precaução, dormiu no chão. Depois de almoçar costeleta, presunto e batatas, tirou um cochilo, pelo menos até uma granada atingir o telhado de seu prédio. Ele mandou sua criada ao telhado apanhar um pedaço para mostrar a ele. A barricada próxima, na rue Auber, caiu e sessenta *communards* foram executados no local. Um tenente versalhês foi morto, assim como oito guardas nacionais, que Gustave havia visto abaixo no início da noite anterior. Gustave não correu nenhum perigo, apesar de todo o barulho. Ele chegou a ousar abrir as janelas para olhar do lado de fora.[19]

Falando de uma janela do Hôtel de Ville na segunda-feira, Jules Vallès tentou estimular o esforço de defesa, saudado por aplausos confiantes. Abaixo, mulheres vestidas de preto com uma fita preta amarrada no braço e um laço vermelho em seus chapéus saíram para ajudar os feridos. Crianças enchiam sacos de pano de terra para as barricadas e carregavam armas. Oficiais da Guarda Nacional passavam correndo aqui e ali e homens de repente deixaram mesas de café para ir para a batalha. Uma mulher se precipitou sobre um jovem que ficara para trás e o repreendeu: "Bem, e você, não está indo para ser morto com os outros?"[20] A essa altura os *communards* haviam recuado para a Igreja da Madeleine. Nos distritos do oeste, que os versalheses haviam tomado, bandeiras tricolores eram erguidas.

Tropas versalhesas agora seguiam pela circunferência interna do noroeste de Paris, bem como além dos baluartes, preparando um ataque a Montmartre. Já estavam bem instaladas nos Champs-Élysées e no *faubourg* Saint-Honoré, moviam-se rapidamente para tomar locais estratégicos e fazer prisioneiros no caminho para Montmartre. Tropas versalhesas tomaram o Palais-Royal (no qual *communards* haviam ateado fogo para retardar o avanço do inimigo), a place Vendôme, a rue de Richelieu e a Bourse. Tropas de linha ocuparam o Banco da França. A Igreja de Saint-Augustin e a Gare Saint-Lazare foram tomadas, bem como a place Saint-Georges, local das ruínas da casa de Thiers. Na rue Richelieu, ao lado do Théâtre Français, cadáveres de defensores *communards* eram amontoados em duas valas. Quando soldados versalheses cercaram a Igreja de Saint-Eustache, 500 *fédérés* que estavam dentro da igreja foram obrigados a se render. Os soldados não se importaram em fazer prisioneiros – os prisioneiros foram executados *en masse*.[21]

Numa rua estreita atrás do Louvre, o inglês Denis Bingham viu um jovem ser baleado por "alguns soldados enfurecidos, que evidentemente haviam bebido muito". Em seguida, eles pararam um estudante, acusando-o de ser incendiário e também de tentar envenenar soldados. O jovem protestou sua inocência, foi posto duas vezes contra um muro e duas vezes se livrou, "apenas para ser agarrado e puxado de volta novamente. Foi um esforço terrível de testemunhar". Por fim ele foi levado para uma corte marcial e para a provável morte. No quartel da rue de la Pepinière, perto da Gare Saint-Lazare, homens aprisionados pela Comuna porque haviam se recusado a lutar foram mortos por versalheses, sendo considerados desertores. "O que achei deplorável naqueles dias", relembrou Bingham, "foi a conduta da população, que, depois de demonstrar a mais abjeta submissão à Comuna, agora clamava por sangue. Nem bem uma prisão era feita e o grito '*À mort! À mort!*' era entoado" por *anticommunards*. Bingham, que não podia voltar para sua casa próxima ao Arco do Triunfo, com balas voando em todas as direções, e conseguira um quarto na rue Saint-Lazare, finalmente encontrou sua esposa, que supunha ter sido morta.[22]

À MEDIDA QUE AS TROPAS VERSALHESAS AVANÇAVAM, OS *FÉDÉRÉS* começaram a incendiar prédios para retardar o ataque. Em alguns casos, o fogo era iniciado por granadas versalhesas, mas, independentemente da causa, casas explodiam em chamas, deixando moradores com dificuldade de encontrar segurança. A família Cerfbeer se amontoou em seu apartamento na rue Saint-Honoré com grande ansiedade. Nem notícias nem provisões em geral eram obtidas, embora a cozinheira da família tenha conseguido comprar pão. Eles não podiam sair, porque os *fédérés* estavam organizando a resistência bem diante de sua porta. Soldados ordenaram que portas e janelas fossem fechadas. Alguns moradores que saíram à rua foram mandados de volta com grosseria. Quando um imponente canhão posto abaixo de suas janelas disparava de tempos em tempos, o prédio inteiro tremia.

Na noite de segunda-feira, um oficial bateu à porta do *concierge* do prédio onde morava a família Cerfbeer, num bairro que formava uma linha de defesa secundária entre a place de la Concorde e os Champs-Élysées. O *concierge* e sua família eram alsacianos, com um forte sotaque alemão notado por qualquer parisiense. Tinha dois filhos. O *communard* lhes disse para sair imediatamente, porque a casa seria incendiada. "Sem falar nada. Saiam agora!" Eles davam a todos dez minutos para sair, dizendo que casas próximas estavam queimando.

O pai de Gaston Cerfbeer, de 12 anos, disse a ele que a família precisava sair da casa imediatamente e que iria em seguida, depois de apanhar uns documentos importantes. Gaston saiu com o *concierge* alsaciano, a esposa deste e os dois filhos jovens, de 12 e 14 anos. A rua estava cheia de pessoas desorientadas. O menino encontrou o *faubourg* Saint-Honoré "completamente coberto por uma parede de chamas, porque suas casas velhas queimavam como palha – a cena era aterrorizante, mas estranhamente bonita". Gaston, sua mãe e a família do *concierge* mergulharam na noite. Uma barricada semi-destruída bloqueava o caminho, mas eles conseguiram passar pela esquina da rue Richepance, com Gaston puxando um dos filhos do *concierge*, Fritz, pela mão enquanto eles escalavam pedras do calçamento empilhadas. Então eles ouviram tiros, Fritz de repente soltou a mão de Gaston e escorregou até o chão. Estava com a cabeça sangrando. A mãe gritou ao alcançá-lo, mas seu marido, vendo que nada podia ser feito, puxou a mulher para a suposta segurança da place Vendôme. O filho estava morto.

Mais adiante, na rue Saint-Honoré, tiros vieram da rue de Castiglione, onde soldados versalheses haviam acabado de chegar. Ao verem um movimento de sombra, eles rapidamente atiraram naquela direção. Gaston estancou, paralisado. Arriscando sua vida, uma empregada doméstica acenou para ele de uma sacada para que eles entrassem no prédio, cuja porta estava semiaberta. Ele entrou na escuridão total da escada com sua mãe e o resto da família do *concierge*. O único som que ouvia era o *concierge* lamentando a morte do filho: "*Mein Fritz! Mein lieber Fritz!*" Alguém no prédio lhes deu uma vela, já que os tiros haviam parado. Uma menina lhes disse que outros incêndios foram ateados por perto. Gaston quis ver por si mesmo e os dois foram até o sexto andar. Do telhado, eles puderam ver "um imenso inferno vermelho, com colunas de fumaça enchendo o ar de papel queimado". Enquanto o Ministério das Finanças queimava – incendiado por granadas versalhesas – eles viram "um enxame de coisas pretas fugindo rapidamente" – ratos saindo do ministério e se refugiando em casas próximas.

No dia seguinte, soldados de linha uniformizados, vestidos de azul e vermelho, abriram a porta e lhes disseram que agora estava seguro para partir. Gaston e sua família, bem como o *concierge* e o que restava de seus parentes, caminharam rapidamente em direção à rue Royale, pedindo aos soldados notícias sobre sua casa. As respostas variaram. Número 414? Sim, está queimando – não, espere, são o 410 e o 414 que estão pegando fogo. Quando eles viram as casas do *faubourg* Saint-Honoré em chamas, "um pânico frenético, inevitável, tomou conta de todos". Chegaram rumores de que o *quartier* estava minado, todo preparado para explodir. Por sorte, Gaston e sua mãe encontraram seu prédio intacto. O pai, muito preocupado, estava esperando por eles.

Anos depois, Gaston ainda podia ver a cena: "Um estrondo grave de casas desabando em meio a gritos, caindo sobre moradores infelizes, mais tarde encontrados queimados ou asfixiados em porões." Na place de la Concorde, uma granada havia decapitado a estátua feminina que representava a cidade de Lille. Bem mais aterrorizantes eram os cadáveres reais, uma pilha deles num canto do pátio da Igreja da Assunção e outra ainda maior no Palácio das Tulherias, onde pelotões de soldados estavam ocupados matando *communards* que resistiam. Uma lona cobria um monte de corpos ali, enquanto um verdadeiro mar de sangue se formava em torno da pilha de mortos. Gaston assistiu ao triste desfile de prisioneiros sendo levados pela rue de Rivoli e pelos bulevares para os horrores do encarceramento em Satory, perto de Versalhes.[23]

A experiência de Gaston de maneira alguma foi única. A segunda-feira trouxera a primeira indicação de que os *communards* poderiam usar o fogo como meio de defesa. Na rue de Lille, no sétimo *arrondissement*, *communards* disseram aos moradores para deixar seus prédios, afirmando que atearíam fogo com gasolina. Um *fédéré* conjecturou que o fogo podia ser um meio de retardar o avanço das tropas de Thiers; outro retorquiu que granadas versalhesas haviam causado os incêndios ocorridos.[24] Ambas eram explicações razoáveis.

Na terça-feira, Delescluze e Alfred-Édouard Billioray assinaram uma ordem: "Explodam ou incendeiem as casas que possam interferir em seu sistema de defesa. As barricadas não devem estar sujeitas a ataques vindos das casas." A Comuna ameaçou queimar qualquer casa de onde tiros contra eles fossem disparados por aliados de Versalhes. Quando estavam prestes a ser derrotados, os *communards* que resistiam tentaram criar espaço entre eles e os atacantes incendiando casas que estavam em posições estratégicas. Ateavam fogo também por vingança, punindo traidores. Os incendiários avisavam antes os moradores. Outras conflagrações podem ser vistas como um meio de se apropriar de espaços disputados e purificá-los. Um comandante da Guarda Nacional quis pôr fogo na Imprimerie Nationale: "Eis a casa de Badinguett [apelido de Napoleão III]: temos ordens para queimá-la."[25]

Os versalheses logo acreditaram que o jornalista e deputado Jean-Baptiste Millière comandava uma força de 150 integrantes com a missão de atear fogo a casas e monumentos na Rive Gauche. Isso era absolutamente falso. Pierre Vésinier, membro da Internacional e também da Comuna, supostamente organizou um bando de cinquenta incendiários designados para queimar casas nos bulevares desde a Igreja da Madaleine até a praça da Bastilha. Circulou um rumor de que, na rue de Lille, *communards* haviam matado pessoas que tentavam apagar os incêndios. O pânico se espalhou nos *beaux quartiers* enquanto prédios ardiam em chamas – incluindo um na rue Saint-Honoré onde podem ter morrido sete moradores – e rumores de uma conspiração organizada por mulheres incendiárias (*pétroleuses*) varreram a cidade. O *La Patrie* relatou que soldados versalheses haviam encontrado os restos carbonizados de uma mulher no chique *faubourg* Saint-Germain, com os resíduos de sua roupa impregnados de gasolina e, na boca, o que havia sido um cachimbo. Para aqueles que buscavam confirmações sobre uma conspiração *communard* para queimar Paris estava claro que o cachimbo havia sido usado para pôr fogo na gasolina.[26]

DURANTE AS BATALHAS DE 22 E 23 DE MAIO, JOSÉPHINE MARCHAIS, uma lavadeira de Blois, apanhou uma arma, pôs um chapéu tirolês e gritou: "Seu bando de covardes! Vão lutar! Se eu for morta será porque matei alguns primeiro!" Ela foi presa como incendiária. Na verdade, trabalhava como *vivandière* para o batalhão Enfants Perdus. Joséphine levava de volta a roupa que guardas lhe davam para lavar e levara embora o corpo de seu amante, um aprendiz de açougueiro chamado Jean Guy, depois de ele ser morto. Mas ninguém a havia visto com gasolina.[27]

O *Paris-Journal* relatou que soldados haviam levado treze mulheres para um posto militar na place Vendôme, na maioria jovens que alegadamente haviam jogado gasolina em porões. Vários segundos depois, "uma detonação lúgubre indicou que a justiça havia sido feita". Uma mulher pode ter sido morta por a terem visto perto demais da Opéra-Comique, que não podia ser incendiada. Outro jornal anunciou aos leitores versalheses ansiosos que uma mulher fora presa com 134 metros de linha de estopim no bolso. (Devia ser um bolso enorme!) Marie-Jeanne Moussu, uma lavadeira de Haute-Marne casada com um homem chamado Gourier, pareceu aos versalheses "o mais perfeito exemplo imaginável dessas criaturas vis dos *faubourgs*, que fornecem à Comuna fortes auxiliares para queimar Paris". De fato, ela ateara fogo, mas estava tentando queimar seu ex-amante – seu ato não tinha nada a ver com a Comuna.[28]

Leighton acreditou num rumor de que as *pétroleuses* recebiam dez francos por cada casa que incendiavam. Segundo ele, a *pétroleuse* "caminha num passo rápido, perto da sombra do muro; ela é malvestida; tem entre 40 e 50 anos de idade; sua testa é amarrada com um lenço xadrez vermelho, do qual pendem mechas de cabelo despenteado. O rosto é vermelho e os olhos borrados. [...] A mão direita no bolso, ou no seio do vestido semiabotoado; na outra mão ela segura uma das canecas de lata altas e estreitas nas quais se carrega leite em Paris, mas que agora [...] contém o terrível líquido petróleo". Ele soube que uma delas foi apanhada no ato, na rue Truffault, quando disparou sete tiros de pistola contra versalheses antes de ser morta. "Outra foi vista caindo na entrada de uma casa na rue de Boulogne, [...] uma garota nova; uma garrafa cheia de petróleo caiu de sua mão quando ela tombou."

Uma pétroleuse *é executada pelos versalheses* (THE GRAPHIC)

O embaixador americano Washburne acreditou nos rumores também e apresentou o cálculo impressionante de que 8 mil incendiários estavam trabalhando em Paris, acrescentando que "de todo esse exército de queimadores, as mulheres eram as piores". Crianças, ao que parecia, eram igualmente culpadas. Ele relatou que um empregado de sua Legação contara os corpos de oito crianças, a mais velha ainda com menos de 14 anos, baleadas depois de serem apanhadas com petróleo.[29]

Um rumor alegava que a busca numa casa da rue des Vinaigriers revelara trinta pequenos recipientes ("*oeufs à pétrole*") cheios de nitroglicerina. Ai da mulher – e morte para ela – encontrada carregando garrafas com qualquer coisa que parecesse suspeita ou com óleo para calefação. O *Le Siècle* relatou que em 31 de maio uma mulher "foi praticamente cortada em pedaços" porque comprara azeite de oliva. Entre as mulheres acusadas de serem *pétroleuses* estava uma jovem de 20 anos que carregava seu bebê. Um oficial ordenou que ela fosse morta no local. Perguntado sobre o que fazer com o bebê, ele supostamente ladrou: "Mate-o também, assim a semente desaparece!" As denúncias de incêndios propositais corriam mais livremente do que a água para apagar os fogos.[30]

Sem dúvida *communards* provocaram alguns incêndios. Assim como as barricadas, o fogo servia como meio de defesa e representava uma apropriação do espaço em favor da causa *communard*. Há claras evidências de que *communards* iniciaram incêndios em casas da rue Royale e da rue du *faubourg* Saint-Honoré, tentando criar "uma barreira de chamas" que retardaria o ataque e eliminaria a possibilidade de soldados versalheses subirem ao alto dos prédios e dispararem contra os defensores das barricadas.[31]

Enquanto os versalheses avançavam e matavam, líderes *communards* deram ordens para queimar vários prédios parisienses monumentais, todos eles em áreas elegantes da cidade. Émile Eudes mandou queimar o Palácio do Conseil d'État; e o Comitê de Segurança Pública, o Palais-Royal. Théophile Ferré assinou a ordem (depois encontrada no bolso de um *communard* que lutou numa barricada na rue Royale, datada de *4 prairial an 79*) para queimar o Ministério das Finanças. Courbet permaneceu no Louvre para tentar proteger as coleções inestimáveis, mas o fogo irrompeu ou foi ateado no telhado. Pinturas e esculturas que ainda estão no grande museu foram salvas quando transeuntes apagaram a conflagração. O general Paul-Antoine Brunel ordenou que ateassem fogo ao Ministério Naval, ao lado da barricada gigante de Gaillard, na place de la Concorde, para impedir que tropas versalhesas o tomassem e atirassem em seus defensores, mas o fogo não pegou.³²

Poderiam os *communards* em meio à derrota realmente pretender incendiar sua própria cidade? O cerco versalhês os levara ao desespero e à raiva intensa. Alguns entre eles podiam imaginar a destruição inteira de Paris – qualquer coisa era melhor do que cedê-la a Thiers. Prosper-Olivier Lissagaray insistiu que era melhor queimar "nossas casas do que entregá-las ao inimigo". E Louise Michel advertiu que "Paris será nossa ou deixará de existir". Porém, ela não foi além de insistir que os *communards* defendessem Paris "até a morte". Após terminar sua refeição no terraço do Louvre, terça-feira, o general *communard* Jean Bergeret ordenou que o Palácio das Tulherias fosse incendiado. Assistindo à conflagração consumindo o palácio onde Napoleão III e seu *entourage* haviam farreado, Gustave Lefrançais admitiu que foi um daqueles "que tiveram lampejos de alegria ao ver o palácio sinistro em chamas". Dois dias depois, ao ver incêndios a distância, uma mulher de Montmartre perguntou a Nathalie Le Mel o que estava queimando. Le Mel respondeu, "não é nada", apenas o Palais-Royal e as Tulherias, "porque não queremos mais um rei".

Os incêndios que assolaram Paris se tornaram outro motivo de ódio aos *communards*. O fogo nas Tulherias, um símbolo do Segundo Império, intensificou particularmente as exigências dos *anticommunards* de que os prisioneiros fossem imediatamente mortos, enquanto gritavam "*Pas de quartier!* Morte aos incendiários!".³³ O escritor Louis Énault acusou os *communards* de quererem queimar Paris inteira. Eles começaram, em sua opinião, por vários *beaux quartiers*, como a rue de Lille, "uma residência suntuosa e aristocrática", com o mesmo toque de classe do vizinho boulevard Saint-Germain. De uma janela afastada, Énault maravilhou-se com o horror daquilo tudo, enquanto os incêndios eram propagados pelo vento da noite, as chamas ganhando força "com uma velocidade violenta, [...] o fogo assumiu [...] tons fantásticos [...] azul, verde, violeta, vermelho intenso". Enquanto viam os incêndios se espalhando a distância, alguns parisienses se perguntavam qual *quartier*, quais monumentos, quais prédios estavam em chamas. Théophile

Gautier achou que estava vendo uma Pompeia moderna. Era como se a destruição iniciada com Haussmann tivesse continuado. A explosão ocasional de granadas disparadas de Montmartre pelos *communards* aumentava o medo.³⁴

CAMINHANDO DA IGREJA DA MADELEINE PARA A PLACE DU CHÂTEAU d'Eau (hoje place de la République), Reclus encontrou tão poucas pessoas que poderiam ser duas ou três horas da manhã, e não o meio do dia. Mas na Porte Saint-Martin, pessoas comuns formavam uma corrente humana para levar pedras do calçamento para uma barricada, enquanto outras paravam transeuntes com gritos de "*Citoyen, Citoyenne*, ao trabalho!". Crianças de todas as idades estavam ativamente envolvidas na construção de barricadas, duas ou três delas se esforçando juntas para carregar blocos de pedra pesados. Reclus tinha de mostrar seu passe livre em cada barricada. Mesmo depois de carregar pedras – apesar da mão direita deficiente, destroçada numa queda na infância – ele foi parado por um breve período, na rue Lafayette, por um guarda nacional que o acusou de ajudá-los para esconder suas atividades de espionagem versalhesa. Reclus permaneceu calmo e um chefe policial ordenou que fosse liberado.³⁵

Reclus não voltou para casa naquela noite, pois temia ser capturado. Permaneceu com amigos que moravam no *faubourg* du Temple. "Nós somos", avaliou ele, "como marinheiros em cujo navio está entrando água durante uma tempestade e que a cada quarto de hora afunda um pouco mais. Apoiando-nos contra a frente do navio, podemos ver contra o horizonte vastas ondas quebrando em nossa direção, chiando e espumando com fúria." Seria a primeira grande onda que viria para carregá-los, ou a segunda, ou talvez a quarta "nesse mar tempestuoso que é Paris"? Talvez fosse nesse dia mesmo que "morreríamos, [...] talvez amanhã, [...] ou talvez depois de amanhã. [...] Não importa, isso não terá sido em vão!".³⁶

EM VERSALHES, THIERS PROCLAMOU: "SOMOS *HONNÊTES GENS*. [...] O castigo será exemplar, mas ocorrerá dentro da lei, em nome das leis." Claramente esse já não era o caso, uma vez que as tropas versalhesas já estavam matando *communards* a torto e a direito. O termo *honnêtes gens* estava carregado de conotações de classe que haviam se tornado mortíferas. Muitos entre os *honnêtes gens* estavam encantados em ver Paris purgada de insurgentes da classe inferior que pareciam pretender subverter a hierarquia social e os privilégios.[37]

Enquanto avançavam por Paris, soldados versalheses derrubavam a tiros *communards* porque foram ensinados a desprezá-los. Além disso, numa guerra civil, os inimigos podiam ser quase qualquer um, em qualquer lugar. O efeito dessas execuções sumárias provavelmente enrijeceu a resistência em alguns casos, mas ao longo dos dias seguintes também serviu para abater o moral daqueles que resistiam. Poucos podiam ter alguma dúvida a essa altura sobre o que acontecia nas ruas de Paris e sobre qual seria o resultado final do conflito.

Quando os versalheses encontravam resistência em ruas estreitas, disparavam das janelas das casas e seguiam-se buscas e execuções brutais. Tropas de linha tinham que estar em constante alerta, o tempo todo checando janelas nos andares superiores das casas à procura de atiradores. Com combates por perto, uma moradora do elegante *faubourg* Saint-Honoré fez com que um limpador de chaminé viesse trabalhar. Quando este deixava o prédio, foi detido por soldados porque suas mãos e seu rosto estavam cobertos de fuligem, confundida com pólvora e imediatamente morto, enquanto a mulher olhava da janela acima. Os soldados não se deram ao trabalho de parar para considerar o que era uma explicação perfeitamente plausível.[38]

O medo provavelmente tornou os soldados mais cruéis. Os versalheses com frequência matavam os insurgentes *communards* que descobriam, independentemente de os combatentes oferecerem alguma resistência. Na rue Saint-Honoré, soldados encontraram trinta guardas nacionais escondidos numa gráfica. Estes haviam jogado as armas fora e vestido às pressas roupas de trabalho, mas isso não os salvaria. Os soldados os levaram para a rue Saint-Florentin e os mataram a tiros numa enorme vala em frente ao que restava da barricada. Ali perto, na rue Royal, soldados encontraram seis homens e uma jovem, todos com uniforme da Guarda Nacional, escondidos em barris. Eles foram jogados numa vala e assassinados. Os Voluntários do Sena mataram quinze homens e uma mulher no parc Monceau.[39] Quando tropas de linha chegaram à place Vendôme, a coluna caída atiçou mais represálias aos *communards* que haviam se rendido ou tinham sido capturados; os versalheses executaram pelo menos trinta pessoas ali.⁴⁰

A litografia *Guerre Civile*, de Édouard Manet, evoca o horror da morte na Igreja da Madeleine, onde versalheses abateram a tiros cerca de 300 *communards* que haviam se refugiado ali. Nenhum insurgente escapou. À primeira vista, *Guerre Civile* levaria alguém a pensar que Manet estava retratando a tragédia da guerra civil de maneira geral, neutra. Porém, o homem morto está claramente de uniforme da Guarda Nacional e segurando um pedaço de pano branco, o que sugere que ele e outros haviam tentado se render; a Madeleine aparece inequivocadamente ao fundo. *La Barricade*, outra emocionante condenação à repressão durante a Semana Sangrenta, retrata um pelotão de fuzilamento matando *communards*.⁴¹

A matança continuou, apoiada em grande parte por parisienses que davam boas-vindas às tropas versalhesas. Forbes, por exemplo, ficou horrorizado com a "caça aos *communards*" dos soldados versalheses, ajudados por algumas pessoas que ele suspeitou que antes haviam gritado a favor da Comuna e agora denunciavam os *fédérés*. *Concierges* informavam avidamente aos soldados onde *communards* podiam estar se escondendo. "Eles conheciam os buracos de rato onde as pobres criaturas haviam se comprimido e guiavam os soldados versalhistas até o local com uma alegria diabólica."

Soldados versalheses se apossavam de qualquer evidência de insurgência que pudessem encontrar. Três mulheres foram mortas porque os versalheses encontraram vários pares de calças de guardas nacionais em seu apartamento. Um peleiro na rue des Martyrs foi sumariamente executado porque alegaram que ele convidara Pyat para ir a seu apartamento seis meses antes. Quando a esposa do homem protestou, foi morta também. Na place du Trône (hoje de la Nation), soldados viram uma luz num apartamento superior e subiram para encontrar dois idosos tomando chá. Eles foram baleados sem motivo nenhum, apesar do argumento de seu *concierge* de que não tinham nada a ver com os *fédérés*. A classe social os condenou. Os versalheses não atentaram nem um pouco para o fato de que alguns *communards* que estavam matando haviam lutado poucos meses antes pela França, contra os prussianos e seus aliados alemães.⁴²

COMEÇA A SEMANA SANGRENTA

OS *COMMUNARDS* COMEÇARAM A ORGANIZAR O MAIS RÁPIDO POSSÍvel a resistência no sexto *arrondissement*. Na terça-feira, Jean Allemane ajudou a organizar a defesa das ruas Vavin e Bréa, logo abaixo do boulevard Montparnasse, juntando assim as defesas na place de l'Observatoire, protegendo os Jardins de Luxemburgo. Perto dali, Eugène Varlin preparou defensores na pequena place de la Croix-Rouge. A tarefa era grande, com o enorme exército de Cissey, de três divisões, atacando apenas três batalhões da Guarda Nacional. Quando chegaram ordens de líderes *communards* para que eles recuassem a fim de defender seus próprios *quartiers*, a defesa da Rive Gauche se tornou impossível. Dois batalhões de guardas nacionais do 11º e 12º *arrondissements* se recusaram a obedecer Allemane e atravessaram o Sena até seus próprios bairros, dizendo que se fossem morrer lutando, prefeririam fazer isso em seus próprios *quartiers*.[43]

Communards continuaram caindo. Um médico inglês que ajudou *communards* feridos recordou: "Pegamos apenas os piores casos em 21, 22 e 23 de maio. Nossos jardim, pátio, corredores e chão estavam lotados de feridos recém-saídos da luta. [...] Muitos não resistiram."[44]

Muitas barricadas na Rive Gauche foram construídas em um dia, depois de as primeiras tropas de linha entrarem em Paris. Não sobreviveram aos ataques versalheses na terça-feira. Uma barricada na rue de Rennes, abaixo da Gare Montparnasse, era a maior, porém não mais do que trinta homens estavam ali para defendê-la. Contudo, canhões *communards* que disparavam atrás de barricadas de tamanho considerável ainda causaram baixas na ofensiva. Barricadas caíram em Croix-Rouge e na rue du Dragon. O *quartier* foi incendiado e as barricadas da rue de Rennes caíram na terça-feira, juntamente com seus defensores, incluindo os Enfants du Père Duchêne, que recuaram pelo boulevard Saint-Germain. Um oficial versalhês achou que eles estavam executando mais homens do que aqueles que haviam lutado atrás das barricadas.[45]

Allemane e outros tentaram impor alguma ordem às defesas na rue Notre-Dame-des-Champs e no boulevard Saint-Michel, mas não ajudou o fato de que, agora que a luta parecia quase perdida, os guardas cuidavam de proteger apenas seus próprios bairros. Tropas versalhesas cercavam as barricadas restantes e atiravam nelas de prédios adjacentes. Pedidos de reforço não tiveram nenhuma resposta. A fumaça que subia do Hôtel de Ville e de outros prédios importantes abateu o moral dos combatentes *communards* restantes.⁴⁶

A essa altura, obrigada a reconhecer que havia pouca esperança de vitória, a maioria dos *communards* começava a se preparar para o fim. Enquanto a batalha se aproximava do Quartier Latin, Maxime Vuillaume foi para seu apartamento na rue du Sommerard queimar documentos que, se fossem apreendidos pelos versalheses, certamente significariam um grande problema. Ele tinha cópias da carta que o arcebispo Darboy escrevera para Thiers em 12 de abril e de outra para o vigário Lagarde no mesmo dia – estas ele deu a Benjamin Flotte, que morava perto. Eles foram juntos beber alguma coisa na Chez Glaser, que encontraram totalmente vazia. Depois desse breve encontro, Vuillaume nunca mais viu Flotte.⁴⁷

Jean Allemane, assim como muitos outros *communards*, agora também tinha poucas ilusões sobre o que estava por vir. Ele tirou tudo de seus bolsos: um canivete, 60 centavos, alguns papéis e um cartão indicando que trabalhava para o *Journal Officiel*. Ele começou a tentar imaginar como morreria. Caminhando em direção ao boulevard Saint-Germain, esbarrou com um amigo chamado Treilhard, que estava indo para casa a fim de pôr em ordem as contas da Assistance Publique, conforme prometera. Allemane o aconselhou a ir com ele para o 11º *arrondissement*, onde os *communards* restantes pretendiam defender sua posição e lhe disse que, se ele não fosse, se arriscaria a ser capturado e morto. Treilhard se recusou, logo foi preso, posto contra um muro e executado.

Allemane conseguiu chegar ao boulevard Saint-Germain, onde vários policiais versalheses disfarçados estavam fazendo prisões. Um deles o parou no *quai* e lhe perguntou o que ele estava fazendo ali à uma hora. Allemane respondeu que estava indo ao boulevard de l'Hôpital para ver como estavam seus pais idosos. Ele se livrou, mas passou por um garoto, Georges Arnaud, que conhecia do bairro, sendo levado por soldados. O garoto não lhe entregou com um gesto de cabeça, o que poderia ter lhe custado a vida. Um vizinho que dirigia o bistrô Au Chinois disse a um oficial versalhês que conhecia o garoto muito bem e que ele não lutara e o menino foi liberado (porém morreu mais tarde de tuberculose, aos 24 anos). Os pais de Georges abrigaram

Allemane. De seu apartamento, ouviram o barulho de tropas de linha revistando o prédio. Allemane barricou a porta do quarto onde estava escondido, preparando-se para se defender, mas os soldados estavam procurando outra pessoa. Ele resolveu sair do quarto e arriscar a sorte, para não pôr em perigo aqueles que o haviam salvado.

Depois de um jantar rápido, Allemane foi para o apartamento de seu irmão, que morava no 20º *arrondissement*. Mas, pouco depois de chegar à rue Levert, policiais e soldados cercaram o prédio e o prenderam. Ele não tinha dinheiro nem documentos que pudessem tirá-lo de Paris. Além disso, "choviam denúncias em Paris [...] onde o espião da polícia era rei". Depois de dizer que se chamava *monsieur* Roger, admitiu no dia seguinte que era Jean Allemane. Havia pouca chance de escapar da prisão. Logo ele estava aprisionado em Versalhes.[48]

O EXÉRCITO DE VERSALHES E OS VOLUNTÁRIOS DO SENA HAVIAM, EM pouco mais de dois dias, tomado mais da metade de Paris. A única esperança agora parecia ser os combatentes *communards* recuarem para seus bairros no leste da capital e organizarem a defesa dos *quartiers populaires*.[49] Um sargento da Guarda Nacional, que poderia ter ido embora, relatou: "Não posso partir, o que diriam meus companheiros do *quartier*?"[50] Para os *communards*, a solidariedade da vizinhança se tornou ainda mais essencial para a sobrevivência. A defesa de Paris definhou e passou a ser a defesa dos *quartiers*. O papel das mulheres se tornou ainda mais importante. Uma das coisas estranhas do conflito era que, no combate nas ruas, "você às vezes ficava certamente surpreso ao se deparar com um amigo da infância" lutando pelos versalheses.[51]

Montmartre, onde a Comuna tivera início pouco mais de dois meses antes, continuava sendo potencialmente o ponto mais forte da defesa. A Comuna enviou para lá o general Napoléon La Cécilia. De "aparência triste e solene, sem charme, com um ar frio e distinto", suas habilidades estavam bem aquém do que era necessário e ele tinha dificuldade para se comunicar, porque era corso e não falava bem francês. A tarefa à sua frente era intimidante. La Cécilia encontrou as defesas de Montmartre desorganizadas e os batalhões da Guarda Nacional abatidos. Combatentes *communards* resistiram instintivamente à sua autoridade porque ele era praticamente desconhecido no 18º *arrondissement*. Mas, o que é mais importante, era tarde demais para qualquer pessoa, mesmo o mais experiente general, fazer qualquer diferença. Algumas barricadas que haviam sido erguidas em 18 de março ainda estavam ali e, embora pudessem oferecer alguma resistência a ataques pelo sul, não poderiam ajudar se os versalheses atacassem por outras direções. Às cinco horas de 23 de maio, tropas de linha haviam chegado à Porte de Clignancourt, ao norte, para além da Butte, a uma distância de aproximadamente três quilômetros de Batignolles, no 17º *arrondissement*.[52]

Louis Barron agonizou com o estado das defesas em Montmartre: "está muito mal defendido! Espiões de *monsieur* Thiers, sua tarefa será fácil, [...] nenhum fosso, nenhuma trincheira, nenhum muro de pedra seca nas proximidades dessa posição, cuja força tem sido exagerada, porque de fato poderia ter se tornado formidável." Barron teve uma premonição de que estavam por vir uma "carnificina horrível, massacres furiosos, tiros descontrolados; sinto o odor insípido, nauseante, de rios de sangue saturando o calçamento, correndo nas ruas". Mas de algum modo – pelo menos na Paris do Povo – a ilusão da invencibilidade da vontade popular persistia.[53]

La Cécilia quis saber por que os canhões de Montmartre estavam em silêncio. Ele encontrou ali 85 canhões e aproximadamente vinte *mitrailleuses* abandonados e sem uso há dois meses. Por fim, sob a direção de La Cécilia, os canhões dispararam várias granadas, mas então alguns deles escorregaram para dentro da lama, a ponto de ficarem inutilizáveis. Reclus refletiu sobre a ironia de que, quando as granadas *communards* finalmente foram lançadas do alto de Montmartre, Belleville e Ménilmontant, caíram sobre "os bairros ricos e comerciais" do oeste de Paris, onde muitos bons republicanos ainda podiam ser encontrados, bairros que já haviam sofrido bombardeios versalheses.[54]

Sabendo que as tropas de linha haviam passado facilmente por Batignolles, e como não tinha números suficientes de guardas nacionais para organizar uma defesa firme, o general polonês Jaroslaw Dombrowski percebia agora que não havia esperança. Ele tentou sair de Paris, mas foi impedido por *fédérés* na Porte Saint-Ouen. Foi levado para o Hôtel de Ville, onde o Comitê de Segurança Pública manifestou confiança nele e se recusou a aceitar sua renúncia. Ainda leal à Comuna e sem ter para onde ir, Dombrowski retornou ao serviço, simplesmente. Apesar da situação cada vez mais desesperadora, o *Le Vengeur*, de Pyat, continuou tranquilizando seus leitores de que estava tudo bem, embora o *Père Duchêne* tenha publicado sua última edição nesse dia, com a data de *3 prairial, an 79*, 23 de maio de 1871.⁵⁵

Naquele dia, o Exército de Versalhes lançou o ataque a Montmartre, cedo. Exércitos atacaram por três direções. O exército comandado por Clinchant passara com facilidade por Batignolles, que ficou praticamente indefesa, apesar dos melhores esforços de Benoît Malon. Tropas mataram indiscriminadamente ao longo do caminho. Um oficial versalhês aparentemente ordenou a execução de um soldado que se recusara a matar mulheres e crianças. Perto dali, soldados supostamente mataram um homem que não fizera absolutamente nada, atiraram em sua mulher e seu filho quando eles o abraçaram por tempo demais e, para completar, atiraram ainda num médico que tentou ajudar a criança.⁵⁶

Com os tiros de fuzil disparados da Butte passando bem acima de suas cabeças, nenhum tiro de canhão para temer e apenas uma única *mitrailleuse* a ser evitada, os Voluntários do Sena chegaram a Montmartre. Encontraram uma barricada defendida na rue Marcadet, no lado oposto da Butte, mas foram protegidos pela curva da rua. Soldados foram enviados às casas dos dois lados da rua para disparar contra os defensores. Dois canhões foram trazidos para bombardear a barricada. Os tiros dos *fédérés* logo diminuíram e os defensores *communards* a abandonaram. Albert Hans ficou impressionado por encontrar Montmartre, tradicional reduto de radicalismo, defendido com tão pouca organização, poucas pessoas ou energia. Os Voluntários do Sena alcançaram duas barricadas na rue des Abbesses e rapidamente tomaram ambas, juntamente com 600 prisioneiros.

Outra barricada *communard* esperava pelos Voluntários do Sena, também na rue Marcadet. Primeiro eles ocuparam casas dos dois lados da rua, subiram as escadas e, das janelas de cima, atiraram contra os defensores abaixo. Logo restavam apenas quatro *fédérés* na barricada. Eles tombaram quase imediatamente. O comandante Gustave Durieu, "com sua energia selvagem", conforme Hans o descreveu com admiração, matou pessoalmente dez homens encontrados em prédios próximos. As "expressões cruéis" e o "olhar realmente estranho e amedrontador" de Durieu, que aprimorara suas habilidades combatendo rebeldes no México, eram inconfundíveis. Os Voluntários do Sena começaram a revistar casas antes dos soldados comuns, matando qualquer um que encontrassem com o uniforme da Guarda Nacional e portando um fuzil, ou que tivesse traços de pólvora na palma da mão. Mais tarde, no mesmo dia, gravemente ferido na Butte de Montmartre, Durieu foi levado para uma casa na rue des Rosiers ao lado do local onde os generais Lecomte e Thomas foram colocados contra um muro, em 18 de março. Ele morreu no dia seguinte. O oficial que o substituiu ordenou mais execuções. Leighton se lembrou de que, naquele dia quente, "todos os homens jovens encontrados nas ruas foram provisoriamente postos sob custódia, porque eles temiam todo mundo, até crianças, e uma vingança horrível e uma sede de sangue haviam se apoderado de todos. De repente, um tiro isolado era ouvido, seguido, um ou dois minutos depois, de mais cinco ou seis. Havia ocorrido uma nova represália".[57]

No pátio de um prédio, o marquês de Compiègne, dos Voluntários do Sena, deparou-se com um cavalo, que achou que devia pertencer a um insurgente. Enquanto pensava em como encontrar o dono, ele se viu de repente atacado por várias mulheres iradas, jovens e idosas, chorando e gritando "meu pai, meu filho!". Vários Voluntários do Sena apareceram carregando um jovem de aproximadamente 17 anos com uniforme da Guarda Nacional, "mais morto do que vivo": "Ele parecia um carneiro, com um aspecto tão estúpido que parecia impossível acreditar que pudesse cometer algum ato malicioso." O marquês se apiedou dele, empurrando-o para um quartinho. Toda vez que um soldado chegava, o marquês lhe dizia que já revistara o cômodo e não encontrara nada suspeito. Presumivelmente, o jovem sobreviveu. Outros não tiveram tanta sorte. O marquês levou para seu oficial de comando, Escolan de Grandpré, um prisioneiro com uniforme de marinheiro. Grandpré disse ao homem capturado que ele desonrara seu uniforme e estourou seus miolos ali mesmo. Na rue Marcadet, recordou o marquês, "corria sangue nos canais, como numa rua ao lado dos abatedouros".[58]

No lado oeste de Montmartre, o general Clinchant atacou via avenue de Clichy, avenue de Saint-Ouen e cemitério. As tropas do general Paul de Ladmirault seguiram pelas ruas Blanche e Pigalle, a sudoeste da Butte. O ataque pelo norte enfrentou pouca resistência, o que os comandantes versalheses já haviam previsto graças a seus espiões.⁵⁹ Os versalheses por fim tomaram a enorme barricada da place de Clichy naquela terça-feira e controlariam toda Montmartre no fim do dia.⁶⁰

Enquanto isso, Nathalie Le Mel fincava uma bandeira vermelha na barricada da place Blanche, abaixo da Butte. Ela e outros talvez 120 *communards* ofereceram forte resistência. Na luta em Montmartre, aqueles que defendiam barricadas tiveram pouco em termos de reforços, munição ou comida. A barricada na place Blanche sucumbiu às tropas do general Paul de Ladmirault antes do meio-dia. Alguns defensores que haviam sobrevivido ao combate foram imediatamente mortos. Outros conseguiram recuar para a barricada na place Pigalle. Sébastien Commissaire viu uma companhia de mulheres correndo para o combate. Quando se aproximavam da place Pigalle, "todas as que faziam parte dessa pequena tropa foram mortas ou feitas prisioneiras. De minha janela, vi várias das mulheres que eu vira descendo a rua com suas armas, momentos antes, marchando de volta, desarmadas e cercadas de soldados". Tropas de linha levaram um *communard* para um oficial versalhês. Este perguntou ao homem quem ele era e ele respondeu: "Lévêque, maçom, membro do Comitê Central!" O oficial atirou à queima-roupa na cara dele com sua pistola.⁶¹ As barricadas na place Pigalle resistiram durante três horas de combate brutal, mas não mais que isso. Alguns outros combatentes *communards* conseguiram chegar ao boulevard Magenta. Outros recuaram para Belleville.

Conhecida em Montmartre por seu trabalho com a cooperativa de consumidores La Marmite, Nathalie Le Mel era mais velha do que as jovens mulheres de um grupo que a seguia com braçadeiras de *ambulancières*, lenços vermelhos e fuzis. Quando uma artilheira *communard* foi ferida, Le Mel e outras duas mulheres forçaram a abertura da porta de uma farmácia no boulevard de Clichy. Ela procurou o *concierge* de um prédio próximo a fim de pedir óleo para cuidar da mulher ferida, mas não encontrou ninguém. Natalie tentou restaurar o moral, dizendo "Fomos atingidas, mas não conquistadas!", já que Montmartre ainda não estava tomada, embora estivesse sendo invadida por tropas versalhesas.⁶²

Louise Michel, que ajudava a cuidar dos feridos, foi do cemitério de Montmartre, onde *communards* estavam sendo executados, para a *mairie* a fim de tentar encontrar mais cinquenta homens para o combate. Ao voltar de uma das barricadas, apenas quinze homens ainda estavam lutando. O general Dombrowski se aproximou deles a cavalo, dizendo a Michel: "Estamos perdidos." Ela exclamou: "Não!" Eles apertaram as mãos antes de Dombrowski partir. Horas depois, ele foi morto na barricada da rue Myrha. Suas últimas palavras foram "Eu não sou nenhum traidor". Dombrowski foi enterrado com seu uniforme do exército polonês.[63]

MARIE HOLLAND, ESPOSA DO PASTOR EUGÈNE BERSIER, RELEMBROU em 23 de maio: "Que noite infernal passamos, com canhões e metralhadoras por toda parte à nossa volta." Eles esperaram seus "salvadores" e no início daquela manhã ouviram um grito vindo de fora de que a bandeira tricolor agora enfeitava uma barricada rua acima. Balas zuniam. Pouco tempo depois, o casal religioso pôde exclamar: "Deus seja louvado! Montmartre está tomada!" Ao voltarem para sua casa, que fora ocupada por *communards*, eles encontraram tudo em ordem e um bilhete: "Querido pastor, que Deus proteja sua casa, onde estávamos!" Todos os sinais indicavam que os ocupantes temporários saíram rapidamente. O casal se perguntou onde estariam agora – lutando em algum lugar, ou talvez já mortos. No dia seguinte, o pastor Bersier se deparou com mais de sessenta corpos de guardas nacionais. Ele quis anotar seus nomes para tentar notificar suas famílias, mas os soldados das tropas de linha não os tinham. Bersier se irritou quando viu pessoas gritando para os soldados que levavam os prisioneiros: "Matem-nos, enfiem o sabre neles, sem piedade, meus meninos!"[64]

SUTTER-LAUMANN, JOVEM MORADOR DE MONTMARTRE QUE FORA para o trabalho na *mairie* do 18º *arrondissement* no dia anterior, estava entre aqueles que atearam fogo perto da place Clichy. Ele rapidamente notou que um bom número de guardas havia trocado seus uniformes por roupas civis num esforço desesperado para evitar a captura e a morte certa. Uma barricada na rue Lepic tinha apenas uma dúzia de defensores, e outra mais acima, na mesma rua, apenas cinco ou seis. Aqueles que resistiam pareciam ser idosos ou muito jovens, poucos em idades intermediárias. Vinte mulheres marcharam em direção à rue Lepic atrás de uma bandeira vermelha. Porém, os canhões no Moulin de la Galette estavam novamente quietos, não oferecendo, portanto, nenhum encorajamento aos combatentes *communards*. Depois de uma troca de tiros com os defensores da barricada maior, mais abaixo na rue Lepic, os versalheses invadiram prédios vizinhos e dispararam de cima. Poucos minutos depois, aproximadamente metade dos guardas e mulheres estavam mortos ou feridos.

Sutter-Laumann conseguiu escapar do ataque versalhês seguindo rapidamente da place Clichy, via rue Véron, para a barricada mais acima na rue Lepic. Os canhões *communards* não tinham nenhuma granada. Ainda havia cinco ou seis *fédérés* em posição, mas logo eles se retiraram. O jovem *communard* foi para a place Saint-Pierre, onde granadas versalhesas estavam caindo. Ele soube que tropas de linha haviam tomado o boulevard Ornano e que a place du Château d'Eau estava completamente cercada, assolada por um "ciclone" de granadas. Da rue Tholozé, Sutter-Laumann pôde ver soldados de calça vermelha abaixo, no Moulin de la Galette. Gritos aqui e ali de "Vida longa à Comuna!" e "Os versalheses são covardes!" não seriam suficientes. Agora era hora de pensar em escapar. Na casa de um amigo, ele limpou com cuidado seu uniforme da Guarda Nacional e engraxou seus sapatos, na esperança de eliminar qualquer vestígio de combate.[65]

De repente, tiros soaram do lado de fora. Esperançoso, com poucos motivos para isso, o pai do amigo de Sutter-Laumann supôs que foram disparados por *fédérés*. Mas não. Quase imediatamente, oficiais versalheses ordenaram na rua que todas as janelas fossem fechadas e um deles exigiu saber se havia guardas lá dentro. Havia onze no porão, incluindo Sutter-Laumann e seu amigo. Quando eles saíram do porão, foram confrontados pelos fuzis das tropas de linha. Um oficial gritou "Você serviu à Comuna?". "Não, meu tenente", foi a resposta. "Então por que estava usando um uniforme da Guarda Nacional?" A resposta de Sutter-Laumann foi rápida. Ele estava vestido assim porque se tivesse saído sem uniforme naquela manhã teria se arriscado a ser preso. Então por que não havia ido para Versalhes? Ele disse ao oficial que tinha apenas 19 anos e morava com seus pais. Eles não haviam conseguido sair de Paris. O interrogador disse que havia conseguido chegar a Versalhes. Desesperado, Sutter-Laumann perguntou como poderia viver lá sem recursos. Quando o versalhês respondeu que suas despesas teriam sido pagas, Sutter-Laumann perguntou, esperançoso, como poderia saber disso.

Sutter-Laumann fez questão de responder ao oficial versalhês "em bom francês, sem o sotaque do *faubourg*", que poderia ter provocado imediatamente sua execução. De repente, salvas de tiros foram claramente ouvidas: "É em seus companheiros que estamos atirando." O jovem reprimiu um tremor. O versalhês então perguntou a ele qual grau de oficial ele tinha. "Nenhum", foi a resposta. Quando lhe foi feita a mesma pergunta, seu amigo Alcide admitiu que era sargento. O oficial lhes disse para pegar suas armas e trazê-las para baixo. Por sorte estas não tinham vestígios de disparos. Quando o oficial lhe disse para mudar de roupa, eles responderam que não tinham outra. Isso levou o oficial a encostar sua pistola na cabeça de Sutter-Laumann. Este se apressou a dizer que eles haviam vendido suas roupas durante o cerco.

Sutter-Laumann e seu companheiro Alcide tiveram uma sorte tremenda. Muitos outros não tiveram. O oficial dos Voluntários do Sena sabia que com frequência os versalheses não estavam fazendo prisioneiros. Execuções sumárias estavam se tornando uma rotina. Ele de certa forma gostara dos dois jovens. O oficial de repente lhes disse que havia morado no mesmo *quartier* por muito tempo. Ele os aconselhou a ir para casa, ficar lá e se livrar dos uniformes e de qualquer coisa – broches, condecorações militares de qualquer tipo – que sugerisse uma ligação com a Comuna. O oficial lhes assegurou que os soldados que vinham atrás deles não seriam tão compreensivos. Os dois jovens correram para o apartamento. Os outros guardas nacionais por fim saíram do porão, como haviam feito Sutter-Laumann e Alcide momentos antes; tiveram sorte por não terem feito buscas no prédio. Eles rapidamente se transformaram em civis e podem ter sobrevivido.

Agora, aonde ir? As mulheres do bairro haviam acabado de encontrar 37 cadáveres na rue Lepic. Sutter-Laumann, Alcide e sua família somavam dez pessoas no pequeno apartamento. Soldados versalheses chegaram. Eles deram uma olhada em Sutter-Laumann e nos outros e seguiram adiante. Então outro grupo veio, desta vez mais determinado, exigindo que todas as armas no prédio fossem levadas para baixo. Mas também foi embora. Depois vieram mais soldados, revistando cada apartamento. Eles descobriram um uniforme. Mas seu dono não foi encontrado e eles também partiram. Por quanto tempo mais poderia essa sorte continuar?

    O grupo seguinte de soldados versalheses que entrou no pátio abaixo estava bêbado, alguns mal conseguiam ficar em pé com todo o vinho e *eau-de-vie* que haviam entornado. Eles quebraram garrafas vazias no chão. Seus oficiais também estavam bêbados – "uma bebedeira temível, bêbados de sangue. Seus movimentos são bruscos, nervosos. Eles se expressam violentamente", recordou Sutter-Laumann. De vez em quando, podia-se ouvir o grito de uma mulher do lado de fora, como se outra pessoa estivesse sendo presa. A noite chegou. O cachorro de Alcide latiu durante a longa noite, a ponto de Sutter-Laumann literalmente tentar – sem conseguir – estrangulá-lo, temendo que soldados versalheses pudessem aparecer. Ao colocar o animal embaixo de uma coberta, eles finalmente o mantiveram quieto.

    Cedo na manhã seguinte, Sutter-Laumann persuadiu uma jovem a sair com o dinheiro que ele tinha e lhe comprar umas roupas civis mais convincentes. Sons de combate ainda podiam ser ouvidos, mas agora mais distantes. A mulher voltou com um pequeno chapéu em formato de melão e costurou botões em suas roupas, eliminando todos os vestígios de enfeites vermelhos. Ele já não era um guarda nacional. No início da tarde, um garoto pequeno bateu à porta, com uma mensagem do pai de Sutter-Laumann dizendo a ele que a essa altura era mais perigoso se esconder do que se aventurar a sair à rua. Seu pai também tivera muita sorte. Depois de ser dissuadido por sua mulher de lutar numa barricada, foi interpelado por um versalhês enquanto tentava dar a impressão de que era empregado de um comerciante de vinho. Por suas respostas, o soldado o tomou como um "homem respeitável" e ignorou o fato de que inadvertidamente ele calçara suas botas militares para seu trabalho na *mairie* do 18º *arrondissement*.

    Com uma sorte extrema por ter sobrevivido, Sutter-Laumann foi para o trabalho na *mairie*, sentando em sua escrivaninha habitual. Como sempre, o recinto em que ele trabalhava estava cheio de mulheres em busca de certificados que as autorizassem a receber uma quantidade maior de pão – "a privação não tira folga". Ele não pôde deixar de notar homens que nunca havia visto antes observando tudo com muita atenção. Eram espiões da polícia à procura de *communards*.

Quando pai e filho estavam saindo da *mairie*, seu chefe correu até eles e revelou um suposto plano para matar todos os funcionários municipais dali. "Meu pobre filho", balbuciou o pai de Laumann, "joguei você na boca do lobo." Um delegado civil do governo de Versalhes havia detido um trabalhador que deixara escapar um velho hábito e o chamara de "cidadão"; agora, o delegado versalhês queria matar todos eles. Apavorados, Sutter-Laumann e seu pai resolveram chegar ao trabalho às sete horas para mostrar seu zelo. Eles apertaram a mão daqueles que usavam uniformes versalheses. Toda noite, durante oito dias, os funcionários eram escoltados para casa por um soldado armado, mais para impedir que fossem presos e talvez executados do que para impedir uma fuga. Sutter-Laumann conseguiu se livrar de cartuchos de munição comprometedores em seu apartamento queimando parte da pólvora e jogando o restante numa fonte.[66]

NA LUTA, CONFUSÕES ERAM INEVITÁVEIS. UMA LAVADEIRA GENTILmente forneceu sopa de cebola a alguns soldados versalheses, sem perceber que seus "convidados" não eram guardas nacionais *communards*. Os uniformes contribuíam para esses erros. Certa ocasião, Hans e outros Voluntários do Sena entraram numa casa de onde achavam que um tiro fora disparado e encontraram um *communard* trocando um uniforme de cavalariano por uma roupa de trabalhador. Supondo que seus visitantes eram guardas nacionais, ele explicou que estava se disfarçando para chegar mais perto do fogo dos soldados de Versalhes. Foi executado como desertor. Uma mulher em Montmartre ouviu alguém batendo à porta. Encontrou no corredor vários homens uniformizados, que lhe perguntaram onde estava seu marido. Ela respondeu que ele estava dormindo, porque acabara de voltar da luta à noite inteira nas barricadas. Infelizmente, os homens armados não eram guardas nacionais, mas sim Voluntários do Sena. Eles rebocaram seu marido para um destino incerto.[67]

A QUEDA DE MONTMARTRE, COM SUA FAMA DE INEXPUGNÁVEL, FOI um enorme golpe para o moral *communard*. Os versalheses estavam agora ao alcance dos *quartiers* abaixo, que os canhões de Montmartre poderiam talvez ter protegido. Aqueles que resistiam abandonaram esses *quartiers* centrais, recuando para os bairros do nordeste. O caminho estava agora livre para as forças versalhesas invadirem Belleville, onde os *communards* mantinham artilharia e munição. Mas seus artilheiros não foram encontrados. As tropas de linha e os Voluntários do Sena haviam feito 2 mil prisioneiros durante a luta e nas buscas que fizeram sistematicamente de casa em casa. De sua parte, o marquês de Compiègne ficaria feliz em ver mortos "todos aqueles que eram líderes da insurreição", que haviam preparado tão cuidadosamente "com o único objetivo de satisfazer sua ambição e sua vingança". Porém, os Pyat, Rochefort e Courbet não foram encontrados nas barricadas. Muitos líderes *communards* simplesmente desapareceram na noite.[68]

Raoul Rigault ainda estava em Paris, determinado a lutar até o fim. Na quarta-feira, ele cavalgou até a prisão de Sainte-Pélagie para resolver uma questão pessoal. Foi à cela de Gustave Chaudey, cuja prisão ordenara em 13 de abril, para lhe dizer que ele seria executado imediatamente. Rigault nunca perdoara Chaudey, que já fora seu amigo, por ter ordenado a guardas que disparassem contra manifestantes no Hôtel de Ville, matando Théophile Sapia, outro de seus amigos. Um pelotão de fuzilamento de oito homens, comandado por Rigault, executou Chaudey e em seguida três gendarmes, como se não bastasse.[69] Rigault em seguida se reuniu com outros blanquistas na *préfecture de police*, onde sempre se sentira em casa. Ele propôs a explosão de pontes e a organização da resistência final na Île de la Cité, para onde os reféns seriam levados. Agora ele acreditava que a derrota era inevitável e que a Comuna deveria terminar de uma maneira que incentivasse seus sucessores em outras revoluções. Rigault começou a empilhar documentos da polícia em caixas.

O que restava da liderança *communard*, agora apenas vinte homens ou quase isso, reuniu-se (sem a presença de Rigault) no Hôtel de Ville no início daquela noite de 23 de maio. Eles sabiam que Montmartre caíra e que a esperança de sobrevivência da Comuna estava diminuindo a cada hora. Charles Delescluze estivera ali o dia inteiro, assinando proclamações com a mão trêmula enquanto ouvia apenas notícias ruins. Ele não dormia há três dias e mal conseguia falar devido a uma laringite. No dia seguinte, Charles Beslay, membro da Comuna, perguntou-lhe se eles não deveriam retirar as mulheres e crianças de Paris. Delescluze respondeu que, com as ruas bloqueadas por barricadas e soldados versalheses protegendo os portões do oeste, não via como poderiam fazer isso. Embora tudo estivesse perdido, a edição final do *Le Cri du peuple* naquele dia proclamava bravamente: "Um último esforço e a vitória é nossa."[70]

Firmes defesas *communards* permaneciam no 13º *arrondissement* e na Rive Droite na praça da Bastilha, na place du Château d'Eau e no 11º *arrondissement*, bem como em Belleville e em grande parte do proletário 20º *arrondissement*. As forças de Thiers avançavam rapidamente em todas as frentes, massacrando enquanto passavam.

SE EMBAIXO OS *COMMUNARDS* DE PARIS ESTAVAM AMARGAMENTE DEsencorajados, no alto de Belleville eles ainda tinham esperança. Reclus entrou na igreja neogótica de Belleville por volta das dez horas da manhã de terça-feira. Um jovem vigário estava ensinando catecismo a meninos e meninas. Ele lembrava que o Inferno esperava pelos "incrédulos e revolucionários" e relatava que, nos dois meses de anarquia que estavam vivendo, a Comuna impusera uma perseguição sem precedentes à Igreja. Mesmo em Belleville, os membros da Igreja continuavam se opondo à Comuna, enquanto a luta se aproximava cada vez mais.

Olhando Paris do alto de Belleville, Reclus se lembrou da visão de Genebra. Sob um sol glorioso, a cidade se estendia ao longe a seus pés, "uma vasta planície rochosa, como uma imensa colmeia, em que a palha e os ramos foram substituídos por torres de sinos, colunas e arcos do triunfo". Abaixo, o "Partido da Ordem" estava em ação com canhões, fuzis e baionetas.[71]

No 18º *arrondissement*, as execuções continuaram na quarta-feira, mesmo depois da tomada de Montmartre. Na rue Myrha, dois soldados versalheses seguiram um homem até uma casa, onde ele tentou se esconder. Eles o mataram a tiros no local. Quando saíam, o *concierge* lhes perguntou se iriam deixar o corpo ali. Como a resposta foi afirmativa, ele lhes pagou para removê-lo numa carroça. Cada um deles pegou uma das pernas do homem, cuja cabeça foi batendo no chão enquanto eles o levavam para um monte de lixo. Espectadores aplaudiram. Na rue Montmartre, soldados estavam à procura de um capitão *communard*. Ao encontrarem apenas seu filho de 12 anos em casa, eles o mataram. E quando um jovem os repreendeu pelo ato, eles o mataram também.[72]

Os versalheses instalaram uma corte marcial em Montmartre naquele mesmo dia, no nº 6 da rue de Rosiers, onde os generais Thomas e Lecomte foram executados em 18 de março. Quarenta e dois homens, três mulheres e quatro crianças foram mortos ali, alguns deles obrigados a se ajoelhar de frente para um muro antes de serem executados.[73]

Um homem que morava perto da Porte Saint-Denis e apoiava os versalheses viu, de sua janela, quando guardas reforçaram às pressas a barricada abaixo e arrastaram um canhão para a Igreja da Madeleine; eles também pareciam determinados a manter a defesa. No início da tarde de quarta-feira, uma companhia da Guarda Nacional apareceu. Sentinelas que apareceram nas interseções do boulevard Saint-Denis obrigavam os transeuntes a acrescentar uma pedra do calçamento à barricada. Mais *fédérés* vieram, ameaçando "explodir os miolos" de qualquer um que fugisse. Depois de uma noite maldormida, o morador desceu na manhã seguinte para dar uma olhada mais de perto. Ele passeou, como num dia comum, aparentemente alheio ao perigo, e perguntou calmamente a seu vizinho: "E então! As coisas estão esquentando?" Ele não deve ter notado o *fédéré* que passou a cavalo levando o corpo de um *communard*.[74]

Edgar Monteil, jornalista do *Le Rappel* e guarda nacional, sobreviveu à batalha e às execuções, mas testemunhou pessoalmente o ódio que levou os versalheses a matar tantos *communards* – homens, mulheres e crianças igualmente – *en masse*. Ele e um colega chamado Lemay voltaram para seu escritório a fim de dormir. Soldados arrombaram a porta do escritório. Os versalheses revistaram o escritório, encontrando apenas uma arma que não era usada desde o cerco prussiano, mas os exemplares do *Le Rappel* foram suficientes para garantir a prisão. Um oficial perguntou sobre aqueles novos prisioneiros e foi informado: "Eles são do *Le Rappel*." O comandante se virou para os jornalistas: "Foram vocês que acenderam a fogueira dessa guerra civil!" Mas por enquanto nenhum fuzil se armou em prontidão. Monteil e Lemay foram trancafiados num velho posto de guarda, famintos e sedentos. Enquanto escondia documentos comprometedores, Monteil havia pensado em levar algum dinheiro. Eles bateram com força na porta, pedindo pão e água ao guarda do lado de fora. Este perguntou se eles tinham dinheiro e Monteil lhe deu dez francos. Jamais viram pão ou água, o guarda, ou o dinheiro.

Monteil e Lemay foram levados para Versalhes num comboio de 500 prisioneiros. Um oficial lhes disse, quando eles passaram perto dos baluartes, que os *communards* estavam sendo mortos lá, mas não todos, porque "nós faremos uma escolha, com certeza". Monteil percebeu que certamente nunca detestara os versaheses tanto quanto os *anticommunards* os odiavam. Em contraste com a classe média parisiense, os habitantes das vilas afastadas pareciam solidários à situação dos prisioneiros. Mas diante dos portões de Versalhes aquilo começou de novo: "Parisienses sujos!", gritou um capitão, "Cambada de ralé! Vocês vão entrar na capital da gente do interior, pessoas boas, dignas e honestas! Tirem seus chapéus, vermes, sem chapéus!" Ele batia com a superfície plana de sua espada naqueles que se recusavam a tirá-los. Na place des Armes, os bem-vestidos jogaram lama nos prisioneiros maltrapilhos e uma senhora bateu neles com sua bengala. Outro capitão ordenou que saudassem o palácio dos reis, erguendo sua espada em advertência. Quando eles chegaram ao campo de prisioneiros de Satory, em Versalhes, soldados de linha gritaram: "Estão vendo o moedor de pimenta [*la mitrailleuse*]? [...] Nada a temer!"[75]

CAPÍTULO 7

A MORTE CHEGA PARA O ARCEBISPO

MONTMARTRE, O GRANDE BASTIÃO DA COMUNA QUE SE ERGUIA sobre Paris, havia caído na terça-feira, 23 de maio. A quarta-feira, 24 de maio, seria outro dia crítico. A missão das tropas de Thiers parecia mais fácil. O Comitê de Segurança Pública – alguns de seus membros já haviam fugido da cidade – estava agora em reunião permanente no Hôtel de Ville. Na quarta-feira, a Comuna emitiu uma proclamação às tropas versalhesas: "Não abandonem a causa dos trabalhadores! Façam como seus irmãos fizeram em 18 de março!" Isso era acompanhado de uma mensagem do próprio Comitê de Segurança Pública, manifestando uma esperança com pouca razão de ser de que a Comuna ainda durasse: "Assim como nós, vocês são proletários. [...] Juntem-se a nós, irmãos!"[1]

Os versalheses não cederam. Não haveria uma repetição do 18 de março. Combatentes *communards* prepararam suas armas. Quando Paris despertou, o céu estava vermelho e preto de fumaça que subia do Palais de la Légion d'Honneur, do Palais-Royal e de casas na rue Royale – onde o relógio havia parado às 13:10 da tarde anterior.[2] No Hôtel de Ville, guardas nacionais dormiram onde podiam, no meio de homens feridos que descansavam em colchões ensanguentados. Dois homens chegaram trazendo um oficial que perdera a maior parte do rosto e da mandíbula, atingido por uma granada versalhesa. Mal conseguindo se fazer ouvir e agarrado a restos de uma bandeira vermelha, ele incentivou seus compatriotas a continuar lutando. Gabriel Ranvier, um membro da Comuna proveniente do 20º *arrondissement*, ordenou a dois homens que voltassem para seus *arrondissements* e liderassem a luta, ameaçando matá-los se fracassassem.

Em outra sala de um andar superior, membros da Comuna e vários oficiais militares, alguns com roupas civis, estavam sentados ao redor de uma grande mesa, discutindo solenemente a situação cada vez pior. Eles haviam se reunido a noite inteira e deviam estar exaustos. Durante o curso de suas deliberações, ordenaram a execução de um espião versalhês, cujo corpo foi jogado no Sena. Como observou Prosper-Olivier Lissagaray, a esperança se fora, mas a coragem ainda permanecia. Charles Delescluze estava ali, determinado; no entanto, dava a impressão de ser um homem derrotado que fingia que estava tudo bem enquanto esperava o ato final. Numa sala perto da entrada do Hôtel de Ville estava o corpo do general polonês Jaroslaw Dombrowski. Os estrondos assassinos dos canhões se insinuavam ali dentro.[3]

Uma proclamação do Comitê de Segurança Pública tentou tranquilizar a população. Embora, graças à "traição", as forças versalhesas tivessem ocupado parte de Paris, esses reveses não deveriam "desanimar você, mas sim estimulá-lo à ação". Os parisienses deveriam construir mais barricadas para tornar a cidade "inexpugnável". Mas certamente era tarde demais para isso. A ausência de um planejamento centralizado para a defesa da capital estava ainda mais tristemente aparente. O Comitê Central apelou também aos soldados de Versalhes, instando-os a não lutar pelo "despotismo militar", dizendo que a desobediência era "um dever" e pedindo a eles para "fraternizar" com as pessoas.[4]

Naquele mesmo dia, Adolphe Thiers, temendo uma reação hostil em outras partes da França a todas as execuções sumárias, enviou um telegrama às prefeituras das províncias anunciando que o marechal Patrice de MacMahon avisara aos *communards* para se renderem ou se arriscariam a ser mortos. Nenhuma notificação desse tipo fora enviada a Paris. Thiers e seu governo queriam nada menos que a execução de tantos insurgentes parisienses quanto possível. O presidente do governo provisório assegurou à Assembleia Nacional: "Nossos soldados valentes se comportam de maneira a inspirar países estrangeiros com a mais alta estima e admiração."[5] Na época, os membros da Assembleia Nacional talvez não estivessem conscientes da extensão das execuções sumárias. Mas a maioria deles certamente não se importava.

Às 9 horas, a Delegação de Guerra da Comuna emitiu uma ordem, datada de "*4 prairial an 79*", para destruir qualquer casa de onde tiros fossem disparados contra guardas nacionais e executar todas as pessoas no prédio se elas não entregassem imediatamente os "autores do crime". Enquanto os versalheses avançavam e penetravam ainda mais na cidade, a Guarda Nacional insistia para que as janelas fossem fechadas porque alguns soldados *communards* haviam sido "traiçoeiramente" mortos a tiros quando estavam nesses lugares.⁶

Embora Montmartre tivesse caído, a luta continuava e as baixas aumentavam. Em 24 de maio, de manhã cedo, o batalhão de Albert Hans desceu a colina de Montmartre em direção à Porte Clignancourt, onde barricadas também haviam caído no dia anterior. Em seguida, virando na direção da Gare du Nord, na chaussée Clignancourt, eles se depararam com os corpos de uma dúzia de soldados versalheses. Também encontraram armas abandonadas às pressas por parisienses, inclusive alguns dos canhões apreendidos pela população na place Wagram em 18 de março, que agora parecia uma eternidade atrás. Uma bandeira tricolor tremulava sobre o Moulin de la Galette. Na rue Rochechouart, balas ainda zuniam, disparadas de barricadas na esquina da rue du *faubourg*-Poissonnière, no boulevard d'Ornano e no boulevard Magenta. Essas posições também logo caíram. Na confusão, Hans e outros Voluntários do Sena se viram alvos de disparos de soldados versalheses comuns, antes de conseguirem se identificar.⁷

Um guarda chegou à porta do apartamento onde Élie Reclus estava e pediu ao amigo que o hospedava para "assumir uma posição na barricada que está sendo construída aqui perto". O amigo de Reclus respondeu que tinha mais de 40 anos e, portanto, estava dispensado do serviço na Guarda Nacional. O guarda retrucou dizendo que estava tudo bem e então voltou para a barricada. Ele não dirigiu uma palavra a Reclus, que estava no cômodo ao lado com a porta aberta. De repente, uma explosão como um trovão, perto demais, envolveu tudo numa enorme nuvem de fumaça branca. Combatentes *communards* haviam explodido o depósito de munição nos Jardins de Luxemburgo para retardar o avanço versalhês. Da janela, Reclus e seu amigo puderam ver fogos queimando a distância. Logo depois, tropas de linha varreram as barricadas próximas, sem deixar nada além de escombros.

Reclus não esqueceria a cena: "Vitoriosa, a bandeira tricolor foi hasteada sobre uma pilha de cadáveres, num mar de sangue."[8]

Reclus refletiu sobre a falta de esperança da situação. Paris estava impotente diante de um exército de 130 mil homens com 500 canhões, uma imensa "horda de bonapartistas, clérigos, orleanistas e conservadores" decididos a destruir a república democrática e social. Mal organizados e sem líderes eficientes, os *communards* estavam "boiando como a infeliz água-viva encalhada pela devastação de uma tempestade, nossa força de vontade é inútil, nossos esforços em vão, nossa esperança se tornou ridícula, [...] nossas pequenas vidas são engolfadas por esses eventos inacreditáveis". A noite inteira se pôde ouvir o "clamor horripilante do alarme doloroso soando em Belleville e Ménilmontant, silenciando e depois recomeçando, seguido do rufar desesperado dos tambores chamando todos para o combate".[9]

Nem todos os parisienses notaram o derramamento de sangue. Enquanto a luta prosseguia no leste de Paris, Gustave des E. dormia. Ele se aventurou bravamente a sair, "depois de um bom almoço", é claro, para ir ao seu clube, evitando a rue Royale em chamas, onde, como descreveu Théophile Gautier, o fogo "continuava o trabalho dos tiros e de canhão e granadas. Casas destruídas revelam seu interior como corpos estripados". Doze membros do clube haviam de algum modo conseguido chegar até lá, portanto Gustave não jantou sozinho.[10]

Georges Jeanneret viu a maré versalhesa varrendo as defesas *communards*: "Enquanto a batalha continua em Paris e seus *faubourgs*, a Paris burguesa comemora seu triunfo em seus bairros suntuosos." Era impossível ignorar que aquela era em grande parte uma guerra de classes. O tempo estava bonito. Senhoras bem-vestidas, algumas carregando sombrinhas "para proteger a pele do sol forte, [...] aproximam-se dos cadáveres estendidos e, com a ponta de suas sombrinhas, removem deliberadamente os quepes ou as roupas postos sobre os rostos dos mortos". Uma mulher se aproximou e repreendeu uma delas: "Madame, os mortos devem ser respeitados."[11]

Maxime Vuillaume sabia muito bem que o fim estava próximo e que precisava destruir qualquer evidência que o ligasse aos *communards*. Ele rasgou um ingresso para a derrubada da Coluna Vendôme e, ainda mais comprometedora, uma carteira de identidade que lhe fora dada pela Comuna e trazia seu nome, endereço e profissão: jornalista. Ele não tinha nenhuma ilusão: da rue Lacépède, no quinto *arrondissement*, podia ouvir as salvas de execuções no Jardin des Plantes. Ao cruzar a place Saint-Michel, uma jovem lhe disse: "Vamos, cidadão, seu paralelepípedo!" Vuillaume fez o favor, pondo uma grande pedra na barricada erguida para bloquear a estrada para o *quai* e a Pont au Change. Às 11:30, a barricada estava mais ou menos pronta, mas onde estavam os guardas para defendê-la? Na esperança de conseguir almoço e notícias, Vuillaume foi para o restaurante Chez Lapeyrouse, junto ao Sena, onde Raoul Rigault jantava com frequência na companhia de seus colegas *communards* da *préfecture de police*. Cinco ou seis mesas estavam ocupadas. Vuillaume almoçou com amigos. Com a conta veio a notícia de que os versalheses estavam perto.

Ao voltar para a place Saint-Michel, Vuillaume esbarrou com Rigault, que sugeriu uma bebida no Café d'Harcourt. Rigault lhe contou que no início da noite anterior seu velho amigo Gustave Chaudey fora executado. Antes que Vuillaume, abalado com a notícia, pudesse reagir, Rigault partiu, dizendo: "Vejo você em um minuto. No Panthéon!" Vuillaume subiu o boulevard Saint-Michel, deparou-se com uma *ambulance* ao lado dos jardins e apertou a mão de pessoas que conhecia. Ninguém disse uma palavra. Na rue Royer-Collard, ele encontrou Rigolette, que dirigia o Cochon Fidèle na esquina da rue des Cordiers. Ali, dois *communards* estavam atrás de uma barricada, prontos para lutar, em frente à casa de um dos ex-professores de Villaume, Joseph Moutier, que ensinara física a Rigault. A morte estava no ar, intensificada pela aparente normalidade de passar caminhando pela casa de alguém que os dois *communards* conheciam e admiravam.[12]

A unidade de infantaria versalhesa de Julien Poirier fizera cinquenta prisioneiros sem disparar um tiro, depois de passar a noite com soldados na calçada em frente ao Les Invalides. Quando se aproximavam dos Jardins de Luxemburgo, eles enfrentaram fogo de canhão e vários soldados versalheses foram mortos. Enquanto avançava, Poirier viu uma mulher com uma bandeira vermelha entrando num prédio e disse a seu capitão, que enviou homens atrás dela. No alto da escada, eles a encontraram no sótão, "armada até os dentes". Empurrando-a para o meio do cômodo, eles se revezaram para espancá-la com a coronha de seus fuzis. Poirier e alguns dos outros a obrigaram então a descer a escada, matando-a antes de chegarem ao andar térreo.

Outra vez do lado de fora, eles notaram que as granadas *communards* já não estavam caindo. Enquanto o depósito de munição nos Jardins de Luxemburgo explodia, os soldados continuaram a avançar, de olho nos prédios dos dois lados, temendo atiradores. Ao chegarem ao boulevard Saint-Michel, eles enfrentaram uma oposição determinada e, por enquanto, não conseguiram atravessar uma das principais artérias de Paris.[13] Embora os bulevares do barão Georges Haussmann tenham ajudado os versalheses, permitindo que se deslocassem rapidamente para o centro de Paris, deram também aos combatentes *communards* a chance de se defender com fogo de canhão, retardando o ataque.

Para Edmond de Goncourt, a fumaça escura que pairava agressivamente sobre a cidade deu a impressão de "um dia de eclipse". O cheiro acre da gasolina impregnava o ar. O apocalipse chegara a Paris. Enquanto nuvens de fumaça jorravam no ar, espalhavam-se histórias extraordinárias de que novos e terríveis meios de destruição eram iminentes. O barão de Montaut, um agente de Thiers que trabalhava em Paris, insistiu que os *communards* haviam minado os esgotos de Paris, o que não era verdade.[14]

As tropas versalhesas encontraram bolsões de resistência *communard* naquela quarta-feira no sexto *arrondissement*. Tropas de linha derrubaram a barricada no carrefour de l'Observatoire, acima dos Jardins de Luxemburgo, e logo os bairros em torno dos Jardins de Luxemburgo, de Saint-Michel e do Panthéon estavam cercados. Foi afixado um aviso *communard* de que, no interesse da defesa de Paris, o Panthéon seria explodido dentro de duas horas. Aqueles que moravam no *quartier* pediram para "se deslocar para uma distância razoável da área da explosão". Os bairros em torno do Panthéon se tornaram um campo de batalha. Soldados versalheses direcionaram os *communards* para fora dos Jardins de Luxemburgo, atacando a barricada que defendia a rue Soufflot, abaixo do Panthéon e da Sorbonne. Defensores *communards* recuaram na direção do Sena, deixando para trás barricadas nas ruas Royer-Collard e Gay-Lussac, que caíram quando os versalheses flanquearam a resistência, tomando ruas laterais. Tropas comandadas por Cissey avançaram para o Panthéon, porém foram impedidas quando Maxime Lisbonne ordenou que o depósito de munição nos jardins fosse destruído.

Mas os versalheses haviam destruído completamente o que restava da pequena resistência *communard*. Naquele dia, cerca de 700 *communards* foram mortos nos arredores do Panthéon, incluindo 40 na rue Saint-Jacques. Oficiais *communards* locais se reuniram pela última vez na *mairie*, na place du Panthéon.[15] Eles rejeitaram uma sugestão de que se rendessem. *Communards* sobreviventes desceram a colina e passaram sobre o Sena a caminho do 11º *arrondissement*.

Alexander Thompson, um jovem inglês, morava com seus pais no boulevard Saint-Michel, do outro lado dos Jardins de Luxemburgo, portanto testemunhou a luta pessoalmente. Duas barricadas ficavam em frente à sua casa, "sob o comando de uma bonita amazona cuja beleza, modos encantadores e revólver sempre pronto convenciam cada transeunte a dar uma mão". Várias horas depois, ele viu a mulher, agarrada a um fuzil, estendida morta sobre a barricada da rue Soufflot. Um soldado rasgou suas roupas com a espada para diversão dos outros soldados.[16]

Reclus assistiu ao pôr do sol da pont de Bercy, atrás da Gare de Lyon, "as águas verdes fluindo lenta e silenciosamente: os faróis, seus mastros e os arcos das pontes são claramente refletidos em seu espelho calmo". A distância, ele pôde ver "uma chuva dourada e prateada de opalina, pérolas iridescentes, uma poeira cor de laranja, [enquanto] os monumentos se erguem perfilados em vapores levemente violeta". Uma bandeira vermelha ainda tremulava no alto do Panthéon, mas logo seria substituída pela tricolor. Ele pôde ouvir "o som distante que flutua no céu luminoso, a canção da corneta, o assovio de balas e o crepitar de metralhadoras".[17]

Infelizmente para Raoul Rigault, ele estava perto do Panthéon pouco antes de esse cair. Mais cedo, naquele dia, ele fora à sua amada *préfecture de police* com o sempre fiel Théophile Ferré. Rigault libertou alguns suspeitos políticos e vários criminosos comuns ainda em custódia, gritando: "Vamos, bandidos, nós vamos queimar esse lugar! Não queremos assar vocês!" Um homem chamado Veysset, que fora preso dez dias antes como suposto espião de Versalhes, acusado de tentar subornar o general Jaroslaw Dombrowski, também estava numa cela ali. Ao vê-lo, Rigault o entregou a Ferré e Georges Pilotell, artista medíocre e policial *communard*, que o levaram com soldados dos Vengeurs de Flourens até a estátua de Henrique IV, na extremidade oeste da Île de la Cité. Ali, eles o mataram.[18]

Rigault, com seu uniforme de comandante do 114º Batalhão da Guarda Nacional, foi para o Panthéon, em seu antigo *quartier*, para incentivar a resistência. Um de seus amigos o lembrou que usar aquele uniforme talvez não fosse uma boa ideia, caso fosse capturado. "*Mon vieux*", reagiu ele, "melhor morrer assim! Isso será útil da próxima vez!" Depois de a barricada na rue Soufflot cair, Rigault entrou num hotel na rue Royer-Collard. Ele havia alugado um quarto ali sob o nome de Auguste Varenne. Agora, queria talvez descansar e esperar seu destino. Perto dali, vários soldados de linha, um deles um cabo que havia visto um guarda abrir a porta e entrar, correram até o hotel e o invadiram. Eles interpelaram o dono do hotel, um certo *monsieur* Chrétien.[19]

Rigault, ao ouvir o tumulto, subiu a escada até o sexto andar. Os soldados ordenaram ao dono do hotel que o procurasse e lhe dissesse que matariam ele próprio – *monsieur* Chrétien – se ele não descesse. Eles não sabiam que o homem que queriam capturar era Raoul Rigault, que propôs ao hoteleiro que ambos empreendessem uma fuga arriscada pelos telhados. Quando Chrétien se recusou, Rigault reagiu: "Não sou idiota nem covarde. Vou descer." Os soldados estavam esperando por ele no segundo andar. Eles o levaram na direção dos Jardins de Luxemburgo, onde pelotões de execução estavam agindo. Rigault anunciou a seus captores: "Aqui estou eu! Sou eu!" (*Me voilà!*), entregando sua pistola. Sem saberem ao certo quem haviam capturado, eles encontraram um oficial que perguntou ao prisioneiro seu nome. Rigault, uma presa valiosa, identificou-se. Quando ele gritou "Vida longa à Comuna! Abaixo os assassinos!", os soldados o puseram contra o muro e o mataram.

O corpo de Rigault ficou estendido no chão. Os chamados "homens da ordem" que o haviam matado o cutucaram com seus guarda-chuvas e bengalas. O artista Georges Pillotel, que o admirava, deparou-se com o cadáver e o desenhou. Por fim, Rigolette, que dirigia o café Cochon Fidèle, trouxe um cobertor velho e cobriu a cabeça ensanguentada de Rigault.[20]

HENRI DABOT ERA UM BURGUÊS, REPUBLICANO MODERADO E CATÓlico fervoroso. Agora, a luta se desenrolava em seu bairro. *Communards* foram mortos na barricada da rue Cujas, acima da rue Saint-Jacques. A cozinheira de Dabot, Marie, tentou esconder um menino de 14 ou 15 anos que era perseguido por soldados, achando que ele havia disparado um tiro contra um capitão depois da queda da barricada na esquina da rue Saint-Jacques com rue des Écoles. O garoto, que morava perto da igreja de Saint-Étienne-du-Mont, ao lado do Panthéon, era pequeno o suficiente para se esconder, literalmente, na saia da cozinheira. Porém os soldados o encontraram, levaram-no para o Museu de Cluny e o mataram ali em frente. Os amigos do menino encontraram seu corpo.

Agora que as barricadas nas ruas Saint-Jacques e Cujas haviam caído, *communards* começavam a se retirar do quinto *arrondissement*. Um *fédéré* foi de casa em casa, dizendo às pessoas para correr e salvar suas vidas. Na rue Clovis, uma mãe reagiu: "Correr! Correr para onde? Uma chuva de balas em toda parte! Sair daqui seria a maneira mais certa de encontrar a morte." Ela segurou seus dois filhos pequenos nos braços, dizendo "pelo menos podemos morrer juntos", rezando a Santa Genoveva por proteção.[21]

A luta desceu o boulevard Saint-Michel e seguiu pela rue Saint-Jacques até a rue des Écoles e o boulevard Saint-Germain. A barricada na rue de la Montagne-Sainte-Geneviève caiu, seguida de outras nas ruas Ulm, Lacépède e Monge. Jean Allemane achou que restavam apenas cerca de 200 *communards* lutando no quinto *arrondissement*, alguns deles com não mais do que 15 anos de idade. Depois de dois dias de duros combates, no início da noite de quarta-feira as últimas defesas *communards* do quinto *arrondissement* e do Quartier Latin caíram sob os versalheses na rue Monge, ao lado do muro romano do anfiteatro, da época da origem da própria Paris.[22]

Quando a luta terminou no Quartier Latin, vinte corpos jaziam na rue Sommerard; outros estavam espalhados acima da interseção com o bulevar Saint-Michel. Na rue Cardinal Lemoine, soldados tiraram da cama Eugène André, um matemático e professor conhecido por sua oposição ao império. Ele não servira à Comuna e recusara um cargo na área da educação que lhe fora oferecido. André, que ignorara o aviso para se esconder, foi morto imediatamente, deixando para trás suas tabelas matemáticas cuidadosamente calculadas, não o tipo de coisa que teria interessado a Adolphe Thiers.

O JORNAL VERSALHÊS *LA PETITE-PRESSE* INFORMOU AOS LEITORES EM Versalhes e nas províncias que os soldados se recusavam a fazer mais prisioneiros. A notícia quase certamente agradou a muitos leitores. Um *communard* lembrou que tudo o que se podia ouvir no Quartier Latin eram "sons de pelotões de execução [...] a cada passo, corpos, a cada segundo, o som de tiros matando pessoas comuns". Isso significou a morte de um homem de 80 anos na rue du Dragon, detido por usar o quepe de um guarda nacional.[23] Milhares de outros parisienses tiveram o mesmo destino.

Os rumores agora eram de que os *communards* estavam se preparando para reconquistar territórios perdidos enviando batalhões da Guarda Nacional para além dos baluartes em torno do norte de Paris e, depois, para os distritos do oeste da capital. A essa altura, tal tática já não era uma possibilidade. A maioria dos guardas nacionais não teria deixado seus bairros para participar de um plano assim. Os versalheses, que haviam avançado durante a manhã de terça-feira sobre a Rive Droite até a Igreja da Trinité, pareciam recuar, por enquanto sem impor a enorme vantagem que agora tinham. Muitos *communards* batalharam com coragem, como na rue de la Ferme des Mathurins, onde guardas construíram uma barricada sob fogo de soldados versalheses. Porém, a única vantagem que eles tinham – além, para muitos, de sua paixão – era que agora estavam defendendo seus bairros.

Mas os versalheses não recuaram por muito tempo. Milhares de soldados versalheses atacaram a barricada da rue Thévenot, que vinha sendo bem defendida, perto da rue Saint-Denis. Depois que a barricada caiu, a rue Saint-Denis foi invadida, abrindo caminho para o quartier du Temple, um centro de apoio à Comuna e porta de entrada para os 19º e 20º *arrondissements*. Poucas barricadas obstruíam agora o caminho versalhês e aquelas que ficavam em pequenas ruas de ligação foram rapidamente abandonadas.

AGORA QUE MONTMARTRE E GRANDE PARTE DA RIVE GAUCHE HAviam caído, os versalheses estavam seguindo pela Rive Droite, aproximando-se cada vez mais da prisão La Roquette. O destino dos reféns precisaria ser decidido – e logo. O farmacêutico da prisão recomendou que o arcebispo Georges Darboy fosse transferido para a enfermaria, mas este se recusou a ser separado dos outros. Uma enorme tensão pairava sobre o *quartier* – e sobre a prisão em particular – enquanto as tropas versalhesas se aproximavam. Tiros de canhão lançados do alto do cemitério do Père Lachaise contra os versalheses alarmaram os reféns e eles recebiam o menor ruído no corredor com torturante apreensão. Os irados membros dos Vengeurs de Flourens, um batalhão de *communards* jovens formado em memória do líder executado, eram onipresentes nas ruas da vizinhança.

Um exemplo da ira popular diante da catástrofe iminente nos bairros próximos a La Roquette ocorreu ali perto. O medo e a indignação rondavam a prisão em que os reféns aguardavam seu destino. Charles de Beaufort servia como capitão do 66º Batalhão, designado, antes de os versalheses entrarem em Paris, para proteger o Ministério da Guerra, no sétimo *arrondissement*. Quando Beaufort tentou entrar no ministério no sábado, 20 de maio, um guarda barrou seu caminho. O capitão anunciou, bêbado, que podia ir aonde quisesse, ameaçando "explodir os miolos" do guarda e alardeando que purgaria o batalhão. Seu comportamento não lhe rendeu amigo nenhum nos bairros.

Agora, com os canhões versalheses se aproximando e nada além de más notícias chegando de outros *quartiers*, Beaufort chegava para ajudar a defender o boulevard Voltaire. As pessoas do bairro, cada vez mais ansiosas com seus próprios destinos, rapidamente voltaram sua ira contra aquele oficial que não era bem-vindo. Marguerite Lachaise, que dirigia um pequeno negócio com seu marido e pertencia à Internacional, reconheceu Beaufort e o denunciou como o oficial que enviara homens para uma situação perdida em que muitos homens do *quartier* foram mortos. Ela, e logo outros, na maioria mulheres, começaram a gritar por sua morte.[24] Alguns acusaram Beaufort de trabalhar secretamente para Versalhes. Não ajudou Beaufort o fato de que, ao mesmo tempo, macas estavam trazendo de volta das barricadas mais homens gravemente feridos, os mesmos guardas que ele enviara para a batalha. Várias pessoas foram procurar Gustave Genton, que recentemente fora nomeado *juge d'instruction* (juiz de instrução).

Genton, um carpinteiro de 45 anos que não conhecera seu pai, era, de muitas maneiras, um típico *communard* da classe trabalhadora. Morava com o filho de sua mulher no número 27 da rue Basfroi, perto de onde nascera. Passara seis meses na prisão em 1866, por participação num encontro "ilegal" no Café de la Renaissance, que envolvera Rigault. Durante a Comuna, servia como tenente e *porte-drapeau* (porta-bandeira) do 66º Batalhão. Blanquista e membro da Comuna, servira na Guarda Nacional, mas renunciara depois de ficar doente. Seu amigo Ferré o indicou então para servir como *juge d'instruction*.[25]

Genton agora formava uma corte marcial para aplacar a multidão. A corte rapidamente julgou Beaufort culpado e o sentenciou a perder a patente. Delescluze estava ali e tentou acalmar as coisas, assim como Marguerite Lachaise – embora ela tivesse acabado de pedir a execução de Beaufort. A multidão não deu nenhuma atenção a eles e continuou a gritar pela morte de Beaufort. Três homens de uniforme de marinheiro o agarraram e o arrastaram para um terreno baldio perto da place Voltaire. Ali, eles o mataram.[26]

Por volta das 15 horas, aparentemente para acalmar a agitação popular, líderes *communards* organizaram outra corte marcial improvisada, presidida por Genton, desta vez na *mairie* do 11º *arrondissement*. Em julgamento nessa corte marcial estavam os reféns mantidos em La Roquette, incluindo Darboy. Seis reféns foram condenados à morte, aparentemente em retaliação à execução sumária de *fédérés* capturados na barricada da rue Caumartin, perto da Igreja da Madeleine. Em princípio, a execução desses reféns importantes exigia a assinatura de um juiz de paz. Ferré assinou a ordem, acrescentando o nome de Raoul Rigault (morto horas antes, embora não se saiba ao certo se essa notícia havia atravessado o Sena) como signatário da autorização, bem como um terceiro nome ilegível. Genton e seu secretário, Émile Fortin, chegaram a La Roquette com um pelotão de execução de cerca de trinta ou quarenta homens e uma ordem instruindo o diretor da prisão, Jean-Baptiste François, a entregar a eles, "sem qualquer explicação", o arcebispo Darboy e Louis Bonjean (ex-senador imperial), além de "outros dois ou três a serem escolhidos".[27]

François insistiu que precisava de instruções mais específicas relacionando os nomes de todos aqueles a serem executados, juntamente com uma cópia do julgamento oficial. Genton voltou à *mairie* do 11º *arrondissement* para esclarecer o assunto, deixando o pelotão de execução em La Roquette, com fuzis preparados. O *juge d'instruction* retornou por volta das 19 horas com uma ordem que François mais uma vez não achou explícita o bastante. Era praticamente a mesma ordem de execução de seis reféns assinada por

Ferré, que agora acrescentava "e particularmente o arcebispo", o mais proeminente de todos os reféns. Fortin e Genton trouxeram a lista dos outros a serem mortos além de Darboy. Na parte de baixo do documento havia três selos da Comuna. Genton riscou o nome de Jean-Baptiste Jecker, banqueiro bonapartista nascido na Suíça, e o substituiu por Deguerry, o *curé* da Igreja da Madeleine.

Finalmente aceitando a ordem, François enviou um guarda para apanhar os seis homens. O guarda não tinha a menor ideia do motivo pelo qual traria esses reféns até se deparar com o pelotão de execução, comandado por um certo capitão Vérig, que selecionara seus integrantes entre homens do bairro. Estes eram em sua maioria voluntários jovens (alguns de 18 anos ou ainda menos) que queriam vingar a morte de seus parentes nas mãos das forças versalhesas. Dois terços deles eram do 66º Batalhão; outros provavelmente vinham dos Vengeurs de Flourens ou eram simplesmente defensores da República.[28]

Ferdinand Évrard, que descreveu a si mesmo como "apenas um burguês parisiense", estava numa cela ao lado da de Darboy. Oficial do exército, ele havia sido preso em 6 de abril, depois de ser retirado de um trem quando tentava ir para Versalhes. Ele ouviu o "chefe desses desgraçados" gritar "Eu preciso de seis!". Dois oficiais comandavam o pelotão de execução. Alguns prisioneiros viram um oficial entrar no pátio da prisão e gritar: "Os soldados estão prontos?" Vérig foi à cela número 23, para a qual o arcebispo foi transferido um dia antes, e perguntou: "Cidadão Darboy?" "Presente", foi a resposta. Bonjean, na cela adjacente, não ouviu seu nome sendo chamado, mas seu vizinho, o abade Surat, lhe disse que o queriam. Ele se levantou e se virou para apanhar seu sobretudo. "Isso é desnecessário", reagiu o guarda Antoine Ramain, "você está muito bem como está!" A outro que precisava ir ao banheiro, Ramain disse: "Não vale a pena!" Dois padres engoliram as duas últimas hóstias da comunhão antes dos seis reféns – Darboy, Bonjean, Deguerry, Michel Allard (um padre missionário que era presença frequente no *quartier* de Saint-Sulpice), Léon Ducoudray, jesuíta e diretor da escola de Sainte-Geneviève, e Alexis Clerc, outro padre jesuíta – serem levados para fora.[29]

Um guarda polonês da enfermaria de La Roquette ouviu alguém dizer aos reféns: "Vocês vão morrer. Vocês não fizeram nada pela Comuna.

Vocês sempre foram hostis a ela. Vocês vão morrer!" Um guarda que viu o pelotão de execução relembrou que muitos de seus integrantes mostraram sangue-frio; ele não viu nenhum que estivesse bêbado. Quando o portão foi aberto e os reféns levados para fora, ele ouviu outros prisioneiros gritando obscenidades para eles e denunciando-os como "papistas" e "traidores".[30]

Claramente mal preparado para a tarefa, o pelotão de execução discutiu, na presença dos reféns, o melhor lugar para atirar neles. O primeiro plano era matá-los no pequeno pátio de exercícios, mas este podia ser visto das janelas da enfermaria, o que eles decidiram que seria ruim para o moral. No fim, resolveram executá-los no *chemin de ronde*, o "corredor da morte" que levava à guilhotina.

Os reféns passaram entre duas fileiras de executores, esperando dez terríveis minutos enquanto as chaves do portão eram procuradas. Darboy perguntou se havia muitas barricadas em Paris. "Ah! Se eu pelo menos pudesse ir e morrer como meu predecessor! Eu invejo o destino do arcebispo Affre." Quando um guarda perguntou a Darboy por que ele não fizera nada pela Comuna, o arcebispo disse que fora preso depois da primeira luta de verdade. "Em nome de Deus, pelo menos nos poupe desses insultos." Um jovem *fédéré* perguntou a Darboy de que partido ele era membro. O arcebispo respondeu que estava "no partido da liberdade", acrescentando que ele e os outros morreriam pela liberdade e por sua fé. A resposta: "Chega de sermões!" Um oficial interveio, dizendo aos executores muito claramente para calarem a boca: "Vocês estão aqui para cumprir a justiça, não para insultar os prisioneiros!"[31]

Seguindo Ramain, Allard foi à frente dos outros prisioneiros, entoando preces em voz baixa. Eles passaram ao longo do muro da enfermaria até o portão do segundo *chemin de ronde*. Darboy mal conseguia andar, e um guarda o empurrou pelo caminho. Bonjean lhe ofereceu seu braço como apoio. Outro guarda estendeu discretamente a mão aos reféns, como que para se despedir. Ramain parou no canto do muro que se estendia ao longo das ruas de la Folie-Regnault e Vacquerie. De sua cela, Perny pôde ver Darboy abaixo, erguendo os braços para o céu e chamando: "Meu Deus! Meu Deus!" O arcebispo e os outros se ajoelharam e disseram uma prece curta. Darboy permaneceu com os outros e os abençoou, em meio a gritos dos *communards* de "chega de rezas".

Ramain os arrumou diante do muro, com Allard à frente, seguido de Darboy. Os nomes dos reféns foram lidos em voz alta. Deguerry abriu sua camisa para expor o peito aos fuzis. Vários minutos depois, Vérig ergueu seu sabre e deu ao pelotão a ordem para atirar. Seguiram-se duas salvas de tiros rápidas. Darboy caiu. Um dos homens, segundo relatos, disse: "Esse velho canalha não queria morrer. Ele se levantou três vezes e comecei a ficar com medo dele!" Vérig, ao qual Fortin emprestara a espada de Ferré para comandar a execução, alegou mais tarde ter dado o *coup de grâce* no arcebispo. Vérig mostrou orgulhosamente a um guarda da prisão sua pistola, ainda quente dos disparos. De sua cela acima, o abade Laurent Amodru pôde ouvir "primeiro uma salva longa, depois uma pausa, e então vários tiros isolados e finalmente uma última salva".[32]

A execução do arcebispo Darboy e outros cinco reféns em 24 de maio de 1871 (ADOC-PHOTOS/CORBIS)

Com o silêncio engolindo o interior da prisão, os corpos ficaram estendidos onde haviam caído durante seis horas, até as 2 horas, sendo levados então para o cemitério do Père Lachaise, onde foram jogados numa vala.

O anel de safira de Darboy, sua cruz e até as fivelas de prata de seus sapatos haviam desaparecido. Em suas celas acima do cenário, os *pères* Perny e Amodru e os outros reféns presumiram que seriam os próximos ao ouvir os passos de guardas chegando pelo corredor, mesmo que as forças de Versalhes estivessem cada vez mais próximas.³³

Desde 4 de abril o destino dos reféns havia ficado suspenso no ar. O plano dos *communards* de fazer o arcebispo Darboy e outros clérigos reféns na esperança de dissuadir o governo versalhês de realizar mais execuções sumárias foi um tiro pela culatra. Agora, a morte de Darboy e dos outros reféns dava a Thiers uma desculpa para intensificar a matança, tanto nos combates nas ruas de Paris quanto nas cortes ou tribunais organizados às pressas para fazer a "justiça" versalhesa em nome das classes superiores.

COM TROPAS VERSALHESAS SUBINDO A RUE DE RIVOLI NAQUELA quarta-feira, o próprio Hôtel de Ville já não estava seguro. Os membros da Comuna restantes decidiram se mudar para a *mairie* do 11º *arrondissement*, na interseção do boulevard Voltaire com rue de la Roquette. Théophile Ferré ordenou que ateassem fogo ao prédio, e este estava em chamas às 21 horas. Por ordem de Ferré, a *préfecture de police* também foi incendiada. Na mesma noite, o Palácio da Justiça queimou. O objetivo de Ferré era retardar o avanço do Exército de Versalhes e assegurar que, se capturassem o prédio, não restasse nada para eles comemorarem. Outro motivo era certamente queimar documentos comprometedores.

Um *communard* achou que os versalheses ganharam dois dias com a destruição do Hôtel de Ville, que era tão simbólico quanto estratégico, e que a queda das barricadas que bloqueavam a rue de Rivoli e a avenue Victoria comprometeu as defesas do outro lado do Sena e os fortes que ficavam para além dos baluartes do sul. Assim, a Comuna perdeu uma linha de defesa que se estendia pelo Quartier Latin. Os *communards* que resistiam continuaram a recuar para seus bairros nos 19º e 20º *arrondissements*, sem deixar ninguém para defender o centro de Paris das tropas versalhesas.³⁴

O caos reinou juntamente com a morte. Muitos *communards* ainda acreditavam que poderiam resistir. Edgar Monteil e Ferré estavam entre os poucos oficiais *communards* que ainda davam ordens. Em um caso, na *mairie* do

Os estragos no Hôtel de Ville depois do incêndio e da queda da Comuna
(HULTON-DEUTSCH COLLECTION/CORBIS)

11º *arrondissement*, eles assinaram um *laissez-passer* para Edmond Mégy, autorizando-o a circular por Paris e por "todas as barricadas". É improvável que o *laissez-passer* tenha lhe servido para alguma coisa. Alguns líderes *communards* haviam desaparecido na noite, *sauve qui peut* (salve-se quem puder). Na *mairie* do 11º *arrondissement*, os líderes *communards* restantes começaram a discutir se iriam para Belleville e lá do alto fariam um último e desesperado esforço de resistência.[35]

Élisabeth Dmitrieff ainda estava lutando nas barricadas do leste de Paris, "incentivando os federados em sua resistência, distribuindo munição e atirando". Ela disse que estava preparada "para morrer nas barricadas nos próximos dias". Datada de 23 de maio, sua última comunicação por escrito aos líderes *communards* na *mairie* do 11º *arrondissement* foi: "Reúnam todas as mulheres [...] e venham imediatamente para as barricadas."[36]

CAPÍTULO 8

AS CORTES MARCIAIS EM AÇÃO

A MÁQUINA ASSASSINA VERSALHESA CHEGARA AGORA AO SEU auge. Em 22 de maio, cerca de vinte cortes militares estavam em funcionamento, com consequências sangrentas. Um decreto do Governo de Defesa Nacional emitido em 2 de outubro de 1870, durante a guerra e o cerco prussiano, permitia a formação de cortes marciais em tempo de guerra e lhes dava o poder de condenar à morte soldados e civis. Thiers se aproveitou desse decreto depois que suas forças invadiram Paris, usando-o para insistir que as cortes militares versalhesas estavam dentro da lei. Ajudou também o fato de Thiers e os versalheses continuarem afirmando que os *communards* não eram opositores políticos, refugiados ou beligerantes legítimos, mas sim criminosos comuns. Assim, ele os considerava sob sua jurisdição e não merecedores de nenhum tratamento especial.[1] Os comandantes versalheses mais antigos não estavam interessados em precedentes legais para os tribunais marciais que formaram ou, em alguns casos, presidiram, e que deixaram de agir dentro da lei. O direito de recorrer de condenações foi sistematicamente ignorado.[2]

O quartel Lobau tornou-se o mais infame *abattoir* versalhês. A *prévôtal court* (corte marcial) foi formada em Châtelet na quarta-feira, 24 de maio, e funcionou noite e dia durante sete dias seguidos. Depois de julgamentos rápidos, e às vezes instantâneos, os prisioneiros eram divididos entre "viajantes para Lobau e viajantes para Satory" (um planalto perto de Versalhes onde prisioneiros *communards* eram mantidos). Aqueles que iam para Satory poderiam viver, mas era quase certo que os viajantes para Lobau seriam executados. Um jornalista britânico estimou que entre 900 e 1,2 mil pessoas foram mortas em Lobau em 24 horas, sob supervisão do coronel Louis Vabre, dos Voluntários do Sena, um amigo sanguinário de Thiers. O massacre foi realizado de maneira implacável e eficiente. Como escreveu Victor Hugo em "Les fusillés", "um som lúgubre permeia o quartel Lobau: é o trovão abrindo e fechando a tumba". Assim, em Châtelet, "era em fornadas [*fournées*] que as vítimas eram enviadas para o abatedouro". Em 25 de maio, no quartel Lobau, depois de soldados conduzirem vítimas pelas ruínas em chamas do Hôtel de Ville, pelotões de execução não se importaram em enfileirá-las, matando-as em grupos de aproximadamente vinte, às vezes com metralhadoras, depois de as obrigarem a passar pela porta.³

O *Standard*, um jornal conservador britânico, relatou sem rodeios que 50 a 100 "insurgentes" estavam sendo mortos em grupos. O exército alegaria depois que oficiais não conseguiram encontrar os nomes dos executados. Multidões de *anticommunards*, agora confiantes o bastante para inundar as ruas de bairros relativamente elegantes, gritavam por mais mortes, e o *La Patrie* reportou que soldados tiveram dificuldade ao tentar impedir os espectadores de atacar *ces misérables*. O abade Antoine-Auguste Vidieu, de Saint-Roch, olhou os prisioneiros "como alguém olharia para animais ferozes no Jardin des Plantes". Ele viu homens feridos chegando a Châtelet. Seus crimes eram seus ferimentos.⁴

Em 25 de maio, quando os versalheses controlavam mais da metade de Paris, qualquer pessoa que morava perto dos Jardins de Luxemburgo ouviu o trabalho dos pelotões de execução. Henri Dabot, um advogado, relatou com satisfação que muitas vítimas dos versalheses aceitaram com boa vontade o consolo de padres, mas outras se recusaram obstinadamente a beijar um crucifixo ou a fazer uma prece. Um padre chamado Hello era o capelão "daqueles que seriam mortos". O abade Riche cumpriu os mesmos deveres lúgubres, "mais comovido do que qualquer outro com sua tarefa terrível".⁵

ENQUANTO OS PELOTÕES DE EXECUÇÃO VERSALHESES ESTAVAM EM ação matando prisioneiros, a luta em Paris continuava, resultando em ainda mais mortes de *communards*. Guardas nacionais ainda mantinham parte do 13º *arrondissement*, mas cada vez mais aqueles que defendiam a Rive Gauche recuavam para os 11º, 12º, 19º e 20º *arrondissements*, o coração da Paris do

Povo, na periferia da capital. Contra todas as possibilidades, eles continuavam a resistir.

Parisienses leais a Thiers saudaram avidamente as tropas versalhesas que retiravam os guardas de seus bairros. Gustave des E. viu um comboio de prisioneiros passando por La Villette a caminho de Versalhes. Agora que a vitória versalhesa parecia assegurada, seu imponente vizinho do outro lado da rua voltara para seu apartamento, instalando a amante em sua morada parisiense (ele deixara a esposa e os filhos nas províncias). Gustave e seus amigos estavam ansiosos para contar uns aos outros suas histórias de terror. Um homem abastado com quem Gustave jantou no clube contou uma história sobre ser solicitado por soldados versalheses a ajudar a derrubar uma barricada. Ele se juntara a eles com entusiasmo, como "reacionário número 1", quer dizer, até seus rins começarem a doer e ele ser obrigado a se desculpar. Outro membro do clube com o qual Gustave jantou ao menos dezessete vezes contou que uma bomba caíra sobre um cômodo onde sua empregada – mas não ele – estivera antes por várias horas.[6]

EM PORTE SAINT-DENIS, MORADORES DE UM PRÉDIO QUE, POR QUALquer que tenha sido o motivo, não haviam saído de Paris viveram os horrores da vida civil numa zona de guerra enquanto tiros de canhões, fuzis e metralhadoras do lado de fora os mantinham do lado de dentro. Guardas entraram e pediram que as janelas fossem fechadas. Então outro combatente *communard* entrou e perguntou como poderia chegar ao sótão para atirar dali, usando colchões como proteção contra os tiros de reação. Madame Théo, a proprietária do prédio, não quis que atirassem de sua janela e lhes ofereceu conhaque e rum em troca. Agora, os moradores estavam reunidos em dois cômodos enquanto balas atingiam o prédio, quebrando janelas e rasgando cortinas. Outro combatente *communard* apareceu e começou a atirar de uma janela superior. Quando Madame Théo lhe pediu para causar o mínimo de danos possível, ele pegou as mãos dela, chamando-a de *citoyenne*, e a tranquilizou de que não havia nada a temer. O *communard* lutaria até a morte, mas nada na casa seria destruído. Descobriu-se que ele era na verdade uma mulher de cabelo curto e com "*une belle paire de tétons*" (um belo par de seios). Seu marido, um comerciante de vinho, deixara Paris depois de

18 de março. Quando os *communards* de seu bairro vieram procurá-lo, ela assumiu seu lugar, talvez por vergonha, e foi aceita pelo batalhão. A insurgente depois voltou para a rua, gritando "*Vive la Commune!* Fogo, cidadãos!". Combatentes *communards* seguiram "sua oficial".

Os moradores subiram os degraus até o terceiro andar. Uma vizinha não estava se sentindo muito bem; seu marido a enxugava e ela foi reavivada com sais aromáticos. Os outros pareciam calmos. Não havia como sair do prédio, já que a porta da frente levava diretamente à barricada. Nenhuma escada de mão e nem mesmo uma corda foram encontradas para ajudá-los a sair pela janela de trás. Uma portinha que levava à casa ao lado só podia ser aberta agora pelo outro lado; o dono, um tipo detestável, deixara-a trancada. Um guarda nacional o ameaçou dizendo que ele tinha cinco minutos para abrir a porta senão poria fogo em seu "barraco". A porta foi devidamente aberta, e os vizinhos encontraram uma segurança relativa, pelo menos momentaneamente, no porão do homem.

Logo, granadas e tiros estavam perigosamente perto, obrigando os guardas a recuar para a barricada da vizinha Porte Saint-Martin. Um guarda inutilizou um canhão restante para que os versalheses não pudessem usá-lo quando o capturassem. Um oficial ficou para trás, aparentemente à espera da morte. Uma bala o atingiu. Cambaleando, ele deu alguns passos na direção do *faubourg* Saint-Denis e caiu. A luta mudou de lugar, mas não o perigo, porque um incêndio teve início a algumas portas de distância. Uma mulher que se refugiara no prédio atraiu suspeitas. Ela afirmou que soldados versalheses não a deixavam passar sobre a barricada para voltar para casa. Os moradores acharam que era uma incendiária. Descobriu-se que ela, de fato, morava por perto, no boulevard Bonne Nouvelle. Os moradores do bairro, pelo menos aqueles que eram contra a Comuna ou que agora fingiam ser, agradaram os soldados de linha que haviam retirado a barricada dando-lhes presunto e linguiça.[7]

No mesmo dia, Élie Reclus se refugiou no porão de uma casa. Ele se viu compartilhando o espaço com em torno de 35 pessoas de todas as idades e classes sociais. "Em tempos normais, essas feras selvagens perseguiriam e devorariam umas as outras", mas agora, num momento de enorme perigo, elas se viam dividindo espaço numa trégua tácita. Devido às circunstâncias, qualquer declaração de opinião política, direta ou indireta, era cuidadosamente evitada. Olhando para os pálidos rostos burgueses, Reclus refletiu sobre o que não ousava dizer: "Então, são vocês, burgueses. São pessoas como vocês cuja ignorância covarde e cujo egoísmo cruel causaram esses horrores, horrores do passado e aqueles que no futuro vocês irão nos infligir!" Ele também pôde imaginar o que estava passando pela cabeça dos burgueses: "São vocês, revolucionários malditos, com seus irmãos e cúmplices, com sua teimosia criminosa, [que] obrigam os amigos da ordem a atirar em vocês, e isso eu não lamento nem um pouco."

Ele estava perdido nesses pensamentos quando todos de repente ouviram o inconfundível som de botas pesadas na escada. "Propriedade, Ordem e Religião" apareceram nas pessoas de três soldados de linha, seus rostos cobertos de suor e ira. Com suas baionetas sangrentas abrindo o caminho, eles exigiram saber: "Onde está essa ralé, onde estão esses covardes? Vamos cuidar deles!" Os burgueses do grupo se levantaram avidamente e foram, radiantes, em direção às calças vermelhas: "Ah, vocês chegaram! Somos amigos de Versalhes!" Os soldados examinaram os outros de cima a baixo, um deles mostrando com orgulho a pistola ainda quente depois de balear um *communard*. O soldado versalhês rapidamente acrescentou: "Sim, capturamos 200 deles e atiramos neles."[8]

Em outro lugar de Paris, Alix Payen, que cuidava de *communards* feridos, parecia surpresa por ainda estar viva. "Nosso prédio estava tremendo como num terremoto, portas e janelas estouraram em estilhaços." Era impossível fugir; o bulevar onde ela morava foi engolido pela luta e, de qualquer modo, não havia para onde ir. Alix não tinha nenhuma notícia de seu marido, Henri, que estava deitado gravemente ferido em outro lugar.[9]

Julien Poirier, que lutava pelos versalheses, lembrou do 25 de maio como "um verdadeiro massacre", com mulheres carregando bebês e crianças pequenas nos braços, derrubadas por *mitrailleuses* versalhesas. Poirier lutou o dia inteiro, enquanto trovões, raios e chuva varriam Paris. Sua unidade lutou perto do Panthéon e seguiu para Gobelins, revistando casas no caminho. Por volta de meio-dia, os soldados se depararam com dois *communards* pondo balas em suas armas e balearam ambos no peito. Estes ficaram apenas gravemente feridos, então eles os jogaram de uma janela no terceiro andar. Em outro cômodo, encontraram dois jovens compartilhando uma cama, fingindo dormir. Um tenente os furou lateralmente com sua espada. Um deles saltou de repente da cama e atacou um dos soldados, tentando pegar sua pistola, e na confusão subsequente escapou descendo um lance de escada. Num porão, Poirier, seu capitão e alguns outros soldados encontraram uma jovem escondida que lhes ofereceu vinho. Rumores de que mulheres estavam oferecendo bebidas envenenadas a soldados versalheses haviam se espalhado. O capitão avisou a seus homens para não aceitar a oferta. Entretanto, Poirier virou duas garrafas e o capitão, tranquilizado, deu cabo de outra. Então, ao olhar em volta, Poirier viu um jovem escondido embaixo de um colchão – era o marido da mulher. Eles o levaram e o puseram com outros prisioneiros. Seu coronel disse ao capitão claramente para levá-lo a Luxemburgo para executá-lo. Quando um dos cerca de cinquenta prisioneiros tentou escapar, eles o espancaram e ordenaram que marchasse até um jardim próximo para ser morto. O homem se recusou a ir, então eles o mataram ali mesmo, pegando os dez francos que encontraram em seu bolso.[10]

O americano Wickham Hoffman desprezava os "comunistas", mas ficou horrorizado com as represálias: "Não há nenhuma desculpa para a carnificina indiscriminada cometida pelos soldados." Um de seus amigos viu soldados entrarem numa casa no boulevard Malesherbes e perguntar à *concierge* se havia algum "comunista" escondido ali. Ela respondeu que não havia nenhum, mas os soldados invadiram assim mesmo. Eles descobriram um homem, levaram-no para fora e o balearam, matando a *concierge* também.

Nenhuma simpatia pelos *communards* era aceitável. Quando outro americano testemunhava o enterro de um *communard*, comentou, "Por quê? Afinal de contas ele não tem uma cara ruim!", e foi advertido por um oficial a "não manifestar nenhum desses sentimentos de novo". As buscas casa a casa levaram a milhares de prisões. Soldados de linha chegaram a descer nos esgotos e catacumbas de Paris à procura de *communards* escondidos.

Mesmo depois de as últimas defesas da Rive Gauche caírem na quarta-feira, a resistência continuou organizada, determinada e, de algum modo, eficaz no 13º *arrondissement*, perto da place d'Italie e da Porte de Choisy, e em Gobelins. O general polonês Walery Wroblewski supervisionava uma linha de defesa que ia do Butte-aux-Cailles, perto da place d'Italie, até o muro fortificado do Fort de Bicêtre. Depois de quatro tentativas, naquela tarde as tropas versalhesas do general Ernest de Cissey tomaram o Butte-aux-Cailles, um bairro de trapeiros e o último bastião *communard* na Rive Gauche. A resistência foi firme, mas chegaram reforços do lado versalhês. Guardas nacionais abandonaram o Fort de Bicêtre para voltar e defender seus próprios *quartiers*. No fim do dia, atacando por três direções, com o objetivo de isolar o *arrondissement* e assumir o controle da ferrovia Paris-Orléans, os versalheses mataram e capturaram muitos combatentes *communards* de moral abatida. Quando a luta terminou, 400 corpos estavam espalhados pelo chão. Wroblewski conseguiu cruzar o Sena para lutar mais um dia.[11]

Porém, nem todas as mortes de 25 de maio foram de *communards*. Membros da ordem dominicana abrigados em Arcueil, um pouco ao sul de Paris, também pereceram. Léon Meilliet, comandante *communard* do Fort de Bicêtre, acusou-os de passar informações sobre estratégia militar e forças *communards* aos versalheses. Havia algumas provas por trás dessas alegações; elas não eram aleatórias. A opinião local também acusou os padres de estarem em conluio com os versalheses e serem responsáveis por um incêndio que irrompera dentro de um palácio perto da escola dominicana em 17 de maio, embora isso fosse muito improvável.

Várias irmãs de caridade foram levadas para Paris e mantidas na prisão Saint-Lazare. Na quinta-feira, 25 de maio, guardas nacionais levaram cerca de quarenta pessoas, incluindo padres dominicanos e vários empregados, para o Fort de Bicêtre, onde *communards* ainda resistiam. Dois padres pediram para ser interrogados na esperança de serem libertados. Eles foram conduzidos a um juiz, Louis Lucipia, que era secretário de um advogado e jornalista. Lucipia chegou à conclusão de que os prisioneiros não eram culpados de nada, mas lhes disse que eles seriam mantidos como testemunhas materiais do incêndio no palácio.

O comandante da Guarda Nacional Marie Jean-Baptiste Sérizier – que trabalhava com couro, era membro da Internacional e militante do 13º *arrondissement* – ordenou nesse dia que os 23 prisioneiros restantes (vários foram soltos e alguns haviam conseguido escapar) fossem levados de sua prisão temporária no Fort de Bicêtre. Eles foram informados de que seriam transferidos para o centro de Paris, onde estariam mais seguros – tropas versalhesas estavam avançando rapidamente. Uma vez na rua, os prisioneiros enfrentaram insultos gritados por transeuntes. Quando passavam pelo cemitério de Champs-des-Navets, balas de um combate próximo começaram a zunir por eles. Um dos padres, que usava roupas civis, conseguiu escapar. Depois de entrarem em Paris pela Porte de Choisy, eles chegaram à *mairie* do 13º *arrondissement*. As granadas que explodiam por perto deixaram claro que eles teriam que seguir adiante imediatamente.

Os prisioneiros foram levados por volta das 10 horas para o prédio número 38, avenue d'Italie, no 13º *arrondissement*, que fora transformado em prisão disciplinar. Barricadas cobriam o distrito, muitas delas com material de áreas de construção próximas. Por volta das 13 horas, Sérizier pediu que os prisioneiros, incluindo os padres, fossem levados para ajudar a defender barricadas próximas, juntamente com catorze guardas nacionais que foram encarcerados por desobediência. Um dos guardas protestou contra a inclusão dos padres, pedindo uma ordem por escrito, mas um oficial o ignorou, gritando: "Vamos, vocês aí de batina! Saiam! Para a barricada!" Os prisioneiros foram reunidos no pátio da prisão e levados em direção ao portão. Quando deixaram os confins da prisão, tiros contra eles começaram a ser disparados, alguns talvez por seus guardas, outros das armas de pessoas que estavam na avenue d'Italie. No fim, treze corpos jaziam na rua, incluindo os de cinco clérigos dominicanos, um professor, três domésticas, uma enfermeira, um secretário e dois guardas.[12] Esse massacre não foi planejado, mas ocorreu espontaneamente na tensão incrivelmente carregada da luta por Paris.

POIRIER E OS OUTROS SOLDADOS VERSALHESES CHEGARAM À PLACE d'Italie logo depois de os prisioneiros serem mortos. Eles estimaram – exagerando – cerca de 5 ou 6 mil *communards* mortos. A essa altura, a unidade de Poirier havia capturado 55 *communards*, que os soldados obrigaram a ficar sobre as pilhas de corpos enquanto os enchiam de balas. Havia um homem que para Poirier "não era tão mau". Isso não importou. Um sargento o matou com um tiro de fuzil na cabeça. A companhia de Poirier partiu então para se juntar ao resto de seu regimento num bulevar a cerca de 500 metros de distância, com suas *mitrailleuses* ainda quentes de tantos tiros. Os versalheses atacaram uma barricada restante, com baionetas caladas. Um *communard* feriu Poirier com sua própria baioneta, roçando seu casaco. Poirier recuou e atirou em seu peito, liquidando-o com a baioneta enquanto o homem tentava se levantar. A barricada havia sido defendida por oito homens e três mulheres, todos eles agora mortos. No total, os versalheses podem ter enfileirado vários milhares de prisioneiros na place d'Italie. Poirier nos assegura que a praça se tornou "um verdadeiro abatedouro".[13]

COM A QUEDA DA PLACE D'ITALIE NAQUELA MANHÃ, AS TROPAS DE linha controlavam toda a Rive Gauche. Naquele mesmo dia, guardas nacionais abandonaram os fortes sulinos de Montrouge, Bicêtre e Ivry, recuando para a Rive Droite, protegidos – por enquanto – pelos baluartes, pelo Sena e pelo Canal Saint-Martin.[14]

Os prussianos haviam ajudado os versalheses abandonando a zona imediatamente além dos muros do norte, uma área que se esperava que fosse neutra. Porém, como os governos alemão e francês haviam assinado o Tratado de Frankfurt em 10 de maio, os alemães vinham ajudando cada vez mais os versalheses.[15] As tropas de linha agora ocupavam o território norte de Paris, depois de as tropas alemãs se afastarem um pouco mais. E, em 26 de maio, os prussianos prepararam forças para ajudar a impedir que os *communards* escapassem de Paris pelo leste.[16]

O fato de os comandantes *communards* de algum modo não terem se importado em proteger os flancos de Montmartre dentro da cidade de Paris foi catastrófico. Soldados derrubaram defensores à direita e à esquerda, como relatou Camille Pelletan, uma participante da Comuna: "Quantas pessoas defendendo as barricadas, o mesmo número de corpos. Matança na rue Lepic, do outro lado da rue Tholozé. Em frente à casa número 48, vinte corpos jazem ao longo da calçada. Massacre place de la Mairie. *Fédérés* ali foram retalhados por baionetas. Carnificina no Moulin de la Galette." Em Château Rouge, testemunhas contaram 57 corpos, levados de carroça para o pátio de uma escola. Estes incluíam um homem idoso, baleado com seu dedicado cão latindo a seu lado.[17]

Circulou uma história sobre uma bela *fédérée* que foi morta quando uma barricada caiu. Ao ser presa, ela pressionara contra o peito uma bandeira vermelha, dizendo: "Não toque nisso!" Sua determinação e provavelmente também sua aparência estonteante eram tais que de início nenhum dos soldados quis ser aquele que a mataria. Eles venceram a hesitação, porém, e a balearam juntamente com outras pessoas. Augustine Blanchecotte se aproximou dos corpos de três garotos que foram mortos no boulevard d'Italie: um deles era um trabalhador corpulento de jaleco azul. Ele devia estar com dor de dente, porque um lenço envolvia seu queixo enquanto ele jazia de bruços sobre o chão, com uma das mãos no olho, dando a impressão de que estava dormindo. A outra mão havia segurado um revólver. Restava pouco da cabeça de outro garoto, seu braço estendido, rígido por causa da morte, lembrando seu último gesto de desafio. Um versalhês teve pelo menos a decência de pôr um lenço sobre o que restava de sua cabeça. Enquanto a luta prosseguia, mulheres saíam aos poucos de prédios próximos, procurando seus homens. Carroças passavam, seus condutores perguntando se havia mais corpos para serem removidos.[18]

Montmartre derrotada fora "pacificada". Depois que granadas e balas pararam de cair e crepitar, as vizinhanças da Butte pareciam desertas, como se todos os moradores estivessem mortos – e muitos estavam. Mas outros haviam se refugiado. Fuzis estavam jogados nas ruas, deixados de lado às pressas por combatentes *communards* para que não os comprometessem.

O exército vitorioso esfregava a derrota na cara dos parisienses: "Ralé parisiense, vagabundos, imprestáveis, vocês não vão mais gritar. Se vocês se mexerem, para Caiena! E será a sua vez de ver o que é realmente o sofrimento!" Eles mostrariam àqueles parisienses. A reputação de Montmartre de centro do ativismo de esquerda determinou o destino de muitos prisioneiros levados pelo exército – a probabilidade de que fossem mortos era maior por causa do lugar onde foram apanhados.[19]

Mas Albert Hans teve de admitir que, em Montmartre, "erros" foram cometidos nas buscas de casa em casa e nas subsequentes detenções. Um dos colegas de Hans foi preso por tropas de linha porque seu uniforme sugeria que era um oficial *communard*. Enquanto levavam seu próprio companheiro para um futuro muito incerto, os soldados encontraram outros membros do batalhão do prisioneiro que se responsabilizaram por ele.

Depois, Hans se viu sob custódia por intervir quando dois soldados e um Voluntário do Sena detiveram um homem que acharam que havia atirado neles de uma casa próxima à place Pigalle. Quando eles o prenderam, encontraram um fuzil recentemente disparado por perto, embora o homem alegasse que a arma não era sua. Hans convenceu os captores irritados a levar o homem à sua casa e perguntar aos vizinhos sobre ele, mas estes não disseram muitas coisas positivas. Os Voluntários do Sena se viraram então contra Hans, acusando-o de ser *communard* e tentar proteger um homem culpado. Um oficial inferior do exército gritou para que o pusessem contra o muro, mas felizmente um capitão chegou e ordenou que ele fosse levado a um comandante. O capitão também queria matar Hans, mas por sorte um oficial superior se dispôs a levá-lo a seu apartamento, ali perto, para que seus documentos fossem examinados. Hans foi liberado.

Depois de voltar para os Voluntários do Sena, Hans se deparou com uma das mulheres que fora feita prisioneira na barricada na place Blanche. A barricada foi defendida com habilidade – pelo menos segundo conta a lenda – por Nathalie Le Mel e o "batalhão de amazonas" até finalmente ter sido derrubada. Ela estava sendo levada por um cabo e dois soldados. Usava a calça de um guarda nacional, com um pequeno chapéu tirolês na cabeça, e caminhava tão rápido quanto seus captores, o rosto fixo enquanto olhava diretamente para a frente. Um pequeno e hostil *entourage* a seguia, gritando insultos e pedindo sua morte imediata. Um "burguês" deu um passo largo para a frente e arrebatou seu chapéu. Outro Voluntário do Sena o apanhou e o devolveu a ela. Não se sabe o que aconteceu com a mulher. Até mesmo Hans ficou chocado: "Como o espírito da burguesia parisiense foi completamente demonstrado nesse ato de covardia e brutalidade desnecessária!"

Perto da igreja Saint-Vincent-de-Paul, no 10º *arrondissement*, a maioria dos moradores parecia receber bem os versalheses. Mas mesmo num bairro relativamente conservador, as buscas casa a casa revelaram exemplares de jornais *communards*, como o Le Vengeur de Félix Pyat, entre outros que pregavam a "pilhagem", nas palavras de Hans, bem como um decreto assinado por Delescluze autorizando requisições para ajudar na defesa de Paris. Essas pequenas descobertas pareciam confirmar o quanto havia sido ampla a fidelidade, e em alguns casos a devoção, à Comuna. Hans e os outros chegaram então à Gare du Nord, onde vários prisioneiros estavam sendo executados num terreno próximo, entre eles um delegado do *quartier* "que morreu com dignidade".

Sob ordens na manhã seguinte para prosseguir até as fortificações do norte, Hans e seus colegas se depararam com os restos de uma barricada tomada na noite anterior. Eles fizeram uma pausa para jogar numa vala os cadáveres bastante mutilados de doze *fédérés*, que mal podiam ser identificados como humanos por causa de toda a lama e sangue que os cobriam. Da Porte de Pantin, podia-se ver a distância soldados *communards* atirando de Belleville. Para além dos baluartes do norte estavam os soldados prussianos, facilmente identificados por seus chapéus. Eles deixavam clara sua lealdade, entregando guardas que haviam tentado se salvar passando pelas linhas prussianas. Os Voluntários do Sena encontraram alguns de seus soldados levando membros dos "Vengeurs de la Commune" capturados, com suas calças azul-acinzentadas. Esses homens "tremiam de medo" – e com bons motivos.

Com a Rive Gauche dominada e Montmartre derrotada, a unidade de Hans, juntamente com outras tropas versalhesas, foi enviada para o último bastião da resistência *communard*: Belleville. Eles seguiram de Montmartre para Belleville e o 20º *arrondissement* enquanto tiros ricocheteavam nos prédios. Os Carrières (pedreiras) de l'Amérique, onde muitos *fédérés* estavam se escondendo, ficavam à direita. Diretamente à frente, *communards* disparavam detrás de mais barricadas e casas, tentando destruir uma *mitrailleuse*. Alcançando a rue des Lilas com duas companhias de tropas de linha, a unidade de Hans chegou ao alto de Belleville. Quando eles se aproximavam de uma barricada, um civil lhes informou que o canhão atrás desta estava enguiçado. Hans e outros versalheses entraram em casas próximas das quais podiam direcionar diretamente seus tiros contra a barricada abaixo. Um lojista lhes deixou entrar – não havia escolha –, perguntando com um sorriso nervoso o que eles poderiam querer comprar. Rapidamente, ele afirmou que não era de nenhum partido político, acrescentando que o *concierge* de seu prédio foi morto pelos versalheses depois de ser surpreendido usando um uniforme da Guarda Nacional. O lojista e sua esposa tremiam de medo; os soldados os tranquilizaram, dizendo que comprariam alguma comida. Ali perto, dois *fédérés*, que teriam atirado de uma casa que os versalheses haviam ocupado, foram capturados, rendendo-se quando um soldado prometeu que eles seriam poupados. Um coronel ordenou sua imediata execução, cedendo com má vontade quando o captor explicou o que dissera a eles.

Hans imaginou na place des Fêtes como seria cair nas mãos dos *fédérés*. Ele seria insultado, maltratado e provavelmente morto, como os generais Lecomte e Thomas em 18 de março. Prisioneiros podiam esperar que os *communards* os "cortassem em pedaços ou queimassem vivos", com oficiais incapazes de conter seus subordinados enfurecidos. Ele estava certo de que algum número de soldados de linha havia perecido assim. Mas supunha que os *communards* capturados pelos versalheses não tinham nada a temer: "Nossa disciplina mantém sob controle qualquer instinto malicioso, a crueldade e a ferocidade que às vezes podem brotar em certas circunstâncias do coração do homem mais brando." Os oficiais protegeriam os prisioneiros, é claro. Ironicamente, em seguida a essas ruminações ele descreve a tomada de uma barricada – "vários *fédérés*, bêbados ou desesperados, ainda se recusavam a desistir: tivemos que matá-los!".

O orgulho de Hans pela disciplina e superioridade moral versalhesas não se estendia a todos os seus companheiros soldados. Com mais frequência do que não, os versalheses estavam prontos para atirar em qualquer um que capturassem, alguns soldados querendo vingar os seus que foram mortos na luta. Vários deles arrastaram dois *communards*, dispostos a matá-los, insistindo que, como eram seus prisioneiros, podiam fazer o que quisessem com eles. Hans e alguns outros protestaram e levaram seus argumentos a um oficial de cavalaria, que concordou que os dois homens não deveriam ser mortos. Quando o mais inflexível de seus soldados protestou, o oficial quebrou seu ombro com vários golpes de sua bengala.

Eles encontraram outro prisioneiro, um oficial da marinha *communard* – a frota era pequena e obviamente limitada ao Sena dentro da cidade – orgulhoso e resplandecente em seu fino uniforme exibindo várias medalhas.

Hans zombou da rápida promoção do "oficial", mas a coragem deste o impressionou – o prisioneiro pediu apenas tempo para escrever uma mensagem final a sua filha. O Voluntário do Sena venceu as objeções de um colega ansioso que queria matá-lo imediatamente. Hans providenciou um lápis e uma folha de papel, e o *fédéré* escreveu rapidamente sua mensagem final, enquanto um soldado gritava: "Não seja sentimental. Já não é hora para isso. Atire nele!" O prisioneiro desceu na trincheira e foi baleado. Vários minutos depois, outro *communard* capturado, um desertor do exército de Versalhes, juntou-se a ele na trincheira, gritando desafiante: "Vão em frente, atirem em mim, patifes, bandidos, assassinos! Sim, eu sou um desertor. Vocês verão como eu vou morrer! Vida longa à Comuna!"

Hans jamais poderia esquecer outro prisioneiro *communard*, arrastado por dois cavalarianos que caminhavam mais rápido do que o homem velho de uniforme esfarrapado poderia conseguir. Seu rosto era fino, cansado, amarelado, e ele usava óculos. "Sofrimento", relembrou Hans, estava escrito sobre ele inteiro. Sem dúvida ele era "honesto", um "dom Quixote do socialismo, um louco, um velho marabu dos clubes". A cada insulto dos Voluntários do Sena que suportava, ele educadamente retirava seu quepe da Guarda Nacional, revelando um esparso cabelo branco. Hans falou em seu favor com seu tenente, e este assegurou que o velho continuaria com os voluntários, e não com os soldados comuns. Isso provavelmente salvou sua vida."[20]

Muitos outros não tiveram tanta sorte. Num elegante bairro do oeste, Marie Holland sabia bem o bastante o que estava acontecendo perto dali. Seu marido, o pastor protestante Eugène Bersier, deparou-se com sessenta cadáveres de *communards*. Ele perguntou a soldados se podia pelo menos anotar seus nomes para que pudesse notificar suas famílias. A resposta veio rápido: não. Mulheres também estavam sendo executadas e não recebiam nenhuma simpatia dos espectadores, que gritavam: "Matem-nas! Acabem com elas sem piedade!" Se seu marido não teria permissão para registrar os nomes dos *communards* assassinados ou moribundos, Marie se esforçaria ao máximo para fazer isso onde podia. Ela passou aquela tarde trabalhando numa instalação médica americana, anotando os nomes dos moribundos, para que pudesse notificar seus parentes.[21]

Mais e mais histórias sobre a crueldade dos versalheses, cada vez mais horripilantes, circulavam agora entre os parisienses. Um soldado alegadamente estuprou uma jovem e depois a matou com sua baioneta. Prisioneiros que eram levados para Versalhes, incluindo uma mulher, não conseguiram passar de Saint-Augustin; sem nenhum motivo aparente, os soldados de repente mataram um grupo deles, com um soldado executando alguns com sua espada. Em Porte Dauphine, prisioneiros mortos e feridos foram jogados em covas coletivas. Perto de Tour Saint-Jacques, soldados supostamente riam e se revezavam para jogar pedras num pequeno braço que parecia estar se mexendo numa pilha de corpos, até que o braço parou de se mexer. Um comerciante fazia o possível para cuidar de dois *communards* feridos, mas nenhum cirurgião era encontrado. Um oficial lhe disse que os soldados sob seu comando levariam os homens a um hospital para serem tratados, mas eles os mataram.[22]

Uma história horrível circulou rapidamente: uma mulher pediu para ver seu marido, pai de seus quatro filhos, que fora capturado. Um general respondeu com um sorriso que isso podia ser providenciado: "Mulher respeitável, vamos levá-la até ele." Ela expressou seus agradecimentos e vários soldados jovens a escoltaram até um muro, onde a mataram. O Exército de Versalhes tinha dado um novo significado para a ideia de "reunir uma mulher com seu marido".[23]

John Leighton tinha poucas coisas boas a dizer sobre a Comuna, que, insistia, era formada por "ladrões, incendiários, assassinos". Mas ele também teve de admitir que "eles não temem a morte. Têm apenas essa única boa qualidade. Eles sorriem e morrem, [...] os homens feridos bebem com seus companheiros e jogam vinho em seus ferimentos, dizendo: 'Vamos beber até o fim.'".[24]

Os *communards* eram particularmente destemidos no 11º *arrondissement*, onde mantinham a defesa de Belleville, embora grande parte do resto de Paris estivesse ocupada. Eles construíram novas barricadas no boulevard Voltaire, especialmente na interseção com a place du Château d'Eau. O exército de reserva de Joseph Vinoy teve dificuldade para vencer a resistência ali – o *arrondissement* tinha uma organização militar mais eficiente do que qualquer outro,[25] porém, as barricadas nesse ponto eram completamente inadequadas, e os dois canhões que as protegiam dificilmente eram suficientes para evitar a matança versalhesa. Exceto por uma ou outra mensagem entregue em mãos, não havia agora nenhuma maneira confiável de os *fédérés* saberem o que estava acontecendo em outros lugares de Paris. O silêncio acima, em Montmartre, era um sinal terrível. Abaixo, as defesas em Porte Saint-Denis e Porte Saint-Martin já não existiam. Os *communards* ainda tinham armas, porém, e estavam preparados para usar cada última arma contra os versalheses. A igreja de Saint-Ambroise se tornara um arsenal. Baterias maiores foram deslocadas para o cemitério do Père Lachaise, acima, de onde granadas eram lançadas contra o agora ocupado centro de Paris, voando sobre as cabeças dos *communards* no boulevard Voltaire.

Em Parc Monceau, Châtelet, École Militaire e Jardins de Luxemburgo, cortes marciais estavam executando centenas de *communards*, homens e mulheres, depois de interrogatórios que às vezes não duravam mais do que dez segundos. Augustine Blanchecotte recordou: "O barulho de granadas, que eu achava incomparável, é apenas música inocente quando comparado a esses últimos sons. Os mais perturbadores e mais inesquecíveis foram entre o Panthéon e Luxemburgo – os sons noturnos durante uma semana inteira de incessantes tiros de pelotões de execução, após rápidas decisões da justiça humana." Em Châtelet, uma mulher foi morta simplesmente por estar usando um cinto vermelho. Assim como outras vítimas femininas, ela conseguira sobreviver ao cerco prussiano sem reclamar apenas para ser morta por um pelotão de fuzilamento francês.[26]

As notícias sobre as cortes marciais chegaram à *mairie* do 11º *arrondissement*, que agora servia como quartel-general do que restava da administração da Comuna. Líderes falavam seriamente uns com os outros, enquanto um deles distribuía ordens por escrito. Disputas amargas e recriminações ecoavam pelo prédio. Surpreendentemente, havia pouco sentimento de pânico palpável; os líderes, em vez disso, estavam cada vez mais enfurecidos, enquanto mais e mais relatos informavam sobre as execuções sumárias de prisioneiros por soldados versalheses. Carroças cheias de munição e cartuchos permaneciam no pátio. Os mortos e feridos estendidos aqui e ali, em meio à confusão geral. A noite inteira, chegavam mensagens dos pontos de defesa restantes pedindo homens e canhões, sem os quais os combatentes teriam que abandonar suas posições. A Comuna não podia oferecer nada mais.

Bandeiras tricolores tremulavam sobre o boulevard Saint-Michel. Os *quais* foram ocupados. Na place Saint-Michel, a Fonte dos Médicis estava cheia de cadáveres, seus olhos ainda abertos. Embora não pudesse haver dúvida sobre o resultado final do conflito, alguns guardas nacionais continuavam a lutar, apesar da falta de uma liderança eficaz ou mesmo aparente. Reclus admirou o fato de que "eles não cedem o terreno pouco a pouco. Eles se agarram a ele enquanto estão vivos; eles ainda o ocupam com seus corpos".[27]

CAPÍTULO 9

MASSACRE

NA QUINTA-FEIRA SANGRENTA, 25 DE MAIO, ÉLIE RECLUS REFLEtiu sobre o que via à sua volta. Paris foi transformada numa "oficina, uma imensa oficina, [...] mas uma oficina em que metralhadoras estão em ação, uma oficina em que o trabalho de destruição é realizado em tamanha escala. [...] É uma horrível cacofonia, esse charivari infernal de ódio e paixão".[1]

Naquela noite, os *communards* montaram uma firme defesa na pont d'Austerlitz, com uma barricada semicircular entre o *quai* da Rive Gauche e o boulevard de l'Hôpital. Numa batalha de artilharia, a Comuna perdeu 26 pessoas e teve de abandonar a primeira barricada. Logo os versalheses haviam atravessado a ponte e tomado o *quai* de la Râpée e em seguida Bercy. Perdendo terreno, os *communards* puseram fogo no Grenier d'Abondance, para além da Gare de Lyon, uma medida para impedir os versalheses de contornar as firmes defesas da praça da Bastilha e disparar contra os *fédérés* do alto da imponente estrutura. A fumaça cobriu o horizonte, emanando um cheiro terrível de óleo queimado e bacalhau.[2]

Perto dali, Émile Maury se desfez de sua arma e do uniforme da Guarda Nacional. Ele caminhou pelo boulevard Mazas (hoje Diderot) em direção ao Sena. Algumas barricadas ainda estavam sendo erguidas, uma delas em frente ao prédio em que vivia. Uma enorme barricada ainda era mantida na rue de Charonne. Mas não restava muita gente para defender essas estruturas improvisadas. Maury viu o que estava se aproximando: "O nó está ficando *mais apertado*, [...] a Comuna começa sua agonia."[3]

E, embora a aleatoriedade e as descobertas casuais continuassem sendo características da matança, a repressão violenta estava cada vez mais organizada, especialmente no nordeste de Paris e nos arredores dessa área, onde a luta continuava. O exército se tornara "um vasto pelotão de execução" enquanto continuava a se mover em direção aos últimos bastiões da resistência da Comuna no norte e leste de Paris. Ali, os *communards* tiveram mais tempo para preparar sua defesa.[4]

TODA A DISCIPLINA DOS *COMMUNARDS* HAVIA EVAPORADO. SUGEStões improváveis afloraram na *mairie* do 11º *arrondissement* – formar uma coluna inteira com os *fédérés* restantes e recapturar Montmartre, marchar até o centro de Paris e retomá-lo. Charles Delescluze estava preparado para morrer. Depois de uma viagem difícil a Porte de Vincennes para convencer os prussianos a intervir para salvar vidas obtendo uma trégua,[5] ele agora estava sentado em silêncio a uma mesinha na *mairie* do boulevard Voltaire. Sua insistência contínua de que nem tudo estava perdido contrariava o que ele já sabia. Delescluze redigiu calmamente algumas ordens. Em determinado momento, segurou a cabeça com as mãos, repetindo: "Que guerra! Que guerra!" Sua única esperança era morrer sem humilhação, que "nós também, nós saibamos como morrer". Seu *mot d'ordre* continuava sendo o dever. Delescluze disse simplesmente: "Não quero mais. Não, está tudo acabado para mim." Ele escreveu a um amigo para dizer que esperaria que a história julgasse a Comuna e a sua irmã para dizer adeus, confiando as cartas a um amigo.

Usando, como sempre, uma sobrecasaca, botas de couro envernizado, cartola e uma faixa vermelha em volta da cintura, ele caminhou com o membro da Comuna François Jourde e cerca de cinquenta guardas em direção às barricadas da place du Château d'Eau, que estavam sob ataque versalhês. Eles passaram por Maxime Lisbonne, que fora gravemente ferido durante a corajosa e tenaz defesa da Comuna, sendo carregado por Auguste Vermorel e Victor Jaclard. Numa barricada, Vermorel caiu ferido. Delescluze apertou sua mão. Como o sol se punha e balas zuniam, os guardas nacionais instaram Delescluze a buscar abrigo. Mas ele continuou andando, muito devagar, diretamente em direção à barricada. Jourde foi embora depois que os dois amigos se cumprimentaram. Delescluze permaneceu sobre a barricada, esperando a morte. Esta veio em questão de segundos. Quatro homens correram à frente para pegar seu corpo e três deles foram baleados. O corpo de Delescluze ficou estendido onde havia caído durante vários dias, um mártir corajoso de uma causa cujo fim estava se aproximando.[6]

Eugène Varlin substituiu Delescluze como delegado para guerra, mas seu mandato não seria longo. Jaclard e o gravemente ferido Vermorel foram carregados para um prédio no boulevard Voltaire, onde conseguiram evitar a prisão graças ao raciocínio rápido da pessoa que os levara. Mas perto do Parc Monceau a sorte acabou, e eles foram presos.[7]

A liderança da Comuna foi quase inteiramente aniquilada, mas a violência persistia. *Anticommunards* exibindo braçadeiras tricolores contribuíram para a matança. Produzidas secretamente antes de as tropas de Thiers entrarem em Paris, essas braçadeiras foram preparadas antecipadamente como marcas de identificação. Aqueles que as usavam assumiam agora o papel de polícia do exército, organizando buscas e se instalando em *mairies* abandonadas pela Comuna. Eles respondiam à onda de denúncias que começava a chegar depois que cada bairro era tomado, realizando prisões arbitrárias. Num caso típico, um *concierge* indicou a um homem que usava uma braçadeira versalhesa que "*monsieur* B. compra muitos jornais, talvez ele esteja escondendo alguém, talvez um *communard*".[8]

CLARAMENTE, A SEMANA SANGRENTA PROPORCIONOU A OFICIAIS franceses uma maneira de restaurar o moral e o prestígio depois da inglória derrota na Guerra Franco-Prussiana e do fracasso na tentativa de manter o controle sobre Paris em março. A Guarda Nacional parecia ser a antítese do exército francês: aceitava homens de todas as classes sociais, e muitos, incluindo alguns oficiais, eram trabalhadores comuns. Isso contrariava diretamente os valores do exército profissional e sua liderança aristocrática. Membros do corpo de oficiais, muitos dos quais desprezavam a Comuna e todos que a defendiam, desconfiavam de seus poucos colegas republicanos. O arrogante Ernest de Cissey odiava a Comuna e estava ansioso para se vingar. Joseph Vinoy, que fora humilhado depois da rendição da França à Prússia, à época ficara marcado como *capitulard* (derrotista) e identificado com o fracasso na tentativa de se apossar dos canhões de Montmartre. Ele esperava a chance de acertar as contas, tanto que não ofereceu nenhuma desculpa pelas execuções "de bárbaros modernos". O general Félix Douay desempenhou um papel menor nos assassinatos em massa, entregando as operações em Châtelet ao coronel Louis Vabre, que alegremente presidiu a corte *prévôtal*. Justin Clinchant, que tinha moderadas simpatias republicanas, proibiu a execução de prisioneiros em áreas de Paris sob seu controle, mas foi um dos poucos oficiais que fizeram alguma coisa neste sentido. Oficiais inferiores seguiram as instruções daqueles que os comandavam, mas com alguma variação dependendo da personalidade, das atitudes com os *communards* e das circunstâncias.[9]

Paul de Ladmirault foi um oficial que resistiu à ânsia de represálias violentas à qual seus colegas estavam sucumbindo. Ele era de uma antiga família aristocrática, católica e militar de Touraine que perdera terras durante a Revolução. Seu pai lutou em 1792 contra a Revolução e oitenta anos depois não havia dúvida de que Paul lutaria contra a Comuna. Ouvindo as salvas de tiros de um pelotão de execução, Ladmirault insistiu que não gostava da "justiça sumária" por causa do potencial de erros. Ao ver vários *communards* pálidos, assustados, prestes a ser executados, ele parou o pelotão de fuzilamento e perguntou se os *communards* atiraram em soldados ou estavam portando armas. O pelotão disse que não, mas que as mãos dos cativos estavam enegrecidas, possivelmente por pólvora. Ladmirault disse a seus soldados que o destino dos prisioneiros caberia a juízes e não a eles. Ele manifestou alguma simpatia por *communards* comuns que haviam ingressado na Guarda Nacional para receber 1,50 franco por dia. Em determinado momento, viu um prisioneiro gravemente ferido sendo levado num comboio para Versalhes. Quase morto, o homem ergueu a mão e fixou os olhos em seus captores. Com o que restava de sua voz, disse a eles: "Os insurgentes são vocês!"[10] Ladmirault pode ter sido afetado pela acusação, mas não retaliou com raiva como outros poderiam ter feito. Ele foi, de longe, um dos comandantes menos sanguinários.

A mentalidade dos próprios soldados também contribuiu para a violência da Semana Sangrenta. Imagens negativas de Paris, em particular Montmartre e Belleville, eram abundantes em Versalhes e toda a França. No fim de abril, por exemplo, o *Le Soir* advertiu seus leitores que, depois que a Comuna caísse, as propriedades em Paris precisariam ser desinfetadas. Por sua vez, o *Le Gaulois* relatou que moradores de Belleville haviam ocupado casas no próspero Passy e que "todos os seus guarda-louças e sua adega de vinho foram quebrados, [...] homens e mulheres deitam em suas camas".[11] Soldados recrutados em áreas rurais, principalmente aqueles de regiões com um nível relativamente alto de prática religiosa, como a Bretanha e a Normandia, eram particularmente contrários à Comuna, que na propaganda e na realidade tivera como alvo a Igreja.

É claro que os soldados também agiam sob ordens de seus líderes. Na opinião de Jules Bergeret, membro da Comuna do 20º *arrondissement*, as tropas versalhesas que entraram em Paris haviam recebido ordem para "não ter nenhuma piedade". Um policial municipal contou que havia cuidado da execução de um polonês, referindo-se às "ordens do marechal [Patrice de MacMahon] e também do Ministro da Guerra, [...] precisas em relação a desertores e estrangeiros que serviam à Comuna". MacMahon sabia o que estava acontecendo, embora talvez não a exata extensão. Assim como Thiers, ele não proibiu ou denunciou a execução de prisioneiros, pelo menos daqueles encontrados com armas. O general Alexandre Montaudon, por exemplo, desculpou as execuções sumárias, alegando que os soldados tomavam a iniciativa seguindo as ordens de seus oficiais. Mas teve de admitir que entre os soldados havia um ódio pelos "agentes dessa guerra civil horrível" que eles haviam fomentado em "suas reuniões e em seus clubes [políticos]".[12]

Uma mulher se gabou de que seu irmão, um oficial "distinto" no exército, ordenara a execução de 400 "insurgentes obstinados [...] nas últimas barricadas de Belleville". Ela acrescentou: "Os covardes! Eles estavam chorando!" Outro parisiense esbarrou com um policial que afirmou com orgulho ter matado mais de sessenta pessoas e que "os covardes" pediram piedade.[13]

Soldados e comandantes com frequência comparavam os *communards* a "bárbaros" coloniais. Théophile Gautier os descreveu como "selvagens, com anel no nariz, tatuados de vermelho, dançando uma dança de escalpo sobre os escombros fumegantes da sociedade". Gaston Galliffet certa vez contrastou os *communards* com os árabes norte-africanos que o exército francês vinha tratando com brutalidade há quarenta anos: "Os árabes têm um Deus e um país; os *communards* não têm nenhum dos dois."¹⁴ Outro general observou que: "Se fosse para escolher entre os árabes e esses desordeiros, eu escolheria facilmente os árabes como adversários." Muitos soldados de linha haviam lutado na Argélia, no México e até na China e, na opinião deles, os *communards* não se classificavam mais como franceses do que os insurgentes que eles encontravam no exterior. Alphonse Daudet, outro *anticommunard*, disse que Paris estava "em poder de denegridos".¹⁵

Charles de Montrevel sustentou que, em sua maioria, os parisienses que participaram "dessa imensa orgia", pela qual ele quis dizer a Comuna, eram "provincianos de classe mais baixa". Sua visão associava a migração em larga escala para os grandes centros urbanos com distúrbios sociais e políticos, já que os recém-chegados eram apartados de suas raízes rurais tradicionais, incluindo a família e a religião organizada, que poderiam tê-los mantido sob controle. O resultado era uma psicose coletiva. Este e nenhum outro seria o veredicto da história, acreditava Montrevel. Gustave de Molinari também estava certo disso. Aos seus olhos, a migração das províncias para bairros plebeus, periféricos, transformara Paris em "uma espécie de Califórnia do interior". O que seria feito para impedir que o governo se tornasse "submisso a uma dura escravidão" nas mãos dessas pessoas?¹⁶

Um homem de Bordeaux que morava na capital durante a Comuna tinha poucas coisas boas a dizer sobre os parisienses, que ele considerava "criaturas artificiais": "O verdadeiro parisiense, eterna e incansavelmente insolente, [é] incapaz de [ter] um sentimento sério e profundo [e] ri ou está disposto a rir onde quer que esteja, em qualquer ocasião: ele não respeita nada, não acredita em nada." Assim, o parisiense era incapaz de tomar decisões políticas e, em vez disso, esperava calmamente ordens de "mentes mais fortes e livres-pensadores, ornamentos de bares comuns".¹⁷ Se eles não podiam ser os atores políticos por seus próprios méritos – como a tão desprezada Comuna deixava bem claro –, forças mais potentes deveriam vir e consertar as coisas, mesmo que isso exigisse uma violência sem precedentes.

MacMahon, o homem que poderia ter posto fim às execuções, fez vista grossa para o que estava acontecendo em Paris. Em 25 de maio, Jules Ferry reportou que três de seus generais haviam ordenado a execução dos "líderes insurgentes" capturados. MacMahon alegou ter lembrado aos generais suas ordens para enviar os prisioneiros que se rendiam às cortes marciais de Versalhes.[18] No fim das contas, porém, MacMahon simplesmente permitiu que a matança continuasse.[19]

O que quer que MacMahon tenha declarado a Ferry, porém, parece que seus comandantes nunca receberam a ordem para enviar os prisioneiros para Versalhes. Os comandantes com frequência ordenavam que os *communards* presos com armas fossem executados, embora – repetindo – a morte ou sobrevivência de alguém dependesse individualmente dos oficiais. Cissey não teve nenhum receio – ele notificou o general François du Barail que qualquer pessoa encontrada lutando pela Comuna deveria ser executada. A missiva chegou a Thiers, que sabia muito bem sobre a execução sumária de prisioneiros e nada fez para impedi-la.[20]

Porém, alguns generais, como Gaston Galliffet, "a estrela do Terror Tricolor", agiam por conta própria e transmitiam decisões imediatas de vida ou morte. Galliffet se gabou de ter matado ele próprio setenta *communards*. Quando uma mulher se atirou a seus pés implorando para que a vida de seu marido fosse poupada, o general respondeu: "Senhora, eu fui a todos os teatros de Paris; de nada adianta fazer essa encenação." O número de prisioneiros que Galliffet mandou matar no Bois de Boulogne nunca será conhecido, mas ele se deleitou com sua infâmia, alardeando certa vez que preferia ser conhecido como "um grande assassino do que ser considerado um pequeno homicida". Ele anunciou, com orgulho: "Sobretudo, no mais alto grau, eu tenho desdém pela vida dos outros." Ele gritou para um comboio de prisioneiros que incluía Louise Michel: "Eu sou Galliffet! Povo de Montmartre, vocês acham que eu sou um homem cruel. Vocês vão descobrir que sou muito mais cruel do que sequer imaginaram!"[21]

Embora essas execuções tivessem origem no ódio mortal de versalheses de todas as classes, e embora pudessem parecer aleatórias para aqueles que as testemunharam, o massacre foi organizado. Mesmo antes de o Exército de Versalhes entrar em Paris, Thiers organizara para que cortes marciais fossem formadas ali. Ele ansiava que seus soldados executassem *communards* na cidade. Considerando esse tipo de providência, não há nenhum motivo para acreditar que ele pretendesse que seus homens mantivessem todos os prisioneiros vivos e os levassem para Versalhes. Depois que entraram em Paris, suas tropas organizaram dois principais centros de execução a partir de pelo menos 23 de maio: no Parc Monceau (onde quinze homens e uma mulher foram executados no dia anterior) e na École Militaire. As execuções prosseguiram, então, sistematicamente.[22]

A jornalista Camille Pelletan, uma *communard*, estava convencida de que os massacres eram planejados e de que havia listas de pessoas a serem presas e mortas. Ela achou que o fato de as tropas versalhesas terem encontrado tão pouca resistência, em particular ao entrarem em Paris em 21 de maio, tornava ainda mais difícil desculpar os assassinatos em massa. "A maioria [dos *communards*] foi desencorajada, desistiu da luta; apenas um punhado de homens resolutos, dispersos, continuou a defender a Comuna." Pelletan estava certa ao insistir que o massacre foi muito mais do que "uma repressão feroz empreendida contra os *fédérés*". Foi direcionado "contra todos em Paris e não apenas contra aqueles que apoiavam a Comuna". Nada parecido fora visto na capital desde o Massacre da Noite de São Bartolomeu, em 1572, quando católicos mataram protestantes. Para Thiers e seu *entourage*, Paris era o inimigo e merecia "um massacre considerável, rápido". Thiers se gabou num discurso em 24 de maio: "Eu derramei torrentes de sangue [parisiense]."[23] E, de fato, foi assim.

Àqueles que eram interrogados, perguntava-se rotineiramente: "Você fazia parte da Comuna? Você estava lá! Isso está escrito na sua cara. Sua idade? Seu nome? Onde estão seus documentos de identidade? Bem... Vá!" Isso significava morte. Perguntaram a uma vítima se ela havia participado da insurreição. "É um patife [*coquin*]", disse um soldado. O oficial no comando respondeu: "*Classé* [mate-o]."[24]

Existe verdade, portanto, na afirmação de Pelletan de que os versalheses tinham em mira Paris inteira, e não apenas os *communards*. Embora as forças de Thiers tivessem como alvo, é claro, certos grupos específicos, alguns soldados pareciam ansiosos para achar qualquer motivo para matar aqueles que encontravam. Eles não foram de forma alguma cuidadosos ou seletivos. Uma dessas vítimas infelizes foi Jean-Baptiste Millière, preso na sexta-feira, embora não tivesse participado da Comuna. Quando um capitão chamado Garcin lhe perguntou se seu nome era Millière, ele respondeu afirmativamente e disse que certamente o oficial sabia que ele foi eleito para a Câmara dos Deputados. Garcin disse que sim, mas que isso não fazia nenhuma diferença para ele. O general Cissey estava tendo uma bela refeição num restaurante próximo. Quando um oficial interrompeu seu almoço para contar sobre a prisão de Millière, Cissey ordenou sua imediata execução, em meio a bocados de "pera e queijo". Quando Millière perguntou por que ele, um deputado, iria morrer, Garcin disse que havia lido alguns de seus artigos e o considerava uma "víbora que deve ser pisoteada". O general ordenou que Millière fosse morto no Panthéon, de joelhos, e obrigado a "pedir perdão à sociedade à qual você fez mal". Millière se recusou a ficar de joelhos e abriu a camisa para receber as balas. Garcin mandou que dois soldados o pusessem de joelhos. O deputado gritou: "Vida longa à humanidade!", e começava a dizer algo mais quando tiros o silenciaram.[25]

A classe social podia determinar a vida ou a morte. *Communards* de classe média tinham uma probabilidade maior de convencer os versalheses que encontravam a liberá-los. Sutter-Laumann sobreviveu porque se lavou com cuidado, penteou o cabelo e falou "em bom francês, sem sotaque de classe trabalhadora" quando foi parado por um oficial dos Voluntários do Sena. Se aqueles que eram parados falavam o jargão das ruas e dos locais de trabalho parisienses, geralmente seguia-se a execução. Um oficial interrogou um homem numa barricada na rue Houdon: "Quem é você?" "Um maçom", respondeu o homem. "Então agora são os maçons que vão comandar!" O oficial matou o homem a tiros no local.[26] A estigmatização social levou ao massacre.

Estrangeiros capturados tinham pouca chance de sobreviver, porque sua presença em Paris correspondia a uma imagem da Comuna, em parte, cuja origem se deu a partir da obra de imprestáveis poloneses, russos, alemães e membros da Internacional. Responder com sotaque estrangeiro a uma pergunta de um versalhês podia ser fatal, assim como ter um nome "exótico". Homens com mais de 40 anos, franceses ou estrangeiros, eram alvos específicos. Há uma história infame de Galliffet "inspecionando" um comboio de prisioneiros a caminho de Versalhes e puxando vários deles para fora para serem mortos imediatamente por terem cabelo grisalho – e, portanto, terem presumivelmente lutado com os insurgentes nos Dias de Junho de 1848.

Pessoas eram despidas e seus ombos examinados à procura de marcas deixadas pelo coice de um fuzil, pelo qual, se descoberto, elas eram imediatamente mortas. Homens que pareciam "maltrapilhos", que estavam mal-vestidos, que não podiam justificar imediatamente o que faziam ou que não exerciam um ofício "apropriado" tinham pouca chance de sobreviver à breve audiência diante de uma corte *prévôtal*. Perto da Gare de Lyon, soldados pararam dois homens e pediram para ver suas mãos. As mãos de um deles estavam brancas. Não eram mãos de alguém que trabalhava ou que havia ajudado a defender uma barricada. Ele foi poupado. Mas, de acordo com uma testemunha hostil à Comuna, "seu companheiro não teve o mesmo destino. Suas mãos, seu fuzil, tudo o condenava. Um tiro de *chassepot* liquidou suas contas com a sociedade, e nossos marinheiros continuaram suas buscas".[27]

Homens que serviram ao exército regular se tornaram alvos, mesmo aqueles que haviam lutado na Guerra Franco-Prussiana, porque se supunha que haviam desertado. Alguns soldados que haviam lutado contra a Comuna foram mortos por engano, incluindo um bretão ferido que teve dificuldade de se expressar em francês. Um oficial o tomou como desertor e o matou com seu revólver.[28]

Apesar de sua insistência em tomar todas as decisões e supervisionar cada aspecto da guerra civil, Thiers insistiu que as execuções ocorridas em Paris estavam fora de seu controle. Em 27 de maio, ele disse a Ferry – que manifestara preocupação com a imagem do governo de Versalhes no exterior, depois de as imprensas britânica e suíça começarem a denunciar as execuções em massa: "Durante a luta não podemos fazer nada." Porém soa provável que Thiers ou MacMahon tenham ordenado o fim desses assassinatos em 27 ou 28 de maio. Vinoy instruiu um subordinado a não matar mais prisioneiros "sem um exame cuidadoso" de cada caso – em outras palavras, Versalhes não mandou parar com todas as execuções, mas pode ter reduzido o número destas. Em distritos sob a autoridade de Cissey e Vinoy, porém, os versalheses mataram prisioneiros *communards* (incluindo um estudante inglês morto talvez por se chamar Marx) em junho, tanto em Paris quanto em Vincennes, nos arredores da cidade.[29]

Adolphe Clémence comparou a perseguição versalhesa a qualquer um que pudesse ser remotamente suspeito de simpatizar com os *communards* à "caça de escravos [fugitivos]" na América. Philibert Audebrand ouviu gritos de "Vamos matar todos eles! Para que ninguém sobreviva".[30] Nos Jardins de Luxemburgo, a carnificina continuou de 24 a 28 de maio, com talvez até 3 mil homens e mulheres mortos ali, contra o muro na parte central dos jardins. Diferentemente do que aconteceu logo depois dos Dias de Junho de 1848, quando prisioneiros foram executados secretamente, os massacres da Semana Sangrenta ocorreram, em sua maior parte, abertamente. Tribunais menores também funcionaram, sob a autoridade de oficiais inferiores que agiram com independência em várias partes da cidade, mas com o incentivo de comandantes superiores. O *Paris-Journal* reportou que toda vez que o número de executados passava de dez, uma metralhadora substituía o meio de execução habitual.[31]

No boulevard Saint-Martin, onde muitos *communards* haviam tombado, apareceu um cartaz escrito à mão que dizia tudo:

> Oficiais e soldados de Versalhes,
> Vencidos pelos prussianos,
> Vitoriosos em Paris, quatro a um,
> Assassinos de mulheres
> E crianças
> Roubando casas por ordens vindas de cima,
> Vocês realmente se mostraram dignos dos
> Papistas.[32]

POR VOLTA DA MEIA-NOITE DE QUINTA-FEIRA, GABRIEL RANVIER, Varlin e alguns outros abandonaram a *mairie* do 11º *arrondissement* no boulevard Voltaire enquanto o nó versalhês apertava. Primeiro eles transferiram suas operações para a *mairie* do 20º *arrondissement*, depois para um prédio próximo à place des Fêtes, enviando o que restava da autoridade militar para o número 145 da rue Haxo, em Belleville. Varlin, substituto de Delescluze como delegado para guerra, ainda estava dando ordens, mas ninguém prestava atenção. Os líderes *communards* restantes decidiram que cada um deles voltaria para uma barricada e faria o que pudesse. Não havia para onde ir, nenhuma saída.

Às 6 horas de sexta-feira, os versalheses lançaram um ataque à bem defendida barricada na interseção dos bulevares Voltaire e Richard-Lenoir. As forças do general Clinchant seguiram ao longo do Canal Saint-Martin, e as tropas de Ladmirault esmagaram barricadas nas rues de Flandre, Kabylie e Riquet, chegando a La Villette e ao Canal de l'Ourcq.[33]

Tropas de linha tomaram a place du Trône (hoje place de la Nation), de onde seus canhões puderam bombardear a place Voltaire e suas forças puderam atacar a praça da Bastilha pelo leste. Em seguida, ocuparam a place de la Rotonde (hoje place Stalingrad).[34] A bem fortificada place Château d'Eau caiu naquela tarde, obrigando os *communards* a fugir. Os versalheses em seguida tomaram a praça da Bastilha. Tropas de linha esmagaram duas enormes barricadas que protegiam a rue Saint-Antoine; ali, morreram mais de 100 *communards* que resistiam. Um *communard* idoso que estava sendo conduzido para um monte de lixo sobre o qual seria morto disse: "Eu sou um republicano. Lutei bravamente. Ganhei o direito de não morrer na merda."[35] Élisabeth Dmitrieff foi ferida, mas conseguiu escapar. Quando Léo Frankel também caiu ferido, ela o salvou. Uma centena de corpos de *communards* jazia perto de uma barricada na vizinha rue de Charenton. Combatentes *communards* agora gritavam: "Melhor a morte do que Caiena!"

No boulevard du Prince Eugène e nas praças du Château d'Eau e da Bastilha, soldados jogaram guardas nacionais vivos e mortos das janelas de prédios próximos onde eles foram mortos ou capturados. O ar estava empestado pelo fedor de morte. Entre os cadáveres, muitos pareciam relativamente idosos, mas também havia muitos jovens. Não era raro ver homens lutando ao lado de seus filhos, bem como avôs ao lado de netos. Reclus refletiu com amargura que 200 mil "escravos" haviam conseguido esmagar 50 mil *communards*. Na realidade, porém, apenas cerca de 20 mil homens e mulheres lutaram pela Comuna e nos últimos dias havia bem menos do que isso. Os *communards* estavam completamente desfalcados. Pequenos grupos de *communards* experientes e determinados que resistiam não eram nem de perto suficientes.³⁶

Guardas nacionais recuaram para o *faubourg* Saint-Antoine, tradicional centro de militantes artesãos, e seguiram pelo boulevard Richard-Lenoir para o Voltaire, no 11º *arrondissement*.³⁷ Os versalheses agora lançavam um ataque maciço ao boulevard Voltaire, um nome adequado para um dos últimos alvos restantes das forças de reação clerical que lutavam contra a República ateia. Quando tropas de linha entraram rapidamente nos 11º e 12º *arrondissements*, *fédérés* recuaram para Ménilmontant, em Belleville. Defensores *communards* só ouviam notícias ruins. Os versalheses mataram a tiros nove funcionários de uma fábrica de gás em La Villette, que caiu no início da noite. Comandantes *communards* restantes ficaram sabendo que Thiers anunciara que 25 mil prisioneiros estavam agora sob custódia versalhesa.³⁸

NAQUELA SEXTA-FEIRA, RANVIER PUBLICOU UM DECRETO, O ÚLTIMO da Comuna, pedindo ao povo do 20º *arrondissement* para resistir aos versalheses em cooperação com seus vizinhos do 19º, revelando mais uma vez a estratégia, e a fraqueza, da organização da defesa por *quartier*: "Se sucumbirmos, vocês sabem qual é o destino que nos aguarda. [...] Não esperem até Belleville ser atacada." Mas foi em vão. Ninguém apareceu para ajudar a defender Belleville. Embora o último dos *fédérés* pudesse lutar até a morte, eles fariam isso em seus próprios bairros, sem qualquer autoridade militar efetiva coordenando seus esforços. No fim, os combatentes *communards* restantes lutaram em seus distritos, contra poucos motivos para ter esperança. John Leighton explicou isso assim: "Todo mundo dá ordens, ninguém obedece."³⁹

COM APENAS ALGUNS BASTIÕES *FÉDÉRÉS* RESTANTES, NÃO HAVIA quase ninguém para desafiar os soldados versalheses que executavam parisienses indiscriminadamente. Os generais, sem o controle de Thiers e MacMahon, não fizeram nada para impedir a carnificina.

Melchior Arnold Tribels e sua mulher foram presos pelos versalheses na sexta-feira quando andavam pela rue de Rivoli. Um *concierge* os denunciara depois de a mulher adoecer e perguntar se podia entrar no prédio para descansar. Tribels, um judeu holandês de 56 anos, maltrapilho, estava carregando um saco contendo de 15 a 20 mil florins, bem como títulos de pensão no valor de cerca de 50 mil francos, dois relógios de ouro e um anel de diamante quando foi revistado por versalheses. Estes também descobriram um livro com o endereço de diversos banqueiros e joalheiros parisienses. Os versalheses consideraram tudo isso uma prova de que Tribels estava roubando casas de famílias ricas. Depois de liberarem sua mulher, ele foi levado para uma corte *prévôtale* em Châtelet e condenado à morte. No dia seguinte, marchou uma curta distância até o quartel Lobau, onde foi morto.[40]

EDMOND DE GONCOURT, NEM UM POUCO AMIGO DOS *COMMUNARDS*, nunca esqueceria o que viu enquanto a chuva castigava Paris: "Estou seguindo pela linha do trem, perto da estação de Passy quando vejo alguns homens e mulheres escoltados por soldados. Passo pela barreira rompida e estou à beira de um caminho onde os prisioneiros estão esperando para partir para Versalhes. Há muitos deles, porque ouço um oficial dizendo em voz baixa ao dar um papel a um coronel: 'Quatrocentos e sete, dos quais 66 mulheres.'" Os homens foram arrumados em filas de oito, amarrados uns aos outros por uma corda que ligava suas cinturas. Eles estavam

> como quando foram apanhados, a maioria sem chapéu ou quepe, o cabelo emplastrado na testa e os rostos sob a chuva fina que caía desde a manhã. Há homens do povo comum que fizeram uma cobertura para suas cabeças com lenços azuis enxadrezados. Outros, completamente ensopados pela chuva, puxam sobretudos finos sobre o peito sob o qual um pedaço de pão faz uma corcova. É uma multidão de todos os níveis sociais, trabalhadores com rostos duros, artesãos com paletós largos, burgueses com chapéus socialistas, guardas nacionais que não tiveram tempo para mudar de calça, dois soldados da infantaria pálidos como cadáveres – rostos estúpidos, ferozes, indiferentes, mudos.

A atenção de Goncourt se abateu em particular sobre uma mulher jovem: especialmente bonita, bonita com a fúria implacável de um jovem Destino. Ela é uma morena de cabelo crespo saliente, olhos afiados, bochechas avermelhadas por lágrimas secas. Está plantada numa atitude de desafio, cuspindo para os oficiais insultos saídos de uma garganta e lábios tão contraídos pela raiva que não consegue formar sons e palavras. Sua boca furiosa, muda, rumina os insultos sem conseguir que sejam ouvidos. "Ela é como aquela que matou Barbier com uma adaga!", um jovem oficial diz a um de seus amigos.

Um coronel assumiu seu lugar ao lado da coluna, "anunciando em voz alta, com uma brutalidade que eu acho que ele usa para induzir o medo: 'Qualquer homem que soltar o braço de seu vizinho será morto!' E aquele terrível 'será morto' é repetido quatro ou cinco vezes". Ao fundo, Goncourt e os outros observadores puderam ouvir "o som surdo de fuzis sendo carregados pela escolta de infantaria".[41]

Quando uma barricada defendida por 180 pessoas no boulevard Prince Eugène caiu, combatentes se refugiaram numa casa próxima. Um estudante de medicina inglês assistiu horrorizado quando os versalheses imediatamente se alinharam e atiraram em 52 mulheres capturadas juntamente com cerca de 60 homens. O estudante ouviu um oficial interrogando uma das mulheres, dizendo a ela que dois de seus homens foram mortos. "Que Deus me castigue por não ter matado mais deles", gritou ela. "Eu tinha dois filhos em Issy, ambos foram mortos, e mais dois em Neuilly, que sofreram o mesmo destino. Meu marido morreu nessa barricada, e agora você pode fazer comigo o que quiser."[42]

MESMO COM AS TROPAS VERSALHESAS SEGUINDO RAPIDAMENTE PAra o leste de Paris, os reféns que restavam na prisão La Roquette ainda tinham muito a temer. Um policial e quatro guardas nacionais foram à prisão e apanharam o banqueiro Jean-Baptiste Jecker, que fora poupado por acaso dois dias antes. Eles o levaram para uma vala perto do cemitério do Père Lachaise e o mataram.[43] Por volta das 15 horas do mesmo dia, sexta-feira, o coronel da Guarda Nacional Émile Gois e cerca de sessenta guardas nacionais de vários batalhões chegaram à prisão La Roquette, onde aproximadamente 900 prisioneiros ainda eram mantidos. O diretor da prisão, Jean-Baptiste François, ainda usando seu cinto vermelho, estava na *mairie* do 11º *arrondissement*. Quando voltou a La Roquette, recebeu uma ordem assinada por

Ferré e brandida por Gois para que entregasse cinquenta prisioneiros, incluindo dez padres, quatro homens acusados de espionar para Versalhes, dois gendarmes e 33 *sergents-de-ville* (guardas de Paris); estes dois últimos grupos eram fortemente identificados com Napoleão III e o Segundo Império.[44]

François ordenou a Antoine Ramain, o chefe da guarda, que trouxesse todos os gendarmes e lhe deu uma lista com outros doze a quinze nomes. Quando Ramain pediu uma explicação, François lhe disse que, com granadas versalhesas caindo, uma segurança melhor estaria disponível na *mairie* de Belleville. Ramain entrou no corredor da quarta seção e anunciou: "Atenção! Preciso de quinze [prisioneiros]. [...] Fiquem em fila!"[45]

Guardas amontoaram os prisioneiros em carroças e, por volta das 16 horas, partiram, seguindo pela rue de la Roquette até o cemitério do Père Lachaise e em seguida do boulevard Ménilmontant para o boulevard de Belleville. Na parte baixa da chaussée Ménilmontant, eles passaram por uma barricada vigiada por guardas. Ali, um comandante de batalhão ordenou ao capitão Louis-François Dalivons – um consertador de telhados de 26 anos da rue Ménilmontant – que liderasse uma escolta de oito homens. As carroças chegaram à rue de Puebla. Uma multidão se formou, com a curiosidade se transformando em agressões quando a escolta se aproximava da *mairie* de Belleville. Então as carroças passaram chacoalhando pela rue Haxo, onde a multidão chegou a um ponto de fúria tal que Eugène Varlin e o coronel *communard* Hippolyte Parent não conseguiram afastar aqueles que pediam a morte dos gendarmes, policiais e padres que podiam ver nas carroças abertas. Nos fundos de um pequeno jardim na rue Haxo, em Belleville, guardas nacionais puseram os prisioneiros contra um muro e os mataram a tiros, ajudados por outros homens e mulheres que dispararam repetidamente contra seus corpos. Trinta e sete gendarmes, dez padres e dois *mouchards* (informantes) versalheses pereceram.[46]

No sábado de manhã, Ferré chegou a La Roquette na chuva. De acordo com um dos padres encarcerados, o abade Pierre-Henri Lamazou, Ferré "corria e pulava como uma pantera temendo perder sua presa", carregando um fuzil e brandindo uma pistola. Parecia haver pouca esperança para os reféns restantes. Mas, com a batalha se aproximando, Ferré de repente partiu. À tarde, um guarda da prisão começou a abrir as celas do segundo andar.

Ele recebera ordens para enviar dois de cada vez para a morte e já estava farto. Os dez padres, quarenta gendarmes e aproximadamente oitenta soldados versalheses capturados que ele libertou começaram a improvisar barricadas, usando camas, cadeiras e o que mais pudessem encontrar. Guardas nacionais chegaram e tentaram dominar os reféns subitamente mobilizados com fumaça, ateando fogo a colchões.

Alguns prisioneiros conseguiram descer até o andar térreo. O abade Paul Perny, alguns padres e vários outros resolveram se arriscar a sair da prisão, cuja grande porta era agora mantida aberta. Os riscos eram grandes. Alguns suspeitavam de uma armadilha – de que seriam mortos ao deixarem a relativa segurança do corredor da prisão agora protegido. Além disso, como usavam roupas eclesiásticas, eles se arriscavam a ser atacados por *communards* em pânico enquanto as tropas versalhesas estavam a poucos quarteirões da prisão. Perny e alguns dos outros não conheciam o bairro em torno de La Roquette. Para onde ir? Virar à esquerda depois de passar pelo portão da prisão ou à direita? Perny correu para fora e bateu às portas de várias casas e hotéis. Nenhuma abriu. Para o padre, os *communards* comuns que ele encontrou eram "peles-vermelhas modernos". Quanto às mulheres, "superavam os homens em seu furor e determinação". Assim como muitos outros que eram contra a Comuna, ele reservava um desprezo especial por Belleville e outros bairros plebeus.[47]

Várias pessoas que Perny encontrou nas ruas foram mais gentis, perguntando o que estava fazendo. Ele não tinha ouvido o barulho de tiros de canhões próximos? Ele decidiu que sua melhor chance era retornar a La Roquette. Talvez os guardas – alguns dos quais ele conhecia e confiava – protegessem-no. Vários outros padres, o seminarista e alguns gendarmes haviam feito a mesma escolha depois de perceberem o caos e os perigos do lado de fora. Eles se esconderam na enfermaria, mesmo quando *communards* entraram em La Roquette e procuraram por eles. Horas depois, foram salvos pela chegada de tropas versalhesas.

O abade Surat não teve tanta sorte. Quando pediu ajuda a uma mulher, ela falou: "Aqui está, não vou lhe dar nada!" O padre foi morto a tiros quando tentava encontrar seu caminho no labirinto de ruas. Outro missionário também pereceu da mesma maneira. Ao todo, entre 24 e 26 de maio, 66 ou 68 reféns morreram.⁴⁸

AGORA QUE A MAIOR PARTE DO 11º *ARRONDISSEMENT* HAVIA CAÍDO, as tropas versalhesas atacavam os principais pontos de defesa restantes: Belleville, Buttes-Chaumont e o cemitério do Père Lachaise. Na noite de sexta-feira, tropas versalhesas encontraram forte resistência perto de Belleville e em ruas que levavam ao Père Lachaise, onde duas baterias *communards* e várias centenas de guardas nacionais se preparavam para lutar. Na manhã seguinte, tropas de linha se reuniram na Porte de Lilas e em seguida foram para Belleville, Ménilmontant e Charonne, isolando aqueles que resistiam. No começo da rue de Belleville, soldados esmagaram a última resistência concentrada. Tropas versalhesas fizeram 1,5 mil prisioneiros *communards* na rue Haxo e pelo menos 800 na place des Fêtes, no 19º *arrondissement*, em Belleville. Os *communards* que resistiam haviam voltado sua atenção para a coluna de 1,3 mil soldados de linha que foram capturados em 18 de março e que, por qualquer que fosse o motivo, Ferré havia mandado que fossem levados sob vigilância do quartel de Prince Eugène para a igreja de Belleville. Quando uma bateria próxima caiu, 23 *communards* foram imediatamente mortos a tiros. Na rue de Puebla, sessenta pereceram atrás de uma barricada. Atrás da barricada da place de la Rotonde, depois de os mortos serem removidos, W. Pembroke Fetridge descreveu o sangue correndo "em córregos pelas sarjetas". Cavalos mortos estavam caídos pela área.⁴⁹

O exército do general Joseph Vinoy seguiu em direção ao cemitério do Père Lachaise sábado de manhã bem cedo. O exército de Ladmirault venceu a resistência e capturou Buttes-Chaumont. Naquela manhã, 400 *communards* desceram lentamente de Belleville para se render, todos eles levando armas viradas para baixo. Logo, estavam a caminho de Versalhes. MacMahon prometera fazer Belleville pagar. Com Buttes-Chaumont tomado e o cemitério do Père Lachaise sob ataque e prestes a cair, o exército de MacMahon fez exatamente isso. Tropas de linha dispararam granada após granada contra o *quartier*, provocando incêndios. Os versalheses convenceram os defensores atrás de uma barricada a se renderem em troca de suas vidas e em seguida os balearam por trás, na rue de Bagnolet. Na rue de Belleville, um *concierge* denunciou vários moradores às tropas de linha. Um oficial ordenou que eles fossem mortos e em seguida matou o *concierge* também, como se não bastasse – afinal de contas, ele morava em Belleville. Um morador saiu à procura de um médico para *fédérés* feridos que estavam escondidos num porão. Um soldado o agarrou quando passava conduzindo um grupo de prisioneiros e disse: "Vamos, você pode participar da dança!" Sua viúva passou três meses sem saber o que acontecera a ele. Conforme relatou o *London Times*, as tropas versalhesas consideravam "qualquer um que se importava de algum modo com os feridos um simpatizante destes e, portanto, merecedor do mesmo destino".[50]

NO SÁBADO, ÉLIE RECLUS PÔDE OUVIR, PERTO DA GARE DE LYON, "várias salvas de tiros dos pelotões [de execução], aproximadamente uma dúzia ou duas". As vítimas eram prisioneiros capturados em porões e sótãos de prédios próximos, ou simplesmente apanhados porque soldados, policiais ou espiões versalheses não haviam gostado de sua aparência. Destacamentos da polícia foram designados para cada corpo do exército e revistavam prédios, prendendo supostos *communards*. Os "amigos da ordem" se vingaram de Paris. Refugiado no apartamento de um amigo, Reclus pôde ver, espiando por trás de uma cortina, "aqueles pobres [*communards*], burgueses ou trabalhadores, com roupas civis ou usando alguma parte de um uniforme, marchando em frente, com passos firmes e orgulhosos, mas com rostos tão pálidos. Em uma hora, estariam mortos". Corpos eram jogados em carroças para serem enterrados em valas fundas, cobertos de cal ou queimados. Reclus havia visto um comboio de 10 a 12 *omnibus* cheios de restos humanos. Uma fita vermelha de sangue corria ao longo das duas margens do Sena.[51]

Depois de destruir os portões do cemitério do Père Lachaise no início da noite de sábado, tropas versalhesas o invadiram. Ali, muitos combatentes *communards* caíram entre as tumbas, alguns agarrados a suas baionetas de combate. Os outros foram capturados e executados em massa. Prisioneiros *fédérés* foram dispostos em duas filas contra um muro, ao lado de uma vala muito funda. Metralhadoras fizeram o resto, e a maioria dos prisioneiros caiu ou foi jogada na cova coletiva. Georges Clemenceau mais tarde relembrou que as metralhadoras matavam indiscriminadamente *communards* durante trinta minutos sem pausa. No domingo, os versalheses trouxeram mais prisioneiros em grupos de 150, 200 ou mesmo 300 para serem mortos, muitos deles caindo na mesma vala larga e funda que continha os corpos de *communards* mortos durante ou depois da luta do dia anterior.[52]

Albert Hans insistiu que os oficiais não haviam ordenado as execuções. O destino dos *communards* dependia, portanto, com frequência, de puro acaso; um gesto humanitário de um dos soldados podia salvar um prisioneiro, pelo menos por algum tempo. Alguns voluntários mostraram piedade. Eles levavam prisioneiros para a esquina da rue des Lilas com rue de Belleville, com a trincheira da morte por perto, e dependendo do que achavam dos apelos, da atitude e, em alguns casos das "preces" dos cativos, podiam poupá-los. Mas Hans admitiu que alguns acabavam mortos numa vala pelo caminho. Inevitavelmente, no Père Lachaise, "um *faux pas*, um protesto, uma pausa num passo, qualquer incidente, irritava um guarda e era o fim do *fédéré*".[53]

Poucos puderam esquecer o que testemunharam no Père Lachaise. Denis Arthur Bingham foi olhar o cemitério depois do massacre e encontrou tumbas que foram quebradas por granadas. Os corpos daqueles que foram sumariamente executados jaziam expostos para todos verem. Bingham estimou que havia 800 caídos numa longa vala e 300 em outra, muitos deles próximos de um dos muros do cemitério. "A maioria deles", observou ele, "tinha uma expressão de raiva e ódio que deixava seus rostos completamente medonhos. Foi um espetáculo horrível, do qual desviei pelo horror e que durante muito tempo me assombrou."[54] Uma jovem americana descreveu o cemitério como "a mais assustadora visão". Os corpos de *communards* mortos contra um muro enchiam "um vazio natural". Entre eles havia "muitas mulheres. Ali, jogado para cima ao sol, estava um braço bem modelado com um anel em um dos dedos; ali também estava um busto bem-talhado morto; e havia rostos que ao olhar faziam tremer, rostos deformados sem humanidade, com ferocidade e agonia combinadas. O efeito assustador do pó branco sombrio sobre os olhos embotados, os dentes rangidos e as barbas recortadas é indescritível".[55]

Jornalista e membro da Comuna, Pierre Vésinier recordou os momentos finais dos combatentes *communards* no Père Lachaise e em outros lugares, descrevendo milhares de corpos que "se espalhavam por avenidas e tumbas. Muitos foram assassinados nos túmulos onde haviam buscado abrigo e tingiram os caixões com seu sangue, [...] fuzilarias terríveis, tiros de pelotão assustadores, entremeados com o barulho crepitante de *mitrailleuses*, falavam claramente do massacre indiscriminado". Vésinier refletiu sobre a argumentação dos versalheses com justificado sarcasmo: "A propriedade, a religião e a sociedade mais uma vez foram salvas."[56]

A notícia sobre as execuções em massa de padres e gendarmes na rue Haxo manteve ardente o ódio dos soldados de Thiers pelos *communards*. Os versalheses rapidamente foram lá para ver pilhas de corpos "horrivelmente mutilados, azuis, inchados, pretos, totalmente em estado de decomposição". Essa visão atiçou o furor assassino de alguns soldados, irados porque muitos prisioneiros foram levados e não imediatamente executados. Um padre que acompanhava o comboio tentou acalmá-los, dizendo que eles deviam perdoar seus inimigos. O conselho caiu em ouvidos moucos. O bom padre felizmente conseguiu convencer os soldados a não perseguir e matar um homem que se recusara a curvar a cabeça quando as carroças cheias de cadáveres passaram.[57]

No domingo, a luta estava quase no fim. Os *communards* mantinham apenas uma pequena área no meio do Père Lachaise, onde os versalheses ainda estavam matando prisioneiros que haviam encarcerado nas prisões Mazas e La Roquette. De manhã cedo, Varlin e Ferré estavam entre aqueles que lideravam uma coluna desesperada num ataque às forças versalhesas perto da place du Château d'Eau. Logo eles estariam correndo para salvar suas vidas. Os versalheses haviam tomado Belleville, o último bastião *communard*, às 11 horas. Goncourt foi até lá para ver os *quartiers* do inimigo conquistado: "Ruas vazias. Pessoas bebendo em cabarés com rostos de feio silêncio. A aparência de um distrito vencido, mas não subjugado."[58]

Ao saber que 2 mil *communards* haviam acabado de se render em Belleville, Hans correu para dar uma olhada neles. O fato de, em sua maioria, os prisioneiros *communards* ali parecerem desertores do exército francês acentuou a raiva das forças versalhesas. "Então, aqui estão os heróis do 18 de Março!", gritaram. "Ah, patifes, imagino que vocês não estarão virando seus fuzis para baixo agora!" Vengeurs de Paris, alguns marinheiros e *gardes mo-*

biles estavam no mal-humorado grupo de jovens sob forte vigilância. Prisioneiros foram arrebanhados para dentro de uma igreja; outros iniciaram a longa, dolorosa e humilhante jornada para Versalhes, com sorte, por enquanto, por terem sobrevivido.

Hans e os outros soldados versalheses não esperavam ser bem recebidos em Belleville, mas os burgueses ali os saudaram com "enérgicas" desculpas por seu bairro – dizendo que foram os radicais de Charonne, do *faubourg* du Temple e do adjacente Ménilmontant que deram a Belleville sua reputação não merecida. Alguns lojistas pareciam particularmente satisfeitos com o resultado; durante os últimos dias, eles haviam enfrentado cada vez mais requisições de *communards*, incluindo roupas civis que alguns combatentes *fédérés* precisaram para vestir depois de jogar fora seus uniformes comprometedores. Os sapatos foram um grande problema para os *communards*, sendo bem menos fáceis de encontrar do que roupas básicas, e as botas de combate (*godillots*) fornecidas pela Comuna eram uma passagem para a morte ("Está bem, *les godillots*, para o muro!" era uma ordem ouvida com frequência). Mas a recepção que Hans e os outros tiveram nos *quartiers* da vizinhança não foi nada calorosa: "Em todos os homens estava escrito um ódio total, contido apenas pelo medo. As mulheres tinham olhos vermelhos; mais de uma dessas mulheres horríveis nos deu um olhar de raiva ardente, concentrada." O ódio delas nem sempre era contido, porém; ataques isolados a sentinelas, soldados e guardas versalheses ocorreram.

GRUPOS DISPERSOS DE *COMMUNARDS* CONTINUARAM A CONTRA-ATAcar na manhã de domingo. Os versalheses tomaram o que restava do bulevar Voltaire e esmagaram a última resistência em Belleville, "o antro revolucionário" aos olhos das classes médias. Soldados executaram cinquenta *communards* numa barricada na rue Voltaire e depois se divertiram rabiscando "Assassino", "Ladrão" ou "Bêbado" perto dos corpos. Próximo à Gare d'Orléans, junto ao Sena, onde dois versalheses foram mortos nas horas finais da Comuna, Julien Poirier e sua companhia encontraram uma mulher com um *chassepot* e uma espada em pé sobre um toco de madeira; eles a mataram.[59]

Naquela manhã, 28 de maio, Louise Michel pôde sentir "o bando raivoso de lobos se aproximando". Tudo o que restava da Comuna era uma faixa de Paris que ia da rue du *faubourg* du Temple ao boulevard de Belleville. Logo, na rue Ramponneau, na esquina com rue Tourtille, um único homem defendia a última barricada *communard* até disparar a última bala que lhe restava.[60]

OS VERSALHESES MATARAM EUGÈNE VARLIN NAQUELE DIA, DEPOIS que a luta havia terminado. Ele estava sentado num café na rue Lafayette quando um padre o denunciou a um oficial versalhês. O oficial ordenou que o executassem. Varlin foi surrado por uma multidão hostil e espancado por soldados com as coronhas de seus fuzis até, de acordo com uma testemunha, "seu rosto ficar esmagado como geleia, um olho fora da cavidade". Arrastado para o muro de um jardim na rue des Rosiers, onde Lecomte e Thomas foram mortos em 18 de março, ele foi morto a tiros quando tentava gritar "Vida longa à Comuna!". Quarenta e dois homens, três mulheres e quatro crianças foram obrigados a se ajoelhar em penitência pela morte dos generais, e encontraram seu fim ali, depois de Varlin.[61]

Communards que tentaram escapar de Belleville naquele domingo tiveram poucas chances de êxito. Os versalheses controlavam o resto de Paris e qualquer tentativa de fugir da cidade esbarrava no exército prussiano. As tropas alemãs haviam expandido seu cordão de isolamento em torno do norte de Paris, impedindo os *communards* de sair. Elas escoltaram várias centenas de *fédérés* até o forte de Vincennes, pensando que este era mantido por forças do governo. Ao perceberem o erro, entregaram-nos aos versalheses em Montreuil, onde muitos foram executados.[62]

Comboios de prisioneiros continuaram a ser levados em marcha para Versalhes; alguns morriam na viagem. Quando uma jovem desmaiou, incapaz de prosseguir, um soldado abriu sua barriga com a baioneta e a jogou num depósito, gritando: "Vá morrer aí!" Em outro comboio, um oficial viu uma mulher carregando uma criança muito doente, que ele tomou dela, mas a criança morreu no caminho. Quando uma mulher grávida, prisioneira de Montmartre, conseguiu se livrar das cordas que a prendiam, um soldado, segundo rumores, matou-a com sua espada.[63]

Soldados obrigaram prisioneiros a se ajoelhar quando passavam pela igreja de Saint-Augustin "em remissão por seus crimes", e outros tiveram que fazer o mesmo na Capela da Expiação de Luís XVI, que a Comuna planejara derrubar. Prisioneiros morreram ao longo do caminho porque, além de sentirem calor, fadiga e medo, muitos não comiam há mais de dois dias. W. Gibson, um pastor protestante que em geral achava os *communards* repugnantes, contou que "um de nossos pregadores locais viu um homem ser friamente [esfaqueado] até a morte por um soldado e depois erguido na ponta da baioneta para a inspeção dos espectadores. Não foi manifestada nenhuma simpatia pelo pobre e velho prisioneiro, e duas senhoras sugeriram que o soldado "cortasse a cabeça do rato!".[64]

ENQUANTO O MUNDO DA COMUNA DESABAVA, MAXIME VUILLAUME esperava escapar com sua esposa. Substituindo o *képi* da Guarda Nacional por um pequeno chapéu redondo, o jornalista evitou as *brassards* que estavam denunciando dois homens a um pelotão de soldados. Na place de la Sorbonne, o Café d'Harcourt estava cheio de clientes muito diferentes daqueles de alguns dias antes. Vuillaume pensou em um possível lugar de refúgio, embora temporário: o apartamento de Benjamin Flotte, na rue Saint-Séverin, onde um dia antes ele apanhara as cartas do arcebispo Georges Darboy. Vuillaume seguiu para lá, evitando olhar para os corpos de três mulheres, semicobertas por palha.

Com tropas versalhesas praticamente em toda parte, Vuillaume teve que percorrer grandes distâncias para evitar ser preso no Quartier Latin em 24 de maio. Ele encontrou um amigo estudante de medicina que lhe deu uma braçadeira da Cruz Vermelha, que, de acordo com a Convenção de Genebra de 1864, assegurava sua proteção, pelo menos em princípio. Quando Vuillaume e seu amigo caminhavam da rue Tournon para a rue de Vaugirard, perto do Senado, vários soldados perguntaram para onde eles estavam indo e em seguida os levaram para a corte *prévôtal* do Senado. Vuillaume podia ouvir as salvas de um pelotão de fuzilamento um pouco além de algumas árvores. Um oficial lhe perguntou sobre sua braçadeira. Vuillaume respondeu que representava proteção pela Convenção Internacional de Genebra. "A Internacional! A Internacional!", foi a réplica furiosa. "Então, você é da Internacional! Ah, dane-se!" Então Vuillaume cometeu uma gafe potencialmente fatal: chamou o gendarme de "cidadão".

Vuillaume pensou freneticamente em um nome falso para dar, chegando a "um nome realmente comum: Langlois", um estudante que conhecia. Em seguida, tentou pensar em exatamente o que seus interrogadores encontrariam em seus bolsos: infelizmente, estava levando um relógio de pulso no qual estava gravado "Vida longa à Comuna!". Ele conseguiu deixá-lo cair atrás de um banco sem que dois gendarmes notassem. Ao meio-dia, o juiz militar passou pelos prisioneiros, um charuto pendurado nos lábios. "Chapéus para fora, escória miserável!" Vuillaume analisou em silêncio os nomes de professores da escola de medicina que poderia citar caso lhe perguntassem. Ele ouviu as interrogações, que quase sempre terminavam com uma das duas sentenças de morte: "Para a fila" (ou seja, "na fila que vai ficar contra o muro") ou "Leve-o para a brigada!". Mais tarde, um padre, chamado para consolar aqueles que estavam prestes a morrer, aproximou-se, velho, magro, com um leve sorriso, a *Légion d'honneur* presa em sua batina.

O oficial que presidia a corte marcial voltou de sua refeição e os interrogatórios prosseguiram. Quando chegou a vez de Vuillaume, o oficial perguntou o que ele fizera durante a insurreição. Ele lhe assegurou que não fizera nada pela Comuna; disse que era médico e ajudara os feridos, admitindo ter ajudado feridos dos dois lados (como a insígnia da Cruz Vermelha que tomara emprestada indicaria). A sentença foi inevitável: "Levem-no para a fila." Os soldados esperavam até seis condenados estarem prontos para ir, amarravam-nos com cordas e os levavam para os Jardins de Luxemburgo para serem executados. Enquanto Vuillaume esperava, um soldado gritou algo sobre "seu *Père Duchêne*", o jornal radical, mas o alvo era outro homem. Que diferença isso fazia agora?

Um sargento que vigiava os condenados perguntou a Vuillaume o que ele fazia na vida e, ao ver a braçadeira da Cruz Vermelha, concluiu que, assim como ele, era estudante de medicina. Apiedando-se dele, o sargento o empurrou para o fim da fila, para que Vuillaume pudesse viver mais uma hora ou pouco mais que isso, e saiu à procura do oficial médico-chefe para interceder em favor de seu "colega". O jovem guarda retornou uma hora depois – o que para Vuillaume pareceu uma eternidade, com as salvas assassinas ressoando em seus ouvidos – para dizer que não conseguira encontrar o oficial médico. Teve, porém, uma ideia. Disse a Vuillaume para *tu-toi* (tratá-lo com familiaridade) – eles seriam primos. O sargento partiu novamente, reaparecendo para dizer a Vuillaume para acompanhá-lo, e rápido. Inacreditavelmente, com ele estavam os dois versalheses que haviam prendido Vuillaume. Eles o levaram para o café L'Enseigne de la Comète, na esquina da rue Servandoni. Diante de uma taça de vinho, o sargento-salvador deu um novo nome a Vuillaume e, depois de jantar perto do Odéon, levou-o para o apartamento de uma amiga que, embora um tanto apavorada, recebeu-o. Três dias depois, no sábado, o sargento voltou, descrevendo em detalhes as últimas salvas de execução. Ele aconselhou Vuillaume a encontrar um novo lugar para se esconder, advertindo que se ele fosse feito prisioneiro novamente, nada poderia fazer para salvá-lo.

Milagrosamente ainda vivo e agora se escondendo num apartamento na rue Richelieu, em frente à fonte de Molière, Maxime Vuillaume tentou pensar em uma maneira de sair de Paris. Para isso, precisava de um passaporte. Um amigo da escola, que ele esperava que fizesse isso por ele, recusou-se a ajudá-lo. Jornais versalheses já haviam noticiado sua prisão. Uma busca no prédio parecia inevitável. Ele pensou em mudar para um lugar, depois para outro. Por sorte, saiu de Paris num trem sem ser parado. Quando chegou a uma vila, um guarda rural suspeitou dele, que claramente viera da capital: "Parisiense" provavelmente significava "*communard* em fuga". Mas o prefeito foi simpático, instando Vuillaume a partir imediatamente, o que ele fez. Quando ele e um amigo chegaram a Troyes e embarcaram num trem, a polícia estava pedindo passaportes a todos os viajantes. Eles não tinham. Vuillaume foi preso de novo, mas conseguiu escapulir, graças a um gendarme desatento, e finalmente chegou ao santuário em Genebra.[65]

COM A COMUNA COMPLETAMENTE ESMAGADA E COM AS TROPAS DE linha versalhesas, os gendarmes, a polícia e os espiões da polícia praticamente em toda parte – sobretudo em bairros "suspeitos" –, a sobrevivência em Paris exigia encontrar um lugar para se esconder. Reclus conhecia "um burguês liberal" que era amigo de sua família há anos e um "homem excelente, além disso". Na quinta-feira, 30 de maio, foi lhe pedir ajuda, mas esta foi negada. O velho amigo da família lhe disse que, em sua opinião, além dos "amigos da ordem", havia agora apenas três tipos de pessoas: aquelas que deveriam ser mortas; aquelas que deveriam ser enviadas para Caiena, a infame "guilhotina seca", onde a morte era certa, mas chegava lenta e dolorosamente; e aqueles que deveriam ser enviados para Nuku Hiva, no Pacífico sul, que, na verdade, era ainda pior. Élie observou amargamente que uma quarta categoria poderia ser acrescentada: aqueles que estavam fugindo – "vagando nas ruas, indo aqui, indo ali, tentando não nos entregar e mantendo distância dos espiões da polícia e daqueles que usam braçadeiras tricolores, ou de jovens oficiais zelosos que me veem como um cachorro raivoso". Este era o verdadeiro terror.

No dia seguinte, uma família republicana lhe ofereceu abrigo. Élie sabiamente assumiu outro nome. Mas achava agora que sua melhor chance era se deslocar de *quartier* para *quartier*, indo discretamente para bairros que já haviam sido totalmente revistados na busca por *communards* e, portanto, "escorregando pela malha da rede". Ele acabou conseguindo escapar de Paris, chegando a Zurique em 1872.[66]

Em Versalhes, Henri Vignon, que permanecera na antiga capital da monarquia Bourbon durante a maior parte da Comuna, viu comboio após comboio de prisioneiros chegando da capital. Toda vez que um ou dois tentavam escapar, eram mortos a tiros. Munido de um passe de Versalhes, Henri foi a Paris e contou à mãe que o prédio deles escapara dos danos. Quando Henri viu Paris queimando, acrescentou: "Certamente a morte não é demais para esses *misérables*."[67] Essa opinião se tornou prevalecente entre os *honnêtes gens*. *Communards* não podiam esperar nenhuma simpatia de pessoas cujo ódio a eles era desenfreado.

CAPÍTULO 10

PRISIONEIROS DE VERSALHES

AS REPRESÁLIAS VERSALHESAS CONTINUARAM MUITO DEPOIS DE as últimas defesas da Comuna caírem. O exército de Adolphe Thiers fizera milhares de prisioneiros durante a longa Semana Sangrenta; a maioria dos quais foi conduzida à corte marcial. A questão agora era qual seria o destino deles, ou seja, daqueles prisioneiros que haviam sobrevivido às represálias. Por certo, pelo menos 1,9 mil pessoas foram executadas a tiros só no domingo.

Um inglês presente jamais esqueceria "o toque raivoso das salvas de execução; os cordões de homens e mulheres levados às pressas para a morte; os xingamentos do populacho enfurecido; a violência brutal de uma soldadesca exasperada". O visitante ansioso viu um homem supostamente apanhado com itens combustíveis em seus bolsos sendo empurrado por soldados com baionetas que haviam acabado de furá-lo. Atrás dos soldados e de suas vítimas, seguia uma pequena multidão de parisienses na expectativa de vê-lo sendo morto, o que exigia "em voz alta". O inglês teve todos os motivos para crer que "o amargor dos beligerantes uns contra os outros" era "de um tipo bem mais intenso e sanguinário do que aquele que existe comumente entre combatentes".

Enquanto os prisioneiros eram conduzidos, amarrados juntos por uma corda, sua "aparência envergonhada" era evidente. Entre eles estava uma figura magra, de uniforme da Guarda Nacional, "cabelo longo, louro, caindo sobre os ombros, olhos azul-claros e um rosto bonito, destemido, jovem, que parecia não conhecer nem vergonha nem medo". Uma multidão "gritava para eles e os vaiava". Quando as mulheres da multidão perceberam de repente que o jovem era na verdade uma mulher, gritaram insultos. O alvo delas olhou "à esquerda e à direita com a cor intensificada e olhos faiscando, em acentuado contraste com o grupo covarde que a seguia". Numa ponte perto da place Vendôme, onde treze mulheres supostamente foram mortas ao serem "apanhadas no ato de espalhar petróleo", o inglês se deparou com 24 cadáveres de insurgentes "deitados em fila, esperando para serem enterrados sob as pedras do calçamento da vizinhança", com "a estrutura esquelética" das Tulherias pairando acima.[1]

O inglês refletiu que "os rebeldes" não haviam nem pedido nem recebido clemência. Eles haviam "decidido que a morte, fosse como combatente ou prisioneiro" era "sua única alternativa, e homens e mulheres" pareciam "fustigados por um furor que os transformou num conjunto de feras selvagens apanhadas numa armadilha". Isto, em sua opinião, tornava "seu extermínio uma necessidade".

O inglês seguiu para os bairros entre o cemitério do Père Lachaise e Montmartre. Nesses lugares, "era evidente pelos olhares e pelo tom dos habitantes que sua simpatia pela Comuna era forte. Eles resmungavam sombria e brutalmente uns com os outros, dificilmente ousando erguer do chão seus olhares suspeitos, pois não sabiam quais de seus vizinhos poderiam tê-los denunciado". Era triste ver crianças nos grupos de prisioneiros que eram conduzidos. Ele conseguiu obter acesso à corte marcial, onde encontrou uma dúzia de prisioneiros, todos homens, "encolhidos no fim do corredor, [...] esperando para saber seu destino". Prisioneiros foram removidos de Buttes-Chaumont, onde foram mantidos por dois dias sem comida. O inglês não lhes era exatamente simpático. Eles eram muito comuns: "Nunca vi uma coleção mais desprezível de rostos. Havia muitas mulheres, entre elas algumas com roupas de homens, algumas vestidas como *cantinières* ou *ambulancières*, e garotos muito jovens e homens velhos."

Enquanto as execuções prosseguiam, o inglês mudou de tom. "Parece insignificante para M. Thiers estarem denunciando os Insurgentes por terem matado um oficial cativo 'sem respeito às leis da guerra'. As leis da guerra! Elas são suaves e cristãs comparadas às leis desumanas de vingança sob as quais as tropas versalhesas vêm atirando, ferindo com baionetas, estraçalhando prisioneiros, mulheres e crianças nos últimos seis dias. [...] Até onde podemos lembrar, não houve nada como isso na história."²

Em Ménilmontant, havia montes de armas aqui e ali, juntamente com pilhas de calças e casacos da Guarda Nacional abandonados às pressas. Soldados e moradores não se falavam. O estrangeiro conseguira obter um passe militar que lhe permitia circular como quisesse, e quando pessoas do bairro perceberam isso, fizeram com que ele e suas companhias sentissem "que éramos seus inimigos". Em Belleville, em particular, foi fácil entender "os olhares bravos e os xingamentos abafados dos homens e mulheres que viam de portas e janelas a execução de um amigo diante de seus olhos".

Quando a noite chegou, Paris mergulhou no escuro, em parte devido à falta de gás. Nos bairros mais pobres, as pessoas permaneceram em casa por temerem serem presas por sua aparência. Vários versalheses agrediram o inglês depois de alguém alegar que ele havia atirado em alguém. Essa denúncia tão vaga poderia ter lhe custado a vida, mas sem dúvida ele foi salvo por sua aparência de classe alta num momento em que as roupas diziam muito e era impossível esconder seu sotaque britânico. De volta ao centro de Paris, ele foi afugentado da rue Royale pelo cheiro de incontáveis corpos apodrecendo, enterrados sob as ruínas.³

John Leighton saiu para olhar Paris no domingo e se deparou com "cadáveres nas ruas, cadáveres dentro das casas, cadáveres em toda parte!". Ele acreditava que os mortos eram "horríveis criminosos, [...] terrivelmente culpados, aquelas mulheres que derramavam conhaque nos copos e petróleo nas casas! [...] [Mas] todos aqueles que foram mortos seriam culpados? Então a visão dessas execuções, embora merecidas, foi cruelmente dolorosa. O inocente tremia diante da sentença da justiça. [...] Uma intranquilidade insuportável nos oprime".⁴

As ruas e sarjetas ficaram vermelhas de sangue. Soldados obrigaram moradores a jogar cloro nos cadáveres, fazendo as ruas parecerem cobertas de neve. Milhares de corpos já haviam sido jogados em covas coletivas ou levados para os Carrières de l'Amérique, enterrados nas catacumbas ou para além dos baluartes. Os corpos restantes podem ter sido deixados ali intencionalmente, por ordem de Thiers, para mostrar às pessoas comuns o custo de seu desacato.

O conde Arthur de Grandeffe, que servira nos Voluntários do Sena, passou por uma instalação médica naquele dia. Apesar de seu ódio aos *communards*, ele perguntou se poderia encontrar um padre para dar a extrema-unção a dois homens que estavam morrendo, sendo informado de que na vizinhança "havia pouco contato com essas pessoas". Mas ele insistiu e um padre foi, de fato, encontrado. Quando este se aproximou dos dois homens, um deles lançou sobre o padre "o olhar de uma víbora ferida ainda procurando uma maneira de morder você". Ambos tinham em seus olhos "as sementes do Inferno". A simpatia de Grandeffe pelos *communards* moribundos era limitada e ele concluiu que o que havia visto podia ser atribuído à "educação moderna". Ele acreditava que era chegada a hora de esclarecer os parisienses sobre os perigos que os aguardariam se eles se rebelassem novamente. As execuções sumárias, concluiu Grandeffe, eram um bom começo.[5]

Nem mesmo Edmond de Goncourt estava preparado para o que viu. Ao aproximar-se de Châtelet, ele viu de repente "a multidão enlouquecida em fuga como uma turba sendo atacada num dia de rebelião. Cavaleiros aparecem, ameaçando, espadas à mão, empinando seus cavalos e obrigando os transeuntes a ir da rua para as calçadas". Os soldados estavam arrastando um homem barbado em cuja testa estava amarrado um lenço. Outro homem, a ponto de desmaiar, era praticamente carregado por outros dois. Um deles tinha "uma palidez especial e um olhar vago que permanecem em minha memória. Ouço uma mulher gritar enquanto se retira: 'O quanto eu lamento ter ido tão longe!' Ao meu lado um burguês plácido está contando: 'Um, dois, três…' Havia 26. A escolta armada os conduz rapidamente para o quartel Lobau, onde o portão fecha atrás deles com uma estranha violência e precipitação".

Goncourt ainda não entendia, mas sentiu "uma ansiedade indefinível. Meu companheiro burguês, que acabara de contá-los, diz então para um vizinho: 'Não vai demorar muito, logo você ouvirá a primeira salva.' 'Que salva?' 'Porque vão atirar neles!'". Imediatamente, houve uma explosão violenta dentro dos portões fechados e muros, seguida de "uma fuzilaria com algo da regularidade mecânica de uma metralhadora. Há um primeiro, um segundo, um terceiro, um quarto, um quinto *rrarra* assassino – depois

O destino dos communards (CORBIS)

um longo intervalo – e então um sexto, e ainda mais duas salvas, uma logo após a outra".

Os tiros parecem durar uma eternidade. Quando finalmente cessam, "todos se sentem aliviados e estão começando a respirar quando ouvem um som de algo se estilhaçando que faz a porta empenada do quartel se mover sobre suas dobradiças; então outro; e finalmente o último". Estes foram os *coups de grâce* eliminando aqueles que ainda estavam vivos: "Naquele momento, como um bando de homens bêbados, o pelotão de execução sai pela porta com sangue na ponta de algumas de suas baionetas. E enquanto dois furgões fechados entram no pátio, um padre desliza para fora, e durante um longo tempo você vê suas costas finas, seu guarda-chuva, suas pernas caminhando instáveis ao longo do muro externo do quartel."[6]

PARIS ESTAVA AGORA SOB REGIME MILITAR E DIVIDIDA EM QUATRO seções comandadas por Joseph Vinoy, Ernest de Cissey, Paul de Ladmirault e Félix Douay. As buscas em casas, com frequência deflagradas por denúncias, continuaram com força total. E, como explicou Marc-André Gromier, um jornalista, nesse momento "cada denúncia era um decreto de morte". As bandeiras vermelhas haviam sumido. A bandeira tricolor se tornara a "bandeira do massacre". Na segunda-feira, o forte de Vincennes se rendeu, depois de tropas prussianas o isolarem de Paris. Forças versalhesas prometeram poupar a vida dos combatentes *communards* ali, depois mataram nove oficiais, jogando seus corpos na enorme vala.⁷

Os comboios de prisioneiros levados para Versalhes tornaram-se mais compridos. Gromier foi preso às 5 horas de domingo e jogado no porão de um quartel na rue du *faubourg*-Poissonnière, perto de sua casa. Gritos irados e pedras o receberam e "uma cadela [...] vestida como uma prostituta tentou me atingir com a ponta de seu guarda-chuva". Quando vários espectadores de seu *quartier* o saudaram, outros pularam sobre eles e uma briga começou. Um soldado cuidou de esmagar o chapéu de Gromier com seu fuzil. No quartel, já havia cerca de 500 homens, mulheres e crianças, alguns mortos, outros moribundos, incluindo um homem sem as duas pernas. Gromier viu um garoto de aproximadamente 15 anos amarrado por uma corda às grades de uma janela. Um versalhês lhe perguntou se ele o conhecia. Antes que ele pudesse responder, o garoto gritou que não o conhecia, porque morava no *quartier* de Clignancourt. Soldados furaram o menino repetidamente com baionetas.

Gromier e um comboio de outros 26 prisioneiros marcharam então, sob forte guarda, para o Parc Monceau, sedentos e famintos. Gromier viu um ex-cirurgião de seu batalhão da Guarda Nacional, agora resplandecente, usando uma braçadeira tricolor. A jornada seguinte foi para Versalhes. Na pont Saint-Cloud, uma mulher caiu e foi morta a tiros. Três homens mais velhos disseram que não conseguiam ir adiante e foram espancados com fuzis e em seguida empurrados para o lado e baleados. Outros cinco homens e uma mulher foram mortos ao longo do caminho. Gromier não tinha a menor ideia do motivo. Em Versalhes, duas meninas pequenas, três mulheres e um homem idoso foram retirados do comboio. Provavelmente eles também foram mortos. Por fim, após uma marcha forçada de muitas horas, Gromier e os outros chegaram a Satory, uma área de prisão versalhesa no planalto de mesmo nome, onde eles viram uma metralhadora pronta para funcionar. Eles puderam ver duas valas enormes, uma delas cheia de corpos, a outra uma latrina. De vez em quando soldados atiravam em grupos de prisioneiros. Perto dali, "uma fuzilaria intermitente. Aqueles que protestavam de algum modo eram mortos. Aqueles que pediam para ir ao banheiro: mortos. Aqueles enlouquecidos por uma febre: mortos". Nos dias 6 e 7 de junho, sete dos 27 do grupo de Gromier seriam executados. Toda manhã, corpos eram levados. Alguns prisioneiros eram mortos se os guardas não gostassem de suas respostas quando perguntavam seus nomes, ou por se recusarem de início a entregar itens pessoais, que temiam, com bons motivos, que fossem roubados. Certa noite, Gromier foi levado para uma corte marcial improvisada em Versalhes. Recebeu seis meses de prisão, mas pelo menos estava vivo.[8]

Outro jovem inglês teve muita sorte por escapar da violência versalhesa. No lugar errado e na hora errada, ele se viu prisioneiro durante uma captura. De alguma direção veio o som de tiros "e então um rumor circulou: 'Eles vão matar todos nós!'". Ele nunca esqueceria "a expressão agonizada nos rostos de alguns. [...] Era um índice completo do que estava se passando em suas mentes. Morrer assim, e deixar mulher, filhos, pais, irmãos, ou irmã, sem uma palavra de despedida [...] é apavorante. [...] Logo isso acabará. Um tiro de fuzil e pronto!". Um garoto de 15 anos tinha com ele documentos que disse que provariam sua inocência. Um oficial versalhês bateu nele: "Cale a boca, imbecil!" Em contraste, um menino de aproximadamente 9 anos "nunca emitiu uma palavra de reclamação". Ele pegou a mão do jovem inglês "e a partir desse momento e até o fim daquele dia terrível marchamos de mãos dadas, ele nunca deixou de segurar firme, exceto quando absolutamente necessário. Enquanto isso, as execuções continuavam". O comboio marchou para a Igreja da Madeleine, desceu a rue Royale até a place de la Concorde e subiu a Champs-Élysées até o Arco do Triunfo. O sol castigava, e os cativos não receberam nada para comer ou beber.[9]

O general Gaston Galliffet apareceu, enchendo de insultos os prisioneiros. Ele ordenou que um homem idoso saísse da fila: "Saia dessa fila, seu velho imbecil! E você... você está ferido! Bem, cuidaremos de você" – sem deixar nenhuma dúvida sobre o que aconteceria em seguida. Um jovem acenou com um passaporte americano: "Cale a boca, temos estrangeiros e ralé mais do que o suficiente aqui. Temos que nos livrar deles."[10]

Alguns homens idosos e prisioneiros feridos foram mortos, e mais salvas a distância sinalizaram que os homens daquele comboio haviam caído e não conseguiriam continuar. O inglês e os outros chegaram a Versalhes e depois a Satory às 20 horas. Ali, as multidões que pediam a morte deles estavam vestidas com elegância: "A-rá! Temos algumas bombas de gasolina que vocês conhecem muito bem reservadas para vocês. Há [também] metralhadoras, patifes miseráveis [*sacrés coquins*]." O jovem estrangeiro finalmente foi solto. Tivera sorte. O que ele havia visto mudou sua opinião sobre os *communards*, pelos quais agora tinha simpatia.[11]

Cerca de 35 a 40 mil prisioneiros fizeram a terrível jornada de Paris – a maioria proveniente de distritos do leste – a Versalhes. Prisioneiros que se recusaram a seguir adiante, ou que não conseguiram fazer isso por causa de ferimentos, outras enfermidades ou devido à idade foram mortos a tiros. Num incidente, um prisioneiro sentou, incapaz de prosseguir. Depois de ser espetado por soldados com baionetas, ele foi posto sobre um cavalo, do qual imediatamente caiu. Os soldados então o prenderam ao rabo do cavalo e ele foi arrastado até perder a consciência devido à perda de sangue. Os soldados demonstraram um pouco de piedade: em vez de simplesmente matá-lo a tiros, jogaram-no numa carroça e ali o deixaram pelo resto da viagem.[12] Muitas mulheres e crianças – a maioria de 12 a 16 anos, mas algumas menores – estavam nos comboios. Uma multidão de versalheses atacou o editor do *Journal des Débats* que ousou manifestar alguma simpatia pelos prisioneiros acorrentados juntos sob o sol. Soldados tiveram que salvá-lo.[13]

Em sua maioria, os "viajantes" para Satory não eram de modo algum combatentes – muitos destes já haviam perecido. Eram, em vez disso, parisienses que estavam no lugar errado na hora errada e foram cercados por tropas versalhesas. Algumas mulheres carregavam seus filhos nos braços ou nos ombros enquanto caminhavam; outras tinham os braços amarrados tão apertados que sangravam. Elas eram escoltadas por "gendarmes já tranformados em carrascos". Na opinião de Camille Pelletan, as piores agressões ao longo do caminho aconteceram no *faubourg* Saint-Honoré, onde "os parasitas aristocráticos vieram às ruas para insultar, ameaçar e maltratar prisioneiros". Em alguns outros bairros, os observadores foram mais respeitosos, alguns fazendo o sinal da cruz quando os prisioneiros passavam. Este não foi o caso da rue de la Chaussée d'Antin, onde uma mulher idosa furiosa se lançou contra um comboio de prisioneiros, batendo neles com seu guarda-chuva.[14]

Em Versalhes, *tout Paris* esperava a chegada dos prisioneiros, preparando-se para o espetáculo como se aguardassse o início de uma corrida de cavalos. Oficiais disseram a um comboio para parar a fim de que as pessoas elegantes pudessem dar uma boa olhada neles. Uma mulher bem-vestida, com um livro de orações, exigiu que uma jovem *cantinière* saudasse Deus. Quando esta se recusou, a mulher bateu nela, quebrando-lhe um dente. Esta era a caridade cristã praticada em Versalhes.[15]

Um jornalista do *Figaro*, um jornal pró-Thiers, focou no "desrespeito" aos espectadores hostis demonstrado por vários prisioneiros que estavam entre os "soldados medonhos" transportados para um futuro incerto. Uma *cantinière* acenou com o que restava de sua mão ensanguentada (perdera vários dedos na luta) na direção daqueles que gritavam insultos para ela e outros. Mulheres elegantes atacavam *communards* com suas sombrinhas, gritando para que fossem executados. Os prisioneiros de pelo menos um comboio foram obrigados a tirar seus chapéus ou gorros se os tivessem: "Vamos! Ralé! Tirem os chapéus diante dos *honnêtes gens*!"[16]

Pessoas de classe alta ávidas enchiam de perguntas soldados que haviam voltado de Paris. Um soldado de linha versalhês se gabou de ter matado uma mulher. Outro optou pelo que lhe pareceu melhor: "Eu? Matei uma criança incendiária com minha baioneta." Uma senhora "respeitável", o missal ainda em suas mãos, interrompeu para dizer: "É mesmo, meu amigo?" Ela levou a mão à bolsa e lhe deu um dinheiro. Alguns soldados, segundo relatos, venderam como suveni023 objetos tirados dos corpos de *communards*.[17]

Ao chegarem a Versalhes, as mulheres eram postas na prisão dos Chantiers, os homens no buraco do inferno de Satory, onde 3 a 4 mil prisioneiros foram praticamente empilhados uns sobre os outros. Ali, num espaço que mal era suficiente para virar-se ou deitar-se, as infecções e gangrenas se alastraram, enquanto guardas apontavam seus fuzis para os prisioneiros, ameaçando atirar em qualquer um por qualquer ato de desacato. Alguns soldados podem ter se divertido ao fazer isso. Desesperadamente sedentos, prisioneiros bebiam água de chuva, que às vezes tinha uma tonalidade vermelha por causa do sangue de ferimentos ou de cadáveres. A vida – e a morte – nos Chantiers era quase tão ruim. As prisioneiras dormiam sobre palha, ou simplesmente no chão, dividindo espaço com piolhos. Roupas e alimentos trazidos por parentes que tomavam conhecimento da localização de membros da família permaneciam amontoados do lado de fora, a maioria sem chegar às mulheres. Algumas prisioneiras mantidas temporariamente no Orangerie se entretinham cuidando de plantas, olhando, atrás dos guardas, os espectadores curiosos que vinham para observá-las boquiabertos.[18]

Louise Michel estava num dos campos de prisioneiros de Versalhes. Soldados lhe disseram que ela seria executada. Conforme ela se lembrou: "Acima de nós, as luzes dos incêndios [a distância em Paris] flutuavam como crepe vermelho. E sempre podíamos ouvir os canhões. [...] No meio da noite os soldados chamavam grupos de prisioneiros, que se levantavam da lama para seguir a lanterna do soldado que os conduzia. Eles recebiam uma enxada e uma pá para cavar seus próprios túmulos e em seguida eram mortos. Os ecos das salvas rompiam o silêncio da noite." Michel era "insolente" com os soldados e não sabia por que não era executada. Milhões de piolhos "formavam pequenas redes prateadas enquanto seguiam para seus ninhos que parecem formigueiros. Eram enormes". Prisioneiros tinham a impressão de que podiam ouvir o "barulho deles enxameando".[19]

À medida que mais prisioneiros chegavam a Versalhes, *les honnêtes gens* encontravam novas maneiras de condenar os *communards* derrotados. A alegação de que a gentalha de Paris era formada por bêbados foi uma ideia popular surgida no discurso versalhês, com referências à dependência que os "*communards* bêbados" tinham do absinto, que já estava devastando a população francesa. Inimigos com frequência descreviam os *communards* como *crapules*, um termo extremamente denegridor que vem da palavra latina para embriaguez.[20]

De acordo com a crença versalhesa, insurgentes invadiram um restaurante no boulevard Saint-Martin e se precipitaram sobre vinhos e licores finos encontrados na adega. Depois de se satisfazerem, os intrusos supostamente anunciaram que planejavam matar a tiros "os bravos soldados" que atacavam Paris. Um *anticommunard* leal se aproximou e esbofeteou "um daqueles imbecis", ou pelo menos é o que diz a história. Os *communards* então saquearam a casa, matando os *honnêtes gens* que se opunham a "suas orgias" e atearam fogo ao estabelecimento. Quando uma mulher em pânico conseguiu retirar sua filha das chamas, os *communards* empurraram ambas de volta e as queimaram até a morte. Isso, é claro, nunca ocorreu, mas não tinha nenhuma importância para os *honnêtes gens*. Ironicamente, alguns soldados de linha versalheses que mataram podiam estar bêbados, os efeitos do álcool ampliados pelo sol e a fadiga.[21]

ENQUANTO MILHARES DE PRISIONEIROS AGUARDAVAM SEUS DESTInos em Versalhes, a Paris "libertada" sofria da "doença das denúncias". De todas as estatísticas horrendas que cercam a Semana Sangrenta, uma das mais assustadoras é a de que, entre 22 de maio e 13 de junho, a *préfecture de police* recebeu 379.823 denúncias contra pessoas acusadas de servir à Comuna. Dessas, apenas 5% foram realmente confirmadas. É claro que o que torna esse número tão impressionante é o fato de que aqueles que denunciaram vizinhos estavam bastante conscientes de que, se as autoridades versalhesas levassem a sério a denúncia e se a acusação parecesse grave – simplesmente ser a favor da Comuna era considerado sério –, uma execução poderia vir em seguida. Sem dúvida, algumas dessas denúncias foram tentativas de resolver dívidas pessoais ou conflitos. Outros podiam estar esperando receber supostos 500 francos por entregar um *communard*. Houve casos de denúncias que levaram à morte de pessoas, como no caso do marquês de Forbin-Janson, que denunciou alguns de seus vizinhos e inquilinos, o que levou à execução de um deles. Um parisiense, absolvido por uma corte marcial, fora denunciado dezessete vezes.[22]

Em 1º de junho, dois homens, um deles ferido, apareceram à porta da casa ao lado daquela onde moravam o pastor Eugène Bersier e Marie Holland. Apenas a criada estava em casa. Eles pediram para entrar, porque conheciam um sobrinho do dono. A mulher os deixou entrar e providenciou uma cama para o homem ferido. Em seguida, denunciou-os à polícia. Soldados chegaram para levá-los, um deles numa maca, o outro caminhando de cabeça baixa, muito pálido. Marie Holland ficou indignada. O pastor recebeu a visita de um certo M. Bockairy. Este disse à criada que ela ficaria feliz por saber que um oficial *communard* foi executado e que, de seus homens, "nenhum escapou". O burguês presunçoso lhe pareceu por um momento ainda mais odioso do que os *communards* que ela desprezava.²³

Com a volta da velha polícia civil, espiões da polícia estavam em toda parte, exibindo com orgulho braçadeiras tricolores. Jacques Durant, um sapateiro de 53 anos que fora eleito para a Comuna pelo segundo *arrondissement*, foi denunciado e rebocado para a *mairie*. Depois de um interrogatório de não mais do que dois minutos, ele foi executado num pátio adjacente à igreja dos Petits-Pères. Édouard Moreau, que se opusera a incendiar o Grenier de l'Abondance, foi preso depois de ser denunciado quando se escondia perto da rue Saint-Antoine. Em Châtelet, Louis Vabre, o preboste-mor, perguntou-lhe se ele era M. Édouard Moreau, membro da Comuna. Moreau respondeu: "Não, do Comitê Central [da Guarda Nacional]." A reação foi imediata: "É a mesma coisa!" Ele foi levado para o quartel Lobau e executado com outro grupo de vítimas.²⁴

As denúncias tinham como alvo principalmente pessoas comuns, refletindo a suposição versalhesa de que a classe social de uma pessoa era um sinal suficiente de seu envolvimento na Comuna. O general Louis Valentin, que servia a Thiers como chefe de polícia, disse que "o simples fato de ter permanecido em Paris sob a Comuna é um crime. Todo mundo ali é culpado e se dependesse de mim todos seriam punidos".²⁵ Muitos parisienses da classe trabalhadora haviam, de fato, apoiado a Comuna, mas mesmo aqueles que não a apoiaram eram visados. Aqueles que ficaram em Paris durante a Comuna eram, em grande maioria, da classe trabalhadora, incapazes de sair e sem lugar para ir.

Prisioneiros identificados como estrangeiros foram tomados à parte por um desprezo específico, principalmente porque se supunha que os estrangeiros que permaneceram em Paris durante a Comuna eram da Internacional. Um rumor dizia que havia 10 mil poloneses entre os *communards*. Denis Arthur Bingham observou que "parisienses virtuosos alegaram que a insurreição foi obra de estrangeiros" como italianos e poloneses. O historiador conservador Hippolyte Taine compartilhou essa crença, insistindo que metade dos 100 mil *insurgés* não era francesa. O crítico literário Paul de Saint-

Victor denunciou "forjadores poloneses, 'galantes' garibaldianos [seguidores do revolucionário italiano Giuseppe Garibaldi], soldados eslavos mercenários, agentes prussianos, bucaneiros ianques fugindo em debandada de seus batalhões. [...] Paris se tornou um esgoto coletando os resíduos e a escória de dois mundos". Alguns poloneses haviam lutado com coragem, mas inutilmente, contra o Congresso da Polônia controlado pela Rússia em 1863. Por sua vez, Louise Lacroix insistiu que "para amar a França é preciso ser francês".[26]

Dois poloneses foram executados depois que tiros foram disparados de um prédio na rue de Tournon. Eles foram presos e acusados de ter "espalhado terror em todo o *quartier* de Luxemburgo" durante a Comuna. Depois de serem executados, o conde Czartoryski, presidente do Comitê Polonês, reclamou; as "ferramentas incendiárias" presumidas pelos versalheses eram, insistiu ele, simplesmente luzes para a biblioteca polonesa que ficava na rua. Um dos homens havia lutado pela Comuna, mas o outro, da Lituânia, não – ele dirigia a biblioteca e morava na casa. De qualquer modo, o papel desempenhado pelo general Dombrowski na resistência da Comuna ajudou a fomentar a ira contra os poloneses entre os versalheses. Um oficial, ao saber que prisioneiros levados à sua presença eram poloneses, disse: "Bem, eles são poloneses. Isso é suficiente por si só."[27]

Contemporâneos foram praticamente unânimes ao afirmar que os *communards* prestes a serem executados aceitaram seu destino de cabeça erguida. Um jornalista belga citou soldados que participaram de pelotões de execução. Um deles relatou que eles haviam matado "quarenta dessa ralé" em Passy. Todos morreram "como soldados", orgulhosamente, com braços dobrados sobre o peito. Alguns até abriram seus uniformes e gritaram: "Vão em frente e atirem! Não temos medo da morte."[28]

Um dirigente versalhês saiu para dar uma olhada por si mesmo. Viu prisioneiros sob escolta e, ao contar 28 deles, reconheceu alguns homens com os quais lutara durante o cerco prussiano. Quase todos eram trabalhadores. Seus rostos "não denunciavam nem desespero, nem desânimo, nem emoção. [...] Eles sabiam para onde estavam sendo levados". O versalhês não havia dado mais do que quatro passos quando ouviu a salva do pelotão de execução. Os 28 "insurgentes" caíram. O que ele ouviu lhe deixou tonto.

Mas o que tornou aquilo pior foi a série de tiros individuais que veio em seguida, os *coups de grâce*. Ele correu na outra direção, mas "à minha volta, a multidão parecia impassível". Parisienses estavam agora acostumados a isso.

Mesmo que os *communards* tenham morrido "como soldados", certamente eles não receberam os direitos devidos a soldados e até mesmo a prisioneiros, de acordo com as convenções internacionais. O *communard* Prosper-Olivier Lissagaray encontrou jovens marinheiros num bar na place Voltaire. Perguntou a eles, de maneira um tanto reservada, se havia muitos mortos entre os "inimigos". "Ah", respondeu um deles, "recebemos ordens do general para não fazer nenhum prisioneiro." Jovens soldados das províncias foram pressionados por oficiais a matar qualquer um que tivesse lutado pela Comuna. Soldados versalheses de origem rural que poderiam ter resistido a uma ordem dessas haviam sido inundados de propaganda antiparisiense alegando que os parisienses eram maus, patifes, mentirosos, ladrões e degenerados que haviam virado as costas para a Igreja.

Pouco mais de dois meses antes, soldados de linha aprisionados pelos insurgentes em Montmartre haviam sido bem tratados. Agora, milhares de *communards* aprisionados pelos versalheses eram mortos a tiros. Alguns homens foram executados por terem a infelicidade de se parecerem de algum modo com alguma figura proeminente da Comuna. Este foi o caso de um sapateiro chamado Constant, que morava no *quartier* burguês de Gros-Caillou, no sétimo *arrondissement*. Ele se parecia com o pintor Alfred-Édouard Billioray, membro da Comuna. Um certo Martin, tomado por Jules Vallès, foi morto perto da Saint-Germain l'Auxerrois, enquanto uma multidão rugia sua aprovação.[29]

O discurso versalhês incentivava abertamente a política de matar *communards*, comparando os insurgentes e aqueles que os apoiavam a bandidos ou animais selvagens, desumanizando-os, portanto, e justificando as execuções em massa. Assistindo à lúgubre procissão de prisioneiros a caminho de Versalhes, Augustine Blanchecotte condenou "essas feras selvagens, ferozes, enraivecidas, [...] monstros que deveriam ser classificados por zoólogos. Não são homens". De acordo com o *Figaro*: "Não se pode ter nenhuma ilusão. Mais de 50 mil insurgentes permanecem em Paris. [...] O que é um republicano? Um animal selvagem."[30]

Théophile Gautier concordou: "Em todas as grandes cidades há covas de leões, cavernas fechadas com barras espessas onde todas as feras selvagens, animais fedorentos, cobras venenosas e todos os resistentes pervertidos que a civilização não conseguiu domar são encontrados; aqueles que amam o sangue e adoram o fogo como alguém adora fogos de artifício de festividades, todos aqueles que se deleitam com roubos, aqueles cujos ataques à decência representam amor, todos aqueles que são monstros até os ossos, todos aqueles com deformidades da alma, uma população imunda, desconhecida até hoje, que forma enxames ominosamente nas profundezas da escuridão subterrânea." Um dia, prosseguiu ele, um guarda perde as chaves do jardim zoológico "e os animais ferozes se espalham por toda a cidade apavorada com gritos selvagens aterrorizantes. Suas jaulas agora abertas, as hienas de 1793 e os gorilas da Comuna correm para fora".[31]

As prisioneiras *communards* pareciam, para Gautier, "as feiticeiras de barba e bigode de Shakespeare, uma variedade medonha de hermafrodita, formada pela fealdade extraída de ambos os sexos". Ele zombou da "sede horrível, inextinguível, ardente, desses patifes, infectados por álcool, combates, sua viagem, o calor intenso, a febre de situações intensas e o tormento da morte que se aproxima, [...] gritando com vozes ásperas e roucas agora lubrificadas apenas pela saliva: 'Água! Água! Água!'".[32]

Henri Opper de Blowitz, um jornalista alemão que depois de se naturalizar trabalhou para Thiers, visitou uma prisão versalhesa durante a Comuna. Ele ficou obcecado por uma mulher jovem que observou de uma distância segura atrás da cerca, descrevendo o que viu como se tivesse voltado de uma visita ao zoológico. Ela era "uma das mulheres mais bonitas" que ele já havia visto: "Suas longas madeixas pretas caíam sobre ombros nus e como ela havia rasgado seu vestido em tiras para não usar as roupas dos 'malditos versalheses', podia-se ver seu corpo nu nas fendas. Ela era alta e graciosa, e diante da aproximação de visitantes levantava a cabeça com orgulho, como um cavalo prestes a relinchar, [...] seus olhos claros brilhavam; uma coloração rosada tomava conta de seu rosto. Ela comprimiu os lábios, rangeu os dentes e explodiu numa risada estridente, desafiadora, vingativa, quando reconheceu o oficial da prisão que nos acompanhou." Nas horas finais da Comuna, a jovem mulher aparentemente havia lutado ao lado de seu amante. Quando ele foi morto, ou pelo menos era o que dizia a história versalhesa, ela atacou um oficial versalhês e "o esfaqueou furiosamente, enfiando sua arma repetidamente em sua vítima. Antes que pudesse ser afastada do corpo, ela o havia cortado, mordido e rasgado com toda a fúria de uma hiena". A jovem mulher havia sido levada para Versalhes coberta de sangue e "teve que ser amarrada e amordaçada para permitir que o sangue fosse lavado. Medonho!".[33]

Maxime du Camp, escritor e amigo de Gustave Flaubert, refinou esse discurso biológico. A Comuna, explicou ele, surgiu por "inveja furiosa e epilepsia social". Refletiu condições que sempre haviam existido, "uma luta maniqueísta entre Bem e Mal, civilização e barbárie, ordem contra anarquia, e inteligência em oposição à estupidez, [...] trabalho e por fim à própria ideia da elite da sociedade contra a mistura de tudo que é mau, perverso e bestial".

As mulheres eram particularmente suspeitas nesses relatos. O *Le Gaulois* citou um médico que insistia que as incendiárias estavam agindo "sob a influência epidêmica da mania incendiária, [...] pois seus cérebros são mais fracos e sua sensibilidade mais viva. Elas também são 100 vezes mais perigosas, e sem dúvida alguma têm causado muito mais mal". Alguns relatos enfatizavam que as "incendiárias", bem como outras mulheres insurgentes, usavam roupas de homens, como partes de uniformes da Guarda Nacional. O objetivo dessas descrições era indicar como elas lhes pareciam antinaturais e, portanto, subversivas.[34]

Um burguês que visitou a prisão dos Chantiers fez uma distinção entre as mulheres que tinham "uma aparência honesta e apropriada" e outras cujos trapos e cabelos desgrenhados eram usados para indicar "seu estado moral e sua posição social". Jornalistas e burgueses curiosos pareciam obcecados pela aparência física das mulheres, em particular quando eram características desfavoráveis.[35]

Louise Lacroix observou as prisioneiras. Algumas, que claramente eram trabalhadoras, "vestiam-se de maneira modesta" e outras muito jovens, que provavelmente haviam passado a infância em oficinas ou fábricas, pareciam velhas antes do tempo. Em sua opinião, essas não eram as mulheres "que sairiam pregando insanidades sobre os direitos das mulheres". À frente desse grupo específico caminhava a passos largos "uma criatura grande, de 40 ou 45 anos de idade, com duas grandes braçadeiras". Para a espectadora hostil, a mulher parecia mais masculina do que feminina, com braços robustos. Ao seu lado estava uma mulher pequena, pálida, loura, de 18 a 20 anos de idade, "delgada, graciosa", com uma saia de seda cinza, que tinha de andar rápido para acompanhá-la. Em sua face direita, pólvora preta e fios de cabelo cobriam parcialmente uma mancha de sangue. Lacroix certamente nunca antes havia visto "mulheres marchando com tanta determinação para a morte certa". Uma mulher alta, de cabelo castanho, ergueu os braços sobre a cabeça e gritou numa voz ao mesmo tempo calma e convincente: "Eles mataram meu homem e eu o vinguei. Eu morro contente. Vida longa à Comuna!"[36]

A crença disseminada entre os versalheses de que a Comuna havia sido, em parte, obra de mulheres "arrogantes" e "antinaturais" pode ajudar a explicar o tratamento brutal que algumas delas enfrentaram depois de serem presas. Foram relatados estupros nos primeiro, oitavo e nono *arrondissements*. Georges Jeanneret viu mulheres "sendo tratadas quase como os árabes pobres de uma tribo insurgente: depois de matá-las, eles tiravam, enquanto elas ainda estavam em seus espasmos de morte, parte de suas roupas. Às vezes iam mais longe, como no sopé do *faubourg* Montmartre e na place Vendôme, onde mulheres foram deixadas nuas e violentadas nas calçadas". Soldados versalheses rasgavam as blusas de mulheres e cadáveres para revelar seus seios, para diversão de espectadores hostis. Em um caso, soldados mataram com baionetas uma jovem de 18 a 20 anos e em seguida tiraram toda a sua roupa, "jogando cinicamente seu corpo bonito, ainda pulsando, na esquina da rua, depois de insultar odiosamente todos os seus atrativos".[37] Despi-las era um tipo de humilhação que alguns acreditavam ser necessário para pôr as coisas de volta na ordem apropriada. A fúria de espectadores da classe alta, em particular mulheres, contra mulheres que supunham ser insurgentes, refletia um desejo de mostrar o perigo potencial de as mulheres esquecerem seu lugar.

Jornais versalheses gritaram por mais vingança para limpar a cidade da mancha contagiosa da Comuna. O *Le Figaro* exigiu o expurgo completo de Paris: "Nunca uma oportunidade como essa se apresentou para curar Paris da gangrena moral que a corroeu nos últimos vinte anos. [...] Hoje, a clemência seria uma loucura completa. [...] Vamos, *honnêtes gens*! Ajudem-nos a acabar com os vermes democratas e socialistas." Goncourt comparou a repressão a uma sangria terapêutica. O *Le Bien Public* defendeu uma "caça aos *communards*", e teve logro. O *Journal des Débats* considerou que o exército havia agora "vingado seus desastres incalculáveis [na Guerra Franco-Prussiana] com uma vitória". O *Le Figaro* saudou a "iniciativa geral de varrer Paris e limpá-la". Todos os culpados "deveriam ser executados". Pedidos semelhantes vieram do exterior. O *New York Herald* aconselhou "nenhuma cessação dos julgamentos sumários e execuções sumárias. [...] Extirpe-os, destrua-os completamente, M. Thiers, se quiser salvar a França. Nenhuma humanidade equivocada".[38]

O objetivo agora era proteger e restaurar Paris para que mais uma vez a cidade pudesse ser digna dos *honnêtes gens* que haviam prosperado ali. "Honestidade" se tornou a palavra de ordem. O *La Patrie*, por exemplo, deixou claro: se Paris "quer conservar seu privilégio de ser o ponto de encontro do *beau monde* honesto e elegante, deve a si própria e a seus visitantes convidados uma segurança que nada possa atrapalhar. [...] Exemplos são indispensáveis, uma necessidade fatal, mas uma necessidade". O marechal Patrice MacMahon observou que, agora que a Comuna havia sido esmagada, ele poderia finalmente se "dirigir à população honesta de Paris", querendo dizer com isso as classes superiores em cujo benefício as forças versalhesas estavam realizando o massacre.[39] Aqueles que haviam apoiado a Comuna não tinham nenhuma ilusão sobre o futuro de Paris, sabendo muito bem que Thiers, juntamente com seu exército e seu governo, purgariam a cidade de qualquer traço da Comuna ou de seus ideais. Quando Henri Rochefort chegou a Versalhes num comboio de prisioneiros, um homem com "uma sobrecasaca cor de canela [...] agitando um bonito guarda-chuva vermelho, gritou a plenos pulmões 'É Rochefort! Ele deve ser esfolado vivo!'", Rochefort teve que conter o riso – o homem era "o tipo de burguês feroz que Daumier pintava para nós". Jules Simon identificou a civilização com o poder da burguesia: "Derruba-se a aristocracia, que é um privilégio. [...] Não se derruba a burguesia, alcança-se." Pierre Vésinier, um jornalista e *communard* que sobreviveu, avaliou: "A burguesia vitoriosa não mostrou nem dó nem piedade. Havia jurado aniquilar o proletariado revolucionário e socialista para sempre – afogá-lo em seu próprio sangue. Jamais uma ocasião melhor havia se apresentado; e ela a aproveitou com feroz alegria."

Ficou claro, também, que a repressão sangrenta de Thiers tinha a intenção não apenas de destruir a Comuna, mas também de impedir a possibilidade de qualquer revolução futura na França. Em 31 de maio, Goncourt concluiu: "É bom que não tenha havido nem conciliação nem barganha. A solução foi brutal. Foi por pura força. [...] A solução restaurou a confiança no exército, que descobriu com o sangue dos *communards* que ainda era capaz de lutar. No fim, a sangria foi uma drenagem de recursos; um expurgo como esse, exterminando a parte combativa da população, adia a próxima revolução por uma geração inteira."⁴⁰

POR SUA VEZ, JULES FERRY NÃO FICOU CHOCADO COM "AS REPRESÁlias feitas por soldados vingativos, o camponês corretamente distribuindo punições. [...] Eu vi essas coisas e as aceitei como se contemplasse a espada do Arcanjo em ação". O jornalista Francisque Sarcey insistiu que nenhum compromisso era possível: "Se algum dia acabarem com o cadafalso, este deve ser mantido para aqueles que constroem barricadas." Os *hônnetes gens* contaram com os *conseils de guerre* para terminar o trabalho.

O discurso sanguinário das elites "libertas" durante e depois da Semana Sangrenta aprofundou a crença de que a marcha da "justiça" versalhesa depois da "orgia vermelha" iria "purificar" a sociedade francesa – um conceito, é claro, com considerável ressonância sangrenta no século XX. Depois da Semana Sangrenta, os *hônnetes gens* estavam dispostos a ir longe para purificar a cidade, mesmo que isso significasse ainda mais execuções em massa. Sébastien Commissaire recordou ter ouvido grupos conversando nos bulevares Montmartre e des Italiens: "A capital precisa ser purgada. Paris precisa de uma boa sangria. Temos que nos livrar de 50 mil homens. [...] Há alguns que falam em 100 mil." Um policial em Auteuil também não mediu palavras: "Os soldados de Versalhes estão dizendo [...] que não vão poupar ninguém, nem mulheres, nem crianças, nem pessoas idosas, considerando que não passam de escória parisiense e que a França precisa se livrar delas."⁴¹

Algumas elites estavam dispostas até a destruir a própria Paris – para salvá-la, é claro. Louis Énault, obcecado com os incêndios que haviam devastado partes de Paris, usou a imagem de purificação através do fogo para justificar a repressão: "Dizem que as chamas purificam! Oh! Se é este o caso, na pira funerária de Paris vamos jogar aqueles que nos custaram, todos aqueles entre nós que são patifes e maus, e todos aqueles que provocaram essa humilhação de nosso caráter nacional! Sim! […] E então logo veremos nossa França, assim como a fênix da velha fábula, renascer das cinzas que ainda estarão quentes."[42] Énault e outros imaginaram que a Paris restaurada seria como aquela que existira antes da Comuna, com os edifícios públicos monumentais, que haviam sido queimados, reconstruídos. Mas Paris ficaria sem qualquer indício das ideias revolucionárias que haviam originado a Comuna. Em nome da poderosa religião, não se podia bater com muita força. Eugène Hennebert, por exemplo, pediu a proibição "dessa literatura insalubre que começa com *Os miseráveis* de *monsieur* Hugo". Teatros onde apresentações "descambam para a lama" deveriam ser fechados, bem como os "inumeráveis cafés, lugares para beber ou bares suspeitos que nos deram a reputação de povo de bêbados e imbecis". O ateísmo "triunfante" tinha que ser destruído também, e a religião seria mais uma vez a ordem do dia. Em outras palavras, como Élie Reclus observou ironicamente, "a ordem, a família e a propriedade reinam novamente" – e reinariam pelo futuro próximo.[43]

CAPÍTULO 11

RECORDANDO

Le cadavre est à terre, et l'idée est debout
(O cadáver está na terra, mas a ideia está de pé.)
– VICTOR HUGO¹

POUCO A POUCO, PARIS VOLTOU AO NORMAL, PELO MENOS PARA as pessoas de recursos. As classes superiores parisienses voltaram com estilo a passear orgulhosamente nos grandes bulevares de sua capital, animadas com a vitória de Versalhes. Um jornalista descreveu a cena em 28 de maio: "No caminho ao longo do Sena, cinquenta corpos de insurgentes estavam estendidos." Trabalhadores estavam cavando através da calçada para enterrá-los, enquanto "uma grande multidão olhava com indiferença", incluindo "moças jovens, elegantes e radiantes exibindo suas sombrinhas de primavera ao sol". Para elas, a boa vida começava de novo. Mas, com corpos em decomposição ainda espalhados, os pedidos para se livrar dos cadáveres restantes nas ruas de Paris vieram rapidamente e furiosos. Não se podia ter "esses patifes que fizeram tanto mal" causando mais danos depois de sua morte.² Essa visão poderia manter os turistas afastados. Os portões da cidade foram reabertos em 6 de junho, embora a polícia examinasse os documentos de todos os viajantes. As barricadas aos poucos desapareceram enquanto as lojas reabriam. Calçadas que haviam ficado cobertas de corpos e sangue foram desobstruídas e limpas.

Mas Paris era uma cidade em ruínas, resultado dos bombardeios versalheses e de sete dias de batalhas campais, embora unilaterais. Restavam apenas as estruturas vazias do Palácio das Tulherias, do Ministério das Finanças e do Hôtel de Ville. Outros prédios monumentais, como o Palais-Royal, o Palácio da Justiça e o Louvre, foram seriamente danificados, o Grenier

Parisienses elegantes retornam à cidade após o massacre da Comuna
(BRIDGEMAN ART)

d'Abondance e as docas de La Villette destruídos. Ao longo da Champs-Élysées e em outras partes do oeste de Paris, centenas de casas estavam em ruínas. A rue Royale, a rue du *faubourg* Saint-Honoré, a rue du Bac e a rue de Lille estavam repletas de prédios incendiados, assim como as ruas consideravelmente menos elegantes de Montmartre e Belleville. Incontáveis prédios ainda de pé estavam perfurados por granadas e balas. Os restos despedaçados da Coluna da Vitória ainda se estendiam pela place Vendôme. Havia destroços de barricadas em quase todos os lugares do centro e do leste de Paris, em particular Montmartre e Belleville. A Cidade Luz se tornara a Cidade Sangue, cujas inumeráveis marcas não podiam ser facilmente apagadas.

Porém, quase imediatamente depois da queda da Comuna, Thomas Cook em Londres organizou viagens para ver as ruínas da capital francesa. Turistas podiam novamente "circular alegres na elegante Paris dos prazeres".[3]

A COMUNA FORA ESMAGADA, MAS O LUTO PÚBLICO POR SUA MORTE sangrenta nunca ocorreu. *Te Deums* ecoaram nas igrejas de Paris, não pelos milhares de parisienses mortos, mas pelo arcebispo da cidade. O corpo de Georges Darboy foi exibido na capela do palácio do arcebispo durante dez dias, enquanto rios de parisienses abastados passavam por ali. Ao chegar à Gare de Montparnasse para o funeral em 7 de junho, o visconde Camille de Meaux, membro da Assembleia Nacional, deparou-se ainda com mais um comboio de prisioneiros sendo levado para Versalhes. Ele nunca esqueceria os olhares de raiva e orgulho dirigidos para aqueles que os observavam, expressando uma confiança de que a vingança um dia viria. Mesmo perto da Notre-Dame a população parecia hostil. Meaux expressou surpresa com o fato de os *anticommunards* não terem sido recebidos como libertadores.[4]

A oração do padre Adolphe Perraud teria parecido estranha para o arcebispo falecido, descrevendo o "Mártir Sagrado de la Roquette" como o arcebispo mais "universalmente amado que já serviu em Paris". De fato, como o discurso fúnebre observou, Darboy resistira à constante oposição daqueles aos quais Perraud se referiu como "demagogos, legitimistas, ultrapapistas". Depois de ele ser enterrado na Notre-Dame com toda a solenidade, recomeçaram os ataques ao arcebispo Darboy pelos ultramontanos – aqueles que eram incondicionalmente leais ao Vaticano e, portanto, inimigos determinados dos galicanos franceses.[5]

Karl Marx foi um dos que insistiram que Adolphe Thiers foi "o verdadeiro assassino do arcebispo Darboy". O chefe do governo de Versalhes pode ter suposto que os *communards* não ousariam matar o arcebispo, mas se dispusera a correr esse risco. No mínimo, a execução de Darboy fortaleceu a posição de Thiers para orquestrar uma vigorosa repressão. Wickham Hoffman, assistente do embaixador americano Elihu B. Washburne, concluiu que, se Darboy não fosse um galicano, a extrema direita da Assembleia teria "se esforçado para que sua vida fosse salva".[6]

A Igreja Católica não perdeu tempo para tentar se reafirmar na França depois da Comuna, usando a morte de Darboy para promover um tipo mais conservador de catolicismo. Em 18 de junho, Pio IX denunciou o liberalismo católico, depois de evocar o martírio de Georges Darboy nas mãos da "Comuna e de seus homens fugidos do Inferno". Missas foram celebradas para remissão ou mesmo exorcismo dos *communards*. Uma placa de mármore foi erguida em La Roquette em homenagem a Darboy e aos outros reféns mortos ali; no ano seguinte, foi feita uma peregrinação até o lugar na rue Haxo onde outros reféns haviam sido mortos, e logo uma igreja também foi construída ali.[7]

Em 1875, a Igreja começou a erguer um monumento mais permanente: a basílica de Sacré-Coeur em Montmartre, perto do lugar onde Eugène Varlin foi surrado e morto a tiros. Esta permaneceu como um símbolo de penitência – porque a França devia ter pecado para ter sofrido uma derrota tão acachapante na Guerra Franco-Prussiana e em seguida uma rebelião de seu próprio povo. A Sacré-Coeur representou as fortes ligações entre a Igreja, que ainda esperava uma restauração monárquica, e a República conservadora que se seguiu à derrota da Comuna. Tornou-se objeto de ódio veemente de homens e mulheres da esquerda política.[8] A Igreja, ironicamente, perdeu ainda mais terreno com as pessoas comuns, que não encheram os bancos das novas casas de oração construídas em distritos da classe trabalhadora às margens da vida urbana.

O MINISTÉRIO DA GUERRA DISSOLVEU OS VOLUNTÁRIOS DO SENA, que haviam voltado para Versalhes. Porém, primeiro eles foram festejados por seu serviço: um banquete e uma revista triunfante em Longchamps, em 29 de junho, na presença de Thiers, ainda mantendo o título de "chefe do poder executivo da República francesa", marcaram o fim da força. Albert Hans acreditava com orgulho que ele e seus colegas haviam cumprido seu dever "sob os olhos de um inimigo que nos viu agonizar com cruel alegria". As perdas dos voluntários correspondiam a alguns mortos, incluindo Gustave Durieu, o sanguinário comandante de batalhão, e aproximadamente mais dez feridos.[9]

Hans ansiara pela guerra contra os prussianos e tivera confiança na vitória francesa. Agora, depois da Comuna, ele prometia lutar novamente "pela causa nacional e conservadora" e contra "as massas turbulentas", se os revolucionários ousassem se rebelar novamente. Aguardaria ansioso o dia em que Metz poderia ser retomada de "nossos inimigos implacáveis" do outro lado do Reno. A vitória das forças de Versalhes, acreditava ele, havia restaurado "nossa dignidade nacional". Para Hans, "*la patrie* é divindade".[10]

Thiers e os versalheses ficaram surpresos e irados com a crescente reação internacional hostil à repressão. Um jornal de Genebra denunciou os massacres realizados em Paris. Se tantos corpos foram necessários para "o reinado da ordem", argumentou, então "o mundo civilizado desabará ainda mais rapidamente". Outros jornais estrangeiros começaram a descrever os trabalhadores parisienses como "mártires".[11]

As execuções continuaram pelo menos até 7 de junho em Satory, no Bois de Boulogne e na prisão de Cherche-Midi. No Père Lachaise, trabalhadores se apressaram a limpar e remover detritos e sinais do que acontecera, mas havia tantos cadáveres que eles apenas puderam amontoá-los. Foi preciso retirar corpos das ruas, por mais que Thiers pudesse ter preferido que estes tivessem continuado ali como um lembrete, assim como as forças que permaneceram perto das mansões senhoriais russas na época da escravidão. No Palais-Royal, corpos de mulheres continuaram dias no jardim e sob os arcos da estrutura. Cadáveres em decomposição criaram um mau cheiro horrendo que permaneceu no ar.[12]

Os versalheses tentaram cobrir algumas covas coletivas para dar a impressão de que menos *communards* haviam morrido. Um jornal parisiense publicou um decreto oficial proibindo as pessoas de entrar no Bois de Boulogne, porque ali a matança continuava. O aviso terminava com: "Sempre que o número de condenados passar de dez homens, o pelotão de execução será substituído por uma metralhadora" no interesse da eficiência. Em 16 de junho, o *Journal Officiel* anunciou que qualquer jornal que republicasse o decreto assustador seria processado. Mas não negou sua autenticidade.[13]

Thiers, que Henri Rochefort chamou de "Tom Thumb Sanguinário", escreveu triunfantemente aos prefeitos da França sobre os *communards*: "O chão está coberto de seus cadáveres; esta visão horrível servirá como li-

Corpos de communards
(HULTON-DEUTSCH COLLECTION/CORBIS)

ção." Élie Reclus observou que "atirar" se tornara "o cerne de nossa linguagem: 'nós atiramos, atiraram nele, atirarão em nós'". A palavra se tornara "a grande palavra de ordem na sociedade francesa". Os *communards* podem ter sido mortais, mas sua causa não.¹⁴

O GOVERNO DE VERSALHES NÃO SE CONTENTOU EM PRENDER *communards* em Paris. Enviou também ordens aos prefeitos departamentais pedindo a prisão de *communards* que haviam conseguido sair de Paris vivos. Vários *départements* foram postos em estado de sítio. Cerca de 1,5 mil acusados de serem *communards* conseguiram chegar à Bélgica, muitos deles trabalhadores comuns, 2 a 3 mil à Suíça, cerca de 500 à Inglaterra e alguns à Espanha, Holanda e América do Sul. A maioria viveria numa pobreza abjeta. Líderes *communards* tiveram uma probabilidade muito maior de escapar do que a plebe por causa de suas ligações e sua experiência em viagens. Aqui, também, os parisienses mais pobres estavam em desvantagem, já que viviam em meio à repressão e à carnificina. Léo Frankel escapou graças a um condutor de carruagem que o retirou disfarçado de marceneiro. Ele e Élisabeth Dmitrieff chegaram à Suíça disfarçados de casal prussiano, já que ambos falavam alemão bem. Ao voltar à Rússia, Élisabeth abraçou a causa da revolução e se casou com o administrador das propriedades de seu marido legítimo (seu primeiro casamento era de conveniência). Quando ele foi preso e enviado para a Sibéria, ela o acompanhou, sem jamais saber que foi anistiada em 1879, depois que a Terceira República estava bem estabelecida. Ela morreu na Sibéria em 1910.[15]

O governo francês chegou a pressionar autoridades da Grã-Bretanha, Espanha, Bélgica e Suíça a prender e extraditar aqueles que participaram da Comuna. Na Bélgica, Victor Hugo, que de início fora contra a Comuna, agora indignava Thiers e seu *entourage* atacando o governo belga por sua obediência às diretrizes de Thiers. Ele denunciou a execução pelos versalheses de Raoul Rigault e outros sem julgamento. Expulso da Bélgica em 30 de maio por condenar o governo, Hugo encontrou refúgio na Holanda.[16]

Em julho de 1870, o passado *communard* de Sutter-Laumann começou a persegui-lo. Tecnicamente, ele era um desertor, pelo menos do ponto de vista dos versalheses, porque lutara na Guerra Franco-Prussiana. Um oficial que tivera ligações com a *mairie* do 18º *arrondissement*, onde ele trabalhara, chamou-o reservadamente, dizendo que era hora de ele deixar Paris. O oficial escreveu uma carta recomendando-o para um serviço remunerado como guarda num dos pontões cheios de prisioneiros *communards* que foram sentenciados a permanecer em cativeiro ali ou a serem enviados para a prisão em Caiena ou algum outro lugar tropical distante. Ele foi para Cherbourg, ironicamente vigiando alguns daqueles com os quais lutara. Pelo resto da vida, Sutter-Laumann, que se tornou escritor, poeta e crítico, teve pesadelos com os horrores da Semana Sangrenta.[17]

QUANDO OS VERSALHESES ESTAVAM SE APROXIMANDO E GRANADAS começaram a cair perto de seu ateliê, Gustave Courbet aceitou um convite de Demoiselle Girard, mais tarde descrita pela polícia como sua amante. Ela ofereceu ao pintor um quarto em seu apartamento no terceiro andar no número 14 da passage du Saumon e espaço em seu porão para 35 pinturas. Courbet provocara uma grande ira entre *anticommunards*; jornais invariavelmente se referiam a ele como "o desmantelador" da Coluna Vendôme. Eugène Delessert chegou ao ponto de dizer que queria ver o pintor – "esse vândalo prussiano!" – morto.[18]

A polícia saqueou o ateliê de Courbet na rue d'Hautefeuille. O pintor já perdera dois ateliês, um deles em Ornans, na época da invasão prussiana, e o outro em pont d'Alma. Circulavam rumores sobre seu paradeiro. O *Paris-Journal* afirmou que ele fora descoberto escondido no Ministério da Marinha, recheando um armário com "sua *grosse personne*", e, ao resistir, um soldado supostamente o explodiu em pedaços com um fuzil.[19]

Pouco antes de a Semana Sangrenta começar, Courbet, consciente de que era um homem procurado, fez uma visita surpresa a Arsène Lecomte, que fazia instrumentos musicais e morava na rue Saint-Gilles, no Marais. Os dois homens se conheciam há vinte anos, embora não fossem próximos. Lecomte sabia que o pintor se envolvera em política, mas não sabia muito sobre seu papel na Comuna. O artista disse que temia cair nas mãos dos versalheses e perguntou se podia ficar uma noite em seu apartamento enquanto outro estava sendo preparado para ele, perto de Charenton. A mulher de Lecomte não o queria ali, mas Courbet simplesmente apareceu, sem levar absolutamente nada com ele. Escondeu-se ali de 23 de maio a 7 de junho, quando a polícia invadiu o apartamento à noite.[20]

Courbet cortara o cabelo e raspara sua barba reconhecível. Um policial disse que seu sotaque do Franco-Condado o entregou. Quando ele era levado para o Palácio da Justiça, outro policial lhe perguntou por que se associara a "esses bandidos". Em 4 de julho, Courbet foi aprisionado em Mazas. O conselho municipal de Ornans retirou uma estátua que ele fizera de uma fonte na praça. Um braço da estátua fora quebrado.[21]

Diante da corte marcial em 15 de agosto, Courbet foi acusado de tentar derrubar o governo, incitar o ódio, usurpar funções públicas (por ter serviço na Comuna) e ser responsável pela demolição da Vendôme. Ele argumentou que a coluna obstruía a circulação, que se opusera a incendiar o Palais-Royal e ajudara a preservar os tesouros artísticos do Louvre. Insistiu que tentara usar sua reputação para levar a Comuna a uma conciliação. Não era assim que o governo de Versalhes via, mas não podiam matar o artista famoso.

Em 2 de setembro, uma corte marcial militar sentenciou Courbet a seis meses de prisão. Em 1873, o governo, presidido pelo marechal MacMahon, condenou o pintor a pagar os custos da reconstrução da Coluna Vendôme e de seu julgamento. Courbet partiu para o exílio na Suíça. O governo confiscou os bens do artista, incluindo pinturas, em Paris e Ornans. O *maître d'Ornans* faleceu no último dia de 1877, pouco antes da data de vencimento de seu primeiro pagamento.[22]

Julgamentos teatrais como o de Courbet tinham a intenção de reassegurar às classes superiores a eficiência da repressão. Um advogado chamado diante da corte marcial expressou indignação com o que havia visto, "homens conduzidos como animais imprestáveis; acorrentados, insultados por uma multidão covarde e idiota". Ele tinha orgulho de defender os *communards* derrotados que, em sua maior parte, não haviam feito nada mais do que erguer uma bandeira, a "da Miséria".[23]

Nos julgamentos das mulheres suspeitas de serem incendiárias, considerações "morais" – "viver em pecado", filhos nascidos fora do casamento, a falta de uma "boa" história familiar e por aí em diante – sem dúvida influenciaram a severidade das sentenças. A imagem versalhesa da militante rebelde perduraria e, juntamente com a ideia do "plebeu bêbado", influenciaria o surgimento da psicologia de massas; grandes grupos foram descritos como tendo características extraídas do discurso *anticommunard*, como identidades individuais agrupadas e dominadas por um comportamento irracional, emocional, excêntrico, o modo como as incendiárias supostamente se comportavam ou cambaleando irracionalmente como bêbados.[24]

Durante seu julgamento, Louise Michel enfrentou com orgulho os juízes, dizendo a eles que, embora sempre se vestisse de preto, nunca ficara sem seu cinto vermelho desde a proclamação da República, em 4 de setembro. Parecendo severa como sempre, Michel denunciou a execução de reféns, insistindo que a Comuna "não tivera absolutamente nada a ver com assassinatos ou incêndios". A revolução social era seu objetivo. Ela afirmou categoricamente que "não teria hesitado nem um pouco em matar pessoas que davam ordens" para executar prisioneiros *communards* e que decidira em determinado momento assassinar Thiers. Sentia-se "honrada por ter sido escolhida como uma das promotoras da Comuna". Ela jurou "por nossos mártires que caíram no campo de Satory" que se os juízes não a condenassem à morte, "não pararia de gritar por vingança. [...] Se vocês não são covardes, então me matem". Os juízes a condenaram à deportação, mas não à morte, provavelmente acreditando que sua execução a transformaria em mártir. Quando perguntada na corte marcial se já havia tido um relacionamento íntimo com um homem – o objetivo aparentemente era verificar se ela se envolvera com Théophile Ferré –, a "Virgem Vermelha" respondeu: "Não, minha única paixão é a revolução."[25]

Disfarçado de mulher, Ferré conseguira evitar a prisão durante vários dias depois da queda da Comuna, até que foi feito prisioneiro numa casa na rue Montorgueil. Ele se recusou a responder às perguntas de seus interrogadores e foi condenado à morte e executado no mesmo dia, no campo de Satory. Gustave Genton e Jean-Baptiste François foram condenados e mortos ali. No verão seguinte, prisioneiros ainda estavam sendo enviados para Satory. O general *communard* Louis Rossel foi reconhecido sob disfarce no boulevard Saint-Germain, em 7 de junho. Ele também foi executado em Satory, em novembro. Antes de morrer, escreveu: "Nunca me arrependerei de ter tentado demolir essa oligarquia imbecil, a burguesia francesa." Em 29 de junho de 1872, numa perfeita demonstração dos julgamentos teatrais ocorridos, uma corte marcial condenou Raoul Rigault à morte, embora na verdade ele tivesse sido executado treze meses antes. Outra corte marcial, em novembro, condenou Eugène Varlin à morte, embora ele também tivesse sido brutalmente assassinado dezoito meses antes.[26]

O INQUÉRITO OFICIAL DO GOVERNO SOBRE A COMUNA PREVISIVELmente culpou os socialistas (e especificamente a Internacional), os anarquistas e o enfraquecimento da influência da Igreja pela "desordem moral" da Comuna. Transpareceu a hostilidade conservadora a Paris, observando que a imigração reuniu massas de pessoas dispostas à revolução e sugerindo que a cidade deveria deixar de ser a capital da França. Paris não teria mais o direito de ter um prefeito durante mais de um século, até 1977. O governo dissolveu a Guarda Nacional e no ano seguinte baniu a Internacional. Thiers insistiu que a força da França era inseparável de "uma nação que acredita" em Deus. O relatório do governo saudou a repressão como "uma necessidade dolorosa. A sociedade é obrigada a se defender". Mas isso não era suficiente. A França tinha que "retomar o caminho da civilização". A eliminação das partes "insalubres" da sociedade tinha um papel importante nesse esforço. Um massacre era um bom começo.[27]

Entre o fim da Comuna e 1873, surgiram cerca de 300 livros apoiando a versão oficial dos acontecimentos. Esses relatos saudavam a vitória versalhesa e condenavam os "vândalos" e "bárbaros" da Comuna; Théophile Gautier, Alphonse Daudet e outras figuras literárias publicaram seus ataques aos *communards*. A interpretação versalhesa da Comuna, procurando justificar a repressão sangrenta, continuou dominante ao longo do período da "República da Ordem Moral", que durou até 1877. Vinte e um anos depois, um padre antissemita, horrorizado com o advento ao poder na França do povo que já apoiara a Comuna, argumentou que a repressão em 1871 havia sido "talvez ainda suave demais!".[28]

Não surpreende que a explicação do governo tenha se tornado predominante nos anos imediatamente após a Comuna, durante a conservadora "República da Ordem Moral". De fato, *communards* ainda eram perseguidos: 24 cortes militares continuaram a se reunir, algumas ainda quatro anos depois da queda da Comuna. Ao todo, um relatório oficial do governo registrou 36.309 prisões e 10.137 condenações, incluindo daqueles enviados para Nova Caledônia, a colônia penal francesa no sudoeste do oceano Pacífico. Os "desertores" – ou seja, ex-soldados que lutaram com a Comuna e que ainda não haviam sido executados – enfrentaram sentenças particularmente duras. Mais uma vez, *quartiers* identificados com a esquerda foram alvos; tribunais militares condenaram à deportação mais de 700 *communards* que moravam em Montmartre. Um número muito maior do que este foi executado ou simplesmente desapareceu.[29]

Milhares de prisioneiros suportaram viagens longas e sofridas em carroças puxadas por animais até prisões em fortes e navios, bem como em pontões – prisões flutuantes – em Brest, La Rochelle, Rochefort, Cherbourg, Oléron, Lorient ou Île de Ré. Prisioneiros recebiam apenas um pedaço de pão para comer e duas canecas de água, e nenhuma oportunidade de "abaixar para cuidar da mais legítima necessidade!". Isso era melhor do que ser morto a tiros, mas os prisioneiros ainda sofriam muito e nem todos acreditavam que tinham sorte. Uma canção que prisioneiros cantavam incluía o verso "Prisão é pior do que morte".[30]

Louise Michel e Nathalie Le Mel estavam entre as 4,5 mil pessoas deportadas para os Mares do Sul. Depois de dois anos encarceradas numa prisão, elas foram transportadas em agosto de 1873 de Paris para Rochefort, onde embarcaram no *Virginie* para serem mantidas em jaulas de aço juntamente com 150 prisioneiros, que não tinham nem luz natural nem ar fresco e eram abatidos por uma umidade tropical sufocante. Algumas prisioneiras tinham filhos pequenos, inclusive uma criança nascida na prisão versalhesa de Les Chantiers. Os prisioneiros recebiam pouco em termos de ração e eram limitados a um litro de água por dia. Le Mel estava entre os que ficaram violentamente enfermos na longa jornada para o Inferno. Michel escreveu poemas descrevendo a horrível viagem de mais de cinco meses.

Finalmente, o *Virginie* chegou à baía de Numeá, que, assim como Roma, observou Michel com ironia, tinha sete colinas azuladas. Os prisioneiros condenados a trabalhos forçados foram levados para a ilha de Noua, a quatro quilômetros de distância, onde sofreram com o trabalho exaustivo e os castigos impostos por guardas brutais. Louise Michel foi levada com um grupo de prisioneiros que foram condenados à deportação para dentro de um complexo fortificado na ilha de Ducos, a quase dez quilômetros de Tomo, Nova Caledônia. Guardas tornaram as condições dos prisioneiros ainda piores, privando-os de pão e fazendo outras crueldades calculadas com eles. Os prisioneiros ali fizeram o melhor que podiam, cavando pequenas hortas e construindo uma pequena escola. Foram obrigados a sobreviver sem um médico e faltavam até mesmo os remédios mais básicos e ataduras para cuidar de ferimentos e lesões. No fim de 1873, quarenta deles haviam morrido.[31]

As reclamações de Michel sobre as condições e seus relatos sobre o sofrimento de Le Mel não levaram a nenhuma melhoria. Ela apoiou os Kanaks, povo indígena de Nova Caledônia que se rebelou contra o governo francês em 1878. Um ano depois, Michel ganhou o direito de ir para Numeá, capital da maior ilha, e lecionar para os filhos de prisioneiros ali. Durante os sete anos na Nova Caledônia, Michel, depois de ver a força repressiva do Estado francês de perto, na França e em Nova Caledônia, tornou-se anarquista.

O NÚMERO DE *COMMUNARDS* QUE PERECERAM NAS MÃOS DAS FORças versalhesas ainda é motivo de discussão entre historiadores.[32] Relatos conservadores acusam os *communards* de um assassinato em massa, estimando que 66 ou talvez 68 reféns foram mortos. Os versalheses, por outro lado, executaram sumariamente, sem qualquer julgamento de verdade, nada menos que 17 mil pessoas, número fornecido pelo relatório oficial do governo que se seguiu. O conselho municipal pagou por esse número de enterros depois da Semana Sangrenta. Mas algumas estimativas chegaram a 35 mil. Montmartre, juntamente com Belleville, destacou-se entre os *quartiers* especialmente visados por sua identificação com a militância *communard* – pelo menos 2 mil pessoas foram mortas só no 20º *arrondissement*.

Corpos foram deixados em terrenos baldios, empilhados em valas imensas, áreas de construção e prédios abandonados ou incendiados; jogados no Sena ou em covas coletivas, incluindo as da place Saint-Jacques, perto do quartel Lobau, ou além dos muros da cidade. Milhares de corpos simplesmente desapareceram, cobertos de cal, queimados ou descartados de outras maneiras, levados, por exemplo, para cemitérios fora de Paris ou enterrados na fábrica de gás. Outros acabaram nos cemitérios de Montparnasse, Montmartre ou Père Lachaise. Muitos corpos foram queimados, como em Buttes-Chaumont. Mais de 1,5 mil cadáveres foram enterrados no 19º *arrondissement*.[33]

Quando jornais pediram para publicar listas dos executados sob ordem das cortes *prévôtal*, foram informados de que isso não era possível porque essas cortes marciais instantâneas não guardavam registros. Muitas pessoas simplesmente desapareceram, vítimas sem nome. Quando os corpos de *communards* que foram executados puderam ser identificados, autoridades se recusaram a permitir que suas famílias pusessem flores ou qualquer outra coisa em seus túmulos durante quatro meses.[34]

Uma pesquisa subsequente realizada por membros do conselho municipal de Paris concluiu, de maneira improvável, que mais de 100 mil trabalhadores foram mortos, mantidos prisioneiros ou fugido. A estimativa pode ter sido alta demais, mas a classe trabalhadora de Paris indiscutivelmente foi depauperada. Comparando o censo de 1872 com o de 1866, metade dos 24 mil sapateiros não foi encontrada, assim como 10 mil dos 30 mil alfaiates,

6 mil dos 20 mil marceneiros e 1,5 mil dos 8,5 mil que trabalhavam com bronze, bem como apenas figuras de algum modo menos destacadas entre encanadores e telhadores e em outros ofícios dos quais *communards* militantes haviam saído. Bem depois da Comuna, industriais e pequenos empregadores reclamavam da escassez de artesãos e trabalhadores qualificados.[35]

Maxime Vuillaume entendeu bem ao tentar estimar o número de pessoas massacradas pelos versalheses, perguntando: "Quem algum dia saberá?" Louise Michel refletiu: "Mas quantos estavam lá dos quais não sabemos nada? De tempos em tempos, a terra regurgita seus cadáveres." Paris se tornara "um imenso matadouro e [...] nunca saberemos os nomes nem o número de vítimas".[36] Isso é verdade ainda hoje.

LOGO DEPOIS DE A COMUNA SER ESMAGADA, O ÓDIO DE CLASSE SE intensificou. A questão social passou a dominar a política na França e em outros países, e contemporâneos atribuíram isso à breve Comuna de Paris. Em Londres, Karl Marx concluiu que a Comuna de Paris não foi a esperada revolução social que libertaria o proletariado. Esta, insistiu ele, viria. Mas os trabalhadores haviam se rebelado espontaneamente, portanto isso o reconfortava. Lênin acrescentaria a liderança da vanguarda do proletariado, em última análise os bolcheviques, desviando, assim, de uma ênfase na espontaneidade revolucionária dos trabalhadores. Por sua vez, o positivista britânico Frederic Harrison, escrevendo pouco depois da queda da Comuna, concluiu que, pela primeira vez na história europeia moderna, "os trabalhadores da principal cidade do continente organizaram um governo regular em nome de uma nova ordem social", em oposição aos ricos e poderosos que se beneficiavam da centralização do Estado para consolidar "vastas e cada vez maiores reservas de riqueza, abrindo-se para os ricos reinos encantados do ócio, da luxúria e do desperdício – impondo-se sobre o trabalhador, geração após geração, aumentando os fardos de labuta, destituição e desespero". Para Jean Allemane, os massacres durante a Semana Sangrenta demonstraram tristemente "que a alma burguesa contém egotismo e crueldade fria". Um conto sobre a Comuna publicado logo depois de seu fim observava que, para a burguesia vitoriosa, "extermínio" fora "a única palavra". Autores britânicos argumentaram que a história acabaria saudando a humanidade total dos *communards*, o que até hoje parece verdadeiro o bastante. Durante 64 dias, parisienses comuns haviam sido "donos de seus próprios destinos".[37] Mas o sonho deles não se realizaria.

THIERS CONSEGUIU DESTRUIR A COMUNA. MAS O MASSACRE PERPEtuado por suas tropas durante e depois da Semana Sangrenta lançaria uma sombra longa sobre o século seguinte. Apesar da execução de reféns e dos massacres dos dominicanos – no total de 66 ou 68 –, essas tragédias perpetradas pelos *communards* parecem insignificantes em comparação às aproximadamente 12 a 15 mil execuções realizadas pelo Exército de Versalhes. Na verdade, os *communards* – apesar do nível de violência verbal – tiveram em geral muito cuidado em mostrar que não se comportariam como os versalheses. A violência do Estado foi organizada e sistemática, como seria ainda mais no século XX.[38] Para os *hommes d'ordre*, como alardeou um magistrado versalhês, de forma memorável, "em Paris toda a população era culpada!". Podiam-se ouvir gritos de "Os bandidos! Temos que exterminar até o último!". Outro *anticommunard* sonhou com "uma imensa fornalha em que cozinharemos cada um deles, um por um".[39] Não haveria nada como a matança perpetuada pelos versalheses até as atrocidades contra os armênios em 1915, durante a Primeira Guerra Mundial, e essa linguagem não seria ouvida novamente até o Holocausto nazista e outros assassinatos em massa com vítimas escolhidas por raça ou etnia, incluindo os acontecimentos trágicos nos Bálcãs nos anos 1990.

ADOLPHE THIERS, QUE A ASSEMBLEIA NACIONAL NOMEOU PRIMEIRO presidente da Terceira República em 31 de agosto de 1871, recebeu de volta a maioria de suas obras de arte, que haviam sido levadas para as Tulherias, bem como uma enorme quantia de dinheiro que o governo lhe pagou pela perda de sua casa. Jules Ducatel, que sinalizara às tropas versalhesas em 21 de maio que ninguém estava vigiando a Point-du-Jour, recebeu homenagens do governo. Em 1877, ele perdeu o emprego ao ser acusado de roubo. O coronel Louis Vabre, que supervisionou o assassinato em massa na corte marcial de Châtelet, foi condecorado com a *Légion d'honneur*.[40]

Thiers morreu em 1873. Paris permaneceu sob lei marcial até o início de 1876. Associações de trabalhadores enfrentaram dificuldades durante a repressão que se seguiu à Comuna e só aos poucos se recuperaram. A Terceira República francesa sobreviveu à tentativa do presidente monarquista marechal Patrice de MacMahon de causar sua destruição com um golpe de Estado parlamentar, a chamada Crise de 16 de maio de 1877. Ele demitiu o primeiro-ministro republicano moderado Jules Simon, mas a Câmara dos Deputados se recusou a apoiar a nomeação de um monarquista proeminente como chefe do novo governo. Novas eleições trouxeram uma maioria republicana.

Aos poucos, a Terceira República francesa criou raízes na França provincial e estátuas celebrando-a foram inauguradas em praças de vilas. Em Paris, a place du Château d'Eau se tornou place de la République, com um grande monumento celebrando o novo governo. O Hôtel de Ville comprou uma das pinturas de Gustave Courbet. "A Marselhesa" se tornou o hino nacional francês em 1879. Uma anistia parcial aos *communards* altamente contestada veio em 1879, seguida de uma anistia completa em 11 de julho de 1880. Milhares de franceses e francesas voltaram do exílio e do aprisionamento em lugares distantes, incluindo muitos daqueles que haviam sido condenados há anos às condições terrivelmente difíceis em Nova Caledônia.[41]

Naquele ano, o Dia da Bastilha, 14 de julho, foi comemorado como um feriado nacional pela primeira vez. Milhares de pessoas saudaram Louise Michel na Gare Saint-Lazare quando ela voltou para a França, em novembro de 1880. Os primeiros grandes partidos socialistas franceses tomaram forma durante as duas décadas seguintes. Sindicatos franceses ganharam força depois de sua legalização, em 1881. Aos poucos, a dominância do discurso versalhês na memória coletiva da Comuna de Paris minguou. Com o fortalecimento da Terceira República, sobretudo com as eleições nacionais do início dos anos 1880, a Comuna aos poucos começou a ser vista como um momento fundador, embora contestado, de sua história.[42] Tornou-se um acontecimento importante, positivo, da história nacional francesa.

Mas, mesmo depois desses desenvolvimentos, ainda houve momentos de repressão sangrenta. Em 1º de maio de 1890, Louise Michel liderou a primeira manifestação de trabalhadores franceses num dia que se tornou feriado internacional. Um ano depois, tropas francesas atiraram contra manifestantes que apoiavam uma greve na cidadezinha de classe trabalhadora de Fourmies, no norte. Dez pessoas foram mortas, incluindo quatro mulheres jovens, a mais nova de 16 anos, e 24 ficaram feridas, incluindo crianças. O poder do Estado francês centralizado continuou. Manteve sua capacidade de usar de violência extrema na França e em suas colônias. Se a Comuna de Paris em 1871 pode ser vista como a última das revoluções do século XIX, a repressão de Estado sanguinária e sistemática que se seguiu ajudou a soltar os demônios do século XX. Lamentavelmente, talvez este seja um legado maior da Comuna de Paris do que o movimento pela liberdade realizado por pessoas comuns. A *rafle*, ou perseguição policial a "suspeitos", tomou forma em bairros da classe trabalhadora nos anos 1890. Em 1900, Paris era apresentada em guias de viagem como "pacificada" e policiada – as "forças da ordem" estavam prontas para intervir a qualquer instante.

O MURO DOS FEDERADOS NO CEMITÉRIO DO PÈRE LACHAISE, ONDE tantos *communards* foram mortos a tiros, tornou-se um lugar de memória que simbolizava os massacres da Semana Sangrenta. O muro atraiu visitantes em 14 de julho de 1880, a primeira vez em que a data pôde ser celebrada como feriado nacional sob a República, alguns deixando coroas de flores comemorativas. Aos poucos, pequenas multidões desafiaram a polícia marchando em silêncio até o muro, levando a confrontos. A canção revolucionária de Eugène Pottier "Le Monument des Fédérés" relembra o que ocorreu ali e em muitos outros lugares de Paris: "Aqui ficava o matadouro, o ossuário. As vítimas rolaram do canto desse muro para a grande vala abaixo." A polícia passou a tolerar cada vez mais as manifestações junto ao muro em 1º de maio. Uma placa de mármore simples foi erguida em 1908: "Aos mortos da Comuna, 21-28 de maio de 1871."

Hoje, o Muro dos Federados continua sendo um monumento sombrio, estimulante, àqueles que foram massacrados pelas forças dos "homens da ordem". As manifestações ali cresceram em tamanho e intensidade durante os confrontos de maio de 1968, e novamente três anos depois, no centenário da Comuna. Em 1983, o muro foi classificado como monumento histórico, em comemoração à vitória final da República francesa pela qual os *communards* lutaram.⁴³

O ex-*communard* Jules Vallès dedicou seu *L'Insurgé*, um romance autobiográfico,

> *A todos aqueles,*
> *Vítimas da injustiça social,*
> *Que empunham armas contra o mal no mundo*
> *E que formaram,*
> *Sob a bandeira da Comuna,*
> *Uma grande federação daqueles que sofrem.*⁴⁴

Jean-Baptiste Clément, que conseguiu escapar para a Bélgica e depois para Londres, e foi condenado à morte por Versalhes, compusera "Le temps de cérises" em 1866. Parisienses haviam entoado essa canção durante os cercos prussiano e versalhês. Agora ele a dedicava "à valente cidadã Louise, assistente médica voluntária da rue Fontaine-au-Roi, domingo, 28 de maio de 1871":

> *Sempre amarei o tempo das cerejas.*
> *Guardarei esse tempo, em meu coração,*
> *Uma ferida aberta.*⁴⁵

"Le temps de cérises" eram agora os bons e velhos tempos, quando os parisienses eram livres.⁴⁶

QUANDO VOU AO MURO DOS FEDERADOS, ENQUANTO O ANOITECER se aproxima, as folhas estão caindo e tudo está quieto, quase posso ouvir as palavras de Thomas Wolfe: "Oh, fantasma perdido, e pelo vento tocado, volte outra vez."⁴⁷

AGRADECIMENTOS

ATÉ ONDE CONSIGO ME LEMBRAR, SEMPRE FUI FASCINADO PELA Comuna de Paris de 1871. Meu livro anterior é todo sobre Émile Henry, um jovem intelectual e anarquista que jogou uma bomba no Café Terminus, perto da Gare Saint-Lazare, na capital francesa, em fevereiro de 1894. Seu objetivo era matar tantas pessoas quanto possível. Os alvos de Henry foram pequenos-burgueses que tomavam uma cerveja e ouviam música antes de voltar para casa à noite. Meu argumento é que a bomba de Henry representou as origens do terrorismo moderno. Mas há um significado implícito: o de terrorismo de Estado. O Estado francês, assim como os da Itália e da Espanha, incitou o medo em relação aos anarquistas – e a maioria dos anarquistas não era terrorista – para reprimir opositores políticos. Émile Henry era filho de um militante da Comuna de Paris de 1871 condenado à morte *in absentia* pelo governo provisório francês de Adolphe Thiers. Fortuné Henry viu o terrorismo de Estado de perto. Soldados lutando pelo governo de Versalhes atiraram a esmo em milhares de pessoas comuns ou as executaram.

Uns seis ou sete anos depois, a Bibliothèque Historique de la Ville de Paris organizou uma exposição de fotos tiradas durante a Guerra Franco-Prussiana de 1870-1871 (em que a Prússia e seus outros aliados alemães esmagaram o Segundo Império de Napoleão III) e durante a Comuna. Uma dessas fotos não saía da minha cabeça: a de elegantes parisienses de classe alta retornando à capital francesa depois de seus exércitos esmagarem a Comuna de Paris durante a Semana Sangrenta, de 21 a 28 de maio de 1871. Eles aplaudiram o terror organizado pelo Estado francês, que esmagara os parisienses aspirantes da liberdade. Um dia, quando eu caminhava para meu escritório no Branford College, em Yale, decidi pesquisar e escrever um livro sobre a vida e a morte da Comuna de Paris, focando nas experiências típicas dos *communards*, mas também em alguns daqueles que se opunham a eles.

O MacMillan Center e o Whitney Griswold Fund, na Universidade de Yale, ofereceram apoio à pesquisa para este livro. Bertrand Fonck, com o qual Caroline Piketty me pôs em contato, tornou possível meu acesso a dossiês do Archives de la Défense, em Vincennes, que de outro modo estariam indisponíveis.

Ao escrever sobre a Comuna de Paris de 1871, beneficiei-me imensamente de importantes estudos de Laure Godineau, Éric Fournier, Carolyn Eichner, David Shafer, Gay Gullickson, Quentin Deleurmoz, Marc César e Stewart Edwards. Há muito tempo admiro e em particular aprendo com os excelentes estudos de Robert Tombs e Jacques Rougerie, essenciais para qualquer pessoa interessada na Comuna. Tom Kselman, Colin Foss e Joe Peterson também ofereceram sugestões a partir de seus conhecimentos sobre o período. Obrigado também a alguém que nunca encontrei, Olivier Marion, cujo bom *mémoire de maîtrise* sobre a Igreja Católica durante a Comuna, não publicado (disponível nos Archives Départementales des Hauts-de-Seine), merece uma exposição mais ampla. Em Fayl-Billot, Haute-Marne, onde o arcebispo Georges Darboy nasceu, gostaria de agradecer a Philippe Robert, até recentemente *curé* dessa paróquia, e a Jean-Remy Compain.

Fui incrivelmente feliz na Universidade de Michigan por ter a chance de estudar com Charles Tilly, que dirigiu minha dissertação há muito tempo, e por ser um bom amigo. Como no caso de tantas pessoas em muitos campos, a morte de Chuck em 2008 continua sendo uma perda enorme. *Pour leur amitié et la manière dont ils ont inspiré mes travaux, je tiens à remercier chaleureusement* Michelle Perrot, Alain Corbin, Jean-François Chanet, Dominique Kalifa, Sylvain Venayre, Maurice Garden e Yves Lequin. Se a pesquisa para este livro foi feita em Paris, a maior parte dele foi escrita em Balazuc (Ardèche). Ali tenho a sorte de ter como amigos Lucien e Catherine Mollier, Hervé e Françoise Parain, Eric Fruleux e Mathieu Fruleux. Obrigado também a William Clavaroyet, do La Fenière, a Lionel Pélerin, do Chez Paulette, e a Paulette Balazuc. Na Polônia, onde tive o prazer de passar muito

AGRADECIMENTOS 331

tempo nos últimos oito anos, agradeço a Andrzej Kamiński, Wojciech Falkowski, Krzysztof Łazarski, Adam Kożuchowski e Eulalia Łazarska, bem como a Jim Collins; em Rouen, a Jean Sion; em Paris, a Jean-Claude Petilon e Sven Wanegffelen; nos Estados Unidos, a Bruno, Flora, Gabrielle e Constance Cabanes, Charles Keith, Mark Lawrence, Gene Tempest, Joe Malloure, Jim Read, Steve Shirley, Gil Joseph, Dick e Sandy Simon, Mike Johnson, Steve Pincus, Sue Stokes e Peter Gay. Nossa família deve muito a Victoria Johnson.

Eu e Peter McPhee temos conversado sobre a história francesa e muito mais desde que nos conhecemos, em 1974 – *ça passe vite, le temps*. Ele leu o primeiro rascunho deste livro e ofereceu seus habituais comentários extremamente úteis. Na Fletcher Company, devo a Christy Fletcher, Melissa Chincillo e a Donald Lamm, que apoiou este projeto desde o início. Mais uma vez, Don contribuiu para um de meus livros com suas habilidades editoriais sem paralelo. Melissa, com a assistência de Anne van den Heuvel, obteve os direitos de publicação das imagens do livro, ajudando imensamente numa complexa última hora. Na Basic Books, sou grato a Lara Heimert, publisher da casa, que acreditou no livro enquanto o texto era apenas uma ideia e contribuiu com muitas opniões ao longo do caminho. A leitura do manuscrito feita por Katy O'Donnell foi brilhante e Jennifer Kelland fez uma ótima preparação de texto. Agradeço também a Rachel King, editora de projetos da Basic Books, pelo ótimo trabalho.

Laura Merriman tem passado grande parte de sua vida na França, em Balazuc, mas com frequência está em Paris, onde esta história trágica aconteceu. Chris Merriman chegou a Balazuc aos dez dias de idade e pôde estudar anos na França, portanto também conhece Paris muito bem. Minha esposa, Carol Merriman, contribuiu para este livro com suas habilidades editoriais e trouxe muita felicidade para minha vida, incluindo Laura e Chris.

Donald e Jean Lamm são nossos amigos há décadas. Don sempre representou o melhor da produção editorial. Este livro é dedicado a ele em gratidão e amizade e com grande admiração.

NOTAS

PRÓLOGO

1. ZELDIN, Theodore. *France 1848-1945*, vol. 1. Oxford: Oxford Press, 1973, p. 511; PRICE, Roger. "Napoleon III." In: MERRIMAN, John e WINTER, Jay (orgs.). *Europe 1789 to 1914*, vol. 3. Detroit: Charles Scribner's Sons, 2006, p. 1.590.
2. MARGADANT, Ted W. *French Peasants in Revolt: The Insurrection of 1851*. Nova Jersey: Princeton University Press, 1979; MERRIMAN, John M. *Agony of the Republic: The Repression of the Left in Revolutionary France, 1848-51*. New Haven: Yale University Press, 1978.
3. ZELDIN, Theodore. *The Political System of Napoleon III*. Nova York: Saint Martin's Press, 1958.
4. WARWO, Geoffrey. *The Franco-Prussian War: The German Conquest of France in 1870-71*. Nova York: Cambridge University Press: 2003, p. 25; JORDAN, David. *Transforming Paris: The Life and Labors of Baron Haussmann*. Nova York: The Free Press, 1995, p. 255; GAILLARD, Jeanne. *Paris, la ville 1852-1871*. Paris: Honoré Champion, 1997, pp. 12-14, 135.
5. GAILLARD, Jeanne. Op cit., p. 14.
6. Ibid., p. 191; HIGONNET, Patrice. *Paris: Capital of the World*. Cambridge: Harvard University Press, 2002, pp. 180-1; JANIN, Jules, *L'Été à Paris*, 1843 e *Mémoires de M. Claude*, 1881-85, pp. 47, 52ff apud KALIFA, Dominique, *Les Bas-fonds: Histoire d'un imaginaire*. Paris: Éditions du Seuil, 2013, p. 27. *Ver* CHEVALIER, Louis *Dangerous Classes and Laboring Classes in Paris During the First Half of the Nineteenth Century*. Nova York: Howard Fertig, 1973.
7. JORDAN, David. Op. cit., pp. 7, 224, 259-60.
8. *Ver* SCHWARTZ, Vanessa R. *Spectacular Realities: Early Mass Culture in Fin-de-Siècle Paris*. Berkeley: University of California Press, 1999.
9. JORDAN, David. Op. cit., p. 109.
10. Ibid., pp. 109-10, 188-9; GAILLARD, Jeanne. Op. cit., pp. 537-53, 568-71.
11. HIGONNET, Patrice. Op. cit., pp. 174, 353.
12. GOULD, Roger V. *Insurgent Identities: Class, Community, and Protest in Paris from 1848 to the Commune*. Chicago: University of Chicago Press, 1995, pp. 71-2; *ver* JORDAN, David. "Money." In: op. cit. [capítulo 10], pp. 227-45.

13. MERRIMAN, John. *Aux marges de la ville: faubourgs et banlieues en France 1815-1870*. Paris: Éditions du Seuil, 1994, p. 292; FOURNIER, Éric. *Paris en ruines: du Paris haussmannien au Paris communard*. Paris: Imago, 2008, pp. 22-6; MERRIMAN, John. *Police Stories*. Nova York: Oxford University Press, 2005; GAILLARD, Jeanne. Op. cit., pp. 204-5, 568-71. Entre 1852 e 1859, 4.349 casas foram destruídas, 13% da velha Paris. Famílias forçadas a sair de seus apartamentos receberam uma quantia irrisória, em virtude de uma lei de 1841 e um decreto imperial de 1852.
14. HIGONNET, Patrice. Op. cit., pp. 196-7, 250-52, 268; BENJAMIN, Walter. *The Arcades Project*. Cambridge: Harvard University Press, 1999.
15. HILLAIRET, Jacques (org.). *Dictionnaire historique des rues de Paris*, 2 vols. Paris: Éditions de Minuit, 1979.
16. ZOLA, Émile. *L'Assommoir*. Nova York: Penguin, 1970, p. 59.
17. GAILLARD, Jeanne. Op. cit., pp. 41-4, 61, 393-9; JORDAN, David. Op. cit., pp. 206-7; TOMBS, Robert. *The Paris Commune 1871*. Nova York: Longman, 1999, p. 24.
18. DUVEAU, Georges. *La Vie ouvrière sous le Second Empire*. Paris: Gallimard, 1946, p. 203; GAILLARD, Jeanne. Op. cit., p. 47; MERRIMAN, John. *Aux marges de la ville*, p. 280.
19. MERRIMAN, John. *The Margins of City Life: Explorations on the French Urban Frontier, 1815-1851*. Nova York: Oxford University Press, 1991, p. 76.
20. ROUGERIE, Jacques. *Paris Libre 1871*. Paris: Édition du Seuil, 1971, p. 19; MERRIMAN, John. *Aux marges de la ville*, pp. 301-3.
21. LAZARE, Louis. *Les Quartiers de l'est de Paris et les Communes suburbaines*. Paris: Au bureau de la Bibliothèque municipale, 1870, pp. 102, 243.
22. HIGONNET, Patrice. Op. cit., p. 91.
23. MARION, Olivier. "La vie religieuse pendant la Commune de 1871." Tese de mestrado não publicada, Paris-X Nanterre, 1981, pp. 20-2; BOUDON, Jacques-Olivier, *Monseigneur Darboy (1813-1871)*. Paris: Édition du CERF, 2011, pp. 77-80; CHAUVIN, Charles. *Mgr Darboy, archêveque de Paris, otage de la Commune (1813-1871)*. Paris: Desclée de Brouwer, 2011, p. 86. A Igreja mais tarde classificaria como área "missionária" qualquer lugar onde menos de 20% da população cumpria suas obrigações de Páscoa.
24. BOUDON, Jacques-Olivier. Op. cit., p. 82; SAKHARO, S. *Lettres au Père Duchêne pendant la Commune de Paris*. Paris: Bureau d'Éditions, 1934, p. 18; MARION, Olivier. Op. cit., pp. 23-6; FROUMOV, S. *La Commune de Paris et la démocratisation de l'école*. Moscou: Éditions du Progrés, 1964, pp. 30-1, 86-90; EICHNER, Carolyn. "'We Must Shoot the Priests': Revolutionary Women and Anti-Clericalism in the Paris Commune of 1871." In: CARLE, Lucia e FAUVE-CHAMOUX, Antoinette. *Cities Under Siege/Situazioni d'Assedio/États de Siège*. Florença: Pagnini and Martinelli, 2002, pp. 267-8.
25. ROUGERIE, Jacques. *Procès des Communards*. Paris: Juliard, 1964, p. 33; EDWARDS, Stewart. *The Paris Commune 1871*. Nova York: Quadrangle, 1971, pp. 12-13. Ver DUVEAU, Georges. Op. cit.

26. EICHNER, Carolyn. Op. cit., p. 269.
27. GODINEAU, Laure. *La Commune de Paris par ceux qui l'ont vécue*. Paris: Parigramme, 2010, pp. 16-18.
28. WILLETTE, Luc. *Raoul Rigault, 25 ans, Communard, chef de police*. Paris: Syros,1984, p. 121; DA COSTA, Gaston. *Mémoires d'un Communard: la Commune vécue*. Paris: Larousse, 2009, p. 256; TOMBS, Robert. Op. cit., p. 38.
29. VUILLAUME, Maxime. *Mes Cahiers rouges au temps de la Commune*. Paris: A. MICHEL, 1971, pp. 219-22; LEPAGE, Auguste. *Les cafés artistiques et littéraires de Paris*. Paris: M. Boursin, 1882, p. 79; COURTHION, Pierre. *Courbet raconté par lui-même et par ses amis*, vol. 1. Genebra: P. Callier, 1948, p. 249.
30. BOUDRY, Robert. "Courbet et la fédération des artistes", *Europe 29*: 64-5, abril-maio de 1951, p. 122; VIZETELLY, Ernest A. *My Adventures in the Commune*. Londres: Chatto and Windus, 2009 [1914], p. 55; BINGHAM, Denis Arthur. *Recollections of Paris*, vol. 2. Londres: Chapman and Hall, 1896, p. 117.
31. BOUDRY, Robert. Op. cit., pp. 122-3.
32. Arquivos da *préfecture de police* (doravante APP), Ba 1020, relatórios de 27 de junho e 4 de julho de 1870; PÉRIDIER, Jean. *La Commune et les artistes: Pottier, Courbet, Vallès, J. B. Clément*. Paris: Nouvelles éditions latines, 1980, pp. 59-61.
33. HARRISON, Frederic. "The Revolution and the Commune." In: *Fortnightly Review* 53:9, maio de 1871, p. 563; DALOTEL, Alain; FAURE Alain e FREIERMUTH, Jean-Claude. *Aux origines de la Commune: le mouvement des réunions publics à Paris, 1868-70*. Paris: F. Maspero, 1980, pp. 295-6; CLAYSON, S. Hollis. *Paris in Despair: Art and Everyday Life Under Siege (1870-71)*. Chicago: University of Chicago Press, 2002, p. 190; GOULD, Roger V. Op. cit., pp. 123-31. Os legitimistas, que queriam a restauração da monarquia dos Bourbon, compartilhavam a rejeição republicana e socialista ao autoritarismo centralizado imperial.
34. VUILLAUME, Maxime. Op. cit., pp. 189-90.
35. Archives de la Défense, 8J 3e, conseil de guerre 3, dossier 554 (todos os dossiês 8J subsequentes são desses arquivos em Vincennes); APP, Ba 892. WILLETTE, Luc. Op. cit., pp. 13-16, 21-8, 32-6; PROLÈS, Charles. *Raoul Rigault: La préfecture de police sous La Commune, les otages*. Paris: Chamuel, 1898, pp. 11-15; FORNI, Jules. *Raoul Rigault, procureur de la Commune*. Paris: Libraire centrale, 1871, pp. 3-13; LEPAGE, Auguste. Op. cit., pp. 61-4, 78-9, 155; COURTINE, Robert. *La vie parisienne: Cafés et restaurants des boulevards, 1814-1914*. Paris: Perrin, 1984, p. 267.
36. FORNI, Jules. *Raoul Rigault*, pp. 41-51; BAUER, Henry. *Mémoires d'un jeune homme*. Paris: G. Charpentier et E. Fasquelle, 1895, pp. 89-92.
37. WILLETTE, Luc. Op. cit., pp. 33-5; HUTTON, Patrick H. *The Cult of the Revolutionary Tradition: The Blanquists in French Politics, 1864-1892*. Berkeley: University of California Press, 1981, p. 33.

38. WILLETTE, Luc. Op. cit., pp. 33-48; CHOURY, Maurice. *Les damnés de la terre, 1871*. Paris: Tchou, 1970, p. 80; FORNI, Jules. Op. cit., pp. 20, 77; PROLÈS, Charles. Op. cit., pp. 18-22, 28.
39. RENOIR, Jean. *Pierre-Auguste Renoir, mon père*. Paris: Gallimard, 1981, pp. 143-4.
40. FORNI, Jules. Op. cit., pp. 16-17; PROLÈS, Charles. Op. cit., pp. 25-6; WILLETTE, Luc. Op. cit., pp. 42-8.
41. DALOTEL, Alain; FAURE Alain e FREIERMUTH, Jean-Claude. Op. cit.
42. EDWARDS, Stewart. Op. cit., p. 30; SUTTER-LAUMANN. *Histoire d'un trente sous (1870-1871)*. Paris: A. Savine, 1891, pp. 14-15. Nunca encontrei seu primeiro nome.
43. TOMBS, Robert. Op. cit., p. 36.

CAPÍTULO 1:
A GUERRA E O COLAPSO DO IMPÉRIO

1. WARWO, Geoffrey. *The Franco-Prussian War: The German Conquest of France in 1870-71*. Nova York: Cambridge University Press, 2003, p. 23.
2. Ibid., p. 32.
3. HORNE, Alistair. *The Fall of Paris: The Siege and the Commune 1870-71*. Nova York: Penguin, 1965, p. 62.
4. TOMBS, Robert. *The War Against Paris, 1871*. Cambridge: Cambridge University Press, 1981, pp. 13-14.
5. HORNE, Alistair. Op. cit., p. 66; TOMBS, Robert. Op. cit., pp. 13-15.
6. HOWARD, Michael. *The Franco-Prussian War*. Londres: Hart-Davis, 1961, pp. 40-71; WARWO, Geoffrey. Op. cit., pp. 46-64, 74-80.
7. Ibid., pp. 67-8, 85-91.
8. HORNE, Alistair. Op. cit., p. 72. A advertência de Trochu chegou em 10 de agosto.
9. EDWARDS, Stewart. *The Paris Commune 1871*. Nova York: Quadrangle, 1972, pp. 47-8; HORNE, Alistair. Op. cit., pp. 71-4. Eudes foi subsequentemente condenado à morte por sua participação, mas em vez disso foi enviado para uma prisão.
10. HORNE, Alistair. Op. cit., pp. 67-70; TOMBS, Robert. Op. cit., pp. 15-21.
11. CHAMBON, Pascal. "1871, la fin de la Garde nationale." In: LATTA, Claude (org.). *La Commune de 1871: L'événement les hommes et la mémoire*. Saint-Etienne: Publications de l'Université de Saint-Étienne, 2004, p. 79; TOMBS, Robert. *The Paris Commune 1871*. Nova York: Longman, 1999, p. 46.
12. RIALS, Stéphane. *Nouvelle histoire de Paris de Trochu à Thiers 1870-1873*. Paris: Hachette, 1985, p. 55.
13. EICHNER, Carolyn. *Surmounting the Barricades: Women in the Paris Commune*. Bloomington: Indiana University Press, 2004, pp. 19-21.
14. SUTTER-LAUMANN. *Histoire d'un trente sous (1870-1871)*. Paris: A. Savine, 1891, pp. 27-30, 33, 45-9.

15. Este relato recorre a RIALS, Stéphane. Op. cit., pp. 56-69.
16. Ibid., p. 69. A república já havia sido proclamada em Lyon e Marselha.
17. EDWARDS, Stewart. Op. cit., pp. 59-60.
18. HORNE, Alastair. Op. cit., p. 84; RIALS, Stéphane. Op. cit., p. 73. Napoleão III morreu em exílio na Inglaterra em janeiro de 1873.
19. WILLETTE, Lu. *Raoul Rigault, 25 ans, Communard, chef de police*. Paris: Syros, 1984, pp. 52-8; HUTTON, Patrick H. *The Cult of the Revolutionary Tradition: The Blanquists in French Politics, 1864-1892*. Berkeley: University of California Press, 1981, pp. 33-4.
20. DITTMAR, Gérard. *Belleville de l'Annexation à la Commune*. Paris: Dittmar, 2007, p. 57; EDWARDS, Stewart. Op. cit., p. 87; KRAKOVITCH, Odile. "Les femmes de Montmartre et Clemenceau durant le siège de Paris: de l'action sociale à l'action politique." In: LATTA, Claude (org.). Op. cit., pp. 43-58.
21. ROUGERIE, Jacques. *Paris libre 1871*. Paris: Édition du Sueil, 1971, p. 74; Hutton, Patrick H. Op. cit., pp. 55, 64.
22. Veja a excelente análise de Robert Tombs em *The Paris Commune*, pp. 73-7.
23. WILLETTE, Luc. Op. cit., p. 54; TOMBS, Robert. Op. cit., p. 56.
24. HOWARD, MICHEL. Op. cit., pp. 286-8; HORNE, Alistair. Op. cit., pp. 140-6.
25. VILLIERS DU TERRAGE, Baron Marc de. *Histoire des clubs de femmes et des Légions d'Amazones 1793-1848-1871*. Paris: Plon, Nourrit et c[ie.], 1910, pp. 383-6.
26. SUTTER-LAUMANN. Op. cit., pp. 75-7, 201-9.
27. Ibid.; JOHNSON, Martin. *The Paradise of Association: Political Culture and Popular Organisations in the Paris Commune of 1871*. Ann Arbor: University of Michigan Press, 1996, pp. 29-34; WILLETTE, Luc. Op. cit., pp. 60-4. Louis Blanc e Alexandre Ledru-Rollin, personagens importantes em 1848, também estavam ali.
28. TOMBS, Robert. Op. cit., pp. 52, 73; EDWARDS, Stewart. Op. cit., pp. 75-6.
29. HORNE, Alistair. *The Fall of Paris*. Nova York: Penguin, 2007, pp. 131-4.
30. Ibid., pp. 220-4.
31. DUBOIS, Jean. *À Travers les oeuvres des écrivains, les revues et les journaux: Vocabulaire politique et social en France de 1869 à 1872*. Paris. Larousse, 1962, pp. 179-80.
32. CHOURY, Maurice. Op. cit., p. 36; DITTMAR, Gérard. Op. cit., pp. 188-9, 199-200, 206; DUBOIS, Jean. Op. cit., p. 265; EDWARDS, Stewart. Op. cit., p. 73.
33. TOMBS, Robert. Op. cit., p. 59; WILLETTE, Luc. Op. cit., pp. 68-70.
34. TOMBS, Robert. Op. cit., p. 60. Os comandantes de 35 batalhões da Guarda Nacional tentaram gerar resistência aos exércitos alemães, em vão.
35. JOHNSON, Martin. Op. cit., pp. 55-64.
36. LÉVÊQUE, Pierre. "Les courants politiques de la Commune de Paris." In: LATTA, Claude (org.). Op. cit., p. 33; TOMBS, Robert. Op. cit., p. 62.
37. RECLUS, Maurice. *Monsieur Thiers*. Paris: Plon, 1929, pp. 12-25, 53; MEAUX, Camille de. *Souvenirs politiques, 1871-1877*. Paris: Plon, Nourrit et c[ie.], 1905, p. 48.

38. FOULON, Joseph-Alfred. *Histoire de la vie et des oeuvres de Mgr Darboy, archevêque de Paris*. Paris: Possielgue frères, 1889, p. 509; GUILLERMIN, Joseph Abel. *Vie de Mgr Darboy, archevêque de Paris, mis à mort en haine de la foi le 24 mai 1871*. Paris: Bloud et Barral, 1888, p. 313.
39. EICHNER, Carolyn. Op. cit., p. 21; JOHNSON, Martin. Op. cit., pp. 68-70.
40. TOMBS, Robert. "L'année terrible, 1870-71", In: *Historical Journal* 35:3, 1992, p. 717-18; ACCOYER, Bernard (org.). *De l'Empire à la République: les comités secrets au Parlement, 1870-1871*. Paris: Le grand livre du mois, 2011, pp. 33-8.
41. RECLUS, Élie. *La Commune de Paris au jour le jour*. Saint-Martin-de-Bonfossé: Théolib, 2001, pp. 174-5. Thiers é lembrado por ter dito que a república "será conservadora ou não será".
42. DELUERMOZ, Quentin. *Policiers dans la Ville: La Construction d'un ordre public à Paris 1854-1914*. Paris: Publications de la Sorbonne, 2012, pp. 151-3; BINGHAM, Denis Arthur. *Recollections of Paris*, vol. 2. Londres: Chapman and Hall, 1896, p. 19.
43. CLIFFORD, Dale Lothrop. "Aux armes citoyens! The National Guard in the Paris Commune of 1871." Tese de Ph.D. não publicada, Universidade do Tennessee, 1975, p. 116.
44. Ibid., p. 125; GUIRAL, Pierre. *Adolphe Thiers*. Paris: Fayard, 1986, pp. 376, 393; SIMON, Jules. *The Government of M. Thiers*, vol. 1. Nova York, 1879, p. 291.
45. LECAILLON, Jean-François (org.). *La Commune de Paris racontée par les Parisiens*. Paris: B. Giovanangeli, 2009, p. 19; TOMBS, Robert. "L'année terrible." In: Op. cit., pp. 719-21.
46. VUILLAUME, Maxime. Op. cit., p. 158.
47. EDWARDS, Stewart. Op. cit., pp. 118-19.
48. TOMBS, Robert. Op. cit., p. 66.
49. THIERS, Adolphe. *Memoirs of M. Thiers 1870-1873*. Nova York: Howard Fertig, 1973, pp. 121, 136.
50. SIMON, Jules. Op. cit., pp. 286-90.
51. MEAUX, Camile De. Op. cit., pp. 43-5; DUPONT, Léonce. *Souvenirs de Versailles pendant la Commune*. Paris: E. Dentu, 1881, p. 21; EDWARDS, Stewart. Op. cit., p. 166; GARÇON, Maurice. "Journal d'un bourgeois de Paris." In: *Revue de Paris* 12, dezembro de 1955, p. 26.
52. DUPONT, Léonce. Op. cit., pp. 85-90, 110-11; PESSARD, Hector. *Mes petits papiers, 1871-73*. Paris: Quintin, 1887, pp. 11, 40-2.

CAPÍTULO 2:
O NASCIMENTO DA COMUNA

1. CLIFFORD, Dale Lothrop. "Aux armes citoyens! The National Guard in the Paris Commune of 1871." Tese de Ph.D. não publicada, Universidade do Tennessee, 1975, p.

125; GUIRAL, Pierre. *Adolphe Thiers*. Paris: Fayard, 1986, pp. 376, 393; SIMON, Jules. *The Government of M. Thiers*, vol. 1. Nova York: C. Scribner's Sons, 1879, p. 291.
2. FREIERMUTH, Jean-Claude. "L'armée et l'ordre en 1870-71: le cas Vinoy." In: VIGIER, Philippe et al. (org.). *Maintien de l'ordre et police en France et en Europe au XIXe siècle*. Paris: Créaphis, 1987, pp. 42-7; WASHBURNE, Elihu Benjamin. *Franco-German War and Insurrection of the Commune: Correspondence of E. B. Washburne*. Washington: Government Printing Office, 1878.
3. CLIFFORD, Dale Lothorp. Op. cit., pp. 119-127; JOHNSON, Martin. *The Paradise of Association: Political Culture and Popular Organisations in the Paris Commune of 1871*. Ann Arbor: University of Michigan Press, 1996, pp. 2-3, 277-9; BARONNET, Jean (org.). *Enquête sur la Commune de Paris (La Revue Blanche)*. Paris: Les éditions de l'amateur, 2011, p. 93; EDWARDS, Stewart. *The Paris Commune 1871*. Nova York: Quadrangle, 1971, pp. 129; TOMBS, Robert. *The War Against Paris 1871*. Cambridge: Cambridge University Press, 1981, pp. 39-43.
4. EDWARDS, Stewart. Op. cit., pp. 137-40; RIALS, Stéphane. *Nouvelle histoire de Paris de Trochu à Thiers 1870-1873*. Paris: Hachette, 1985, pp. 251-2.
5. GULLICKSON, Gay. *Unruly Women of Paris*. Ithaca: Cornell University Press, 1996, p. 25.
6. TOMBS, Robert. Op. cit., pp. 43-4.
7. BARAIL, François du (general). *Mes souvenirs*, vol. 3. Paris: E. Plon, 1898, pp. 246-7.
8. EDWARDS, Stewart (org.). *The Communards of Paris, 1871*. Ithaca, 1973, pp. 56-62.
9. EDWARDS, Stewart. *The Paris Commune*, p. 140.
10. EICHNER, Carolyn. *Surmounting the Barricades: Women in the Paris Commune*. Bloomington: Indiana University Press, 2004, p. 22; GULLICKSON, Gay. Op. cit., pp. 25-8; EDWARDS, Stewart. *The Paris Commune*, pp. 137-9.
11. THOMAS, Edith. *Louise Michel*. Montreal: Black Rose Books, 1980, pp. 21, 77-8, 87-8; MICHEL Louise; BULLITT, Lowry e GUNTER, Elizabeth Ellington. *The Red Virgin: Memoirs of Louise Michel*. Alabama: University of Alabama Press, 1981; SERMAN, William. *La Commune de Paris*. Paris: Fayard, 1986, p. 290; EICHNER, Carolyn. Op. cit., pp. 2-3, 22, 48-9.
12. EDWARDS, Stewart. *The Communards*, pp. 62-3; SUTTER-LAUMANN. *Histoire d'un trente sous*. Paris: A. Savine, 1891, p. 225.
13. GULLICKSON, Gay. Op. cit., pp. 35-6; EDWARDS, Stewart (org.). *The Communards*, pp. 63-5.
14. GULLICKSON, Gay. Op. cit., p. 43; TOMBS, Robert. Op. cit., pp. 46-7.
15. EDWARDS, Stewart. *The Paris Commune*, pp. 137-42.
16. ROUGERIE, Jacques, *La Commune de 1871*. Paris: Presses universitaires, 1988, p. 53; RIALS, Stéphane. Op. cit., pp. 255-6; CLIFFORD, Dale Lothorp. Op. cit., pp. 145-63; VARLIN, Eugène. *Pratique militante et écrits d'un ouvrier communard*. Paris: F. Maspero, 1977, p. 155; MALON, Benoît. *La Troisième défaite du prolétariat français*. Neuchâtel: G.

Guillaume, 1871, p. 74; MICHEL Louise; BULLITT, Lowry e GUNTER, Elizabeth Ellington. Op. cit., pp. 64-5.

17. THIERS, Adolphe. *Déposition de M. Thiers sur le dix-huit mars*. Paris: Libraire générale, 1871, pp. 33-3; DELUERMOZ, Quentin. *Policiers dans la Ville: La Construction d'un ordre public à Paris 1854-1914*. Paris: Publications de la Sorbonne, 2012, pp. 141-4, 154-5; EDWARDS, Stewart *The Paris Commune*, pp. 148-50; RIVIALE, Philippe. *Sur la Commune: Cerises de sang*. Paris: L'Harmattan, 2003, p. 194.

18. LECAILLON, Jean-François (org.). *La Commune de Paris racontée par les Parisiens*. Paris: B. Giovanangli, 2009, pp. 38-9; JOHNSON, Martin. Op. cit., p. 6.

19. BECKER, George J. (org.), *Paris Under Siege, 1870-71: From the Goncourt Journal*. Ithaca: Cornell University Press, 1969, pp. 228-37.

20. VIZETELLY, Ernest. *My Adventures in the Commune*. Londres: Chatto and Windus, 1914, p. 36; LECAILLON, Jean-François. Op. cit., p. 37.

21. DEMEULENAERE-DOUYÈRE, Christiane. "Un témoin de la Commune de Paris: Eugene Bersier", *Bulletin de la Société d'histoire de Paris et de l'Ile de France* 108e, 1981, p. 247; ROCHER, J. (org.). *Lettres de communards et de militants de la Première Internationale à Marx, Engels et autres dans les journées de la Commune de Paris en 1871*. Paris: Bureau d'édition, 1934, 29 de março; LECAILLON, Jean-François. Op. cit., pp. 39-41.

22. VIGNON, Paul. *Rien que ce que j'ai vu! Le siège de Paris - la Commune*. Paris: E. Capiomont, 1913, pp. 87-92.

23. SERMAN, William. Op. cit., pp. 214-15; RIVIALE, Philippe. Op. cit.; HORNE, Alistair. *The Fall of Paris: The Siege and the Commune 1870-71*. Nova York: Penguin, 1965, p. 347.

24. ROUGERIE, Jacques. *Paris libre 1871*. Paris: Éditions du Seuil, 1971, p. 114; EDWARDS, Stewart. *The Paris Commune*, p. 151.

25. DOMMANGET, Maurice. *Blanqui, Guerre de 1870-71 et la Commune*. Paris: Domat-Mintchrestien, 1947, p. 114; CERF, Marcel. *Édouard Moreau, l'âme du Comité central de la Commune*. Paris: Les lettres nouvelles, 1971, p. 11; EDWARDS, Stewart. *The Paris Commune*, p. 213.

26. ROUGERIE, Jacques. "Autour de quelques livres étrangers." In: LATTA, Claude (org.). *La Commune de 1871: L'événement les hommes et la mémoire*. Saint-Étienne: Publications de l'Université de Saint-Étienne, 2004, p. 58; LATTA, Claude. "Benoît MALON pendant la Commune." In: LATTA, Claude (org.). *La Commune de 1871: L'événement les hommes et la mémoire*. Saint-Étienne: Publications de l'Université de Saint-Étienne, 2004, pp. 112-13; ROUGERIE, Jacques. *Procès des Communards*. Paris: Julliard, 1964, pp. 142-3; HORNE, Alistair. Op. cit., p. 359; EDWARDS, Stewart. *The Paris Commune*, p. 155.

27. MALON, Benoît. Op. cit., pp. 93-8; DA COSTA, Gaston, *Mémoires d'un Communard: la Commune vécue*. Paris: Larousse, 2009, pp. 91-8; EDWARDS, Stewart. *The Paris Commune*, pp. 162-4; GREENBERG, Louis M. *Sisters of Liberty: Marseille, Lyon, Paris and the*

Reaction to a Centralised State, 1868-1871. Cambridge: Harvard University Press, 1971, subestima seriamente as essenciais dimensões econômicas e sociais da Comuna.
28. ACCOYER, Bernard (org.). *De l'Empire à la République: les comités secrets au Parlement, 1870-1871*. Paris: Le grand livre du mois, 2011, pp. 54-63, 201, 205, 221, 229; LOCKROY, Édouard. *La Commune et l'Assemblée*. Paris: A. Chevalier, 1871, pp. 26-9, 38.
29. SERMAN, William. Op. cit., p. 371; DUBOIS, Jean. *À travers les oeuvres des écrivains, les revues et les journaux: Vocabulaire politique et social en France de 1869 à 1872*. Paris: Larousse, 1962, pp. 136, 163, 179-80; THIERS, Adolphe. *Histoire de la Révolution du 4 septembre et de l'insurrection du 18 mars*. Paris: Garnier frères, 1875, p. 156.
30. MALON, Benoît. Op. cit., p. 99; RECLUS, Élie. *La Commune de Paris au jour le jour*. Saint-Martin-de-Bonfossé: Théolib, 2001, p. 30; CERFBEER, Gaston: "Une nuit de la semaine sanglante", *Revue Hebdomadaire* 25, 23 de maio de 1903, p. 416.
31. RECLUS, Élie. Op. cit., pp. 143-7.
32. ROUGERIE, Jacques. Op. cit., pp. 128-30, 140; MCPHEE, Peter. *A Social History of France 1780-1880*. Nova York: Routledge, 1992, p. 214; GAILLARD, Jeanne, *Communes de province, commune de Paris 1870-1871*. Paris: Flamarion, 1971, p. 34; LATTA, Claude. "Benoît MALON", p. 114; EICHNER, Carolyn. Op. cit., p. 30; BARRY, David. *Women and Political Insurgency: France in the Mid-Nineteenth Century*. Basingstoke: Macmillan, 1996, pp. 108-11.
33. BURY, J. P. T. e TOMBS, R.P. *Thiers - A Political Life*. Londres: Allen and Unwin, 1986, p. 200.
34. NORD, Philip. "The Party of Conciliation and the Paris Commune", *French Historical Studies* 15:1, 1987, pp. 5, 9-12.
35. ROUGERIE, Jacques. Op. cit., pp. 147-51.
36. COMMISSAIRE, Sébastien. *Mémoires et souvenirs*, vol. 2. Lyon: Meton, 1888, pp. 369-70; DAUTRY, Jean e SCHELER, Lucien. *Le Comité central républicain des vingt arrondissements de Paris (septembre 1870–mai 1871), d'après les papiers inédits de Constant Martin et les sources imprimées*. Paris: Éditions sociales, 1960, pp. 236-8.
37. EDWARDS, Stewart. *The Communards*, pp. 69-71, e *The Paris Commune 1871*, p. 173; JOHNSON, Martin. Op. cit., p. 21. Havia provavelmente cerca de 1 mil membros da Internacional em Paris.
38. RECLUS, Élie. Op. cit., pp. 82-3; RECLUS, Paul. *Les Frères Élie et Élisée Reclus*. Paris: Les amis d'Élisée Reclus, 1964, pp. 161-81, 188; ROUGERIE, Jacques. Op. cit., pp. 217-22; EDWARDS, Stewart, *The Paris Commune*, pp. 11-14; *ver* SCHULKIND, Eugene. "The Activity of Popular Organizations During the Paris Commune of 1871", *French Historical Studies* 4, 1960, p. 408.
39. BARRON, Louis. *Sous la drapeau rouge*. Paris: A. Savine, 1889, p. 2.
40. RIALS, Stéphane. Op. cit., pp. 283-9; WILLETTE, Luc. *Raoul Rigault: 25 ans, communard, chef de la police*. Paris: Syros, 1984, pp. 93-4.

41. RIALS, Stéphane. Op. cit., pp. 303-7; WILLETTE, Luc. Op. cit., pp. 100-1; DALOTEL, Alain. *Gabriel Ranvier, le Christ de Belleville: Blanquiste, Franc-maçon, Communard et Maire du XXe arrondissement*. Paris: Édition Dittmar, 2005, pp. 29-44; JOURDAN, Maxime. *Le Cri du peuple*. Paris: L'Harmattan, 2005, pp. 63-74, esp. 22 de fevereiro.
42. JOHNSON, Martin. Op. cit., pp. 6, 93-108; CLIFFORD, Dale Lothorp. Op. cit., p. 188; TOMBS, Robert. *The Paris Commune*, p. 7.
43. PRICE, R. D. "Ideology and Motivation in the Paris Commune of 1871." *Historical Journal* 15, 1972, p. 76; EDWARDS, Stewart, *The Communards*, pp. 78-9; PELLETAN, Camille. *Questions d'histoire: Le Comité central et la Commune*. Paris: M. Dreyfous, 1879, p. 51; ANDRIEU, Jules. "The Paris Commune: A Chapter Towards its Theory and History", *Fortnightly* 10, novas séries, novembro de 1871, p. 597.
44. JOURDAN, Maxime. Op. cit., p. 107, 30 de março; LISSAGARAY, Prosper-Olivier. *History of the Paris Commune of 1871*. Nova York: New Park Publications, 1976, p. 128; EDWARDS, Stewart. *The Paris Commune*, p. 186.
45. DA COSTA, Gaston. Op. cit., p. 109; BOURGIN, Georges. *La Commune de Paris*. Paris: Presses universitaires de France, 1971, pp. 31-2, 40; RIALS, Stéphane. Op. cit., pp. 320-2; MALON, Benoît. Op. cit., p. 130. Uma eleição suplementar aconteceu em 16 de abril para substituir 31 homens que haviam renunciado, haviam sido eleitos por vários *arrondissements*, haviam sido mortos em combates anteriores ou que, como no caso de Blanqui, estavam presos. Essas eleições, que tiveram um baixo comparecimento, aumentaram o número de radicais na Comuna (GODINEAU, Laure. *La Commune de Paris par ceux qui l'ont vécue*. Paris: Parigramme, 2010, pp. 45-51).
46. VARLIN, Eugéne. Op. cit., p. 164; THIERS, Adolphe, *Notes et souvenirs de M. Thiers 1870-1873*. Paris: Calmann-Lévy, 1903, p. 145; ROUGERIE, Jacques. Op. cit., p. 72.
47. RIVIALE, Philippe. Op. cit., p. 217; LIDSKY, Paul. *Les Écrivains contre la Commune*. Paris: F. Maspero, 1970, p. 69; JOHNSON, Martin. Op. cit., pp. 224; EDWARDS, Stewart. *The Paris Commune*, pp. 190-1; CLIFFORD, Dale Lothorp. Op. cit., p. 164; GODINEAU, Laure. Op. cit., p. 82; VUILLAUME, Maxime. *Mes Cahiers rouges au temps de la Commune*. Paris: A. Michel, 1971, pp. 286-92.
48. TOMBS, Robert. *The Paris Commune 1871*, pp. 80-3.
49. ROUGERIE, Jacques. Op. cit., pp. 160-1, 241. Rougerie insiste que essas duas concepções da Comuna não eram necessariamente sempre contraditórias, e que a influência de Proudhon sobre a Comuna tem sido exagerada. Em 20 de abril, a Comissão Executiva passou a ser formada por delegados eleitos das nove comissões.
50. RECLUS, Élie. Op. cit., pp. 235-6; VARLIN, Eugéne. Op. cit., pp. 169-70.
51. HOFFMAN, Wickham. *Camp, Court, and Siege: A Narrative of Personal Adventure and Observation during Two Wars, 1861-1865, 1870-71*. Nova York: Harper and Brothers, 1877, p. 252; RIALS, Stéphane. Op. cit., p. 345; ROUGERIE, Jacques. Op. cit., p. 187; ROCHER, J. Op. cit.; TERSEN, E. "Léo Frankel", *Europe, revue mensuelle*, 29:64-5, abril-maio de 1951, pp. 157-8.

52. BURY, J. P. T. e TOMBS, R. P. Op. cit., p. 203. Outro desafio era impedir que Bismarck e o recém-unificado império alemão se aproveitassem da situação difícil do governo provisório. Um terceiro era manter o apoio nas províncias, particularmente em grandes centros do republicanismo, como Lyon e Marselha. Ver GREENBERG, Louis M. Op. cit.
53. GODINEAU, Laure. Op. cit., p. 178.
54. SERMAN, William. *Les Officiers français dans la nation*. Paris: Aubier Montaigne, 1982, pp. 15-18, 54; SERMAN, William, *Les Origines des officiers français 1848-1870*. Paris: Publications de la Sorbonne, 1979, pp. 4-6.
55. TOMBS, Robert. *The War Against Paris*, pp. 100-23; SIMON, Jules. Op. cit., p. 290; RIVIALE, Philippe. Op. cit., p. 236.
56. SACY, Jacques Silvestre de. *Le Maréchal de Mac-Mahon*. Paris: Éditions internationale, 1960, p. 255; TOMBS, Robert. *The War Against Paris*, pp. 91, 96-100; BROGLIE, Gabriel de. *Mac-Mahon*. Paris: Perrin, 2000, p. 175.
57. TOMBS, Robert. *The War Against Paris*, pp. 126-7.
58. CLIFFORD, Dale Lothorp. Op. cit., pp. 106-7; ROUGERIE, Jacques. Op. cit., pp. 256-70.
59. 8J conseil de guerre 3, dossier 571, Gustave Cluseret, ordem de 16 de abril, sessão de corte marcial de 17 de abril; VIZETELLY, Ernst. Op. cit., p. 54; RIALS, Stéphane. Op. cit., pp. 326-7, 459; BOURELLY, Jules (general). *Le Ministère de la Guerre sous la Commune*. Paris: Combet, 1911, p. 84; CLIFFORD, Dale Lothorp. Op. cit., pp. 197-8.
60. 8J conseil de guerre 3, dossier 571, Gustave Cluseret, ordens de 16, 21 e 23 de abril; DA COSTA, Gaston. Op. cit., pp. 203-8; VIZETELLY, Ernst. Op. cit., pp. 117, 132; RIALS, Stéphane. Op. cit., pp. 326-7, 199-218; CHAMBON, Pascal. "1871, la fin de la Garde nationale." In: LATTA, Claude (org.). Op. cit., pp. 81-3. Prosper-Olivier Lissagaray estimou o número em 100 mil homens em serviço militar e mais 103.500 em atividade "sedentária", incluindo guarnecer as defesas e os 200 canhões disponíveis.
61. LEIGHTON, John. *Paris Under the Commune*. Londres: Bradbury, Evans and Company, 1871, p. 208.
62. BURY, J. P. T. e TOMBS, R. P. Op. cit., p. 203; THIERS, Adolphe. *Déposition*, p. 53; THIERS, Adolphe. *Notes et souvenirs*, pp. 162-5.
63. THOMAS, Louis. *Le Général de Gallifet (1830-1909)*. Paris: Aux armes de France, 1941, p. 92; MUN, Albert de (conde). "Galliffet." In: *Écho de Paris*, 10 de julho de 1909; TOMBS, Robert. *The War Against Paris*, p. 79; SIMON, Jules. Op. cit., p. 363; EDWARDS, Stewart, *The Paris Commune*, pp. 192-4. Como resultado do primeiro confronto, Rossel se viu detido e aprisionado por uma noite. Os motivos disso não são claros.
64. EDWARDS, Stewart. *The Paris Commune*, p. 196; TOMBS, Robert. *The War Against Paris*, p. 79; BALLAND, A. *La Guerre de 1870 et la Commune*. Bourg-en-Bresse: Imprimerie du Courrier de l'Ain, 1916, pp. 151-2.
65. RIALS, Stéphane. Op. cit., p. 262.

66. GODELIER (coronel). "La guerre de 1870 et la Commune: journal d'un officier d'étatmajor." In: *Nouvelle revue rétrospective* 17, julho-dezembro de 1902, pp. 18-20.
67. LEIGHTON, John. Op. cit., p. 85; RIALS, Stéphane. Op. cit., pp. 262-3.
68. BÉNEYTOU, Jean-Pierre. *Vinoy: Général du Second Empire.* Paris: Éditions Christian, 2003, p. 182; PROLÈS, Charles. *G. Flourens.* Paris: Chamuel, 1898, p. 89; TOMBS, Robert. *The War Aginst Paris*, pp. 85-6; EDWARDS, Stewart. *The Paris Commune*, pp. 199-200.
69. SUTTER-LAUMANN. Op. cit., pp. 243-64. 8J conseil de guerre 3, dossier 571, Gustave Cluseret, cópias de despachos.
70. SUTTER-LAUMANN. Op. cit., pp. 264-73.
71. EDWARDS, Stewart (org.). *The Communards*, pp. 142-3.

CAPÍTULO 3:
DONOS DA PRÓPRIA VIDA

1. VIZETELLY, Ernest A. *My Adventures in the Commune.* Londres: Chatto and Windus, 2009, pp. 95, 136.
2. BARRON, Louis. *Sous la drapeau rouge*, Paris: A. Savine, 1889, pp. 112-16; GODINEAU, Laure. *La Commune de Paris par ceux qui l'ont vécue.* Paris: Parigramme, 2012, pp. 112-14.
3. BOIME, Albert. *Art and the French Commune: Imagining Paris after War and Revolution.* Princeton: Princeton University Press, 1995, p. 17; JONES, Kathleen e VERGÈS, Françoise. "'Aux citoyennes!': Women, Politics, and the Paris Commune of 1871." In: *History of European Ideas* 13, 1991, p. 725. Alguns historiadores talvez tenham enfatizado exageradamente os aspectos festivos da vida diária durante a Comuna. Ver TOMBS, Robert. *The Paris Commune 1871.* Nova York: Longman, 1999, pp. 105-7.
4. LEIGHTON, John. *Paris Under the Commune.* Londres: Bradbury, Evans and Company, 1871, p. 128; RIALS, Stéphane. *Nouvelle histoire de Paris de Trochu à Thiers 1870-1873.* Paris: Hachett, 1985, p. 403; DUBIEF, Henri. "Défense de Gustave Courbet par lui-même." In: *L'Actualité de l'Histoire* 30, janeiro-março de 1960, p. 32.
5. ROSS, Kristin. *The Emergence of the Social Space: Rimbaud and the Paris Commune.* Mineápolis: University of Minnesota Press, 1988, pp. 136-7; BOUISSOUNOUSE, Janine e VILLEFOSSE, Louis de. "La presse parisienne pendant la Commune." In: *Europe*, abril-maio de 1951, p. 50; JOURDAN, Maxime. *Le Cri du peuple.* Paris: L'Harmattan, 2005, pp. 17, 123; MAILLARD, Firmin. *Histoire des journaux publiés à Paris pendant le siege et sous la Commune.* Paris: E. Dentu, 1871, pp. 195-212.
6. CERF, Marcel. *Les "Cahiers rouges" de Maxime Vuillaume.* Paris: Presses universitaires, 1988, pp. 2-9; ROUGERIE, Jacques. *La Commune de 1871*, pp. 96-8; RECLUS, Élie. *La Commune de Paris au jour le jour.* Saint-Martin-de-Bonfossé: Théolib, 2011, p. 225. No fim de abril, o *Père Duchêne* organizou um batalhão indisciplinado de *francs-tireurs* conhecido

como "Enfants du Père Duchêsne", formado por setenta homens que usavam calça cinza, camisa de flanela vermelha, um paletó e o quepe da Guarda Nacional.

7. RECLUS, Élie. Op. cit., pp. 243-5; WASHBURNE, Elihu Benjamin. *Franco-German War and Insurrection of the Commune: Correspondence of E.B. Washburne*. Washington: Governement Printing Office, 1878, 19 de maio; VIZETELLY, Ernst. Op. cit., p. 135.
8. MILNER, John. *Art, War, and Revolution in France, 1870-71*. New Haven: Yale University Press, 2000, p. 140; JOHNSON, Martin. *The Paradise of Association: Political Culture and Popular Organisations in the Paris Commune of 1871*. Ann Arbor: University of Michigan Press, 1996, p. v.
9. CHOURY, Maurice. *Bonjour Monsieur Courbet!*. Paris: Éditions sociales, 1969, p. 96.
10. BARRON, Louis. *Sous la drapeau rouge*, pp. 5-8.
11. APP, Ba 1020, dossier Courbet; SÁNCHEZ, Gonzalo J. *Organizing Independence: The Artists' Federation of the Paris Commune and Its Legacy, 1871-1889*. Lincoln: University of Nebraska, 1997, pp. 57, 65.
12. CHOURY, Maurice. Op. cit., pp. 91-4; SÁNCHEZ, Gonzalo J. Op. cit., pp. 43-56; BOUDRY, Robert. "Courbet et la fédération des artistes." In: *Europe* 29: 64-5, abril-maio de 1951, pp. 124-5; DUBIEF, Henri. Op. cit., p. 32.
13. DITTMAR, Gérald. *Gustave Courbet et la Commune, le politique*. Paris: Dittmar, 2007, p. 99.
14. RECLUS, Paul. *Les Frères Élie et Élisée Reclus*. Paris: Les amis d'Èlisée Reclus, 1964, pp. 181-2, 189.
15. CHEVALLEY, Sylvie. "La Comédie-française pendant la Commune." In: *Europe* 48, novembro-dezembro de 1970, pp. 499-500; MENDÈS, Catulle. *Les 73 jours de la Commune*. Paris: Lachaud, 1871, p. 182. A Comuna só emitiu um decreto sobre teatros, suprimindo *tout monopole* [todos os monopólios], datado de *1er prairial en 79* (20 de maio), p. 198; TISSIER, André. "Les spectacles pendant la Commune." In: *Europe* 48, novembro-dezembro de 1970 p. 180.
16. MENDÈS, Cautalle. Op. cit., p. 181.
17. TRÉAL, Guy. "La Musique et la Commune." In: *Europe* 29: 64-5, abril-maio de 1951, pp. 112-21.
18. VIZETELLY, Ernst. Op. cit., pp. 61, 65.
19. Ibid., pp. 56, 61, 63, 65; PRICE, R.D. "Ideology and Motivation in the Paris Commune of 1871." In: *Historical Journal* 15, 1972, pp. 80-1; GODINEAU, Laure. Op. cit., p. 65.
20. WILLETTE, Luc. *Raoul Rigault, 25 ans, Communard, chef de police*. Paris: Syros, 1984, pp. 96-102; TOMBS, Robert. Op. cit., pp. 76-81.
21. BOURGIN, Georges. *La Commune de Paris*. Paris: Presses universitaires de France, 1971, p. 81; THOMAS, Édith. *Les pétroleuses*. Paris: Gallimard, 1963, p. 213; DALSEME, Achille. *Histoire des conspirations sous la Commune*. Paris: Dentu, 1872, pp. 100, 117.
22. THIERS, Adolphe. *Notes et souvenirs de M. Thiers 1870-1873*. Paris: Calmann-Lévy, 1903, pp. 157-9; THIERS, Adolphe. *Memoirs of M. Thiers 1870-1873*. Nova York: Howard

Fertig, 1973, pp. 138-9; GALLIFET, Gaston de (general). "Mes souvenirs." In: *Journal des Débats*, 19, 22 e 25 de julho de 1902.

23. 8J 3e conseil de guerre 6, dossier 29/8 Théophile Ferré; SUTTER-LAUMANN. *Histoire d'un trente sous (1870-1881)*. Paris. A. Savine, 1891, p. 221; BINGHAM, Denis Arthur. *Recollections of Paris*, vol. 2. Londres: Chapman and Hall, 1896, p. 116; JOHNSON, Martin. Op. cit., p. 210; CATTELAIN, P.-P. *Mémoires inédits du chef de la sûreté sous la Commune*. Paris: F. Juven, 1900, pp. 115-20.

24. RODRIGUÈS, Edgar. *Le carnaval rouge*. Paris: E. Dentu, 1872, p. 113; 8J 3e conseil de guerre 26, dossier 535 Gaston Da Costa; FETRIDGE, W. Pembroke. *The Rise and Fall of the Paris Commune in 1871*. Nova York: Harper Brothers, 1871, pp. 382-7.

25. WILLETTE, Luc. Op. cit., pp. 122-5; FETRIDGE, W. Pembroke. Op. cit., p. 387.

26. CLUSERET, Gustave (general). *Mémoires du Général Cluseret*, vol. 2. Paris: J. Lévy, 1887-88, pp. 213-15; KATZ, Philip M. *From Appomattox to Montmartre: Americans and the Paris Commune*. Cambridge: Harvard University Press, 1998, pp. 51-2; DA COSTA, Gaston. *Mémoires d'un Communard: la Commune vécue*. Paris: Larousse, 2009, p. 245.

27. CATTELAIN, P.-P. Op. cit., p. 111; NORD, Philip. *Les Impressionistes et la politique*. Paris: Tallandier, 2009, p. 68.

28. ROCHEFORT, Henri. *The Adventures of My Life*. Londres: E. Arnold, 1896, p. 391.

29. TOMBS, Robert. Op. cit., pp. 88-90; HORNE, Alistair. *The Fall of Paris: The Siege and the Commune, 1870-71*. Nova York: Penguin, 1965, p. 367.

30. WILLETTE, Luc. Op. cit., pp. 127-9. Ferré substituiu Rigault como delegado-chefe da *préfecture de police* em 13 de maio.

31. COURTHION, Pierre. *Courbet raconté par lui-même et par ses amis*, vol. 1. Genebra: P. Cailler, 1948; WILLETTE, Luc. Op. cit., pp. 154-5; RECLUS, Élie. Op. cit., pp. 137-8.

32. HARRISON, Frederic. "The Revolution and the Commune." In: *Fortnightly Review*, 53:9, maio de 1871, pp. 559, 573.

33. ROUGERIE, Jacques. *Procès des Communards*. Paris: Julliard, 1964, pp. 33-5, 125-34; ROUGERIE, Jacques. *La Commune de 1871*, pp. 99-102; ROUGERIE, Jacques. "Composition d'une population insurgée." In: *Mouvement social* 48, julho-setembro de 1964, pp. 34, 46. EICHNER, Carolyn. *Surmounting the Barricades: Women in the Paris Commune*. Bloomington: Indiana University Press, 2004, p. 29. A idade média era 32 anos; APPERT, General. "Rapport d'ensemble [...] sur les opérations de la justice militaire relatives à l'insurrection de 1871." In: *Annales de l'Assemblée nationale* 43, du 1er au 17 décembre 1875. Paris, 1876, t. 43, p. 117.

34. ROUGERIE, Jacques. *La Commune de 1871*, pp. 99-102; ROUGERIE, Jacques. "Composition d'une population insurgée", p. 46.

35. SHAFER, David. "Plus que des ambulancières: Women in Articulation and Defence of their Ideals during the Paris Commune." In: *French History* 7:1, 1993, p. 97; ROUGERIE, Jacques. "Composition d'une population insurgé", pp. 33-46; APPERT. Op. cit., p. 117; SERMAN, William. *La Commune de Paris*, Paris: Fayard, 1986, pp. 282-3. Entre as pro-

fissões: pedreiros 2.293; sapateiros 1.491; domésticos 1.402; cocheiros 1.024; marceneiros 1.657; diaristas 2.901; serralheiros/mecânicos 2.664; pintores de parede 863 etc.; JONES, Kathleen e VERGÈS, Françoise. Op. cit., pp. 716-19.
36. HOFFMAN, Wickham. *Camp, Court, and Siege: A Narrative of Personal Adventure and Observation during Two Wars, 1861-1865, 1870-71*. Nova York: Harper Brothers, 1877, pp. 246, 261.
37. LIDSKY, Paul. *Les Écrivains contre la Commune*. Paris: F. Maspero, 1970, p. 48.
38. BECKER, George J. (org.). *Paris Under Siege, 1870-71: From the Goncourt Journal*. Ithaca: Cornell University Press, 1969, p. 263.
39. PRICE, R. D. Op. cit., p. 84; TOMBS, Robert. "Prudent Rebels: the 2nd arrondissement during the Paris Commune of 1871." In: *French History* 5:4, 1991, pp. 393-413.
40. HORNE, Alistair. Op. cit., p. 106; EDWARDS, Stewart (org.). *The Communards of Paris, 1871*. Ithaca: Cornell University Press, 1973, pp. 81-3; GODINEAU, Laure. Op. cit., pp. 91-3; RIALS, Stéphane. Op. cit., pp. 422-3.
41. LÉVÊQUE, Pierre. "Les courants politiques de la Commune de Paris." In: LATTA, Claude (org.). *La Commune de 1871*. Saint-Étienne: Publications de l'Université, 2004, pp. 32-5; JOHNSON, Martin. *The Paradise of Association*, pp. 138-44.
42. EDWARDS, Stewart. Op. cit., pp. 127-30.
43. BOURGIN, Georges. Op. cit., pp. 55-6; TOMBS, Robert. "Harbingers or Entrepreneurs? A Worker's Cooperative during the Paris Commune", *Historical Journal* 27:4, 1984, pp. 970-77. A Association des Ouvriers de la Métallurgie era outra grande cooperativa.
44. EDWARDS, Stewart. Op. cit., pp. 138-9; RIALS, Stéphane. Op. cit., p. 419; COMMISSAIRE, Sébastien. *Mémoires et souvenirs*, vol. 2. Lyon: Meton, 1888, pp. 373-4. O decreto do salário foi aprovado em 21 de maio.
45. ROUGERIE, Jacques. *Paris libre 1871*. Paris: Éditions du Seuil, 1971, p. 78.
46. JONES, Kathleen e VERGÈS, Françoise. Op. cit., pp. 711-13; GULLICKSON, Gay. *Unruly Women of Paris: Images of the Commune*. Ithaca: Cornell University Press, 1996, pp. 122-3; EICHNER, Carolyn. Op. cit., p. 1; JOHNSON, Martin. Op. cit., p. 235.
47. SHAFER, David. Op. cit., p. 91.
48. SCHULKIND, Eugene. "Socialist Women During the 1871 Paris Commune." In: *Past and Present* 106, fevereiro de 1985, pp. 133-4; TOMBS, Robert. "Les Communeuses." In: *Sociétés et Représentations* 6, junho de 1998, p. 54; JONES, Kathleen e VERGÈS, Françoise. Op. cit., pp. 716-19; ROUGERIE, Jacques. Op. cit., p. 214.
49. 8J 6e conseil de guerre, 683; BRAIBANT, Sylvie (org.). *Elisabeth Dmitrieff*. Paris: Belfond, 1993, p. 162; EICHNER, Carolyn. Op. cit., p. 29; GODINEAU, Laure. Op. cit., pp. 153-5; BARRY, David. *Women and Political Insurgency: France in the Mid-Nineteenth Century*. Basingstoke: Macmillan, 1996, pp. 130-1.
50. JONES, Kathleen e VERGÈS, Françoise. Op. cit., p. 728; EICHNER, Carolyn. Op. cit., pp. 111-15.

51. 8J 6e conseil de guerre, 683; GULLICKSON, Gay. Op. cit., pp. 121-5; EICHNER, Carolyn. Op. cit., p. 69.
52. 8J 4e conseil de guerre 131, dossier 688; EICHNER, Carolyn. Op. cit., pp. 36-7, 63-5, 91-3; BRAIBANT, Sylvie. Op. cit., pp. 126, 141-2, 146-7.
53. EDWARDS, Stewart. Op. cit., pp. 130-3.
54. SCHULKIND, Eugene. Op. cit., pp. 136, 154-8, 162; JONES, Kathleen e VERGÈS, Françoise. Op. cit., pp. 714-15; EICHNER, Carolyn. Op. cit., pp. 69-78, 87. Um documento sugere que no sétimo *arrondissement* 365 mulheres eram integrantes.
55. KATZ, Philip. *From Appomattox to Montmartre*, pp. 15-16, 26, 52-3, 354, 364, 426, 478.
56. BIDOUZE, René. *72 jours qui changèrent la Cité: La Commune de Paris dans l'histoire des services publics*. Pantin: Le Temps des cerises, 2001, pp. 7, 88-9, 93, 100-1, 121, 130-1, 144.
57. Ibid., pp. 108-14, 127; FORBES, Archibald. "What I Saw of the Commune." In: *Century Illustrated Magazine* 45:1, novembro de 1892, p. 66. A Comissão de Finanças da Comuna supervisionou a receita: Banco da França, 15 milhões de francos; *octrois*, pouco mais de 12,2 milhões; impostos diretos, 373.813; indústria e tabaco, 2,63 milhões; selos e registros de documentos, 800 mil; mercados, 814.323; ferrovias, 2 milhões; reembolsos pela Guarda Nacional, 1 milhão; vários outros rendimentos, 50 mil; dinheiro apreendido, cerca de 6,61 milhões; total: quase 41,95 milhões de francos. A Comuna gastou cerca de 42 milhões de francos, 33 milhões dos quais foram para a Delegação de Guerra – a maior parte para pagar os salários da Guarda Nacional – ou para os *arrondissements* (TOMBS, Robert. Op. cit., pp. 90-3; RIALS, Stéphane. Op. cit., pp. 380-2).
58. RIALS, Stéphane. Op. cit., pp. 411-13; WILLETTE, Luc. Op. cit., pp. 125-6.
59. RECLUS, Élie. Op. cit., p. 278; GIBSON, W. *Paris During the Commune*. Londres: Methodist Book Room, 1895, pp. 196, 206-7; LECAILLON, Jean-François (org.). *La Commune de Paris racontée par les Parisiens*. Paris: B. Giovanangeli, 2009, p. 112; CHOURY, Maurice. Op. cit., p. 86; ROUGERIE, Jacques. Op. cit., pp. 197, 206-7; 8J 3e conseil de guerre 36, dossier Fortuné Henry.
60. MARTINE, Paul. *Souvenirs d'insurgé: La Commune de 1871*. Paris: Perrin, 1971, pp. 103-5. Depois da Comuna, os *hommes d'ordre* declararam esses casamentos nulos; poder-se-ia pensar que esses indivíduos teriam ficado satisfeitos por essas pessoas não estarem mais em *unions libres*, tão comuns entre trabalhadores, e que eles desaprovavam.
61. EDWARDS, Stewart. *The Paris Commune 1871*. Londres: Eyre and Spottiswoode, 1971, p. 289 e Capítulo 9.
62. JOHNSON, Martin. Op. cit., pp. 153-5, 171-84; SCHULKIND, Eugene. "The Activity of Popular Organizations During the Paris Commune of 1871." In: *French Historical Studies* 4, 1960, pp. 400, 408. Eles tinham uma probabilidade maior de ter sofrido algum tipo de condenação anterior por ofensa à "ordem pública", neste caso uma ofensa política durante o Segundo Império.

63. SUTTER-LAUMANN. Op. cit., pp. 274–89.
64. VIZETELLY, Ernst. Op. cit., p. 115; BECKER, George J. Op. cit., pp. 246, 248–50, 258, 265.
65. BOURELLY, Jules (general). *Le Ministère de la Guerre sous la Commune*. Paris: Combet, 1911, p. 243; MENDÈS, Catulle. Op. cit., p. 193.
66. VIGNON, Paul. *Rien que ce que j'ai vu! Le siège de Paris – la Commune*. Paris: E. Capiomont, 1913, pp. 97-100, 114 (carta de Édouard, 22, 24 e 30 de março; carta de Paul, 22 e 28 de março), 137, 154-5 (carta de Henri, 14 e 19 de abril).
67. VIGNON, Paul. Op. cit., pp. 184-5 (carta de empregados domésticos, 7 de maio).
68. Ibid., p. 157.
69. Ibid., pp. 109-119, 137, 145-6 (carta de Henri, 10 de abril; de Édouard, 28 e 30 de março; de Paul, 29 de março e 2 e 15 de abril).
70. RECLUS, Élie. Op. cit., p. 246.
71. VIGNON, Paul. Op. cit., pp. 121-5 (cartas de Édouard e Henri, 4 de abril).
72. Ibid., pp. 130-3 (carta de Henri, 8 de abril), 154-5 (carta de Henri, 19 de abril).
73. Ibid., pp. 190-1 (carta de Henri, 13 de maio).
74. GULLICKSON, Gay. Op. cit., pp. 144-7.
75. WASHBURNE, Elihu. Op. cit., correspondência de 4, 13, 14, 16 e 20 de abril.
76. TOMBS, Robert. Op. cit., pp. 130-1; LEIGHTON, John. Op. cit., pp. 215-16.
77. HOFFMAN, Wickham. Op. cit., p. 260.
78. VIGNON, Paul. Op. cit., pp. 160-72.
79. SUTTER-LAUMANN. Op. cit., pp. 275-6.
80. BESLAY, Charles. *Mes souvenirs 1830-1848-1870*. Genebra: Slatkine, 1979, pp. 374-80, carta de 24 de abril.
81. FOURNIER, Éric. *Paris en ruines: du Paris haussmannien au Paris communard*. Paris: Imago, 2008, pp. 65-7; VIZETELLY, Ernst. Op. cit., pp. 105-6; 8J 3e conseil de guerre 6, dossier 29/5 (Gustave Courbet), interrogatório, 3 de julho de 1871; DITTMAR, Gérard. Op. cit., p. 147; DUPONT, Léonce. *Souvenirs de Versailles pendant la Commune*. Paris: E. Dentu, 1881, pp. 146-7.
82. EDWARDS, Stewart. Op. cit., p. 134.

CAPÍTULO 4:
A COMUNA *VERSUS* A CRUZ

1. BARONNET, Jean (org.). *Enquête sur la Commune de Paris (La Revue Blanche)*. Paris: Les édition de l'amateur, 2011, p. 140; BOUDON, Jacques-Olivier. *Monseigneur Darboy (1813-1871)*. Paris: Édition du CERF, 2011, p. 144.
2. FOULON, Joseph-Alfred. *Histoire de la vie et des oeuvres de Mgr Darboy, archevêque de Paris*. Paris: Possielgue frère, 1889, pp. 1-25; Archives Nationales, F19 2555; GUILLERMIN, Joseph Abel. *Vie de Mgr Darboy, archevêque de Paris, mis à mort en haine de la foi le 24*

mai 1871. Paris: Bloud et Barral, 1888, p. 13; BOUDON, Jacques-Olivier. Op. cit., pp. 11-15, 23-4; BOUDON, Jacques-Olivier. "Une nomination épiscopale sous le Second Empire: l'abbé Darboy à l'assaut de Paris." In: *Revue de l'histoire moderne et contemporaine*, t. 39:3, 1992, p. 467; Archives Nationales, F19 2555; MAURETTE, L'Abbé Omer. *Monseigneur Georges Darboy, archévêque de Paris, sa vie, ses oeuvres*. Paris: Bureau de la Tribune sacrée, 1863; CHAUVIN, Charles. *Mgr Darboy, archevêque de Paris, otage de la Commune (1813-1871)*. Paris: Desclée de Brower, 2011, pp. 12-13. Um levantamento realizado por monseigneur Pierre-Louis Parisis revelou que entre 8% e 16% dos homens e mais de 60% das mulheres praticavam sua religião em Haute-Marne (BOUDON, Jacques-Olivier. *Monseigneur Darboy*, p. 18). A demolição da Notre-Dame-du-Fayl-Billot começou em 1878, mas paroquianos manifestaram oposição suficiente para que o coro permanecesse, juntamente com duas pequenas capelas laterais e a sacristia. Élie-Jean-Baptiste nasceu em 1815 e tornou-se mercador em Nancy; Eugénie se casou com um mercador em Fayl-Billot.

3. MAURETTE, L'Abbé Omer. Op. cit., pp. 1-11; PRICE, Lewis C. *Archbishop Darboy and some French Tragedies*, 1813-1871. Londres: G. Allen and Unwin, 1918, p. 144.
4. BOUDON, Jacques-Olivier. *Monseigneur Darboy*, pp. 26-31; BOUDON, Jacques-Olivier. "Une nomination épiscopal", pp. 470-2; GADILLE, Jacques. "Georges Darboy Archevêque de Paris." In: *Mélanges offerts a M. le doyen André Latreille*. Lyon: Audin, 1972, pp. 187-97. Logo ele publicou *Les Femmes de la Bible* e *La Vie des saints illustré, Saint-Augustin*.
5. DARBOY, Georges. *Statistique religieuse du diocèse de Paris: Mémoire sur l'état présent du diocèse*. Paris: Morizot, 1856; BOUDON, Jacques-Olivier. "Une promotion épiscopal", pp. 474-5; FOULON, Joseph-Alfred. Op. cit., pp. 170-81. Em 3 de janeiro de 1857, Sibour tornou-se o segundo arcebispo consecutivo de Paris a ter um fim violento, morrendo esfaqueado por um padre que tivera seu sacerdócio barrado pelo papa porque era um opositor declarado da doutrina da Imaculada Conceição.
6. SAINT-AMAND, Imbert de. *Deux Victimes de la Commune*. Paris: E. Dentu, 1888, pp. 13-25; PRICE, R.D. Op. cit., p. 146; BOUDON, Jacques-Olivier. *Monseigneur Darboy*, p. 45; RECLUS, Élie. *La Commune de Paris au jour le jour*. Saint-Martin-de-Bonfossé, 2011, p. 76.
7. Archives Nationales, F19 2555, carta do prefeito de Meurthe-et-Moselle, 1º de março de 1862.
8. PIERRON, Alexis. *Mgr Darboy: Esquisses familières* (1872), p. 8; Archives Nationales, F19 1954, Ministre des cultes to Ministre des affaires étrangères, 13 de janeiro de 1863; BOUDON, Jacques-Olivier. *Monseigneur Darboy*, pp. 41, 64-6, 110-11, 103-4, 117-20. A imperatriz Eugénie, porém, apoiou fortemente a candidatura de Deguerry. Com a ascensão de seu filho ao novo cargo, o mais importante da Igreja Católica francesa, os pais de Darboy começaram a tratá-lo com *vous*.

9. FOULON, Joseph-Alfred. Op. cit., pp. 380, 414-21, 430, 435, 616; ANÔNIMO. *La Vérité sur Mgr Darboy* (Gien, 1889), p. 58; PRICE, R. D. Op. cit., p. 145; PIERRON, Alexis. Op. cit., p. 191.
10. DANSETTE, Adrien. *Religious History of Modern France*, vol. 1. Nova York: Herder and Herder, 1961, pp. 303-6; FOULON, Joseph-Alfred. Op. cit., pp. 438-43, 460-5, 501, 505; PRICE, R. D. Op. cit., pp. 125-7; BOUDON, Jacques-Olivier. Op. cit., pp. 127-37; CHAUVIN, Charles. Op. cit., pp. 115, 306. Darboy presidiu o funeral de uma figura importante entre os franco-maçons, aparentemente alheio à presença de sinais maçônicos.
11. FOULON, Joseph-Alfred. Op. cit., p. 509; GUILLERMIN, Joseph Abel. Op. cit., pp. 313-17; GAUTHEROT, Gustave. *Thiers et Mgr Darboy*. Paris: Plon, 1910, pp. 4-6.
12. FOULON, Joseph-Alfred. Op. cit., pp. 515-22; GAUTHEROT, Gustave. Op. cit., pp. 11-12; LAMAZOU, L'Abbé [Henri-Pierre]. *La Place Vendôme et la Roquette*. Paris: C. Duniol et c$^{ie.}$, 1876, p. 226; MARION, Olivier. "La vie religieuse pendant la Commune de Paris 1871." Tese de mestrado não publicada, Paris-X Nanterre, 1981, p. 262. A disposição de Rigault era para executar Darboy e outros imediatamente, em retaliação à execução de Duval e Flourens em Versalhes (WILLETTE, Luc. *Raoul Rigault, 25 ans, Communard, chef de police*. Paris: Syros, 1984, p. 141).
13. CLÉMENT, Jean-Baptiste. *La revanche des Communeux*. Paris: J. Marie, 1886, p. 178; VÉSINIER, Pierre. *History of the Commune of Paris*. Londres: Chapman and Hall, 1872, p. 309; GUÉNIN, L. P. *Assassinat des otages: Sixième conseil de guerre*. Paris: Libraire de l'echo de la Sorbonne, 1871, pp. 295-6. Um artigo de Rigault em *La Sociale* acusava o clérigo de ter ajudado os prussianos.
14. PERNY, Paul (R. P.). *Deux mois de prison sous la Commune, suivi de détails authentiques sur l'assassinat de Mgr l'archevêque de Paris*. Paris: Lainé, 1871, pp. 35, 38; WILLETTE, Luc. Op. cit., p. 136; RASTOUL A. Op. cit., pp. 25-6, 39, 55-6, 85-6, 117-18; VIZETELLY, Ernst. *My Adventures in the Commune*. Londres: Chatto and Windus, 2009, p. 109; DA COSTA, Gaston. *Mémoires d'un Communard: la Commune vécue*. Paris: Larousse, 2009, pp. 158-9; RIALS, Stéphane. *Nouvelle histoire de Paris de Trochu à Thiers 1870-1873*. Paris: Hachette, 1985, p. 450; MARION, Olivier. Op. cit., pp. 70-1, conta 148 padres presos. Dos 66 curas, 36 foram levados para a prisão, embora alguns tenham ficado apenas por pouco tempo; 25 foram descritos como "em fuga".
15. SAINT-AMAND, Imbert de. Op. cit., p. 83; VIDIEU, Antoine-Auguste (Abbé). *Histoire de la Commune de Paris en 1871*, vol.1. Paris: E. Dentu, 1876, p. 232.
16. CLÉMENT, Jean-Baptiste. Op. cit., p. 168.
17. *Procès-Verbaux de la Commune de 1871*, vol. 1. Paris: E. Leurox, 1924, pp. 145-8; WILLETTE, Luc. Op. cit., pp. 109-13, 143-4; VIZETELLY, Ernst. Op. cit., pp. 118-19. Willette (*Raoul Rigault*, p. 128) observa que o número total de prisões realizadas durante a Comuna foi de 3.632. Porém, esse número inclui prisões por crimes e pequenos delitos

– o número total de prisões "políticas", incluindo de pessoas libertadas rapidamente, provavelmente não foi maior do que várias centenas (ibid., p. 129).

18. EDWARDS, Stewart. *The Paris Commune 1871*. Nova York: Quadrangle, 1971, pp. 268-9; DITTMAR, Gérard. *Histoire des femmes dans la Commune de Paris*. Paris: Dittmar, 2003, p. 89; SERMAN, William. *La Commune de Paris*. Paris: Fayard, 1986, pp. 387-9; FROUMOV, S. *La Commune de Paris et la démocratisation de l'école*. Moscou: Éditions du Progrès, 1964, pp. 16-17, 113; MARION, Olivier. Op. cit., pp. 54-7.
19. MARION, Olivier. Op. cit., pp. 52-3; SCHULKIND, Eugene. "Socialist Women During the 1871 Paris Commune." In: *Past and Present* 106, fevereiro de 1985, p. 136; FROUMOV, S. Op. cit., pp. 48-9, 70, 148.
20. EDWARDS, Stewart (org.). *The Communards of Paris, 1871*. Ithaca: Cornell University Press, 1973, pp. 117-20. Em 21 de maio, a Comuna nomeou uma comissão para organizar a educação de meninas.
21. BOURGIN, Georges. *La Commune de Paris*. Paris: Presses universitaires de France, 1971, pp. 46-7.
22. MORIAC, Édouard. *Paris sous la Commune*. Paris: E. Dentu, 1871, pp. 336-7.
23. MARION, Olivier. Op. cit., pp. 59-61; TAITHE, Bertrand. *Defeated Flesh: Medicine, Welfare, and Warfare in the Making of Modern France*. Manchester: University of Manchester Press, 1999, pp. 131-5, 150-2.
24. EICHNER, Carolyn. *Surmounting the Barricades: Women in the Paris Commune*. Bloomington: Indiana University Press, 2004, p. 136; MARION, Olivier. Op. cit., pp. 245-9; SAKHAROV, S. *Lettres au Père Duchêne pendant la Commune de Paris*. Paris: Bureau d'éditions, 1934, pp. 51-2, 55, 30 e 27 de abril de 1871; ROUGERIE, Jacques. *Paris libre 1871*. Paris: Éditions de Seuil, 1971, p. 195.
25. RIALS, Stéphane. Op. cit., pp. 456-7; SERMAN, William. Op. cit., p. 292; EDWARDS, Stewart. Op. cit., pp. 282-3; JOHNSON, Martin. *The Paradise of Association: Political Culture and Popular Organisations in the Paris Commune of 1871*. Ann Arbor: University of Michigan Press, 1996, pp. 197-200.
26. EICHNER, Carolyn. "'We Must Shoot the Priests': Revolutionary Women and Anticlericalism in the Paris Commune of 1871." In: CARLE, Lucia e FAUVE-CHAMOUX, Antoinette (org.). *Cities Under Siege/Situazioni d'Assedio/États de Siège*. Florença: Pagnini and Martinelli, 2002, p. 268.
27. ROUGERIE, Jacques. Op. cit., p. 210; ROUGERIE, Jacques. *Procès des Communards*. Paris: Julliard, 1978, p. 182; BARRY, David. *Women and Political Insurgency: France in the Mid-nineteenth Century*. Basingstoke: Macmillan, 1996, p. 122; EICHNER, Carolyn. Op. cit., pp. 138, 146-7; JONES, Kathleen e VERGÈS, Françoise. "'Aux citoyennes!': Women, Politics, and the Paris Commune of 1871." In: *History of European Ideas* 13, 1991, p. 721.
28. EICHNER, Carolyn. Op. cit., pp. 265-7.

29. JOHNSON, Martin. Op. cit., pp. 208, 217; ROUGERIE, Jacques. *Paris libre 1871*, pp. 229, 237, 246; TOMBS, Robert. *The Paris Commune 1871*. Nova York: Longman, 1999, pp. 121, 123.
30. BOURNAND, François. *Le Clergé pendant la Commune*, 1892, pp. 135-9; CHOURY, Maurice. *Les damnés de la terre, 1871*. Paris: Tochou, 1970, pp. 81-2; EICHNER, Carolyn. Op. cit., p. 142.
31. VUILLAUME, Maxime. *Mes Cahiers rouges au temps de la Commune*. Paris: A. MICHEL, 1971, pp. 274-8.
32. 8J 4e conseil de guerre 131, dossier 688, relatório sobre Duval, femme Le Mel, 21 de junho de 1872; Commissaire de police Pédezert, 21 de junho de 1871; Commissaire de police, Notre-Dame-des-Champs, 22 de julho de 1872; capitão da gendarmaria de Quimper, 24 de julho de 1872; gendarmaria, Brest, 21 e 29 de julho de 1872; informes da polícia, 19 de agosto de 1872; Commissaire de police Pédezert, 21 de junho de 1871.
33. GULLICKSON, Gay. *Unruly Women of Paris: Images of the Commune*. Ithaca: Cornell University Press, 1996, p. 109; EDWARDS, Stewart (org.). *The Communards*, pp. 105-8.
34. BECKER, George J. (org.). *Paris Under Siege, 1870-71: From the Goncourt Journal*. Ithaca: Cornell University Press, 1969, p. 280.
35. MARION, Olivier. Op. cit., pp. 120-2; ROUGERIE, Jacques. *Procès des Communards*, p. 201.
36. MARION, Olivier. Op. cit., p. 118; Rials (*Nouvelle histoire*, pp. 456-7) escreve que em Paris algum tipo de pilhagem ocorreu em 31 igrejas, "profanação" em 12 e vandalismo em 19 outras; 13 igrejas foram definitiva ou temporariamente fechadas durante a Comuna.
37. MARION, Olivier. Op. cit., pp. 79, 162-72. Os batismos caíram de 3.513, em maio de 1870, para 823 no mesmo mês um ano depois.
38. Ibid., pp. 43-5, 88-9, 224-38 (*Père Duchêne* 1º, 3 e 20 de abril).
39. RASTOUL, A. Op. cit., pp. 341-51; MASON, Edward S. *The Paris Commune: An Episode in the History of the Socialist Movement*. Nova York: Macmillan, 1930, pp. 272-3.
40. Archives de la Défense, Ly 140, 20 de julho de 1871 (todos os dossiês de Ly subsequentes são desses arquivos em Vincennes).
41. BINGHAM, Denis Arthur. *Recollections of Paris*, vol. 2. Londres: Chapman and Hall, 1896, pp. 57-9.
42. MARION, Olivier. Op. cit., pp. 97-103.
43. VIZETELLY, Ernst. Op. cit., pp. 121-3.
44. MARION, Olivier. Op. cit., pp. 104-5, 149-53.
45. FOULON, Joseph-Alfred. Op. cit., pp. 520-30; PRICE, R. D. Op. cit., pp. 213-22; GAUTHEROT, Gustave. Op. cit., pp. 9-14; DA COSTA, Gaston. Op. cit., pp. 157-8; WILLETTE, Luc. Op. cit., p. 129. Bonjean era conhecido por seu apoio aos galicanos.
46. PIERRON, Alexis. Op. cit., p. 73; CHAUVIN, Charles. Op. cit., p. 133.

47. DA COSTA, Gaston. Op. cit., p. 162; WILLETTE, Luc. Op. cit., p. 139.
48. FOULON, Joseph-Alfred. Op. cit., pp. 534-6.
49. CHAUVIN, Charles. Op. cit., pp. 133-40; FLOTTE, Benjamin. *Blanqui et les otages en 1871* (1885), pp. 6-14; GAUTHEROT, Gustave. Op. cit., pp. 40-60, 104, 126-35; BOUDON, Jacques-Olivier. Op. cit., p. 146; FOULON, Joseph-Alfred. Op. cit., pp. 536-44.
50. KATZ, Philip. *From Appomattox to Montmartre: Americans and the Paris Commune*. Cambridge: Harvard University Press, pp. 47-8.
51. CLUSERET, Gustave (general). *Mémoires du Général Cluseret*, vol. 2. Paris: J. Lévy, 1887, pp. 213-15.
52. KATZ, Philip. Op. cit., pp. 20-2, 40-43; HUTTON, Patrick H. *The Cult of Revolutionary Tradition: The Blanquists in French Politics, 1864-1893*. Berkeley: University of California Press, 1981, pp. 87-8.
53. GAUTHEROT, Gustave. *Thiers et Mgr Darboy*, pp. 73-90, 123, 143, 150-66; WASHBURNE, Elihu. *Account of the Sufferings and Death of the Most Reverend George Darboy, Late Archbishop of Paris*. Nova York: Catholic Union of New York, 1873, pp. 26-9, cartas de 25 de abril e 2 de maio.
54. WASHBURNE, Elihu. Op. cit., pp. 34-8; CHAUVIN, Charles. Op. cit., p. 139; FOULON, Joseph-Alfred. Op. cit., p. 626.
55. WASHBURNE, Elihu. Op. cit., p. 40 (carta de Plou para Washburne, 11 de maio de 1871; WASHBURNE, Elihu. *Franco-German War and Insurrection of the Commune: Correspondence of E. B. Washburne*. Washington: Government Printin Office, 1878, 23 de abril. Depois de ser libertada, Justine se juntou a outro irmão em Nancy (CHAUVIN, Charles. Op. cit., p. 141).
56. FLOTTE, Benjamin. Op. cit., pp. 24-9.
57. Ibid., pp. 24-8; GAUTHEROT, Gustave. Op. cit., pp. 44-6.
58. FOULON, Joseph-Alfred. Op. cit., pp. 546-55; PERNY, Paul. Op. cit., pp. 132-239.
59. FOULON, Joseph-Alfred. Op. cit., pp. 551-5.

CAPÍTULO 5:
A BATALHA SE VOLTA CONTRA OS *COMMUNARDS*

1. GIBSON, W. *Paris During the Commune*. Londres: Methodist Book Room, 1895, p. 164.
2. GULLICKSON, Gay. *Unruly Women of Paris: Images of the Commune*. Ithaca: Cornell University Press, Nova York, p. 75.
3. GIBSON, W. Op. cit., pp. 166, 180, 193; LEIGHTON, John. *Paris Under the Commune*. Nova York: Scribner, 1871, p. 116; HOFFMAN, Wickham. *Camp, Court, and Siege: A Narrative of Personal Adventure and Observation during Two Wars, 1861-1865, 1870-71*. Nova York: Harper and Brothers, 1877, p. 264.

4. ROCHEFORT, Henri. *The Adventures of My Life*. Londres: E. Arnold, 1896, pp. 377-8; VÉSINIER, Pierre. *History of the Commune of Paris*. Londres: Chapman and Hall, 1872, p. 231.
5. LEIGHTON, John. Op. cit., p. 84.
6. GULLICKSON, Gay. Op. cit., pp. 83-5.
7. FROUMOV, S. *La Commune de Paris et la démocratisation de l'école*. Moscou: Éditions du Progrès, 1964, p. 222.
8. LEIGHTON, John. Op. cit., p. 171.
9. VIZETELLY, Ernst. *My Adventures in the Paris Commune*. Londres: Chatto and Windus, 1871, p. 111.
10. MURRAY, John. "Four Days in the Ambulances and Hospitals of Paris Under the Commune." In: *British Medical Journal*, janeiro-junho de 1871, 541-2, 621.
11. AMELINE, Henri. (org.). *Enquête parlementaire sur l'insurrection du 18 mars*, vol. 3. Versailles: CERF, 1872, pp. 23-4.
12. GULLICKSON, Gay. Op. cit., pp. 99-103.
13. Ibid., pp. 96-8.
14. Ibid., pp. 89-96.
15. THOMAS, Edith. *Louise Michel*. Montreal: Black Rose Books, 1980, p. 83; DITTMAR, Gérard. *Belleville de l'Annexation à la Commune*. Paris: Dittmar, 2007, p. 45.
16. 8J 6, dossier 135, Louise Michel, interrogatório em 19 de setembro de 1871; RECLUS, Élie. *La Commune de Paris au jour le jour*. Saint-Martin-de-Bonfossé: Théolib, 2011, pp. 298-9.
17. GODELIER (coronel). "La guerre de 1870 et la Commune: journal d'un officier d'étatmajor." In: *Nouvelle revue retrospective* 16, janeiro-junho de 1902, p. 24; CLIFFORD, Dale Lothorp. "'Aux armes citoyens!': The National Guard in the Paris Commune of 1871." Dissertação de Ph.D. não publicada, University of Tennessee, 1975, pp. 241-6; LEIGHTON, John. Op. cit., p. 208; RIALS, Stéphane. *Nouvelle histoire de Paris de Trochu à Thiers 1870-1873*. Paris: Imprimiere Nationale, 1985, p. 266. Ver sobretudo TOMBS, Robert. *The War Against Paris 1871*. Cambridge: Cambridge University Press, 1981, Capítulo 8.
18. MAURY, Émile. *Mes Souvenirs sur les événements des années 1870-1871*. La boutique de l'histoire, 2001, pp. 55-8.
19. RECLUS, Élie. Op. cit., pp. 219-20; NORD, Philip. "The Party of Conciliation and the Paris Commune." In: *French Historical Studies* 15:1, 1987, pp. 22-5; GODINEAU, Laure. *La Commune de Paris par ceux qui l'ont vécue*. Paris: Parigramme, 2010, pp. 169-75; GULLICKSON, Gay. Op. cit., pp. 127-8.
20. SACY, Jacques Silvestre de. *Le Maréchal de Mac-Mahon* Paris: Éditions Internationale, 1960, p. 257.
21. RIAT, Georges. *Gustave Courbet, peintre*. Paris: H. Floury, 1906, p. 302; EDWARDS, Stewart. *The Paris Commune 1871*. Nova York: Quadrangle, 1971, pp. 22-8; ED-

WARDS, Stewart (org.). *The Communards of Paris, 1871.* Londres, 1973, p. 98; RIALS, Stéphane. *Nouvelle histoire de Paris de Trochu à Thiers* 1870-1873. Paris: Hachette, 1985, pp. 368-9.

22. 8J conseil de guerre 3, dossier 571, Gustave Cluseret; CLIFFORD, Dale Lothorp. Op. cit., pp. 106-7; ROUGERIE, Jacques. *Procès des Communards.* Paris: Julliard, 1964, pp. 285, 301-2; EDWARDS, Stewart. *The Paris Commune*, pp. 226-7; CERF, de Maxime Vuillaume. 7-8; PROLÈS, Charles. *Le Colonel Rossel*, pp. 61-5, 81-93.
23. PROLÈS, Charles. Op. cit, pp. 82-3; VIZETELLY, Ernst. *My Adventures in the Commune.* Londres: Chatto and Windus, 2009, p. 67; ROSSEL, Louis-Nathaniel. *Rossel's Posthumous Papers.* Londres: Chapman and Hall, 1872, pp. 80-3, 95-115; CLIFFORD, Dale Lothorp. Op. cit., p. 234; DA COSTA, Gaston. *Mémoires d'un Communard: la Commune vécue.* Paris: Larousse, 2009, pp. 213-28; RIALS, Stéphane. Op. cit., pp. 329-30; WILLETTE, Luc. *Raoul Rigault, 25 ans, communard, chef de police.* Paris: Syros, 1984, pp. 116-19.
24. EDWARDS, Stewart. *The Communards of Paris*, p. 162, e *The Paris Commune*, pp. 314-15; LECAILLON, Jean-François. *La Commune de Paris racontée par les Parisiens.* Paris: B. Giovanangeli, 2009, p. 95; FORBES, Archibald. "What I Saw of the Commune." In: *Century Illustrated Magazine* 45: 1, novembro de 1892, p. 65.
25. TOMBS, Robert. Op. cit., pp. 137-8.
26. CLÉMENCE, Adolphe Hippolyte (conhecido como Roussel). *De L'antagonisme social, ses causes et ses effets.* Neuchâtel, 1871, pp. 17-20; SERMAN, William. *La Commune de Paris.* Paris: Fayard, 1986, p. 491.
27. HORNE, Alistair. *The Fall of Paris: The Siege and the Commune 1870-71.* Nova York: Penguin, 1965, pp. 407-9.
28. CONTE, Gérard. *Éléments pour une histoire de la Commune dans le XIIIe arrondissement, 5 mars-25 mai 1871.* Paris: Éditions de la butte aux Cailles, 1981, pp. 75-88; TOMBS, Robert. Op. cit., pp. 120-1, 129-33, 137; WASHBURNE, Elihu. *Franco-German War and Insurrection of the Commune: Correspondence of E. B. Washburne.* Washington: Government Printing Office, 1878, despacho de 11 de maio; VIZETELLY, Ernst. Op. cit., pp. 138, 142; DA COSTA, Gaston. Op. cit., p. 240; BOUNIOLS, Gaston. *Thiers au pouvoir (1871-1873).* Paris: Delagrave, 1922, p. 63, carta de Thiers ao duque de Broglie, 10 de maio; CHOURY, Maurice. *Les damnés de la terre, 1871.* Paris: Tchou, 1970, p. 145.
29. CLIFFORD, Dale Lothorp. Op. cit., pp. 106-7; ROUGERIE, Jacques. *Procès des Communards.* Paris: Gallimard, p. 294; TOMBS, Robert. Op. cit., p. 142.
30. EDWARDS, Stewart. Op. cit., pp. 239-41.
31. ROSSEL, Louis-Nathaniel. Op. cit., p. 162; BOURELLY, Jules (general). *Le ministère de la guerre sous la Commune.* Paris: Combet, 1911, pp. 151-2, 157; PROLÈS, Charles. *Les hommes de la révolution de 1871: Charles Delescluze 1830-1848-1871.* Paris: III rue Réaumut, 1898, pp. 101-2, 106-10.

32. GODINEAU, Laure. Op. cit., pp. 74-7; EDWARDS, Stewart (org.). *The Paris Commune*, pp. 93-4; ROUGERIE, Jacques. *La Commune de 1871*. Paris: Presses universitaires de France, 1988, p. 75; VARLIN, Eugène. *Pratique militante et écrits d'un ouvrier communard*. Paris: F. Maspero, pp. 171-3; CERF, Marcel. Op. cit., pp. 8-9.
33. ROCHER, J. (org.). *Lettres de Communards et de militants de la Première Internationale à Marx, Engels et autres dans les journées de la Commune de Paris en 1871*. Paris: Bureau d'éditions, 1934, carta de Jenny para Doutor Kugelmann, 12 de maio de 1871.
34. BOUISSOUNOUSE, Janine e VILLEFOSSE, Louis Héron de. "La presse parisienne pendant la Commune'. In: *Europe*, abril-maio de 1951, p. 55; GAUTHEROT, Gustave. *Thiers et Mgr Darboy*. Paris: Plon, 1910, pp. 111-13; GADILLE, Jacques. "Georges Darboy, archevêque de Paris." In: *Mélanges offerts à M. le doyen André Latreille*. Lyon: Audin, 1972, p. 195; TERRAGE, Villiers du (Baron Marc de). *Histoire des clubs de femmes et des Légions d'Amazones 1793-1848-1871*. Paris: Plon, Nourrit et c^{ie}, 1910, p. 404; ROUGERIE, Jacques. Op. cit., p. 194.
35. GARÇON, Maurice. "Journal d'un bourgeois de Paris." In: *Revue de Paris*, 12 de dezembro de 1955, pp. 14-33.
36. HANS, Albert. *Souvenirs d'un volontaire versaillais*. Paris: E. Dentu, 1873, p. 6.
37. SERMAN, William. Op. cit., p. 459.
38. HANS, Albert. Op. cit., pp. 9, 19, 22-33, 34-8, 41, 47, 53-5. Delclos era o comandante, Valette o coronel e Durieu o comandante do batalhão.
39. MALO, Henri. *Thiers, 1797-1877*. Paris: Payot, 1932, p. 506; BURY, J. P. T. e TOMBS, Robert. *Thiers - A Political Life, 1797-1877*. Londres: Allen and Unwin, 1986, p. 206.
40. SUTTER-LAUMANN. *Histoire d'un trente sous (1870-1871)*. Paris: A. Savine, 1891, p. 290; SERMAN, William. Op. cit., p. 458; WRIGHT, Gordon. "The Anti-Commune 1871." In: *French Historical Studies* 10:1, primavera de 1977, pp. 159-64.
41. WOLOWSKI, Bronislaw. *Dombrowski et Versailles*. Genebra: Carey Frères, 1871, pp. 67-8, 92-114.
42. LEIGHTON, John. Op. cit., p. 224; CHOURY, Maurice. *Bonjour Monsieur Courbet!*. Paris: Éditions sociales, 1969, p. 110; RIAT, Georges. Op. cit., p. 304.
43. APP, Ba 1020, sessão da Comuna de 27 de abril.
44. VIZETELLY, Ernst. Op. cit., p. 145; FORBES, Archibald. Op. cit., p. 66.
45. RIAT, Georges. Op. cit., pp. 304-5.
46. LEPAGE, Auguste. *Histoire de la Commune*. Paris: A. Lemerre, 1871, pp. 249-50.
47. LAPOSTOLLE, Christianne. "Plus vrai que le vrai: Stratégie Photographique et la Commune de Paris." In: *Actes de la Recherche en Sciences Sociales* 73, junho de 1988, pp. 67-76. Por exemplo, ela cita o álbum de Liebert de 1872, *Les ruines de Paris et de ses environs, 1870-71*. Kathleen Jones e Françoise Vergès também argumentam que fotos difundidas pelos versalheses mostravam prédios destruídos, para reforçar sua insistência de que os *communards* eram bárbaros modernos: "'Aux citoyennes!': Women, Politics, and the Paris Commune of 1871." In: *History of European Ideas* 13, 1991, p. 726.

48. SERMAN, William. Op. cit., pp. 490-1.
49. LECAILLON, Jean-François. Op. cit., p. 150.
50. RECLUS, Élie. Op. cit., pp. 319-20, 343-5; BOURNAND, François. *Le Clergé pendant la Commune*: Paris: Tolra, 1892, pp. 244-50; MARION, Olivier. "La vie religieuse pendant la Commune de Paris 1871." Tese de mestrado não publicada, Paris-X Nanterre, 1981, pp. 214-21.
51. WILLETTE, Luc. Op. cit., pp. 145-50; DA COSTA, Gaston. Op. cit., pp. 174-5; HORNE, Alistair. *The Terrible Year: The Paris Commune, 1871*. Nova York: Viking Press, 2004, p. 114.
52. AMODRU, Laurent (Abbé). *La Roquette, journées des 24, 25, 26, 27, et 28 mai 1871*. Paris: Laroche, 1873, p. 29.
53. GUILLERMIN, Joseph Abel. *Vie de Mgr Darboy, archevêque de Paris, mis à mort en haine de la foi le 24 mai 1871*. Paris: Bloud et Barral, 1888, p. 327; GAUTHEROT, Gustave. Op. cit., p. 174; FOULON, Joseph-Alfred. *Histoire de la vie et des oeuvres de Mgr Darboy, archevêque de Paris*. Paris: Possielgue frères, 1889, p. 564; WASHBURNE, Elihu. *Franco-German War*, p. 29, carta de 19 de maio de 1871.
54. RECLUS, Élie. Op. cit., pp. 343, 351-2.
55. DALOTEL, Alain. Op. cit., pp. 66-7.
56. GULLICKSON, Gay. Op. cit., p. 75.
57. RIVIALE, Philippe. *Sur la Commune: Cerises de sang*. Paris: L'Harmattan, 2003, pp. 299-300; SERMAN, William. Op. cit., p. 491.
58. FETRIDGE, W. Pembroke. *The Rise and Fall of the Paris Commune in 1871*. Nova York: Harper Brothers, 1871, p. 224.
59. Athanase Josué Coquerel filho de Athanase Josué, *Sous la Commune: Récits et souvenirs d'un Parisien*. Paris: E. Dentu, 1873, pp. 76-7; VIZETELLY, Ernst. Op. cit., p. 137; EDWARDS, Stewart. *The Communards of Paris*, pp. 144-6; VUILLAUME, Maxime. Op. cit., pp. 281-5; KATZ, Philip. *From Appomattox to Montmartre: Americans and the Paris Commune*. Cambridge: Harvard University Press, 1998, pp. 20-2.
60. LISSAGARAY, Prosper-Olivier. *Les huit journées de mai derrière les barricades*. Bruxelles: Bureau du "Petit Journal", 1978, pp. 41-3; TOMBS, Robert. Op. cit., pp. 164-5.
61. DALOTEL, Alain. Op. cit., pp. 6-10, 69-70.
62. FORBES, Archibald. Op. cit., pp. 48-61.
63. GRANDEFFE, Arthur de. *Mobiles et Volontaires de la Seine pendant la Guerre et les deux sieges*. Paris: E. Dentu, 1871, pp. 254-5.
64. HANS, Albert. Op. cit., pp. 57-60.
65. PELLETAN, Camille. *La semaine de mai*. Paris: M. Dreyfous, 1880, pp. 24-30; TOMBS, Robert. Op. cit., pp. 170-1.
66. HANS, Albert. Op. cit., pp. 61-79, 88-9.
67. BECKER, George J. (org.). *Paris Under Siege, 1870-71: From the Goncourt Journal*. Ithaca: Cornell University Press, 1969, pp. 293-4.

68. RECLUS, Élie. Op. cit., p. 353.
69. LEIGHTON, John. Op. cit., pp. 238-9; TOMBS, Robert. Op. cit., p. 146.
70. "Souvenirs d'un habitant de la Porte Saint-Denis, du 21 au 25 mai 1871", Bibliothèque de l'Hôtel de Ville, ms. 1031.
71. Ibid.
72. LISSAGARAY, Prosper-Oliver. Op. cit., p. 313; TOMBS, Robert. *The War Against Paris*, pp. 145-9; THIERS, Adolphe. *Déposition de M. Thiers sur le dix-huit mars*. Paris: Librarie générale, 1871, p. 53.
73. COMPIÈGNE, Marquis de. "Souvenirs d'un Versaillais pendant le second siège de Paris." In: *Le Correspondant*, 10 de agosto de 1875, p. 633; COGNETS, Charles des. *Les bretons et la Commune de Paris 1870-71*, Paris: L'Harmattan, 2012; DA COSTA, Gaston. Op. cit., p. 207; VINOY, Joseph (general). *L'Armistice et la Commune*. Paris: H. Plon, 1872, p. 310; Papiers Eugène Balleyguier (conhecido como) Eugène Loudun (Fidus), Bibliothèque historique de la ville de Paris, ms. 1284, 2e cahier, Notes sur la Politique, la Literature etc. 1870-71; TOMBS, Robert. Op. cit., pp. 247-9.
74. LECAILLON, Jean-François. Op. cit., p. 166.
75. FORBES, Archibald. Op. cit.
76. EDWARDS, Stewart. *The Paris Commune*, pp. 314-15.
77. THOMAS, Edith. Op. cit., p. 90; VINOY, Joseph. Op. cit., p. 310; LISSAGARAY, Prosper-Oliver. Op. cit., pp. 316-19; EDWARDS, Stewart. *The Paris Commune*, p. 316.
78. LEIGHTON, John. Op. cit., p. 240.
79. LISSAGARAY, Prosper-Oliver. Op. cit., pp. 56-9, 63; EDWARDS, Stewart. *The Paris Commune*, p. 320; LECAILLON, Jean-François. Op. cit., pp. 172-3.
80. FORBES, Archibald. Op. cit., pp. 61-6.
81. COMPIÈGNE, Marquis. Op. cit., p. 633.

CAPÍTULO 6:
COMEÇA A SEMANA SANGRENTA

1. GUÉNIN, L. P. *Assassinat des otages. Sixième conseil de guerre*. Paris: Librairie de l'echo de la Sorbonne, 1871, pp. 196-205.
2. MARION, Olivier. "La vie religieuse pendant la Commune de Paris 1871." Tese de mestrado não publicada, Paris-X Nanterre, 1981, p. 130; BARONNET, Jean (org.). *Enquête sur la Commune de Paris (La Revue Blanche)*. Paris: Les éditions de l'amaeur, 2011, p. 132; SERMAN, William. *La Commune de Paris*, Paris: Fayard, 1986, p. 313.
3. FOULON, Joseph-Alfred. *Histoire de la vie et des oeuvres de Mgr Darboy, archevêque de Paris*. Paris: Possieglue frères, 1889, pp. 568-73; PERNY, Paul (R. P.). *Deux mois de prison sous la Commune, suivi de détails authentiques sur l'assassinat de Mgr l'archevêque de Paris*. Paris: Lainé, 1871, pp. 132-3, 144-5; CHAUVIN, Charles. *Mgr Darboy, archêveque de Paris, otage de la Commune (1813-1871)*. Paris: Desclée de Brouwer, 2011, p. 143; DA COSTA,

Gaston. *Mémoires d'un Communard: la Commune vécue*. Paris: Larousse, 2009, pp. 185-90; LAMAZOU, Abbé [Henri-Pierre]. *La Place Vendôme et la Roquette*. Paris: C. Douniol, 1876, p. 215; A6 Ly 137 (6e conseil de guerre, 297), interrogatório de 29 de junho de 1871.
4. MALIGE, R. P. Prosper. *Picpus pendant la Commune, par un prêtre de la congrégation du Sacré-Coeur* (conhecida como *Picpus*). Evreux: Imprimerie e l'Eure, 1898, pp. III-12; LAMAZOU, Abbé [Henri-Pierre]. Op. cit., pp. 220-1; PERNY, Paul. Op. cit., pp. 154-5.
5. FOULON, Joseph-Alfred. Op. cit., p. 575.
6. VIZETELLY, Ernst. *My Adventures in the Commune*. Londres: Chatto and Windus, 2009, pp. 159-63.
7. ROBIDA, MICHEL. *Ces bourgeois de Paris, trois siècles de chronique familiale de 1675 à nos jours*. Paris: R. Julliard, 1955, p. 170; LECAILLON, Jean-François (org.). *La Commune de Paris racontée par les Parisiens*. Paris: B. Giovanangeli, 2009, pp. 167-8; ANDRIEU, Jules. *Notes pour servir à l'histoire de la Commune de Paris en 1871*. Paris: Payot, 1971, pp. 132-3.
8. FETRIDGE, W. Pembroke. *The Rise and Fall of the Paris Commune in 1871*. Nova York: Harper Brothers, 1871, pp. 291-4.
9. CERF, Marcel. "La barricade de 1871." In: CORBIN, Alain e MAYEUR, J.-M. (orgs.). *La Barricade*, Paris: Publications de la Sorbonne, 1997, pp. 331-2; SERMAN, William. Op. cit., p. 492; FETRIDGE, W. Pembroke. Op. cit., pp. 301-2; GULLICKSON, Gay. *Unruly Women of Paris: Images of the Coomune*. Ithaca: Cornell University Press, 1996, p. 161.
10. HOFFMAN, Wickham. *Camp, Court, and Siege: A Narrative of Personal Adventure and Observation during Two Wars, 1861-1865, 1870-71*. Nova York: Harper and Brothers, 1877, p. 279; EDWARDS, Stewart. *The Paris Commune 1871*. Nova York: Quadrangle, 1971, pp. 163-4; FOURNIER, Éric. *Paris en ruines: du Paris haussmannien au Paris communard*. Paris: Imago, 2008, pp. 58, 90-91; TOMBS, Robert. "La lutte finale des barricades: spontanéité révolutionnaire et organisation militaire en mai 1871." In: CORBIN, Alain e MAYEUR, J.-M. (orgs.). Op. cit., p. 362.
11. LEIGHTON, John. *Paris Under the Commune*. Londres: Bradbury, Evans and Company, 1871, pp. 222, 236-7.
12. RECLUS, Élie. *La Commune de Paris au jour le jour*. Saint-Martin-de-Bonfossé: Théolib, 2011, pp. 252-3
13. HOFFMAN, Wickham. Op. cit., pp. 279-80; LISSAGARAY, Prosper-Oliver. *Les Huit journées de mai derrière les barricades*. Bruxelles: Bureau du "Petit Journal", 1871, pp. 77-8.
14. VIZETELLY, Ernst. Op. cit., p. 136; Athanase Josué Coquerel, filho de Athanase Josué. *Sous la Commune: Récits et souvenirs d'un Parisien*. Paris: E. Dentu, 1873, pp. 79-80.
15. Ver TOMBS, Robert. *The Paris Commune 1871*. Nova York: Longman, 1999, pp. 162, 166-73.
16. LECAILLON, Jean-François. Op. cit., p. 168; GODINEAU, Laure. "Les barricades de mai 1871 chez Jules Vallès (la Commune de Paris, L'Insurgé)." In: CORBIN, Alain e MAYEUR, J.-M. Op. cit., p. 173; GODINEAU, Laure. *La Commune de Paris par ceux qui*

l'ont vécue. Paris: Parigramme, 2010, pp. 190-1; TOMBS, Robert. *The War Against Paris 1871*. Cambridge: Cambridge University Press, 1981, pp. 152-3; BERGERET, Jules. *Le 18 mars: Journal Hebdomadaire*. Londres, 1871, p. 21; TRÉAL, Guy. "La Musique et la Commune." In: *Europe* 29, abril-maio de 1951, p. 121.

17. BECKER, George J. (org.). *Paris Under Siege, 1870-71: From the Goncourt Journal*. Ithaca: Cornell University Press, 1969, pp. 298-9, 300-1.
18. MARTINE, Paul. *Souvenirs d'insurgé. La Commune de 1871*. Paris: Perin, 1971, p. 236.
19. GARÇON, Maurice. "Journal d'un bourgeois de Paris." In: *Revue de Paris* 12, dezembro de 1955, pp. 28-30.
20. LEIGHTON, John. Op. cit., pp. 241-2.
21. HANS, Ludovic e BLANC, J.J. *Guide à travers les ruines*. Paris: A. Lemerre, 1871, p. 17; LISSAGARAY, Prosper-Oliver. Op. cit., pp. 84-5; MARTINE, Paul. Op. cit., p. 244; VINOY, Joseph (general). *L'Armistice et la Commune*. Paris: H. Plon, 1872, pp. 316-17; VIZETELLY, Ernst. Op. cit., p. 158; DELESSERT, Eugène. *Épisodes pendant la Commune, souvenirs d'un délégué de la Société de secours aux blessés militaires des armées de terre et de mer*. Paris: C. Noblet, 1872, p. 52.
22. BINGHAM, Denis Arthur. *Recollections of Paris*, vol. 2. Londres: Chapman and Hall, 1896, pp. 88-91, 103.
23. CERFBEER, Gaston. "Une nuit de la semaine sanglante." In: *Revue Hebdomadaire* 25, 23 de maio de 1903, p. 416-23.
24. LECAILLON, Jean-François. Op. cit., p. 174.
25. VIZETELLY, Ernst. Op. cit., p. 172; FOURNIER, Eric. Op. cit., pp. 96-9; MARTINE, Paul. Op. cit., p. 241. Os versalheses estavam convencidos de que os *communards*, à beira da derrota, planejavam destruir Paris, talvez recorrendo à ciência para inventar armas novas e terríveis. Uma delegação científica da Comuna se reuniu para considerar o desenvolvimento de novas munições bizarrras (FOURNIER, Eric. Op. cit., pp. 81-8).
26. FORT, Frédéric. *Paris brûlé*. Paris: E. Lachaud, 1871, pp. 15-21; THOMAS, Édith. *Les pétroleuses*. Paris: Gallimard, 1963, pp. 190-3. Mas o artigo 14 da Union des Femmes afirma: "O dinheiro que restar será usado [...] para comprar petróleo e armas para as *citoyennes* que lutarem nas barricadas."
27. GULLICKSON, Gay. Op. cit., pp. 205-9; BARRY, David. *Women and Political Insurgency: France in the Mid-Nineteenth Century*. Basingstoke: Macmillan, 1996, p. 127; THOMAS, Édith. Op. cit., pp. 164-6.
28. PELLETAN, Camille. Op. cit., pp. 111-13; THOMAS, Édith. Op. cit., pp. 190-3 (citação em *Gazette des Tribunaux*, 23 de setembro de 1871).
29. WASHBURNE, Elihu. *Franco-German War and Insurrection of the Commune: Correspondence of E. B. Washburne*. Washington: Government Printing Office, 1878, 25 de maio.
30. LEIGHTON, John. Op. cit., pp. 258-9; LISSAGARAY, Prosper-Oliver. Op. cit., pp. 171-2; JOURDE, François. *Souvenirs d'un membre de la Commune*. Bruxelas: Kistemaechers, 1877, p. 104.

31. FOURNIER, Eric. Op. cit., pp. 59, 103.
32. SERMAN, William. Op. cit., p. 503; EDWARDS, Stewart. Op. cit., pp. 325-7; 8J 3e conseil de guerre 6, dossier 29/8 Théophile Ferré.
33. 8J 4e conseil de guerre 131, dossier 688, relatórios de 29 de julho e 17, 19, 23 e 26 de agosto de 1872; renseignements du commissaire de police, s.d.; FOURNIER, Eric. Op. cit., pp. 43, 52-6, 96-9; MARTINE, Paul. Op. cit., p. 241; GODINEAU, Laure. Op. cit., p. 204; 8J 6 dossier 135 Louise Michel, interrogatório em 3 de dezembro de 1871; LEFRANÇAIS, Gustave. *Études sur le mouvement communaliste à Paris, en 1871*. Neuchâtel: G. Guillaume fils, 1871, pp. 326-7.
34. ÉNAULT, Louis. *Paris brûlé par la Commune*. Paris: H. Plon, 1871, pp. 4, 150; papiers Eugène Balleyguier (conhecido como) Eugène Loudun (Fidus), Bibliothèque historique de la ville de Paris, ms. 1284, 2e cahier, "Notes sur la Politique, la litérature etc. 1870-71", FOURNIER, Eric. Op. cit., pp. 112-13, 118-19, 125; COQUEREL, Athanase Josué. Op. cit., pp. 99-100.
35. RECLUS, Élie. Op. cit., pp. 354-5, 358-60.
36. Ibid., p. 356.
37. LANJALLEY, Paul e CORRIEZ, Paul. *Histoire de la révolution du 18 mars*. Paris: Lacroix, 1871, p. 542; LISSAGARAY, Prosper-Oliver. Op. cit., p. 55, n. 1.
38. Argumento apresentado por TOMBS, Robert. Op. cit., pp. 164-5; VILLEFOSSE, René Héron de. *Les Graves heures de la Commune*. Paris: Perrin, 1970, p. 252.
39. ZELLER, André. *Les Hommes de la Commune*. Paris: Perrin, 1969, pp. 371-2; PELLETAN, Camille. Op. cit., pp. 24-30.
40. PELLETAN, Camille. Op. cit., p. 35; SERMAN, William. Op. cit., p. 517.
41. BAAS, Jacquelynn. "Edouard Manet and 'Civil War'." In: *Art Journal* 45:1, primavera de 1985, pp. 36-42; NORD, Philip. *The Republican Moment: Struggles for Democracy in Nineteenth-Century France*. Cambridge: Harvard University Press, 1995, p. 170; NORD, Philip. *Les Impressionistes et la Politique*. Paris: Tallandier, 2009, pp. 54-6, 67-8. A simpatia de Manet, assim como em 1848, era pelas pessoas comuns. Assim como Courbet, Manet rejeitou a *legion d'honneur* imperial, e sua tela da execução do "imperador" Maximiliano no México indignou o imperador e os bonapartistas. O Salon des Refusés, de 1863, que lançou o impressionismo, representou uma rejeição provocadora ao gosto artístico imperial, à patronagem e ao autoritarismo. Manet era um republicano que odiava "aquele pequeno Thiers", tendo dito certa vez que esperava que um dia o "velho demente" caísse morto no pódio. Assim como Camille Pissarro, Manet criticou a repressão sangrenta, mesmo que originalmente não tivesse apoiado a insurreição e tivesse condenado a execução dos generais Lecomte e Thomas.
42. ESBOEUFS, Alphonse Vergès (visconde). *La Vérité sur le gouvernement de la Défense nationale, la Commune et les Versaillais*. Genebra: Imprimerie coopérative, 1871, pp. 14-15; PELLETAN, Camille. Op. cit., p. 123.

43. ALLEMANE, Jean. *Mémoires d'un Communard.* Paris: Libraire socialiste, 1910, p. 113, observado em EDWARDS, Stewart, *The Paris Commune*, p. 331. A devastação é destacada em Ludovic e Blanc em *Guide à travers les ruines*, p. 55.
44. MURRAY, John. "Four Days in the Ambulances and Hospitals of Paris Under the Commune." In: *British Medical Journal*, janeiro-junho de 1871, p. 622.
45. LISSAGARAY, Prosper-Oliver. Op. cit., pp. 64-5; SENISSE, Martial. *Les Carnets d'un fédéré: 1871.* Paris: Saint-Just, 1965, p. 139; AMELINE, Henri (org.). *Enquête parlementaire sur l'insurrection du 18 mars*, vol. 3. Versailles: Cerf, 1872, p. 13.
46. ALLEMANE, Jean. Op. cit., pp. 137-50; CHOURY, Maurice. Op. cit., pp. 111-13; DITTMAR, Gérald. *Gustave Courbet et la Commune, le politique.* Paris: Dittmar, 2007, pp. 151-2.
47. VUILLAUME, Maxime. *Mes Cahiers rouges au temps de la Commune.* Paris: A. MICHEL, 1971, pp. 236-8.
48. ALLEMANE, Jean. Op. cit., pp. 161-70, 178-9.
49. RIVIALE, Philippe. *Sur la Commune: Cerises de sang.* Paris: L'Harmattan, 2003, p. 300.
50. GOULD, Roger. "Trade Cohesion, Class Unity, and Urban Insurrection: Artisanal Activism in the Paris Commune." In: *American Journal of Sociology* 98:4, janeiro de 1993, pp. 721, 728-9, 735-51; ROUGERIE, Jacques. "Autour de quelques livres étrangers. Réflexions sur la citoyenneté populaire en 1871." In: LATTA, Claude (org.). *La Commune de 1871: L'événement les hommes et la mémoire.* Saint-Étienne: Publications de l'Université de Saint-Étienne, 2004, esp. pp. 221-9, 233-5. Gould argumenta que as relações sociais nos bairros, mais do que a solidariedade no trabalho e a consciência de classe (em contraste, ele insiste, com 1848), são o fator mais importante para explicar o apego à Comuna e a resistência em seu nome. Em sua opinião, isso explica a representação exagerada dos trabalhadores da área têxtil, da construção e de máquinas e a presença de vizinhos de classe média e aliados entre os participantes da Comuna. Jacques Rougerie sustenta que Gould ignora o sentimento mais amplo de ligação e solidariedade formado pela experiência de trabalho e de classe desenvolvido no fim do Segundo Império.
51. BARRY, David. Op. cit., pp. 123-8, 136-9; CLÉMENT, Jean-Baptiste. *La Revanche des Communeux.* Paris: J. Marie, 1886, p. 159.
52. SUTTER-LAUMANN. *Histoire d'un trente sous (1870-1871).* Paris: A. Savine, 1891, p. 292; DA COSTA, Gaston. Op. cit., pp. 267-9; EDWARDS, Stewart. Op. cit., p. 321.
53. BARRON, Louis. *Sous la drapeau rouge.* Paris: A. Sevine, 1889, pp. 75-81.
54. HORNE, Alistair. *The Fall of Paris: The Siege and the Commune 1870-71.* Nova York: Penguin, 1965, p. 443; RECLUS, Élie. Op. cit., p. 354.
55. SERMAN, William. Op. cit., p. 499.
56. JEANNERET, Georges. *Paris pendant la Commune révolutionnaire de 1871.* Paris: Éditions d'historie sociale, 1871, p. 222.
57. HANS, Albert. *Souvenirs d'un volontaire versaillais.* Paris: E. Dentu, 1873, pp. 90-1, 97-101; LEIGHTON, John. Op. cit., p. 251.

58. COMPIÈGNE, Marquis de. "Souvenirs d'un Versaillais pendant le second siège de Paris." In: *Le Correspondant*, 10 de agosto de 1875.
59. JOURDE, François. Op. cit., p. 73.
60. MARTINE, Paul. Op. cit., p. 231.
61. LISSAGARAY, Prosper-Oliver. *History of the Paris Commune of 1871*. Nova York: New Park Publications, 1976, pp. 329, 339; GULLICKSON, Gay. Op. cit., pp. 162-3. In: *Commissaire*, vol. 3, pp. 374-5; TOMBS, Robert. "Les Communeuses", *Sociétés et Représentations*, junho de 1998, p. 55. Tombs argumenta, em *The Paris Commune*, p. 139, que a história de um batalhão de mulheres é um mito.
62. 8J 4e conseil de guerre 131, dossier 688. Le Mel negaria ter entrado na farmácia, insistindo que elas tinham ataduras e medicamentos suficientes (relatos de 29 de julho e 17, 19, 23 e 26 de agosto de 1872; renseignements du commissaire de police, s.d.).
63. 8J 6 dossier 135; THOMAS, Édith. *Louise Michel*. Montreal: Black Rose Books, 1980, p. 90; EDWARDS, Stewart. Op. cit., pp. 321-2; BINGHAM, Denis. Op. cit., p. 108.
64. DEMEULENAERE-DOUYÈRE, Christiane. "Journal de l'entrée des troupes versaillaises dans Paris." In: *Bulletin de la Société d'histoire de Paris et de l'Ile de France*, 108, 1981, pp. 301-3.
65. SUTTER-LAUMANN. Op. cit., pp. 302-10; LISSAGARAY, Prosper-Oliver. Op. cit., p. 360.
66. SUTTER-LAUMANN. Op. cit., pp. 327-52. Alcide foi enviado como soldado para a Argélia e salvo, mais ou menos, por ter sido ferido durante o cerco prussiano.
67. HANS, Albert. Op. cit., pp. 158-9, 172-3; SUTTER-LAUMANN. Op. cit., p. 320; COMPIÈGNE, Marquis de. Op. cit.
68. VINOY, Joseph. Op. cit., pp. 320-1, 341; LISSAGARAY, Prosper-Oliver. Op. cit., p. 357.
69. 8J 6 dossier 554, "rapport sur l'affaire", 31 de maio de 1872; HORNE, Alistair. *The Terrible Year: The Paris Commune, 1871*. Nova York: Viking Press, 2004, p. 129; EDWARDS, Stewart. Op. cit., pp. 328-9.
70. PROLÈS, Charles. Op. cit., pp. 114-18; TOMBS, Robert. "Paris and the Rural Hordes: An Exploration of Myth and Reality in the French Civil War of 1871." In: *The Historical Journal*, 29:4, 1986, p. 807.
71. RECLUS, Élie. Op. cit., pp. 357-8.
72. BERGERET, Jules. Op. cit., pp. 45-8.
73. EDWARDS, Stewart. Op. cit., p. 322; SERMAN, William. Op. cit., p. 518.
74. "Souvenirs d'un habitant de la Porte Saint-Denis, du 21 au 25 mai 1871", Bibliothèque de l'Hôtel de Ville, ms. 1031.
75. MONTEIL, Edgar. *Souvenirs de la Commune, 1871*. Paris: Charavay frères, 1883, pp. 106-13, 121-42. Monteil foi condenado a um ano de prisão e à perda de direitos civis por mais cinco.

CAPÍTULO 7:
A MORTE CHEGA PARA O ARCEBISPO

1. SERMAN, William. *La Commune de Paris*. Paris: Fayard, 1986, pp. 499-500. Moreau foi condenado à morte em Châtelet e executado.
2. HANS, Ludovic e BLANC, J. J. *Guide à travers les ruines*. Paris: A. Lemerre, 1871, p. 13.
3. LISSAGARAY, Prosper-Oliver. *Les Huit journées de mai*. Paris: Bureau du Petit Journal, 1871, pp. 79-83.
4. EDWARDS, Stewart (org.). *The Communards of Paris*, 1871. Londres, 1973, p. 161.
5. MARTINE, Paul. *Souvenirs d'insurgé. La Commune de 1871*. Paris: Perrin, 1971, pp. 233-4; LISSAGARAY, Prosper-Oliver. *History of the Paris Commune of 1871*. Nova York: New Park Publications, 1976, p. 348.
6. BOURGIN, Georges. *La Commune de Paris*. Paris: Presses universitaires de France, 1971, p. 97.
7. HANS, Albert. *Souvenirs d'un volontaire versaillais*. Paris: Dentu, 1873, pp. 119-122.
8. RECLUS, Élie. *La Commune de Paris au jour le jour*. Saint Martin-de-Bonfossé: Théolib, 2011, pp. 361-2, 365-6.
9. Ibid., p. 363.
10. GAUTIER, Théophile. *Tableaux de siège de Paris*. Paris: G. Charpentier, 1881, p. 113; GARÇON, Maurice. "Journal d'un bourgeois de Paris." In: *Revue de Paris* 12, dezembro de 1955, p. 31.
11. JEANNERET, Georges. *Paris pendant la Commune révolutionnaire de 1871*. Paris: Édition d'histoire sociale, 1871, p. 267; VIZETELLY, Ernst. *My Adventures in the Commune*. Londres: Chatto and Windus, 2009, p. 165.
12. VUILLAUME, Maxime. *Mes Cahiers rouges au temps de la Commune*. Paris: A. MICHEL, 1971, pp. 8-10, 300-6.
13. HAUDEBOURG, Hélène (org.). "Carnet de guerre d'un Vertarien en 1870 Julien Poirier." In: *Regards sur Vertou au Fil des Temps* 7, 2003, pp. 11-16.
14. GODINEAU, Laure. *La Commune de Paris par ceux qui l'ont vécue*. Paris: Parigramme, 2010, p. 197; FOURNIER, Eric. *Paris en ruines: du Paris haussmannien au Paris communard*. Paris: Imago, 2008, pp. 157-8; PELLETAN, Camille. *La Semaine de mai*. Paris: M. Deyfrous, 1880, pp. 104-5.
15. TOMBS, Robert. *The War Against Paris 1871*. Cambridge: Cambridge University Press, 1981, pp. 154-5; SERMAN, William. Op. cit., p. 517; EDWARDS, Stewart. Op. cit., p. 331.
16. BARONNET, Jean (org.). *Enquête sur la Commune de Paris (La Revue Blanche)*. Paris: Les éditions de l'amateur, 2011, pp. 169-70.
17. RECLUS, Élie. Op. cit., p. 360.
18. MARTINE, Paul. Op. cit., pp. 245-6; 8J 3e conseil de guerre 6, dossier 29/8 Théophile Ferré, relatório em tribunal, 12 de julho.

19. MARTINE, Paul. Op. cit., p. 250; CHOURY, Maurice. *La Commune au Quartier latin*. Paris: Livre club Diderot, 1971, p. 286.
20. LISSAGARAY, Prosper-Oliver. Op. cit., pp. 88-9; WILLETTE, Luc. *Raoul Rigault, 25 ans, communard, chef de police*. Paris: Syros, 1984, pp. 158-61.
21. DABOT, Henri. *Griffonnages quotidiens d'un bourgeois du quartier latin, du 14 mai 1869 au 2 décembre 1871*. Péronne: Imp. de E. Quentin, 1895, pp. 228-9.
22. ALLEMANE, Jean. *Mémoires d'un Communard*. Paris: Libraire socialiste, 1910, pp. 151-7; EDWARDS, Stewart. Op. cit., pp. 331-2.
23. JEANNERET, Georges. Op. cit., pp. 268, 318-21.
24. TAITHE, Bernard. *Citizenship and Wars: France in Turmoil, 1870-1871*. Londres: Routledge, 2001, p. 138; TOMBS, Robert. "Les Communeuses." In: *Sociétés et Représentations* 6, junho de 1998, p. 63.
25. 8J 6e conseil de guerre 213, dossier 189, interrogatório de Genton, 6, 12, 16, 24 e 29 de agosto de 1871; testemunhos de Jean Costa, 14 de agosto; Romain, 27 de julho e 16 de agosto.
26. DA COSTA, Gaston. *Mémoires d'un Communard: la Commune vécue*. Paris: Larousse, 2009, pp. 177-81, 191. Mais cedo, naquela manhã, Genton estivera na prisão La Roquette para cuidar da questão do encarceramento de um carpinteiro agitado chamado Greffe, um líder blanquista que fora preso por insubordinação e estava sendo escondido no apartamento de Jean-Baptiste François, diretor de La Roquette.
27. A6 Ly 140, relatório Alpert, nomeação pelo Comitê de Segurança Pública "25 floréal an 79; 8J 6e conseil de guerre, dossier 189 (Genton); p.v., 5 de junho e 24 de agosto de 1871; CHAUVIN, Charles. *Mgr Darboy, archêveque de Paris, otage de la Commune (1813-1871)*. Paris: Desclée de Brouwer, 2011, p. 144; Ly 137, dossier Jean-Baptiste François; Ly 132, "Rapport sur l'affaire des nommés Ramain, Genton etc."; FOULON, Joseph-Alfred. *Histoire de la vie et des oeuvres de Mgr. Darboy, archevêque de Paris*. Paris: Possielgue frères, 1889, p. 585; GUÉNIN, L.P. *Assassinat des otages. Sixième conseil de guerre*. Paris: Libraire de l'echo de la Sorbonne, 1871, p. 303; VUILLAUME, Maxime. Op. cit., p. 73. Jacques-Olivier Boudon (*Monseigneur Darboy [1813-1871]*, pp. 153-4) acredita que nenhum tribunal desse tipo jamais foi constituído. Na interpretação de Da Costa, as ordens de execução de seis reféns chegaram a La Roquette, mas não citavam nomes. Os nomes na lista além de Darboy e Bonjean permanecem desconhecidos, em meio a relatos confusos e às vezes contraditórios.
28. A6 Ly 137, dossier Jean-Baptiste François.
29. ÉVRARD, Ferdinand. *Souvenirs d'un otage de la Commune*. Paris: P. Dupont, 1871, pp. 5-6, 43, 58-64; FOULON, Joseph-Alfred. Op. cit., pp. 589-95; LAMAZOU, Abbé [Henri-Pierre]. *La Place Vendôme et la Roquette*. Paris: C. Douniol, 1876, p. 247; GUÉNIN, L. P. *Assassinat des otages. Sixième conseil de guerre*, p. 303; Sempronius, *Histoire de la Commune de Paris en 1871*. Paris: Decémbre-Alonnier, pp. 226-7.
30. GUÉNIN, L. P. Op. cit., pp. 210, 251-2.

31. PIERRON, Alexis. *Mgr Darboy: Esquisses familières*. Paris: Laplace, 1872, pp. 97-9; GUÉNIN, L. P. *Assassinat des otages*, p. 303; GUILLERMIN, Joseph Abel. *Vie de Mgr Darboy, archevêque de Paris, mis à mort en haine de la foi le 24 mai 1871*. Paris: Bloud et Barral, 1888, p. 340.
32. 8J 3e conseil de guerre 6, dossier 29/8 Théophile Ferré; GUÉNIN, L. P. Op. cit., pp. 14, 187-8, 303; A6 Ly 132, relatório; FOULON, Joseph-Alfred. Op. cit., p. 594; Ly 137, Affaire de la rue Haxo; 8J 6e conseil de guerre 213, dossier 189, interrogações de Genton, 6, 12, 16, 24 e 29 de agosto de 1871; testemunho de Jean Costa, 14 de agosto; Romain, 27 de julho e 16 de agosto; PRICE, Lewis C. *Archbishop Darboy and some French Tragedies, 1813-1871*. Londres: G. Allen and Unwin, 1918, p. 290. Várias testemunhas atestaram ter visto, de fato, Ferré em La Roquette naquele dia. De acordo com uma história, ao ver Darboy abençoar os outros reféns, um membro do pelotão de execução exclamou: "Então você está dando uma bênção. Bem, eu lhe darei a minha!" *Communards* mais tarde declararam que Darboy tentou se levantar três vezes antes de ser baleado novamente. De acordo com Vuillaume (em *Mes Cahiers rouge*, pp. 76-8), Benjamin Sicard comandou o pelotão de execução. Ramain, brigadeiro-chefe de La Roquette, identificou formalmente Genton como tendo presidido a execução.
33. RASTOUL, A. *L'Église de Paris sous la Commune*. Paris: Dillet, 1871, p. 191; CHAUVIN, Charles. Op. cit., p. 149.
34. BARONNET, Jean. Op. cit., p. 109; SERMAN, William. Op. cit., p. 503; EDWARDS, Stewart. Op. cit., p. 326.
35. BARONNET, Jean. Op. cit., p. 109; SERMAN, William. Op. cit., p. 503; EDWARDS, Stewart. Op. cit., pp. 319, 326.
36. MCCLELLAN, Woodford. *Revolutionary Exiles: The Russians in the First Internationale and the Paris Commune*. Totowa: Cass, 1979, pp. 154-7; GODINEAU, Laure. Op. cit., pp. 156; 8J 6e conseil de guerre 230, dossier 683, Élisabeth Dmitrieff.

CAPÍTULO 8:
AS CORTES MARCIAIS EM AÇÃO

1. HOFFMAN, Wickham. *Camp, Court, and Siege: A Narrative of Personal Adventure and Observation during Two Wars, 1861-1865, 1870-71*. Nova York: Harper and Brothers, 1877, pp. 261, 281.
2. TOMBS, Robert. *The War Against Paris 1871*. Cambridge: Cambridge University Press, 1981, pp. 177-9; LISSAGARAY, Prosper-Oliver. *Les Huit journées de mai*. Bruxelas, Bureau du "Petit Journal", 1871, p. 75; GODINEAU, Laure. *La Commune de Paris par ceux qui l'ont vécue*. Paris: Paragrimme, 2010, p. 218; MARTINE, Paul. *Souvenirs d'insurgé. La Commune de 1871*. Paris: Perrin, 1971, p. 231.
3. VILLEFOSSE, René Héron de. *Les Graves heures de la Commune*. Paris: Perrin, 1970, p. 253; SERMAN, William. *La Commune de Paris*, Paris: Fayard, 1986, p. 521; CHOURY,

Maurice. *Les Damnés de la terre, 1871*. Paris: Tchou, 1970, p. 151; PELLETAN, Camille. *La Semaine de mai*. Paris: M. Dreyfous, 1880, pp. 336-7.
4. PELLETAN, Camille. Op. cit., pp. 213-27.
5. DABOT, Henri. *Griffonnages quotidiens d'un bourgeois du quartier latin, du 14 mai 1869 au 2 décembre 1871*. Péronne, Imp. de E. Quentin, 1895, pp. 222, 227-33.
6. GARÇON, Maurice. "Journal d'un bourgeois de Paris." In: *Revue de Paris* 12, dezembro de 1955, pp. 14-33.
7. "Souvenirs d'un habitant de la Porte Saint-Denis du 21 au 25 mai 1871", Bibliothèque de l'Hôtel de Ville, ms. 1031.
8. RECLUS, Élie. *La Commune de Paris au jour le jour*. Saint-Martin-de-Bonfossé: Théolib, 2011, pp. 366-7.
9. PAYEN, Alix. "Une ambulancière de la Commune de Paris." In: CONSTANT, Louis (org.). *Mémoires de femmes, mémoire du peuple*. Paris: F. Maspero, 1979, pp. 86-7.
10. HAUDEBOURG, Hélène (org.). "Carnet de guerre d'un Vertarien en 1870 Julien Poirier." In: *Regards sur Vertou au Fil des Temps* 7, 2003, pp. 16-17.
11. COGNETS, Charles des. *Les Bretons et la Commune de Paris 1870-1871*. Paris: L'Harmattan, 2012, pp. 341-2; TOMBS, Robert. Op. cit., p. 267; EDWARDS, Stewart. *The Paris Commune 1871*. Nova York: Quadrangle, 1971, pp. 332-3; TOMBS, Robert. "La lutte finale des barricades: spontanéité révolutionnaire et organisation militaire en mai 1871." In: CORBIN, Alain e MAYEUR, J.-M. (org.). *La Barricade*. Paris: Publications de la Sorbonne, 1997, pp. 360-4.
12. A6 Ly 132, report; 6e conseil de guerre, affaire du massacre des Dominicains d'Arcueil, rapport du rapporteur, 24 de dezembro de 1871; CONTE, Gérard. *Éléments pour une histoire de la Commune dans le XIIIe arrondissement, 5 mars-25 mai 1871*. Paris: Éditions de la butte aux Cailles, 1981, pp. 78, 90.
13. HAUDEBOURG, Hélène (org.). Op. cit., pp. 15-18.
14. FETRIDGE, W. Pembroke. *The rise and Fall of the Paris Commune in 1871*. Nova York: Harper Brothers, 1871, p. 395; COGNETS, Charles des. Op. cit., p. 342; LISSAGARAY, Prosper-Oliver. Op. cit., pp. 96-8; VINOY, Joseph (general). *L'Armistice et la Commune*. Paris: H. Plon, 1872, pp. 327-8.
15. TOMBS, Robert. Op. cit., p. 140. Os prussianos controlavam tudo entre Charenton e Saint-Denis, incluindo todos os fortes, exceto Vincennes. Tombs descreve as tensões entre Bismarck, ávido para ampliar sua influência, e o governo de Thiers (pp. 136-40). A entrada dos versalheses em Paris afastou qualquer possibilidade de intervenção alemã.
16. HORNE, Alistair. *The Fall of Paris: The Siege and the Commune 1870-71*. Nova York: 1965, p. 408.
17. PELLETAN, Camille. Op. cit., pp. 50-53.
18. BLANCHECOTTE, Augustine. *Tablettes d'une femme pendant la Commune*. Paris: Didier, 1872, pp. 200, 204, 211-13.

19. HANS, Albert. *Souvenirs d'un volontaire versaillais*. Paris: Dentu, 1873, pp. 108-9; TOMBS, Robert. Op. cit., p. 167.
20. HANS, Albert. Op. cit., pp. 128-38, 141-2, 148-53, 161-71.
21. DEMEULENAERE-DOUYÈRE, Christiane. "Journal de l'entrée des troupes versaillaises dans Paris." In: *Bulletin de la Société d'histoire de Paris et de l'Île de France*, 108, 1981, pp. 301-3.
22. BORGELLA, P. F. *Justice! Par un officier de l'armée de Paris*. Londres: Imprimier nationale, 1871, pp. 11, 23.
23. Ibid., pp. 33-4.
24. LEIGHTON, John. *Paris Under the Commune*. Londres: Bradbury, Evans and Company, 1871, pp. 262-3.
25. MAC-MAHON, Le Maréchal de. *L'Armée de Versailles depuis sa formation jusqu'à la complète pacification de Paris*. Paris: A. Ghio, 1872, p. 40.
26. BLANCHECOTTE, Augustine. Op. cit., p. 263; BERGERET, Jules. *Le 18 mars: Journal Hebdomadaire*. Londres, 1871, pp. 11, 86.
27. RECLUS, Élie. Op. cit., p. 364.

CAPÍTULO 9:
MASSACRE

1. RECLUS, Élie. *La Commune de Paris au jour le jour*. Saint-Martin-de-Bonfossé, 2011, p. 368.
2. MARTINE, Paul. *Souvenirs d'insurgé. La Commune de 1871*. Paris: Perrin, 1971, p. 270; EDWARDS, Stewart. *The Paris Commune 1871*. Nova York, 1971, p. 326; VIZETELLY, Ernst. *My Adventures in the Commune*. Londres: Chatto and Windus, 2009, p. 176.
3. MAURY, Émile. *Mes Souvenirs sur les événements des années 1870-1871*. Paris: La boutique de l'histoire, 2001, p. 74.
4. MALON, Benoît. *La Troisième défaite du prolétariat français*. Neuchâtel: G. Guillaume, 1871, p. 473; TOMBS, Robert. *The Paris Commune 1871*. Nova York: Longman, Londres, 1999, p. 168.
5. EDWARDS, Stewart. Op. cit., pp. 334-5. No dia anterior, Édouard Moreau e mais dois haviam proposto procurar Thiers numa tentativa de obter uma trégua, baseada, de maneira improvável, na retirada do exército versalhês de Paris, na dissolução da Assembleia Nacional e na realização de novas eleições. Thiers jamais teria aceitado isso e, de qualquer modo, não havia como chegar a Versalhes (ibid., p. 333).
6. EDWARDS, Stewart. Op. cit., p. 335; HORNE, Alistair. *The Fall of Paris: The Siege and the Commune 1870-71*. Nova York, 1965, p. 401; TOMBS, Robert. *The War Against Paris 1871*. Cambridge: Cambridge University Press, 1991, p. 157.
7. LISSAGARAY, Prosper-Oliver. *Les Huits journées de mai derrière les barricades*. Bruxelas, Bureau du "Petit Journal", 1871, pp. 101-2; VIZETELLY, Ernst. Op. cit., p. 56; PROLÈS, Charles. *Les Hommes de la révolution de 1871*, pp. 120-23; VUILLAUME, Ma-

xime. *Mes Cahiers rouges au temps de la Commune*. Paris: A. Michel, 1971, pp. 293-6; BARONNET, Jean (org.). *Enquête sur la Commune de Paris (La Revue Blanche)*. Paris: Les éditions de l'amatteur, 2011, pp. 161-6. Em 20 de junho, Vermorel morreu de seus ferimentos, que os versalheses deixaram sem tratamento.
8. VUILLAUME, Maxime. Op. cit., p. 49.
9. MALON, Benoît. Op. cit., p. 473; BÉNEYTOU, Jean-Pierre. *Vinoy: Général du Second Empire*. Paris: Éditions Christian, 2003, pp. 176-83; TOMBS, Robert. Op. cit., pp. 186-8.
10. LA FAYE, Jacques de (Marie de Sardent). *Le Général de Ladmirault, 1808-1898*. Paris: Bloud, 1901, pp. xii, xxii-xxiii, 281-9.
11. TOMBS, Robert. Op. cit., pp. 112-13.
12. SERMAN, William. *Les Origines des officiers français 1848-1870*. Publications de la Sorbonne, 1979, p. 6; SERMAN, William. *Les Officiers français dans la nation*. Paris: Aubier Montaigne, 1982, pp. 55-7, 85-8, 98-9; TOMBS, Robert. "Réflexions sur la Semaine sanglante." In: LATTA, Claude (org.). *La Commune de 1871*, pp. 238-9; MONTAUDON, Alexandre (general). *Souvenirs militaires*, vol. 2. Paris: C. Delagrave, 1898-1900, p. 420; TOMBS, Robert. Op. cit., pp. 172-6. Em 26 de maio, MacMahon ordenou que qualquer *communard* que oferecesse sua rendição deveria ser feito prisioneiro e, assim, não executado (ibid., pp. 185-7).
13. BLANCHECOTTE, Augustine. *Tablettes d'une femme pendant la Commune*. Paris: Didier, 1872, pp. 250-2; BERGERET, Jules. *Le 18 mars: Journal Hebdomadaire*. Londres, 1871, p. 11.
14. PELLETAN, Camille. *La Semaine de mai*. Paris: M. Dreyfous, 1980, pp. 269-75; THOMAS, Louis. *Le Général de Gallifet (1830-1909)*. Paris: Aux armes de France, 1941, pp. 102, 104; GUIRAL, Pierre. *Adolphe Thiers*. Paris: Fayard, 1986, p. 402. Benoît Malon intitulou seu capítulo 9 de "O terror tricolor".
15. VILLEFOSSE, René Héron de. *Les graves heures de la Commune*. Paris: Perrin, 1970, pp. 256-7; BRUHAT, Jean, DAUTRY, Jean e TERSEN, Émile. *La Commune de 1871*. Paris: Éditions sociales, 1970, p. 283. Arthur Rimbaud, o poeta de Ardenas, que simpatizava com os *fédérés*, comparou os trabalhadores oprimidos com os povos coloniais oprimidos (ROSS, Kristin. *The Emergence of the Social Space: Rimbaud and the Paris Commune*. Mineápolis: University of Minnesota Press, 1988, pp. 148-9).
16. MONTREVEL, Charles de. *Nouvelle histoire de la Commune de Paris en 1871*. Paris: Bloud et Barral, 1885, pp. 204, 208; MOLINARI, Gustave de. *Les clubs rouges pendant le siège de Paris*. Garnier frères, 1871, pp. x-xxvi.
17. ANÔNIMO. *Réflexions sur les événements des dix derniers mois par un provincial habitant à Paris*. Paris: Dentu, 1871, pp. 19, 48-9.
18. SACY, Jacques Silvestre de. *Le Maréchal de Mac-Mahon*. Paris: Éditions Internationale, 1960, pp. 260-61.
19. TOMBS, Robert. Op. cit., p. 186.

20. Ibid., pp. 186-9.
21. THOMAS, Édith. Op. cit., p. 94.
22. BRUHAT, Jean, DAUTRY, Jean e TERSEN, Émile. Op. cit., p. 283; PELLETAN, Camille. Op. cit., pp. 39, 104; SERMAN, William. Op. cit., p. 521; TOMBS, Robert. Op. cit., pp. 170-1.
23. PELLETAN, Camille. Op. cit., pp. vii, 2, 6-7, 17, 20-3, 32.
24. CHOURY, Maurice. *La Commune au Quartier latin*. Paris: Livre club Diderot, 1971, pp. 163-4; PELLETAN, Camille. Op. cit., p. 191.
25. ADAMOV, Arthur. *La Commune de Paris 18 mars-28 mai 1871. Anthologie*. Paris: Éditions sociales, 1959, pp. 223-4.
26. SUTTER-LAUMANN. *Histoire d'un trente sous (1870-1871)*. Paris: A. Savine, 1891, pp. 312-21; RÉMY, Tristan. *La Commune à Montmartre: 23 mai 1871*. Paris: Éditions sociales, 1970, pp. 64, 86.
27. PERNY, Paul. *Deux mois de prison sous la Commune, suivi de détails authentiques sur l'assassinat de Mgr l'archevêque de Paris*. Paris: Lainé, 1871, p. 197.
28. PELLETAN, Camille. Op. cit., pp. 119-22.
29. TOMBS, Robert. Op. cit., pp. 183-5; PELLETAN, Camille. Op. cit., pp. 340-1.
30. Clémence (Adolphe Hippolyte, dito Roussel), *De l'antagonisme social, ses causes et ses effets*. (Neuchâtel: G. Guillaume, 1871), pp. 23-4.
31. TOMBS, Robert. Op. cit., pp. 178-82; CHOURY, Maurice. *Les Damnés de la terre, 1871*. Paris: Tchou, 1970, p. 151, 9 de junho; SERMAN, William. Op. cit., p. 522.
32. LISSAGARAY, Prosper-Oliver. Op. cit., p. 161.
33. SERMAN, William. Op. cit., p. 508.
34. MONTEIL, Édgar. *Souvenirs de la Commune, 1871*. Paris: Chavaray frères, 1883, pp. 102-7; COGNETS, Charles des. *Les Bretons et la Commune de Paris 1870-1871*. Paris: L'Harmattan, 2012, p. 334; 8J 3e conseil de guerre 6, dossier 29/8 Théophile Ferré, 24 de maio; PELLETAN, Camille. Op. cit., pp. 306-7; EDWARDS, Stewart. Op. cit., p. 337; TOMBS, Robert. Op. cit., p. 159.
35. FETRIDGE, W. Pembroke. *The Rise and Fall of the Paris Commune in 1871*. Nova York: Harper Brothers, 1871, p. 394.
36. RECLUS, Élie. Op. cit., pp. 369-71; FOURNIER, Eric. *Paris en ruines: du Paris haussmannien au Paris communard*. Paris: Imago, 2008, pp. 92, 96.
37. FETRIDGE, W. Pembroke. *The Rise and Fall of the Paris Commune*, pp. 445-7; EDWARDS, Stewart. Op. cit., p. 337.
38. COGNETS, Charles des. Op. cit., p. 351.
39. DALOTEL, Alain. *Gabriel Ranvier, Le Christ de Belleville: Blanquiste, Franc-maçon, Communard et Maire du XXe arrondissement*. Paris: Éditions Dittmar, 2005, p. 52; LEIGHTON, John. *Paris Under the Commune*. Londres: Bradbury, Evans and Company, 1871, p. 227.
40. ANGRAND, Pierre. "Un épisode de la répression versaillais. L'affaire Tribels", mai 1871-outubro 1872, *La Pensée*, 68, julho-agosto 1956, pp. 126-33. Tribels ganhava a

vida vendendo ouro e objetos de ouro e negociava com *des valeurs* e *des coupons de rente*. Todos os objetos de valor desapareceram, sem dúvida nas mãos de Vabre e outros versalheses. Madame Tribels recebeu mais tarde uma indenização do governo francês.

41. BECKER, George J. (org.). *Paris Under Siege, 1870-71: From the Goncourt Journal*. Ithaca: Cornell University Press, 1969, pp. 305-8.
42. BERGERET, Jules. Op. cit., pp. 15-16; MALON, Benoît. Op. cit., p. 462.
43. MARTINE, Paul. Op. cit., p. 269; EDWARDS, Stewart. Op. cit., pp. 336-7.
44. BLANCHECOTTE, Augustine. Op. cit., pp. 249-50; SERMAN, William. Op. cit., pp. 515-16; 8J 6e conseil dossier 189, Antoine Ramain.
45. A6 Ly 137, "Rapport sur l'affaire des nommés [...]", 23 de fevereiro de 1872; "Assassinations de la rue Haxo, Pourvois en Cassation", 29 de abril de 1872; interrogatório de Antoine Ramain, 7 de fevereiro de 1872; FETRIDGE, W. Pembroke. Op. cit., p. 309.
46. A6 Ly 137, dossier François, interrogatório de 3 de fevereiro de 1872; RASTOUL, A. *L'Église de Paris sous la Commune*. Paris: E. Dentu, 1871, pp. 220-32; ROUGERIE, Jacques. *Procès des Communards*. Paris: Julliard, 1964, p. 54; SERMAN, William. Op. cit., pp. 515-16. Os acusados de envolvimento no massacre de prisioneiros na rue Haxo foram trabalhadores, a maioria de *quartiers* próximos. Seis foram condenados à morte, enquanto Ramain recebeu quinze anos de trabalhos forçados.
47. RASTOUL, A. Op. cit., pp. 235-43; HORNE, Alistair. Op. cit., p. 410. Rastoul relata, entre outras coisas, que Ferré chegou a La Roquette por volta das 15 horas e ordenou que os prisioneiros restantes que cumpriam pena por crimes fossem libertados se concordassem em lutar contra os versalheses (pp. 239-40).
48. RASTOUL, A. Op. cit., pp. 243-56; PERNY, Paul. Op. cit., pp. 227-9; BOUDON, Jacques-Olivier. *Monseigneur Darboy (1813-1871)*. Paris: Éditions du CERF, 2011, p. 153; TOMBS, Robert. "Les Communeuses." In: *Sociétés et Représentations* 6, junho de 1998, pp. 60-1.
49. FETRIDGE, W. Pembroke. Op. cit., pp. 437-41; EDWARDS, Stewart. Op. cit., p. 338; TOMBS, Robert. Op. cit., p. 159; HORNE, Alistair. Op. cit., p. 411.
50. PELLETAN, Camille. Op. cit., pp. 320-7.
51. RECLUS, Élie. Op. cit., pp. 370-1; TOMBS, Robert. Op. cit., pp. 165-6.
52. VILLEFOSSE, Louis de. Op. cit., p. 253; MARTINE, Paul. Op. cit., p. 288.
53. HANS, Albert. Op. cit., pp. 160-5.
54. BINGHAM, Denis Arthur. *Recollections of Paris*, vol. 2. Londres: Chapman and Hall, 1896, p. 110.
55. FORBES, Archibald. "What I Saw of the Paris Commune." In: *Century Illustrated Magazine* 45:1, novembro de 1892, p. 61.
56. VÉSINIER, Pierre. *History of the Commune of Paris*. Londres: Chapman and Hall, 1872, pp. 312, 325-8, 334. Durante os Dias de Junho, entre 1,5 mil a 3 mil pessoas foram mortas e várias centenas foram executadas sumariamente.
57. HANS, Albert. Op. cit., pp. 187-96.

58. EDWARDS, Stewart. Op. cit., p. 338; BECKER, George J. (org.). Op. cit., p. 313; HORNE, Alistair. Op. cit., p. 412.
59. DITTMAR, Gérard. *Belleville de l'Annexation à la Commune*. Paris: Dittmar, 2007, p. 76; HAUDEBOURG, Hélène (org.). "Carnet de guerre d'un Vertarien en 1870 Julien Poirier." In: *Regards sur Vertou au Fil des Temps* 7, 2003, p. 18. Poirier permaneceu na Paris ocupada até setembro e então voltou para casa, em Vertou.
60. MICHEL, Louise. *La Commune, Histoire et Souvenirs*. Paris: La découverte, 1970, p. 59; EDWARDS, Stewart. Op. cit., p. 339; TOMBS, Robert. "La lutte finale des barricades: spontanéité révolutionnaire et organisation militaire en mai 1871." In: CORBIN, Alain e MAYEUR, J.-M. (org.). *La Barricade*. Paris: Publications de la Sorbonne, 1997, p. 364.
61. EDWARDS, Stewart. Op. cit., pp. 338-9.
62. LISSAGARAY, Prosper-Oliver. Op. cit., pp. 108-10, 129-36; *Les Martyrs de la Seconde Terreur ou Arrestation, Captivité et Martyre de Mgr Darboy, Archevêque de Paris de M. Deguerry*. Paris: A. Josse, 1871, p. 197.
63. PELLETAN, Camille. Op. cit., pp. 276-82.
64. BERGERET, Jules. Op. cit., p. 9; GIBSON, W. *Paris during the Commune*. Londres: Methodist Book Room, 1895, pp. 297, 308-9.
65. VUILLAUME, Maxime. Op. cit., pp. 14-50, 308-17, 327-57.
66. RECLUS, Élie. Op. cit., p. 379; RECLUS, Paul. *Les Frères Élie et Élisée Reclus*. Paris: Les amis d'Élisée Reclus, 1964, p. 189; 8J 3e conseil de guerre 82, dossier 2084. Uma corte marcial militar condenou Élie, em 6 de outubro de 1875, à "deportação para os confins de um recinto fechado fortificado". Quatro anos depois, a condenação foi reduzida. Élisée foi condenado à deportação em 15 de setembro de 1871. Élie Reclus foi preso em 1894, na época dos ataques anarquistas em Paris.
67. VIGNON, Paul. *Rien que ce que j'ai vu! Le siège de Paris - la Commune*. Paris: E. Capiomont, 1913, p. 203.

CAPÍTULO 10:
PRISIONEIROS DE VERSALHES

1. ANÔNIMO [DAVY]. *The Insurrection in Paris: Related by an Englishman*. Paris: A. Lemoigne, 1871, pp. 102-14.
2. Ibid., pp. 123, 133, 141-3.
3. Ibid., pp. 153-4.
4. LEIGHTON, John. *Paris Under the Commune*. Londres: Bradbury, Evans and Company, 1871, p. 266.
5. GRANDEFFE, Arthur de. *Mobiles et Volontaires de la Seine pendant la Guerre et les deux sieges*. Paris: E. Dentu, 1871, pp. 255, 274; BRUHAT, Jean, DAUTRY, Jean e TERSEN, Émile. *La Commune de 1871*. Paris: Éditions sociales, 1970, p. 283.
6. BECKER, George J. (org.). *Paris Under Siege, 1870-71: From the Goncourt Journal*. Ithaca: Cornell University Press, 1969, pp. 306-11.

7. LANO, Pierre de (Marc-André Gromier). *La Commune, journal d'un vaincu.* Paris: V. Harvard, p. 38; LISSAGARAY, Prosper-Oliver. *Les Huits journées de mai.* Bruxelas: Bureau du "Petit Journal", 1871, pp. 122ff; EDWARDS, Stewart. *The Paris Commune 1871.* Nova York: Quadrangle, p. 339.
8. LANO, Pierre de. Op. cit., pp. 39-55, 223; FOURNIER, Eric. *La Commune n'est pas morte: Les usages politiques du presse de 1871 à nos jours.* Paris: Libertalia, 2013, p. 56.
9. CHRISTIANSEN, Rupert. *Paris Babylon.* Nova York: Viking, 1995, pp. 360-5.
10. SERMAN, William. *La Commune de Paris.* Paris: Fayard, 1986, p. 519.
11. CHRISTIANSEN, Rupert. Op. cit., pp. 360-65.
12. BARRY, David. *Women and Political Insurgency: France in the Mid-Nineteenth Century.* Basingstoke: Macmillan, 1996, p. 143.
13. DUPONT, Léonce. *Souvenirs de Versailles pendant la Commune.* Paris: E. Dentu, 1881, pp. 93-5.
14. PELLETAN, Camille. *La Semaine de mai.* Paris: M. Dreyfous, 1880, pp. 265-68.
15. Ibid., pp. 282, 288.
16. LISSAGARAY, Prosper-Oliver. *Les Huit journées de mai,* pp. 148-9.
17. LIDSKY, Paul. *Les Écrivains contre la Commune.* Paris: F. Maspero, 1970, p. 75; TOMBS, Robert. "How Bloody Was 'La Semaine Sanglante' of 1871? A Revision." In: *The Historical Journal* 55, 3, setembro de 2012, p. 33.
18. GULLICKSON, Gay. Op. cit., pp. 195-8; DUPONT, Léonce. Op. cit., pp. 104-6.
19. MICHEL, Louise, BULLITT, Lowry e GUNTER, Elizabeth Ellington. *The Red Virgin: Memoirs of Louise Michel.* Alabama: University of Alabama Press, 1981, pp. 69-73.
20. BARROWS, Susanna. "After the Commune: Alcoholism, Temperance, and Literature in the Early Third Republic." In: MERRIMAN, John M. (org.). *Consciousness and Class Experience in Nineteenth-Century Europe.* Nova York: Holmes and Meier, 1979; BARROWS, Susanna. *Distorting Mirrors: Visions of the Crowd in Late Nineteenth-Century France.* New Haven: Yale University Press, 1981; ROSS, Kristin. *The Emergence of the Social Space: Rimbaud and the Paris Commune.* Mineápolis: University of Minnesota Press, 1988, p. 148.
21. Na rue du Cherche-Midi, um cabo bêbado supostamente matou a tiros uma mulher que estava em frente à sua loja, depois um cachorro que passava, depois uma criança de sete anos e depois outra mulher (PELLETAN, Camille. Op. cit., pp. 123, 257-62).
22. COMMISSAIRE, Sébastien. *Mémoires et souvenirs,* vol. 2. Lyon: Meton, 1888, p. 384; LISSAGARAY, Prosper-Oliver. Op. cit., p. 156; PELLETAN, Camille. Op. cit., pp. 102-3. No fim das contas, houve 399.823 denúncias.
23. DEMEULENAERE-DOUYÈRE, Christiane. "Journal de l'entrée des troupes versaillaises dans Paris." In: *Bulletin de la Société d'Histoire de Paris et de l'Ile de France* 108, 1981, p. 309.
24. CERF, Marcel. *Édouard Moreau, l'âme du Comité central de la Commune.* Paris: Les lettres nouvelles, 1971, p. 207.

NOTAS

25. EDWARDS, Stewart. Op. cit., p. 343.
26. LIDSKY, Paul. Op. cit., p. 66; MARFORIO (Louise Lacroix). *Les Écharpes rouges: souvenirs de la commune*, Paris: A. Laporte, 1872, p. 96; MCCLELLAN, Woodford. *Revolutionary Exiles: The Russians in the First Internationale and the Paris Commune*. Totowa, 1979, pp. 167-8.
27. WOLOWSKI, Bronislas. *Dombrowski et Versailles*. Genebra: Carey Frère, 1871, pp. 140-42; BINGHAM, Denis Arthur. *Recollections of Paris*, vol. 2. Londres: Chapman and Hall, 1896, p. 122; PELLETAN, Camille. Op. cit., pp. 130-3.
28. VILLEFOSSE, René Héron de. *Les Graves heures de la Commune*. Paris: Perrin, 1970, p. 253.
29. PELLETAN, Camille. Op. cit., p. 129.
30. BLANCHECOTTE, Augustine. *Tablettes d'une femme pendant la Commune*. Paris: Didier, 1872, p. 225; LISSAGARAY, Prosper-Oliver. Op. cit., pp. 132-33.
31. LIDSKY, Paul. Op. cit., p. 46.
32. GAUTIER, Théophile. Op. cit., pp. 242-4.
33. BLOWITZ, Henri Opper de. *My Memoirs*. Londres: E. Arnold, 1903, p. 40.
34. LIDSKY, Paul. Op. cit., pp. 47-8; GULLICKSON, Gay. Op. cit., pp. 176-7. Gustave Flaubert, que servira na Guarda Nacional durante a Guerra Franco-Prussiana, escrevia agora para George Sand, que era hostil à Comuna, dizendo que esta era "repugnante" (PERROT, Michelle. "George Sand: une républicaine contre la Commune." In: LATTA, Claude (org.). *La Commune de 1871*. Saint-Étienne: Publications de l'Université de Saint-Étienne, 2004, pp. 147, 154).
35. GULLICKSON, Gay. Op. cit., pp. 197, 205; DUPONT, Léonce. Op. cit., pp. 255, 267, 286. Gullickson mostra que, durante os julgamentos em Versalhes que se seguiram, a aparência física dos *communards* continuou sendo quase uma obsessão.
36. MARFORIO. Op. cit., pp. 147-52.
37. GULLICKSON, Gay. Op. cit., pp. 180-3; JEANNERET, Georges. *Paris pendant la Commune révolutionnaire de 1871*. Paris: Éditions d'historie sociale, 1871, p. 250; BERGERET, Jules. *Le 18 mars: Journal Hebdomadaire*. Londres, 1871, pp. 7-8.
38. BRUHAT, Jean, DAUTRY, Jean e TERSEN, Émile. Op. cit., p. 285; GULLICKSON, Gay. Op. cit., p. 169; CHOURY, Maurice. *Les damnés de la terre, 1871*. Paris: Tchou, 1970, p. 151; LISSAGARAY, Prosper-Oliver. Op. cit., pp. 132-3; PELLETAN, Camille. Op. cit., pp. 351-8.
39. GODINEAU, Laure. *La Commune de Paris par ceux qui l'ont vécue*. Paris: Parigramme, 2010, p. 218; FORT, Frédéric. *Paris brûlé*. Paris: E. Lachaud, 1871, p. 124.
40. BECKER, George J. Op. cit., p. 312.
41. VALANCE, Georges. *Thiers: bourgeois et révolutionnaire*. Paris: Flammarion, 2007, p. 344; LIDSKY, Paul. Op. cit., p. 76; COMMISSAIRE, Sébastien. Op. cit., 1888, p. 383; BRUHAT, Jean, DAUTRY, Jean e TERSEN, Émile. Op. cit., p. 288.

42. ÉNAULT, Louis. *Paris brûlé par la Commune*. Paris: H. Plon, 1871, p. 266.
43. ROCHEFORT, Henri. *Les aventures de ma vie*. Paris: Mercure de France, 2005, p. 215; VÉSINIER, Pierre. *History of the Commune of Paris*. Londres: Chapman and Hall, 1872, pp. 344-5; RECLUS, Élie. *La Commune au jour le jour*. Saint-Martin-de-Bonfossé: Théolib, 2011, pp. 380-82. SARREPONT, H. (Eugène Hennebert). *Guerre des Communeux de Paris: 18 mars-28 mai 1871*. Paris: Libraire de Firmin Didot frères, 1871, pp. 363-6.

CAPÍTULO 11:
RECORDANDO

1. LISSAGARAY, Prosper-Oliver. *Les Huit journées de mai derrière les barricades*. Bruxelas: Bureau du "Petit Journal", 1871, p. 34.
2. Ibid., pp. 138-9.
3. BELL, Georges. "Les ruines." In: *Paris Incendié: Histoire de la Commune de 1871*. Paris: A. Lemoigne, 1872, parte três; TOMBS, Robert. *The Paris Commune*. Nova York: Longman, 1999, p. 12; BERGERET, Jules. *Le 18 mars: Journal Hebdomadaire*. Londres, 1871, pp. 14-15; PELLETAN, Camille. *La Semaine de mai*. Paris: M. Dreyfous, pp. 301, 344-50.
4. MEAUX, Camille de. *Souvenirs politiques, 1871-1877*. Paris: Plon, Nourrit et c$^{ie.}$, 1905, pp. 54-6.
5. PIERRON, Alexis. *Mgr Darboy: Esquisses familières*. Paris: Laplace, Sanchez e c$^{ie.}$, 1872, pp. 111-12. O novo arcebispo devolveu a Lagarde o status de primeiro vigário. Pio IX saudou Darboy em sua *Lettre encyclique* de 4 de junho. Os versalheses mataram Vérig em La Roquette imediatamente ao chegarem. Várias campanhas para obter a beatificação de Darboy tiveram início no fim dos anos 1880 e duraram até o fim dos anos 1960. Uma estátua de Darboy, esculpida em 1873 por Jean-Marie Bienaimé (Bonassieux), encontra-se na Notre-Dame. Ruas do 11º *arrondissement* foram rebatizadas de Darboy e Deguerry.
6. BOUDON, Jacques-Olivier. *Monseigeur Darboy (1813-1871)*. Paris: Éditions du CERF, 2011, p. 146; HOFFMAN, Wickham. *Camp, Court, and Siege: A Narrative of Personal Adventure and Observation During Two Wars, 1861-1865, 1870-71*. Nova York: Harper and Brothers, 1877, p. 264.
7. FOURNIER, Eric. Op. cit., pp. 22-5. A Igreja de Notre-Dame-des-Otages encontra-se hoje em 81, rue Haxo.
8. MARION, Olivier. "La vie religieuse pendant la Commune de Paris 1871." Tese de mestrado não publicada, Paris-X Nanterre, 1981, p. 262; MERRIMAN, John. *Dynamite Club*. Nova York: Houghton Mifflin, 2009, pp. 88-9; FOURNIER, Eric. Op. cit., pp. 26-7.
9. HANS, Albert. *Souvenirs d'un volontaire versaillais*. Paris: Dentu, 1873, pp. 213, 239-40.
10. HANS, Albert. Op. cit., pp. 213, 229-32.

11. AMELINE, Henri (org.). *Enquête parlementaire sur l'insurrection du 18 mars*, vol. 1. Versalhes: CERF, 1872, pp. 227-8; VILLEFOSSE, René Héron de. *Les Graves heures de la Commune*. Paris: Perrin, 1970, p. 249.
12. CHAUVAUD, Frédéric. "L'élision des traces, l'effacement des marques de la barricade à Paris (1830-1871)." In: CORBIN, Alain e MAYEUR, J.-M. (org.). *La Barricade*. Paris: Publications de la Sorbonne, 1997, pp. 272-79.
13. LISSAGARAY, Prosper-Oliver. Op. cit., pp. 142-3.
14. VALANCE, Georges. *Thiers: bourgeois et révolutionnaire*. Paris: Flammarion, 2007, p. 325; RECLUS, Élie. *La Commune de Paris au jour le jour*. Saint-Martin-de-Bonfossé: Théolib, 2011, pp. 374-6, 378.
15. SERMAN, William. *La Commune de Paris*. Paris: Fayard, 1986, pp. 529-37; 8J 6e conseil de guerre, 683; TERSEN, E. "Léo Frankel." In: *Europe* 29: 64-5, abril-maio, 1951, p. 166.
16. MICHEL, Louise. *La Commune*. Paris: Stock, 1970, pp. 328-9; SERMAN, William. Op. cit., p. 536.
17. SUTTER-LAUMANN. *Histoire d'un trente sous (1870-1871)*. Paris: A. Savine, 1891, pp. 356-7.
18. 8J 3e conseil de guerre 6, dossier 29/5 (Gustave Courbet), relatórios de 31 de maio e 1º de junho de 1871 e interrogatório de Courbet, 25 de julho de 1871; DELESSERT, Eugène. *Épisodes pendant la Commune, souvenirs d'un délégué de la Société de secours aux blessés militaires des armées de terre et de mer*. Paris: C. Noblet, 1872, p. 51.
19. APP, Ba 1020, por exemplo, relatório de 7 de julho de 1871.
20. 8J 3e conseil de guerre 6, dossier 29/5 (Gustave Courbet), p.v., 8, 13 e 14 de junho de 1871.
21. COURTHION, Pierre. *Courbet raconté par lui-même et par ses amis*, vol. 1. Genebra: P. Cailler, 1948, pp. 267-9; MACK, Gerstle. *Gustave Courbet*. Nova York: A. Knopf, 1951, p. 272; PÉRIDIER, Jean. *La Commune et les artistes: Pottier, Courbet, Vallès, J. B. Clément*. Paris: Nouvelles éditions latines, 1980, pp. 70-71.
22. 8J 3e conseil de guerre 6, dossier 29/5 (Gustave Courbet); PÉRIDIER, Jean. Op. cit., pp. 72-5; DUBIEF, Henri. "Défense de Gustave Courbet par lui-même." In: *L'Actualité de l'Histoire* 30, janeiro-março, 1960, pp. 32-3; MORIAC, Édouard. *Les Conseils de guerre de Versailles*. Paris: E. Dentu, 1871, pp. 95-100, 222-3; BOUDRY, Robert. "Courbet et la fédération des artistes." In: *Europe* 29: 64-5, abril-maio de 1951, p. 126; CASTAGNARY (Jules). *Gustave Courbet et la Colonne Vendôme: Plaidoyer pour un ami mort*. Paris: E. Dentu, 1883, pp. 2, 77-83. Courbet foi multado em 323.091 francos pela reconstrução da coluna e em 6.850 francos pelo julgamento.
23. BIGOT, L. *Dossier d'un condamné à mort. Procès de Gustave Maroteau*. Paris: A. Chevalier, 1871, p. 163.
24. GULLICKSON, Gay. *Unruly Women of Paris: Images of the Comune*. Ithaca: Cornell University Press, 1996, pp. 206-9; BARROWS, Susanna. *Distorting Mirrors: Visions of the*

Crowd in Late Nineteenth-Century France. New Haven: Yale University Press, 1981. Três mulheres, Élisabeth Rétiffe, Joséphine Marchais e Léotine Suétens, foram condenadas à morte, apesar da falta de provas de que haviam ateado fogo a qualquer coisa, mas subsequentemente foram poupadas.

25. 8J 6, dossier 135 Louise Michel, interrogatório em 28 de junho de 1871; MICHEL, Louise, BULLITT, Lowry e GUNTER, Elizabeth Ellington. *The Red Virgin: Memoirs of Louise Michel*. Alabama: University of Alabama, 1981, pp. 85-6; GULLICKSON, Gay. Op. cit., pp. 210-14; JONES, Kathleen e VERGÈS, Françoise. "'Aux citoyennes!': Women, Politics, and the Paris Commune of 1871." In: *History of European Ideas* 13, 1991, p. 725.

26. ROSSEL, Louis-Nathaniel. *Rossel's Posthumous Papers*. Londres: Chapman and Hall, 1872, p. 203; BOURELLY, Jules (general). *Le Ministère de la Guerre sous la Commune* (s.d.), p. 154; Ly 137; MICHEL, Louise, BULLITT, Lowry e GUNTER, Elizabeth Ellington. *The Red Virgin*, pp. 77-9; 8J 3e conseil de guerre 6, dossier 29/8 Théophile Ferré, interrogatório em 16 de julho de 1871; 8J 6, dossier 554; PELLETAN, Camille. Op. cit., pp. 154-5.

27. ÉNAULT, Louis. *Paris brûlé par la Commune*. Paris: H. Plon, 1871, p. 25; AMERLINE, *Ênquete*, vol. 1, pp. 127, 243, 264; ROBERTS, J. M. "La Commune considérée par la droite, dimensions d'une mythologie." In: *Revue d'histoire moderne et contemporaine XIX*, abril-junho de 1972, pp. 200-1. Alain Corbin sugere que "é como se nenhum regime pudesse se estabelecer firmemente até provar sua capacidade de se banhar no sangue do monstro: o populacho furioso, a turba frenética" (*Village of Cannibals: Rage and Murder in France, 1870*, Cambridge: Harvard University Press, 1992, p. 98).

28. FOURNIER, Eric. *La Commune n'est pas morte: Les usages politiques du presse de 1871 à nos jours*. Paris: Libertalia, 2013, pp. 16-17, 30; BOURNAND, François. *Le Clergé pendant la Commune*. Paris: Tolra, 1892, p. 10.

29. TOMBS, Robert. *The War Against Paris 1871*. Cambridge: Cambridge University Press, 1981, pp. 191-2; RÉMY, Tristan. *La Commune à Montmartre: 23 mai 1871*. Paris: Éditions sociales, 1970, p. 125. De acordo com outro relatório, as forças versalhesas afirmaram ter prendido 38.578 pessoas, incluindo 1.054 mulheres e 615 meninos e meninas com menos de 16 anos. Desse total, cerca de 20 mil foram libertadas sem acusação e mais de 10 mil foram condenadas a penas diversas. Outras acabaram em fortes de prisão bem vigiados nas províncias (VALANCE, Georges. Op. cit., pp. 344-5; APPERT (general). "Rapport d'ensemble... sur les opérations de la justice militaire relatives à l'insurrection de 1871." In: *Annales de l'Assemblée nationale* 43, du 1er au 17 décembre 1875. Paris, 1876; EDWARDS, Stewart. Op. cit., pp. 347-8). No início de 1875, os casos de 50.559 prisioneiros haviam sido ouvidos. Vinte e duas cortes marciais julgaram 10.448 pessoas, levando a 13.440 condenações, das quais 3.313 *par contumace*, entre 1871 e 1874; 270 foram condenadas à morte e 26 homens foram executados; 410 *communards* (20 mulheres) foram sentenciados a *travaux forces*; 3.989 (16 mulheres) foram deportados e 1.269 foram

enviados para a prisão (MILHAUD, Gérard. "De la Calomnie à l'Histoire", *Europe* 48, novembro-dezembro de 1970, pp. 42-56). Elas não eram das "classes perigosas" imaginadas pelas elites; mas, comparadas com outros trabalhadores, eram mais pobres e, em virtude da natureza temporária de seu trabalho, eram, possivelmente, menos integradas à cidade, mais jovens e provavelmente menos casadas do que outros trabalhadores, e mais provavelmente "ilegítimas" (*enfants naturels*) e analfabetas; 21% haviam tido algum tipo de conflito com a lei, mas a grande maioria se envolvera apenas em procedimentos judiciais bem menores. Dos condenados, 64,2% tinham 21 a 40 anos de idade; 25,6%, 41 a 60. Os de 21 a 25 anos tinham uma probabilidade maior de serem deportados. Dos presos, 24,5% nasceram no *département* do Sena (o de Paris). O Sena estava à frente, com 8.938 pessoas enfrentando acusações, seguido do vizinho Seine-et-Oise, com 1.267. Entre os 1.725 estrangeiros presos no fim da Comuna, os belgas estavam à frente, com 737 pessoas, seguidos de 215 italianos, 201 suíços, 154 holandeses e 110 poloneses (APPERT. Op. cit., p. 117). O Musée d'Art et d'Histoire, em Saint-Denis, dá um total de 34.952 prisões, incluindo 819 mulheres e 538 crianças. Desse total, 2.455 foram absolvidas com 22.727 casos de acusações derrubadas; 93 pessoas foram condenadas à morte, sendo 23 executadas; 251 foram sentenciadas a trabalhos forçados por períodos específicos ou pelo resto da vida; 3.417 foram deportadas para Nova Caledônia; 1.247 foram sentenciadas à prisão perpétua e 3.359 receberam penas de prisão mais curtas; 3.313 foram condenadas *in absentia*.

30. MONNANTEUIL, Arthur. *Neuf mois de Ponton: Paroles d'un détenu*. Paris: A. Saigner, 1873, pp. 6-9; CHOURY, Maurice. *Les Damnés de la terre, 1871*. Paris: Tchou, 1970, p. 160.
31. MICHEL, Louise. Op. cit., pp. 395ff; SERMAN, William. Op. cit., pp. 531-5. Henri Rochefort e Francis Jourde conseguiram escapar em março de 1874, subornando o capitão de um navio britânico que transportava carvão a levá-los para o porto australiano de Newcastle, de onde acabaram chegando à Europa (WILLIAMS, Roger L. *Henri Rochefort: Prince of the Gutter Press*. Nova York: Scribner, 1966, pp. 135-7).
32. Robert Tombs argumentou que menos *communards* pereceram do que sugerem outros historiadores – incluindo o próprio Tombs, que antes havia apresentado o cálculo de 10 mil (TOMBS, Robert. "Victimes et bourreaux de la Semaine sanglante." In: *1848: révolutions et mutations au XIX siècle 1994*, pp. 81-96). Ele contesta a argumentação de Rougerie de que a migração para o exterior, incluindo a partida de estrangeiros que já não conseguiam encontrar trabalho, e de moradores que haviam conseguido fugir durante o cerco, pode explicar em parte a queda brusca de 10 mil pessoas na população de trabalhadores, particularmente em certos ofícios fundamentais, no censo oficial seguinte. Tombs estima o número de pessoas enterradas em Paris durante a Semana Sangrenta e logo depois desta em 5.700 e 7.400 (TOMBS, Robert. "How Bloody was 'La Semaine Sanglante' of 1871? A Revision." In: *The Historical Journal*, 55, 3 de setembro de 2012, pp. 679-704). Ele conclui que a Semana Sangrenta não foi nem "um ato de violência sem

precedentes" nem tão violenta quanto a Revolução Francesa. Porém, muitos corpos só foram enterrados depois de 30 de maio, e o uso de cal, as cremações e as covas coletivas descobertas subsequentemente representam milhares de outras mortes não incluídas no novo cálculo de Tombs de 7.400 execuções.

33. APPERT. Op. cit.; ROUGERIE, Jacques. "Composition d'une population insurgée: L'Exemple de la Commune." In: *Mouvement social* 48, julho-setembro, 1964, p. 32. Camille Pelletan, que estava lá, calculou 30 mil, Benoît Malon estimou cerca de 25 mil (MALON, Benoît. *La Troisième défaite du prolétariat français*. Neuchâtel: G. Guillaume, 1871], p. 475; PELLETAN, Camille. Op. cit., p. 5); TOMBS, Robert, "La lutte finale des barricades", p. 364. Wickham Hoffmann relata que a enorme vala de quase cinco metros de profundidade fora cavada em frente à barricada de Napoléon Gaillard, na place de la Concorde (HOFFMAN, Wickham. *Camp, Court, and Siege*, p. 280).

34. LISSAGARAY, Prosper-Oliver. Op. cit., pp. 140-3; SERMAN, William. Op. cit., p. 521.

35. ROUGERIE, Jacques. Op. cit., p. 31; PELLETAN, Camille. Op. cit., p. 398; LISSAGARAY, Prosper-Oliver. Op. cit., pp. 160-1; TOMBS, Robert. "How Bloody Was 'La Semaine Sanglante' of 1871?", pp. 13-14.

36. VUILLAUME, Maxime. *Mes Cahiers rouges au temps de la Commune*. Paris: A. Michel, 1971, p. 58; MICHEL, Louise, BULLITT, Lowry e GUNTER, Elizabeth Ellington. Op. cit., p. 68; BARONNET, Jean (org.). *Enquête sur la Commune de Paris (La Revue Blanche)*. Paris: Les Éditions de l'amateur, 2011, p. 146.

37. HARRISON, Frederic. "The Revolution and the Commune." In: *Fortnightly Review*, 53:9, maio de 1871, pp. 577-8; ALLEMANE, Jean. *Mémoires d'un Communard*. Paris: Libraire socialiste, 1910, p. 136; BAX, Belfort E., DAVE, Victor e MORRIS, William. *A Short History of the Paris Commune*. Londres: Socialist League Office, 1886, pp. 63-5, 72-9; ROUGERIE, Jacques. *Procès des Communards*. Paris: Julliard, 1964, p. 7; MCPHEE, Peter. *A Social History of France 1780-1889*. Nova York: Routledge, 1992, pp. 214-15. Em Londres, Karl Marx afirmou que a Comuna de Paris era a primeira revolução socialista da história. De forma memorável, ele proferiu: "A Paris do homem trabalhador, com sua Comuna, para sempre será celebrada como a gloriosa precursora de uma nova sociedade. Seus mártires estão guardados no grande coração da classe trabalhadora. A história de seus exterminadores já foi pregada no eterno pelourinho do qual todas as orações de seus padres não ajudarão a remir" (MARX, Karl. *The Civil War in France*. Chicago: C. H. Herr, 1934). Marx concluiu que a Comuna de Paris não foi a esperada revolução social que libertaria o proletariado. Mas os trabalhadores haviam se rebelado espontaneamente, portanto isso o reconfortava. Lênin apontaria para o papel revolucionário, durante a liderança da Comuna, da vanguarda do proletariado. Com isso, ele estava pensando na organização de seus bolcheviques, desviando-se, assim, de uma ênfase na espontaneidade revolucionária do povo comum.

38. TOMBS, Robert. "L'année terrible, 1870-71." In: *Historical Journal*, 35:3, 1992, p. 724, prevendo "a fria carnificina burocrática do século XX".
39. ALMÉRAS, Henri d'. *La Vie quotidienne pendant le siège et sous la Commune*. Paris: Michel, 1927, pp. 514-15.
40. BINGHAM, Denis Arthur. *Recollections of Paris*, vol. 2. Londres: Chapman and Hall, 1896, pp. 126-33.
41. GROUSSET, Paschal, JOURDE, Francis e BRISSAC, Henri. *La Bagne en Nouvelle-Calédonie... l'enfer au paradis*. Nouméa: Éditions footprint pacifique, 2009, p. 13.
42. MALON, Benoît. *La Troisième défaite; Gustave Lefrançais, Études sur le mouvement communaliste à Paris, en 1871*. Neuchâtel: G. Guillaume, 1871. Ver FOURNIER, Eric. Op, cit., pp. 32-40, 147-74.
43. RÉBERIOUX, Madeleine. "Le Mur des fédérés." In: *Les Lieux de mémoire*, vol. 1. Paris: Gallimard, pp. 619-45. Ver também TARTAKOWSKY, Danielle. "Le mur des fédérés ou l'apprentissage de la manifestation." In: *Cahiers d'histoire de l'Institut de recherches marxistes*, 44, 1991, pp. 70-9, e *Manifester à Paris 1880-2010*. Seyssel: Champ Vallon, 2010.
44. VALLÈS, Jules. *L'Insurgé*. Paris: Get et A. Mornay, 1923.
45. CAZALS, Remy. In: LARGUIER, Gilbert e GUARETTI, Jérôme (org.). *La Commune de 1871: utopie ou modernité?*. Perpignan: Presses Universitaires e Perpignan, 2001, pp. 389-90. Clément escreveu "La Semaine sanglante" [A Semana Sangrenta] enquanto estava escondido em Paris.
46. VARLOOT, Jean (org.). *Les poêtes de la Commune*. Paris: Les Éditeurs français réunis, 1951, pp. 95-8.
47. WOLFE, Thomas. *Look Homeward Angel: A Story of the Buried Life*. Nova York: Modern Library, 1929.

BIBLIOGRAFIA

FONTES PRIMÁRIAS

Archives de la Préfecture de Police (APP)
Ba 365-1
Ba 879, dossier Vallès
Ba 892, dossier Rigault
Ba 1020, dossier Courbet
Ba 1024, dossier Da Costa
Ba 1149, dossier Lefrançais
Ba 1213, Parent

Archives Nationales
BB30 487-88
F19 1954
F19 2448
F19 2555 (Georges Darboy)

Archives de la Défense, Vincennes
Ly 22   Clubs, comités, associations, Internationale, Union des femmes, franc-tireurs
Ly 25   Barricades
Ly 94   Corps francs, Vengeurs de Florens, Les éclaireurs du général Eudes etc.
Ly 120 Sapeurs pompiers
Ly 124 Documents concernant des détenus
Ly 125 Prisonniers de la Commune
Ly 127 Enfants détenus. Travaux statistiques relatives à l'insurrection parisienne de 1871; documents laissés au Ministère de la guerre par les délégués de la Commune
Ly 132 Affaire des Dominicains d'Arcueil
Ly 135 Exécution des otages de la Roquette (27 mai 1871)
Ly 136 Darboy
Ly 137 Affaire de la rue Haxo
Ly 140 Rapport Appert

8J 3e conseil de guerre, 6 dossier 29/5 Gustave Courbet
8J 6e conseil de guerre 225 dossier 554 Raoul Rigault
8J 6e conseil de guerre 230 dossier 683 Élisabeth Dmitrieff
8J 3e conseil de guerre 82 dossier 2084 Élie Reclus
8J 6e conseil de guerre 213 dossier 189 Gustave Genton
8J 3e conseil de guerre 3 dossier 554 Émile Eudes
8J 3e conseil de guerre 31 dossier 660 Léon Mégy
8J 4e conseil de guerre 131 dossier 688 Nathalie Le Mel
8J 9e conseil de guerre 286 dossier 687 Charles Trohel
8J 239 extraits collectives du jugement de 22 janvier 1872, Darboy et les otages
8J 3e conseil de guerre 6 dossier 29/8 Théophile Ferré

Bibliothèque historique de la ville de Paris
Papiers Eugène Balleyguier *dit* Eugène Loudun (Fidus)
Ms. 1284, 2e cahier, Notes sur la Politique, la litérature etc. 1870-71

Bibliothèque de l'Hôtel de Ville
"Souvenirs d'un habitant de la Porte Saint-Denis, du 21 au 25 mai 1871", Ms. 1031

Memórias, Relatos Contemporâneos
Todos os lugares de publicação são Paris, exceto quando observado

ADAM, Juliette. *Mes angoisses et nos luttes 1871-73* (1907)
ALLEMANE, Jean. *Mémoires d'un Communard* (1910)
D'ALMÉRAS, Henri. *La vie parisienne pendant le siège et sous la Commune* (s.d. [1925])
AMELINE, Henri. *Enquête parlementaire sur l'insurrection du 18 mars*, 3 vols. (1872)
AMODRU, Laurent (Abbé). *La Roquette, journées des 24, 25, 26, 27, et 28 mai 1871* (1873)
ANDRIEU, Jules. *Notes pour servir à l'histoire de la Commune de Paris en 1871* (1971)
_____. "The Paris Commune: A Chapter Towards its Theory and History", *Fortnightly*, 10 (nova série, novembro de 1871), pp. 571-98
ANÔNIMO. *The Insurrection in Paris: Related by an Englishman* (1871) [Davy]
_____. *Réflexions sur les événements des dix derniers mois par un provincial habitant à Paris* (1871)
_____. *La Vérité sur Mgr Darboy* (Gien, 1889)
APPERT, F. (general). "Rapport d'ensemble... sur les opérations de la justice militaire relatives à l'insurrection de 1871", *Annales de l'Assemblée nationale*, 43 (1875)
BALLAND, A. *La Guerre de 1870 et la Commune* (Bourg-en-Bresse, 1916)
BARGES, Jean-Joseph-Léandre (abade). *Notre-Dame des Victoires pendant la Commune* (1889)
BARONNET, Jean. *Regard d'un Parisien sur la Commune* (2006)

BARRAL DE MONTAUD, C. *Notes journalières sur l'état de Paris durant la Commune, travail présenté le 28 juillet 1871 à l'Assemblée nationale* (1871)

BARRON, Louis. *Sous le drapeau rouge* (1889)

BAUER, Henry. *Mémoires d'un jeune homme* (1895)

BEAUMONT-VASSY, Édouard, Ferdinand (visconde de). *Histoire authentique de la Commune de Paris en 1871, ses origines, son règne, sa chute* (1871)

BELL, Georges. *Paris incendié: Histoire de la Commune de 1871* (1872)

BERGERET, Jules. *Le 18 mars: Journal Hebdomadaire* (1871)

BESLAY, Charles. *Mes Souvenirs 1830-1848-1870*, prefácio de G. de Bertier de Sauvigny (1979)

BIGOT, L. *Dossier d'un condamné à mort* (julgamento de Gustave Maroteau) (1871)

BINGHAM, Denis Arthur. *Recollections of Paris*, vol. 2 (Londres, 1896)

BLANCHECOTTE, Augustine Malvina. *Tablettes d'une femme pendant la Commune* (1872)

BLEIGNERIE, Henri de e DANGIN, Édouard. *Paris incendié pendant la Commune, 1871* (2009)

BORGELLA, P.F. *Justice! Par un officier de l'armée de Paris* (1871)

BOURELLY, Jules (general). *Le Ministère de la Guerre sous la Commune* (s.d.)

BRUNOX, Eugène. *La Bataillon d'honneur de Versailles, Saint-Cloud et Garches pendant la guerre de 1870-1871* (Versalhes, 1881)

CARQUILLAT, Alfred. *Hymne au pétrole, dédié aux républicains présents et à venir* (1873)

CERFBEER, Gaston. "Une nuit de la semaine sanglante", *Revue Hebdomadaire* 25 (23 de maio de 1903), pp. 417-24

CHEVALET, Émile. *Mon Journal pendant le siège et la Commune par un bourgeois de Paris* (1871)

CLARKE, Marcus. *L'Histoire d'un Communard* (2006 [Melbourne, 1873])

CLÉMENCE, Adolphe Hippolyte, Roussel. *De L'antagonisme social, ses causes et ses effets* (Neuchâtel, 1871)

CLÉMENT, Jean-Baptiste. *La Revanche des Communeux* (1886)

CLÉRE, Jules. *Les Hommes de la Commune* (1871)

CLUSERET, Gustave (general). *Mémoires du Général Clusuret*, 3 vols. (1887-88)

COMMISSAIRE, Sébastien. *Mémoires et souvenirs*, vol. 2 (1888)

COMPIÈGNE, Marquis de. "Souvenirs d'un Versaillais pendant le second siège de Paris", *Le Correspondant* (10 de agosto de 1875), p. 633

COQUEREL, Athanase Josué. *Sous la Commune: Récits et souvenirs d'un Parisien* (1873)

COULLIÉ, Abbé. *Saint-Eustache pendant la Commune* (1872)

DABOT, Henri. *Griffonnages quotidiens d'un bourgeois du quartier latin, du 14 mai 1869 au 2 décembre 1871* (1895)

DA COSTA, Gaston. *Mémoires d'un Communard: la Commune vécue* (2009)

DALSEME, Achille. *Histoire des conspirations sous la Commune* (1872)

DAMÉ, Frédéric. *La Résistance: Les maires, les députés de Paris et le Comité central du 18 au 26 mars* (1871)

DAUDET, Ernest. *L'agonie de la Commune, Paris à feu et à sang* (1871)

DELESSERT, Eugène. *Épisodes pendant la Commune, souvenirs d'un délégué de la Société de secours aux blessés militaires des armées de terre et de mer* (1872)

DELMAS (Guillaume), L'Abbé. *La Terreur et l'église en 1871* (1871)

DEMEULENAERE-DOUYÈRE, Christiane. "Un témoin de la Commune de Paris: Eugène Bersier", *Bulletin de la Société d'histoire de Paris et de l'Ile de France*, 108 (1981), pp. 247-54; e *Journal de l'entrée des troupes versaillaises dans Paris*, 109 (1982), pp. 298-310

DESPLATS, Victor. *Lettres d'un homme à la femme qu'il aime pendant le siège et la Commune* (1980)

DU BARAIL, Général. *Mes Souvenirs*, vol. 3 (1896)

DUBIEF, Henri. "Défense de Gustave Courbet par lui-même...", *L'Actualité de l'Histoire*, 30 (janeiro-março de 1960)

DU CAMP, Maxime. *Les Convulsions de Paris*, 2 vols. (1879-80)

DUPONT, Léonce. *La Commune et ses auxiliaires devant la justice* (1871)

_____. *Souvenirs de Versailles pendant la Commune* (1881)

ÉNAULT, Louis. *Paris brûlé par la Commune* (1871)

Enquête parlementaire sur l'insurrection du 18 mars. Vol. 1 (Versalhes, 1872)

D'ESBOEUFS, Vicomte Alphonse Vergès. *La Vérité sur le gouvernement de la Défense nationale, la Commune et les Versaillais* (Genebra, 1871)

ÉVRARD, Ferdinand. *Souvenirs d'un otage de la Commune* (1871)

FETRIDGE, W. Pembroke. *The Rise and Fall of the Paris Commune in 1871* (Nova York, 1871)

FEYDEAU, Ernest. *Consolation* (1872)

FIX, Théodore. *Souvenirs d'un officier d'État-major* (segunda série, 1870-94, 1896)

FLAMARION, Alfred. *Le livret du docteur, souvenirs de la campagne* (1872)

FLOTTE, B. *Blanqui et les otages en 1871* (1885)

FONTOULIEU, Paul. *Les Églises de Paris sous la Commune* (1873)

FONTVIELLE, Wilfred de. *Paris en flammes, ou les journées de mai 1871* (1871)

_____. *La Terreur ou la Commune de Paris* (1871)

FORBES, Archibald. "What I Saw of the Paris Commune", *Century Illustrated Magazine* (novembro de 1892), pp. 48-61

FORNI, Jules. *Raoul Rigault, procureur de la Commune* (1871)

FORT, Frédéric. *Paris brûlé* (1871)

GALLET, Louis. *Guerre et Commune, impressions d'un hospitalier* (1898)

GALLIFET, Général Gaston de. "Mes souvenirs", *Journal des Débats* (19, 22, 25 e 29 de julho de 1902)

GAMBON, Charles. *La Réponse à l'Assemblée souveraine de Versailles à dernière révolution* (Genebra, 1872)

GARÇON (Maurice). "Journal d'un bourgeois de Paris", *Revue de Paris*, 12 (dezembro de 1955), pp. 14-33

GASTYNE, Jules de. *Mémoires secrets du Comité central et de la Commune* (1871)
GAUTIER, Théophile. *Tableaux de siège de Paris* (1881)
GIBSON, W. *Paris During the Commune* (Londres, 1895)
GRANDEFFE, Arthur de. *Mobiles et Volontaires de la Seine pendant la Guerre et les deux sièges* (1871)
GROUSSET, Paschal e JOURDE, François. *Les Condamnés politiques en Nouvelle-Calédonie* (Genebra, 2009)
GROUSSET, Paschal; JOURDE, François e BRISSAC, Henri. *La Bagne en Nouvelle-Calédonie... l'enfer au paradis*, prefácio e introdução de Alain Brianchon (Nouméa, Nova Caledônia, 2009)
GUASCO, Charles. *Douze visites à Mazas pendant la Commune* (1871)
GUÉNIN, Louis-Prosper. *Assassinat des otages, sixième conseil de guerre, compte rendu in extenso des débats* (1872)
HANS, Albert. *Souvenirs d'un volontaire versaillais* (1873)
HANS, Ludovic (dito M. de Senestre). *Second siège de Paris: Le Comité central et la Commune* (1871)
HANS, Ludovic e BLANC, J.J. *Guide à travers les ruines* (1871)
HARDOUIN, Mme. C. *La Détenue de Versailles en 1871* (2005 [1879])
HARRISON, Frederic. "The Revolution and the Commune", *Fortnightly Review*, 53:9 (maio de 1871), pp. 556-79
HAUDEBOURG, Hélène (org.). "Carnet de guerre d'un Vertarien en 1870 Julien Poirier", *Regards sur Vertou au Fil des Temps*, 7 (2003), pp. 10-18
HÉRON DE VILLEFOSSE. René. *Les graves heures de la Commune* (1970)
HEYLLI, Georges d' (Antoine Poinsot). *Journal d'un habitant de Neuilly pendant la Commune* (1871)
_____. *La Légion d'honneur et la Commune* (1871)
HOFFMAN, Wickham. *Camp, Court, and Siege: A Narrative of Personal Adventure and Observation during Two Wars, 1861-1865, 1870-71* (Nova York, 1877)
JACQUEMONT, M.S. *La campagne des zouaves pontificaux en France* (1871)
JEANNERET, Georges. *Paris pendant la Commune révolutionnaire de 1871* (1871)
JOLLIVET, Gaston. *Souvenirs d'un Parisien* (1928)
JOURDE, François. *Souvenirs d'un membre de la Commune* (1877)
Journal Officiel de la Commune
LAMAZOU, Abbé (Henri-Pierre). *La Place Vendôme et la Roquette* (1877)
LANJALLEY, Paul e CORRIEZ, Paul. *Histoire de la révolution du 18 mars* (1871)
LANO, Pierre de (Marc-André Gromier). *La Commune, journal d'un vaincu* (1892)
LEFRANÇAIS, Gustave. *Souvenirs d'un révolutionnaire* (Neuchâtel, 1871)
LEPAGE, Auguste. *Histoire de la Commune* (1871)

Letters from Paris 1870-1875, escrito por C. de B., um informante político do chefe da London House of Rothschild, trad. Robert Henrey (Londres, 1942)
LISBONNE, Maxime. *Mémoire pour Maxime Lisbonne* (1872)
LISSAGARAY, Prosper-Olivier. *History of the Paris Commune of 1871* (Nova York, 1976)
_____. *Les huit journées de mai derrière les barricades* (1871)
LOCKROY, Édouard. *La Commune et l'Assemblée* (1871)
MAC-MAHON, Le Maréchal de. *L'Armée de Versailles depuis sa formation jusqu'à la complète pacification de Paris* (1872)
MAILLARD, Firmin. *Affiches: Professions de foi: Documents officiels: Clubs et Comités pendant la Commune* (1871)
_____. *Histoire des journaux publiés à Paris pendant le siège et sous la Commune* (1871)
MALON, Benoît. *La Troisième défaite du prolétariat français* (Neuchâtel, 1871)
MARFORIO (Louise Lacroix). *Les Echarpes Rouges: Souvenirs de la Commune* (1872)
MARTIAL, A. *Paris sous la Commune, Paris incendié* (1982 [1871])
MARTINE, Paul. *Souvenirs d'insurgé. La Commune de 1871* (1971)
Les Martyrs de la Seconde Terreur ou Arrestation, Captivité et Martyre de Mgr Darboy, Archevêque de Paris et de M. Deguerry (1871)
MAURETTE, L'Abbé Omer. *Monseigneur Georges Darboy, archévêque de Paris, sa vie, ses oeuvres* (1863)
MAZADE, Alexandre de. *Lettres et notes intimes, 1870-71* (1892)
MEAUX, Vicomte Camille de. *Souvenirs politiques, 1871-1877* (1905)
MENDÈS, Catulle. *Les 73 jours de la Commune* (1871)
MICHEL, Louise. *La Commune, Histoire et Souvenirs* (1970)
MOLINARI, Gustave de. *Les clubs rouges pendant le siège de Paris* (1871)
MONNANTEUIL, Arthur. *Neuf mois de ponton: Paroles d'un détenu* (1873)
MONTAUDON, Alexandre (general). *Souvenirs militaires*, vol. 2 (1898-1900)
MONTEIL, Edgar. *Souvenirs de la Commune*, 1871 (1883)
MORIAC, Edouard. *Les Conseils de guerre de Versailles* (1871)
_____. *Paris sous la Commune* (1871)
MORIN, Georges. *Histoire critique de la Commune* (1871)
MUN, Albert de (conde). "Gallifet", *Écho de Paris* (10 de julho de 1909)
_____. *Revanche de guerre civile* (Puteaux, 1914)
MURRAY, John, M.D. "Four Days in the Ambulances and Hospitals of Paris under the Commune", *British Medical Journal* (janeiro-junho de 1871), pp. 541-42, 596-7, 620-2.
Notice historique "Les Pétroleuses" (1871)
OPPER DE BLOWITZ, Henri. *My Memoirs* (Londres, 1903)
PAQUETTE, Cécile (org.). *Souvenirs d'un ambulancier: La Commune à l'ouest de Paris: Carnet de croquis du peintre Alfred Auteroche mars-juin 1871* (2008)
PARENT, Ulysse. *Une Arrestation en mai*, 1871 (1876)

PAYEN, Alix. "Une ambulancière de la Commune de Paris", em *Mémoires de femmes, mémoire du peuple*, org. Louis Constant (1979), pp. 61-87

PELLATON, H. *Journées de mai 1871: les sapeurs-pompiers et les volontaires de l'Eure aux incendies de Paris* (Évreux, 1873)

PELLETAN, Camille. *Questions d'histoire: Le Comité central et la Commune* (1879)

_____. *La semaine de mai* (1880)

PERNY, Paul (R. P.). *Deux mois de prison sous la Commune, suivi de détails authentiques sur l'assassinat de Mgr l'archevêque de Paris* (1871)

PESSARD, Hector. *Mes petits papiers, 1871-73* (1887)

PIERRON, Alexis. *Mgr Darboy: Esquisses familières* (1872)

POULOT, Denis. *Le sublime* (1870)

PRAMPAIN, Edouard (R. P.). *Souvenirs de Vaugirard, mon journal pendant le siège et pendant la Commune, 1870-71* (1888)

PRESSENSÉ, Edmund de. *Les leçons du 18 mars* (1871)

PRÉVILLE, Louis de. *Mort de Mgr Darboy, otage de la Commune* (1871)

RANC, Arthur. *Pendant la Commune* (1876)

RASTOUL, A. *L'Église de Paris sous la Commune* (1871)

RAVAILHE, Romain Pierre (Chanoine). *Une Semaine de la Commune de Paris* (1883)

RECLUS, Élie. *La Commune de Paris au jour le jour* (2011 [1908])

RIGAULT, Raoul. *M. Zangiacomi* (1870)

ROCHEFORT, Henri. *The Adventures of My Life* (Londres, 1896)

RODRIGUÈS, Edgar. *Le carnaval rouge* (1872)

ROSSEL, Louis-Nathaniel. *Rossel's Posthumous Papers* (Londres, 1872)

SAINT-VICTOR, Paul de. *Barbares et Bandits: La Prusse et la Commune* (1871)

SARREPONT, Major H. de (tenente-coronel Eugène Hennebert). *Guerre des communeux à Paris* (1871)

SAUVE, Michel (org.). *Récit vécu de la fin de la Commune de Paris par un bourgeois anonyme* (2009)

SECONDIGNÉ, Achille. *Les Pontoons, Versailles, Satory, Brest: Histoire d'un evadé* (1871)

SEMPRONIUS. *Histoire de la Commune de Paris en 1871* (s.d.)

SENISSE, Martial. *Les carnets d'un fédéré, 1871*, org. J. A. Faucher (1965)

SIMON, Jules. *The Government of M. Thiers*, vol. 1 (Nova York, 1879)

_____. *Thiers, Guizot, Rémusat* (1885)

SUTTER-LAUMANN. *Histoire d'un trente sous* (1891)

THIERS, Adolphe. *Déposition de M. Thiers sur le dix-huit mars* (1871)

_____. *Histoire de la Révolution du 4 septembre et de l'insurrection du 18 mars* (1875)

_____. *Memoirs of M. Thiers 1870-1873* (Nova York, 1973)

_____. *Notes et souvenirs de M. Thiers 1870-1873* (1903)

VARLIN, Eugène. *Pratique militante et écrits d'un ouvrier communard*, ed. Paule Lejeune (1977)

VÉSINIER, Pierre. *History of the Commune of Paris* (1872)
VIGNON, Paul. *Rien que ce que j'ai vu! Le siège de Paris – la Commune* (1913)
VINOY, Joseph (general). *L'armistice et la Commune: Opérations de l'Armée de Paris et de l'Armée de réserve* (1874)
VIZETELLY, Ernst A. *My Adventures in the Commune* (n.p., 2009 [1914])
VUILLAUME, Maxime. *Mes Cahiers rouges au temps de la Commune* (1971)
WASHBURNE, Elihu Benjamin. *Account of the sufferings and death of the Most Reverend George Darboy, Late Archbishop of Paris* (Nova York, 1873)
_____. *Franco-German War and Insurrection of the Commune: Correspondence of E. B. Washburne* (Washington, 1878)
WOLOWSKI, Bronislas. *Dombrowski et Versailles* (Genebra, 1871)
YRIARTE, Charles. *Les Prussiens à Paris et le 18 mars* (1871)

FONTES SECUNDÁRIAS

Todos os lugares de publicação são Paris, exceto quando observado

ACCOYER, Bernard (org.). *De l'Empire à la République: les comités secrets au Parlement, 1870-1871* (2011)
ADAMOV, Arthur. *La Commune de Paris 18 mars-28 mai 1871: Anthologie* (1959)
ANGRAND, Pierre. "Un épisode de la répression versaillais: L'affaire Tribels (mai 1871-octobre 1872)", *La Pensée*, 68 (julho-agosto de 1956)
BAAS, Jacquelynn. "Edouard Manet and 'Civil War'", *Art Journal*, 45:1 (primavera de 1985), pp. 36-42
BARRY, David. *Women and Political Insurgency: France in the Mid-Nineteenth Century* (Basingstoke, 1996)
BAX, E. Belfort, DAVE, Victor e MORRIS, William. *A Short History of the Paris Commune* (Londres, 1886)
BÉNEYTOU, Jean-Pierre. *Vinoy: Général du Second Empire* (2003)
BERLEUX, Jules (Maurice Quentin-Bauchard). *La caricature politique en France pendant la guerre, le siège de Paris et la Commune* (1890)
BIDOUZE, René. *72 jours qui changèrent la Cité: La Commune de Paris dans l'histoire des services publics* (2001)
BECKER, George J. (org.). *Paris Under Siege, 1870-71: From the Goncourt Journal* (Ithaca, Nova York, 1969)
BOIME, Albert. *Art and the French Commune: Imagining Paris after War and Revolution* (Princeton, Nova Jersey, 1995)

BOUDON, Jacques-Olivier. "Une nomination épiscopale sous le Second Empire: l'abbé Darboy à l'assaut de Paris", *Revue de l'histoire moderne et contemporaine*, 39:3 (julho-setembro de 1992), pp. 465-82

_____. *Monseigneur Darboy (1813-1871)* (2011)

BOUDRY, Robert. "Courbet et la fédération des artistes", *Europe*, 29:64-5 (abril-maio de 1951), pp. 122-8

BOUISSOUNOUSE, Janine e VILLEFOSSE, Louis Héron de. "La presse parisienne pendant la Commune", *Europe*, 29:64-5 (abril-maio de 1951), pp. 50-72

BOUNIOLS, Gaston. *Thiers au pouvoir (1871-1873)* (1922)

BOURGIN, Georges. *La Commune* (1971)

_____. *La Guerre de 1870-1871 et la Commune* (1971)

BOURNAND, François. *Le clergé pendant la Commune* (1892)

BRAIBANT, Sylvie (org.). *Élisabeth Dmitrieff* (1993)

BRAIRE, Jean. *Sur les traces des communards: Enquête dans les rues de Paris d'aujourd'hui* (1988)

BROGLIE, Gabriel de. *Mac-Mahon* (2000)

BROWN, Marilyn R. "Manet, Nodier, and 'Polichinelle'", *Art Journal*, 45:1 (primavera de 1985), pp. 43-8

BRUHAT, Jean, DAUTRY, Jean e TERSEN, Émile. *La Commune de 1871* (1960)

Bulletin paroissial de Fayl-Billot (junho, setembro e dezembro de 2007)

BURY, J. P. T. e TOMBS, R. P. *Thiers, 1797-1877: A Political Life* (Londres, 1986)

CATTELAIN, P.-P. *Mémoires inédits du chef de la Sûreté sous la Commune* (1895)

CASTAGNARY. *Gustave Courbet et la Colonne Vendôme* (1883)

CERF, Marcel. "La barricade de 1871", em Alain Corbin e J.-M. Mayeur (org.), *La Barricade* (1997), pp. 323-35

_____. *Les "Cahiers rouges" de Maxime Vuillaume* (1988)

_____. *Le D'Artagnan de la Commune (le colonel Maxime Lisbonne)* (1967)

_____. *Édouard Moreau, l'âme du Comité central de la Commune* (1971)

CÉSAR, Marc. *Commune de Narbonne: mars 1871* (Sète, 2008)

CHAMBON, Pascal. "1871, la fin de la Garde nationale." In: LATTA, Claude (org.), *La Commune de 1871: L'événement les hommes et la mémoire* (Saint-Etienne, 2004), pp. 75-90

CHAUVAUD, Frédéric. "L'élision des traces, l'effacement des marques de la barricade à Paris (1830-1871)", em Alain Corbin e J.-M. Mayeur (org.), *La Barricade* (1997), pp. 169-83

CHAUVIN, Charles. *Mgr Darboy, archêveque de Paris, otage de la Commune (1813-1871)* (2011)

CHEVALLEY, Sylvie. "La Comédie-française pendant la Commune", *Europe* (novembro-dezembro de 1970)

CHOURY, Maurice. *Bonjour Monsieur Courbet!* (1969)

_____. *La Commune au Quartier latin* (1971)

_____. *Les damnés de la terre, 1871* (1970)

_____. (org.) *Les poètes de la Commune* (1970)

CHRISTIANSEN, Rupert. *Tales of the New Babylon: Paris 1869-1975* (1994)

CLAYSON, S. Hollis. *Paris in Despair: Art and Everyday Life Under Siege (1870-71)* (Chicago, 2002)

CLIFFORD, Dale Lothorp. "Aux armes citoyens! The National Guard in the Paris Commune of 1871" (dissertação de Ph.D. não publicada, University of Tennessee, 1975)

CORBIN, Alain e MAYEUR, J.-M. (org.) *La Barricade* (1997)

COULONGES, Georges. *La Commune en chantant* (1970)

COURTHION, Pierre. *Courbet raconté par lui-même et par ses amis*, 2 vols. (Genebra, 1948 e 1950)

COURTINE, Robert. *La vie parisienne: Cafés et restaurants des boulevards, 1814-1914* (1984)

DALOTEL, Alain (org.). *Émile Maury, Mes Souvenirs sur les événements des années 1870-1871* (2001)

_____. *Gabriel Ranvier, Le Christ de Belleville: Blanquiste, Franc-maçon, Communard et Maire du XXe arrondissement* (2005)

_____. *Paule Minck, communarde et féministe, 1839-1901* (1981)

DALOTEL, Alain, FAURE, Alain e FREIERMUTH, Jean-Claude. *Aux origines de la Commune: le mouvement des réunions publics à Paris, 1868-70* (1980)

DAUTRY, Jean e SCHELER, Lucien. *Le comité central républicain des vingt arrondissements de Paris (septembre 1870-mai 1871), d'après les papiers inédits de Constant Martin et les sources imprimées* (1960)

DAYOT, Armand. *L'invasion, le siège (1870), la Commune (1871), d'après les peintures, gravures, sculptures, médailles, autographes et pouvoir révolutionnaire* (1969)

DECOUFLÉ, André. "La spontanéité révolutionnaire dans une révolution populaire, l'exemple de la Commune de Paris", *Cahiers de l'I.S.E.A.*, 164 (agosto de 1965), pp. 173-207

DELAROCHE-VERNET, André. *Une famille pendant la guerre et la Commune* (1912)

DELEURMOZ, Quentin. *Policiers dans la ville: La construction d'un ordre public à Paris 1854-1914* (2012)

DESSAL, Marcel. *Un Révolutionnaire Jacobin Charles Delescluze, 1809-1871* (1952)

DITTMAR, Gérald. *Belleville de l'Annexation à la Commune* (2007)

_____. *Gustave Courbet et la Commune, le politique* (2007)

_____. *Histoire des femmes dans la Commune de Paris* (2003)

DOMMANGET, Maurice. *Blanqui, Guerre de 1870-71 et la Commune* (1947)

DUBOIS, Jean. *Le vocabulaire politique et social en France de 1869 à 1872* (1962)

EDWARDS, Stewart (org.). *The Communards of Paris, 1871* (Londres, 1973)

_____. *The Paris Commune 1871* (Newton Abbot, 1971)

EICHNER, Carolyn. *Surmounting the Barricades: Women in the Paris Commune* (Bloomington, Indiana, 2004)

_____. "'We Must Shoot the Priests': Revolutionary Women and Anti-Clericalism in the Paris Commune of 1871", em Lucia Carle e Antoinette Fauve-Chamoux, *Cities Under Siege/Situazioni d'Assedio/États de Siège* (Florença, 2002), pp. 165-72

FERGUSON, Priscilla Parkhurst. *Paris as Revolution: Writing the Nineteenth-Century City* (Berkeley, Califórnia, 1994)

FOULON, Joseph-Alfred (monsenhor). *Histoire de la vie et des oeuvres de Mgr Darboy, archevêque de Paris* (1889)

FOURNIER, Éric. *La Commune n'est pas morte: Les usages politiques du presse de 1871 à nos jours* (2013)

_____. *Paris en ruines: du Paris haussmannien au Paris communard* (2008)

FREIERMUTH, Jean-Claude. "L'armée et l'ordre en 1870-71: le cas Vinoy", em Philippe Vigier et al., *Maintien de l'ordre et polices en France et en Europe au XIXe siècle* (1987)

FROUMOV, Salomon. *La Commune de Paris et la démocratisation de l'école* (Moscou, 1964)

GADILLE, Jacques. "Georges Darboy, archevêque de Paris", *Mélanges offerts à M. le doyen André Latreille* (Lyon, 1972) pp. 187-97

GAILLARD, Jeanne. *Paris, la ville 1852-1870*. Paris: Honoré Champion, 1997

GAUTHEROT, Gustave. *Thiers et Mgr Darboy* (1910)

GILLOIS, André. *Gallifet "le fusilleur de la Commune"* (1985)

GIRARD, R. P. Jean-Antoine. *Le Révérend Père Captier et les martyrs d'Arcueil* (1955)

GODELIER (coronel). "La guerre de 1870 et la Commune: journal d'un officier d'état-major", *Nouvelle revue retrospective*, 16 (janeiro-junho de 1902), pp. 297-312, 361-89; 17 (julho-dezembro de 1902), pp. 1-24, 121-61

GODINEAU, Laure. "Les barricades de mai 1871 chez Jules Vallès (La Commune de Paris, L'Insurgé)", em Alain Corbin e J.-M. Mayeur (org.), *La Barricade* (1997), pp. 167-82

_____. *La Commune de Paris par ceux qui l'ont vécue* (2010)

GOSSET, Hélène. "Les Polonais dans la Commune de Paris", *Europe*, 64-5 (abril-maio de 1951), pp. 147-56

GOUCH, Austin. "Reflections on the Death of an Archbishop", em Eugene Kamenka, *Paradigm for Revolution? The Paris Commune 1871* (Sydney, 1972), pp. 50-62

GOULD, Roger V. *Insurgent Identities: Class, Community, and Protest in Paris from 1848 to the Commune* (Chicago, 1995)

_____. "Trade Cohesion, Class Unity, and Urban Insurrection: Artisanal Activism in the Paris Commune", *American Journal of Sociology*, 98:4 (janeiro de 1993), pp. 721-54

GREENBERG, Louis M. *Sisters of Liberty: Marseille, Lyon, Paris and the Reaction to a Centralized State, 1868-1871* (Cambridge, Massachusetts, 1971)

GUILLERMIN, Joseph Abel. *Vie de Mgr Darboy, archevêque de Paris, mis à mort en haine de la foi le 24 mai 1871* (1888)

GUIRAL, Pierre. *Adolphe Thiers* (1986)

GULLICKSON, Gay. "La pétroleuse: Representing Revolution", *Feminist Studies*, 17:2 (verão de 1991), pp. 240-65

_____. *Unruly Women of Paris: Images of the Commune* (Ithaca, Nova York, 1996)

HIGONNET, Patrice. *Paris: Capital of the World*. Cambridge: Harvard University Press, 2002

HORNE, Alistair. *The Fall of Paris: The Siege and the Commune 1870-71* (Nova York, 1965)

_____. *The Terrible Year: The Paris Commune, 1871* (Londres, 2004)

HOUSE, John. *Impressionism: Paint and Politics* (New Haven, Connecticut, 2004)

HOWARD, Michael. *The Franco-Prussian War* (Londres, 1961)

HUARD, Raymond. "Napoléon Gaillard, chef barricadier de la Commune, 1815-1900", em Alain Corbin e J.-M. Mayeur (org.), *La Barricade* (1997), pp. 311-22

HUTTON, Patrick H. *The Cult of Revolutionary Tradition: The Blanquists in French Politics, 1864-1893* (Berkeley, Califórnia, 1981)

IMBERT DE SAINT-AMAND, Arthur-Léon. *Deux victimes de la Commune, l'abbé Deguerry et Paul Seigneret* (1888)

JOHNSON, Martin Phillip. *The Paradise of Association: Political Culture and Popular Organizations in the Paris Commune of 1871* (Ann Arbor, Michigan, 1996)

JONES, Kathleen e VERGÈS, Françoise. "'Aux citoyennes!': Women, Politics, and the Paris Commune of 1871", *History of European Ideas* 13 (1991), pp. 711-32

JORDAN, David. *Transforming Paris: The Life and Labors of Baron Haussmann* (Nova York, 1995)

JOURDAN, Maxime. *Le cri du people* (2005)

Kalifa, Dominique. *Les bas-fonds: Histoire d'un imaginaire* (2013)

KATZ, Philip M. *From Appomattox to Montmartre: Americans and the Paris Commune* (Cambridge, Massachusetts, 1998)

KRAKOVITCH, Odile. "Les femmes de Montmartre et Clemenceau durant le siège de Paris: de l'action sociale à l'action politique." In: LATTA, Claude (org.), *La Commune de 1871: L'événement les hommes et la mémoire* (Saint-Etienne, 2004), pp. 43-58

LA FAYE, Jacques de (Marie de Sardent). *Le Général de Ladmirault, 1808-1898* (1901)

LAPOSTOLLE, Christianne. "Plus vrai que le vrai: Stratégie Photographique et la Commune de Paris", *Actes de la Recherche en Sciences Sociales* 73 (junho de 1988), pp. 67-76

LARGUIER Gilbert e GUARETTI, Jérôme (org.). *La Commune de 1871: utopie ou modernité?* (Perpignan, 2001)

LATTA, Claude. "Benoit Malon pendant la Commune." In: LATTA, Claude (org.), *La Commune de 1871: L'événement les hommes et la mémoire* (Saint-Etienne, 2004), pp. 107-26

_____. (org.). *La Commune de 1871: L'événement les hommes et la mémoire* (Saint-Etienne, 2004)

LECAILLON, Jean-François (org.). *La Commune de Paris racontée par les Parisiens* (2009)

LEPAGE, Auguste. *Les cafés artistiques et littéraires de Paris* (1882)

LE QUILLEC, Robert. *La Commune de Paris bibliographie critique 1871-1997* (1997)

LÉVÊQUE, Pierre. "Les courants politiques de la Commune de Paris." In: LATTA, Claude (org.). *La Commune de 1871: L'événement les hommes et la mémoire* (Saint-Etienne, 2004), pp. 29–42

LIDSKY, Paul (org.). *Les aventures de ma vie, Henri Rochefort* (2005)

_____. *Les Écrivains contre la Commune* (1970)

MACK, Gerstle. *Gustave Courbet* (1951)

MAITRON, Jean. *De La Bastille au Mont-Valérien: Dix promenades à travers Paris révolutionnaire* (1956)

MALIGE, R. P. Prosper. *Picpus pendant la Commune, par un prêtre de la congrégation du Sacré-Coeur (dite de Picpus)* (1898)

MALO, Henri. *Thiers, 1797-1877* (1932)

MARION, Olivier. "La vie religieuse pendant la Commune de Paris 1871" (tese de mestrado não publicada, Paris-X Nanterre, 1981)

MARX, Karl. *The Civil War in France* (Chicago, Illinois, 1934)

MASON, Edward S. *The Paris Commune: An Episode in the History of the Socialist Movement* (Nova York, 1930)

MAURIN, Charles. *La politique ecclésiastique du Second Empire de 1852 à 1869* (1930)

MCCLELLAN, Woodford. *Revolutionary Exiles: The Russians in the First Internationale and the Paris Commune* (Londres, 1979)

MERRIMAN, John. *Aux marges de la ville: faubourgs et banlieues en France 1815-1870* (1994)

_____. *The Margins of City Life: Explorations on the French Urban Frontier, 1815-1851* (Nova York, 1991)

_____. *The Red City: Limoges and the French Nineteenth Century* (Nova York, 1985)

MICHEL, Louise, BULLITT, Lowry e GUNTER, Elizabeth Ellington. *The Red Virgin: Memoirs of Louise Michel* (Alabama, 1981)

MILHAUD, Gérard. "De la Calomnie à l'Histoire", *Europe*, 48 (novembro-dezembro de 1970), pp. 42-56

MILNER, John. *Art, War, and Revolution in France, 1870-71* (New Haven, Connecticut, 2000)

MONNERVILLE, Gaston. *Clemenceau* (1968)

MONTREVEL, Charles de. *Nouvelle histoire de la Commune de Paris en 1871* (1885)

NOËL, Bernard. *Dictionnaire de la Commune*, org. Marie-Josée Villotte (1971)

NORD, Philip. *Les Impressionistes et la Politique* (2009)

_____. "The Party of Conciliation and the Paris Commune", *French Historical Studies*, 15:1 (1987), pp. 1-35

_____. *The Republican Moment: Struggles for Democracy in Nineteenth-Century France* (Cambridge, Massachusetts, 1995)

PATRY, Léonce. *La guerre telle qu'elle est (1870-1871)* (1897)

PÉRIDIER, Jean. *La Commune et les artistes* (1980)

PERROT, MICHELle. "L'Affaire Troppmann", *L'Histoire*, 30 (janeiro de 1981), pp. 28-37

PETROV, Petr. *Les Chiffonniers de la Butte aux Cailles* (1983)
PRICE, Lewis C. *Archbishop Darboy and Some French Tragedies, 1813-1871* (Londres, s.d.)
PRICE, R.D. "Ideology and Motivation in the Paris Commune of 1871", *Historical Journal*, 15 (1972), pp. 75-86
PROLÈS, Charles. *Le Colonel Rossel* (1898)
_____. *G. Flourens* (1898)
_____. *Les hommes de la révolution de 1871: Charles Delescluze 1830-1848-1871* (1898)
_____. *Raoul Rigault* (1898)
_____. *La vérité sur la Revolution du 18 mars* (1902)
RECLUS, Maurice. *Monsieur Thiers* (1929)
RECLUS, Paul. *Les Frères Élie et Élisée Reclus* (1964)
RENOIR, Jean. *Pierre-Auguste Renoir, mon père* (1981)
RIALS, Stéphane. *Nouvelle histoire de Paris de Trochu à Thiers 1870-1873* (1985)
RIAT, Georges. *Gustave Courbet, peintre* (1906)
RIVIALE, Philippe. *Sur la Commune: Cerises de sang* (2003)
ROBERTS, J.M. "La Commune considérée par la droite, dimensions d'une mythologie", *Revue d'histoire moderne et contemporaine*, 19 (abril-junho de 1972), pp. 187-203
ROBIDA, MICHEL. *Ces bourgeois de Paris, trois siècles de chronique familiale de 1675 à nos jours* (1955)
ROCHER, J. (org.) *Lettres de communards et de militants de la Première International à Marx, Engels et autres dans les journées de la Commune de Paris en 1871* (1934)
ROSS, Kristin. *The Emergence of the Social Space: Rimbaud and the Paris Commune* (Mineápolis, Minnesota, 1988)
ROUGERIE, Jacques. "Autour de quelques livres étrangers: Réflexions sur la citoyenneté populaire en 1871." In: LATTA, Claude (org.), *La Commune de 1871: L'événement les hommes et la mémoire* (Saint-Etienne, 2004), pp. 215-36
_____. *La Commune de 1871* (1988)
_____. "La Commune: utopie, modernité?", em LARGUIER, Gilbert e GUARETTI, Jérôme (org.). *La Commune de 1871: utopie ou modernité?* (Perpignan, 2001), pp. 23-4
_____. "Composition d'une population insurgée: L'Exemple de la Commune", *Mouvement social*, 48 (julho-setembro de 1964), pp. 31-47
_____. *Paris Libre 1871* (1971)
_____. *Procès des Communards* (1978)
SAKHAROV, S. *Lettres au Père Duchêne pendant la Commune de Paris* (1934)
SÁNCHEZ, Gonzalo J. *Organizing Independence: The Artist's Federation of the Paris Commune and its Legacy, 1871-1889* (Lincoln, Nebraska, 1997)
SCHULKIND, Eugene. "The Activity of Popular Organizations During the Paris Commune of 1871", *French Historical Studies*, 4 (1960)

_____. "Socialist Women During the 1871 Paris Commune", *Past and Present* 106 (fevereiro de 1985), pp. 124-63

SERMAN, William. *La Commune de Paris* (1986)

_____. *Lettres d'un officier républicain, 1842-1871* (1990)

_____. *Les officiers français dans la nation* (1982)

_____. *Les origines des officiers français 1848-1870* (1979)

SHAFER, David. "Plus que des ambulancières: Women in Articulation and Defence of their Ideals during the Paris Commune", *French History*, 7:1 (1993), pp. 85-101

SILVESTRE DE SACY, Jacques. *Le Maréchal de Mac-Mahon* (1960)

TAITHE, Bertrand. *Citizenship and Wars: France in Turmoil, 1870-1871* (Londres, 2001)

_____. *Defeated Flesh: Medicine, Welfare, and Warfare in the Making of Modern France* (Manchester, 1999)

TERSEN, E. "Léo Frankel", *Europe*, 29:64-5 (abril-maio de 1951), pp. 157-66

THOMAS, Edith. *Louise Michel* (1980)

_____. *Les pétroleuses* (1963)

THOMAS, Louis. *Le général de Gallifet* (1941)

TISSIER, André. "Les spectacles pendant la Commune", *Europe* (novembro-dezembro de 1970)

TOMBS, Robert. "L'année terrible, 1870-71", *Historical Journal* 35:4 (1992), pp. 713-24

_____. "Les Communeuses", *Sociétés et Représentations* 6 (junho de 1998), pp. 47-65

_____. "Les Communeux dans la ville: des analyses récentes à l'étranger", *Le Mouvement Social*, 179 (1997), pp. 93-105

_____. "Harbingers or Entrepreneurs? A Worker's Cooperative during the Paris Commune", *Historical Journal*, 27:4 (1984), pp. 964-77

_____. "How Bloody Was 'La Semaine Sanglante' of 1871? A Revision", *Historical Journal*, 55:3 (agosto de 2012), pp. 679-704

_____. "La lutte finale des barricades: spontanéité révolutionnaire et organisation militaire en mai 1871", em Alain Corbin e J.-M. Mayeur (org.), *La Barricade* (1997), pp. 358-65

_____. "Paris and the Rural Hordes: An Exploration of Myth and Reality in the French Civil War of 1871", *Historical Journal*, 29:4 (1986), pp. 795-808

_____. *The Paris Commune 1871* (1999)

_____. "Prudent Rebels: the 2nd arrondissement during the Paris Commune of 1871", *French History*, 5:4 (1991), pp. 393-413

_____. "Réflexions sur la Semaine sanglante'. In: LATTA, Claude (org.), *La Commune de 1871: L'événement les hommes et la mémoire* (Saint-Etienne, 2004)

_____. *The War Against Paris, 1871* (Cambridge, Massachusetts, 1981)

TRÉAL, Guy. "La Musique et la Commune", *Europe*, 29 (abril-maio de 1951), pp. 112-121

RÉMY, Tristan. *La Commune à Montmartre: 23 mai 1871* (1970)

VALANCE, Georges. *Thiers: bourgeois et révolutionnaire* (2007)

VARLOOT, Jean (org.). *Les Poêtes de la Commune* (1951)
VIDIEU, Antoine-Auguste (abade). *Histoire de la Commune de Paris en 1871*, 2 vols. (1876)
VILLIERS DE TERRAGE, Marc (barão). *Histoire des clubs de femmes et des legions d'amazones* (1910)
WARWO, Geoffrey. *The Franco-Prussian War: The German Conquest of France in 1870-71* (Nova York, 2003)
WILLETTE, Luc. *Raoul Rigault, 25 ans, Communard, chef de police* (1984)
WOLFE, Robert. "The Parisian 'Club de la Révolution' of the 18th Arrondissement, 1870-71", *Past and Present*, 39 (1968), pp. 81-119
WRIGHT, Gordon. "The Anti-Commune 1871", *French Historical Studies*, 10:1 (primavera de 1977), pp. 149-72
ZELLER, André. *Les hommes de la Commune* (1969)
ZÉVORT, Edgar. *Histoire de la Troisième République*, vol. 2 (1896-1901)

Este livro foi impresso na Intergraf Ind. Gráfica Eireli.
Rua André Rosa Coppini, 90 – São Bernardo do Campo – SP
para a Editora Rocco Ltda.